最高人民法院

指导性案例裁判规则
理解与适用

侵权赔偿卷二

江必新　何东宁　刘牧晗　于蒙　原爽　著

中国法制出版社
CHINA LEGAL PUBLISHING HOUSE

作者介绍

江必新 男，1956年9月出生，湖北枝江人。西南政法学院法学学士、中国法制史硕士，北京大学宪法与行政法学博士。现兼任中国法学会副会长，湖南大学教授。1999年被评为“全国十大杰出中青年法学家”、2009年被评为“当代中国法学名家”，2015年获中国行政法学“杰出贡献奖”、2016年获第二届“金平法学成就奖”。在《中国社会科学》《求是》《中国法学》《法学研究》等出版物发表论文400余篇。

何东宁 男，湖南慈利人，法律硕士。合著《民法总则与民法通则条文对照及适用提要》《民商审判疑难问题解析与典型案例指导》《新民事诉讼法配套规则适用指引》《新民事诉讼法再审程序疑难问题解答与裁判指导》等30部著作。在《判解研究》等出版物上发表论文20多篇。

刘牧晗 河南上蔡人，中国政法大学法学硕士。合著《最高人民法院指导性案例裁判规则理解与适用·侵权赔偿卷二》，先后在《经济法论坛》《民事法律文件解读》《立案工作指导》等出版物上发表论文10余篇。

于　蒙 山东省临沭人，北京大学民商法专业法学硕士。合著《最高人民法院指导性案例裁判规则理解与适用·侵权赔偿卷二》；参与撰写《中华人民共和国侵权责任法理解与适用》《最高人民法院审理旅游纠纷案件司法解释理解与适用》《最高人民法院关于道路交通损害赔偿司法解释理解与适用》等。先后在《民事审判指导与参考》《法律适用》等出版物上发表论文多篇。

原　爽 辽宁鞍山人，中国政法大学法学硕士。合著《最高人民法院指导性案例裁判规则理解与适用·侵权赔偿卷二》；参与撰写《关于融资租赁司法解释理解与适用》《关于买卖合同司法解释理解与适用》《民事案件案由规定理解与适用》《中国融资租赁行业发展报告（2013）》《担保法案例教程》《商事审判指导案例》等著作。在《商事审判指导与参考》等出版物上发表论文多篇。

出版修订说明

2020年5月28日，第十三届全国人民代表大会第三次会议审议通过了《中华人民共和国民法典》（以下简称民法典），自2021年1月1日起施行。民法典是新中国成立以来第一部以法典命名的法律，开创了我国法典编纂立法的先河，具有里程碑意义。民法典系统整合了新中国成立70多年来长期实践形成的民事法律规范，汲取了中华民族5000多年优秀法律文化，借鉴了人类法治文明建设有益成果，是一部体现我国社会主义性质、符合人民利益和愿望、顺应时代发展要求的民法典，是一部体现对生命健康、财产安全、交易便利、生活幸福、人格尊严等各方面权利平等保护的民法典，是一部具有鲜明中国特色、实践特色、时代特色的民法典，被称为“社会生活的百科全书”“市场经济的基本法”“权利保障的宣言书”。民法典在中国特色社会主义法律体系中具有重要地位，是一部固根本、稳预期、利长远的基础性法律，是新时代我国社会主义法治建设的重大成果，为人类法治文明进步贡献了中国智慧、提供了中国方案，推动“中国之治”进入更高境界。

法律是治国之重器，良法是善治之前提。编纂民法典，就是通过对我国现行的民事法律制度规范进行系统整合、编订纂修，形成一部适应新时代中国特色社会主义发展要求，符合我国国情和实际，体例科学、结构严谨、规范合理、内容完整并协调一致的法典。编纂民法典突出科学“编纂”形式，不是制定全新的民事法律，而是按照系统、协调、统一的原则，对现有民事法律进行全面、系统、有序地科学建构；也不是简单的法律汇编，而是对已经不适应现实情况的规定进行必要的修改完善，对社会经济生活中出现的新情况、新问题作出有针对性的新规定。民法典以我国现行的、制定于不同时期的民法通则、物权法、合同法、担保法、婚姻法、收养法、继承法、侵权责任法和人格权方面的民事法律规范为基础，结合我国经济社会发展对民事法律提出的新需求，进行全面系统的编订纂修，系统全面地规定了自然人、法人、非法人组织在民事活动中享有的各种人身和财产权益，具有系统性、层次性、科学性的特点，集中体现着民法的价值、理念和原则。通过确立民事主体、民事权利、民事法律行为、民事责任等民事总则制度，确立物权、合同、人格权、婚姻家庭、继承、侵权责任等民事分则制度，来调整各类民事关系。形成了包括民法通则为总则编和物权、合同、人格权、婚姻家庭、继承、侵权责任6个分编以及附则在内的民法典，合计7编，共计1260条，超过10万字，是我国法律体系中条文最多、体量最大、编章结构最复杂的一部法律。

（一）总则编。规定民事活动必须遵循的基本原则和一般性规则，统领民法典各分编。共10章、204条，主要内容有：1. 规定了民法典的立法目的和依据。其中，将“弘扬社会主义核心价值观”作为一项重要的立法目的，体现坚持依法治国与以德治国相结合的鲜明中国特色。同时，规定了民事权利及其他合法权益受法律保护，确立了平等、自愿、公平、诚信、守法和公序良俗等民法基本原则。还规定了民事主体从事民事活动，应当有利于节约资源、保护生态环境。2. 规定了三类民事主体。一是自然人。规定了自然人的民事权利能力和民事行为能力制度、监护制度、宣告失踪和宣告死亡制度等。二是法人。规定了法人的定义、成立原则和条件、住所等一般规定，并对营利法人、非营利法人、特别法人三类法人分别作了具体规定。三是非法人组织。对非法人组织的设立、责任承担、解散、清算等作了规定。3. 规定了民事权利制度，包括各种人身权利和财产权利。对知识产权作了概括性规定，以统领各个单行的知识产权法律。同时，对数据、网络虚拟财产的保护作了原则性规定。还规定了民事权利的取得和行使规则等内容。4. 规定了民事法律行为制度、代理制度。一是规定民事法律行为的定义、成立、形式和生效时间等。二是对意思表示的生效、方式、撤回和解释等作了规定。三是规定民事法律行为的效力制度。四是规定了代理的适用范围、效力、类型等代理制度的内容。5. 规定了民事责任、诉讼时效和期间计算制度。一是规定了民事责任的承担方式，并对不可抗力、正当防卫、紧急避险、自愿实施紧急救助等特殊的民事责任承担问题作了规定。二是规定了诉讼时效的期间及其起算、法律效果，诉讼时效的中止、中断等内容。三是规定了期间的计算单位、起算、结束和顺延等。

（二）物权编。规定调整因物的归属和利用而产生的民事关系。共5个分编、20章、258条，主要内容有：1. 第一分编为通则，规定了物权制度基础性规范，包括平等保护等物权基本原则，物权变动的具体规则，以及物权保护制度。2. 第二分编规定了所有权制度，包括所有权人的权利，征收和征用规则，国家、集体和私人的所有权，相邻关系、共有等所有权基本制度。进一步完善了业主的建筑物区分所有权制度：一是明确地方政府有关部门、居民委员会应当对设立业主大会和选举业主委员会给予指导和协助。二是适当降低业主共同决定事项，特别是使用建筑物及其附属设施维修资金的表决门槛，并增加规定紧急情况下使用维修资金的特别程序。三是明确物业服务企业和业主的相关责任和义务，增加规定物业服务企业或者其他管理人应当执行政府依法实施的应急处置措施和其他管理措施，积极配合开展相关工作，业主应当依法予以配合。3. 第三分编规定了用益物权制度，明确了用益物权人的基本权利和义务，以及建设用地使用权、宅基地使用权、地役权等用益物权。进一步完善了以下制度：一是明确住宅建设用地使用权期限届满的，自动续期；续期费用的缴纳或者减免，依照法律、行政法规的规定办理；二是完善农村集体产权相关制度，对土地承包经营权的相关规定作了完善，增加土地经营权的规定，并删除耕地使用权不得抵押的规定，与土地管理法等作了衔接性规定；三是增加规定"居住权"这一新型用益物权，明确居住权原则上无偿设立，居住权人有权按照合同约定或者遗嘱，经登记占有、使用他人的住宅，以满足其稳定的生活居住需要。4. 第四分编对担保物权作了规定，明确了担保物权的含义、适用范围、担保范围等共同规则，以及抵押权、质权和留置权的具体规则。进一步完善了担保物权制度，为优化营商环境提供法治保障：一是扩大担保合同的范围，明确融资租赁、保理、所有权保留等非典型担保合同的担保功能，增加规定担保合同包括抵押合同、质押合同和其他具有担保功能的合同。二是删除有关担保物权具体登记机构的规定。三是简化抵押合同和质押合同的一般条款。四是明确实现担保物权的统一受偿规则。5. 第五分编对占有的调整范围、无权占有情形下的损害赔偿责任、原物及孳息的返还以及占有保护等作了规定。

（三）合同编。规定了维护契约、平等交换、公平竞争，促进商品和要素自由流动，完善合同制度。合同编共3个分编、29章、526条。主要内容有：1. 第一分编为通则，规定了合同的订立、效力、履行、保全、转让、终止、违约责任等一般性规则，完善了合同总则制度。一是通过规定非合同之债的法律适用规则、多数人之债的履行规则等完善债法的一般性规则。二是完善了电子合同订立规则，增加了预约合同的具体规定，完善了格式条款制度等合同订立制度。三是完善国家订货合同制度，规定国家根据抢险救灾、疫情防控或者其他需要下达国家订货任务、指令性计划的，有关民事主体之间应当依照有关法律、行政法规规定的权利和义务订立合同。四是针对实践中一方当事人违反义务不办理报批手续影响合同生效的问题，明确了当事人违反报批义务的法律后果，健全合同效力制度。五是完善合同履行制度，落实绿色原则，规定当事人在履行合同过程中应当避免浪费资源、污染环境和破坏生态。同时，在总结司法实践经验的基础上增加规定了情势变更制度。六是完善代位权、撤销权等合同保全制度，进一步强化对债权人的保护，细化了债权转让、债务移转制度，增加了债务清偿抵充规则、完善了合同解除等合同终止制度。七是通过吸收原担保法有关定金规则的规定，完善违约责任制度。2. 第二分编为典型合同。在现行买卖合同、赠与合同、借款合同、租赁合同等15种典型合同的基础上增加了4种新的典型合同：一是保证合同。二是保理合同。三是物业服务合同。四是合伙合同。第二分编还在总结实践经验的基础上，完善了其他典型合同。一是通过完善检验期限的规定和所有权保留规则等完善买卖合同。二是为维护正常的金融秩序，明确规定禁止高利放贷，借款的利率不得违反国家有关规定。三是落实党中央提出的建立租购同权住房制度的要求，保护承租人利益，增加规定房屋承租人的优先承租权。四是针对前些年客运合同领域出现的旅客“霸座”、不配合承运人采取安全运输措施等严重干扰运输秩序和危害运输安全的问题，维护正常的运输秩序，细化了客运合同当事人的权利义务。五是根据经济社会发展需要，修改完善了赠与合同、融资租赁合同、建设工程合同、技术合同等典型合同。3. 第三分编“准合同”分别对无因管理和不当得利的一般性规则作了规定。

（四）人格权编。从民事法律规范的角度规定自然人和其他民事主体人格权的内容、边界和保护方式，不涉及公民政治、社会等方面权利。共6章、51条，主要内容有：1. 第一章规定了人格权的一般性规则。一是明确人格权的定义。二是规定民事主体的人格权受法律保护，人格权不得放弃、转让或者继承。三是规定了对死者人格利益的保护。四是明确规定人格权受到侵害后的救济方式。2. 第二章规定了生命权、身体权和健康权的具体内容，并对实践中社会比较关注的有关问题作了有针对性的规定。一是鼓励遗体捐献的善行义举，确立器官捐献的基本规则。二是明确规范从事与人体基因、人体胚胎等有关的医学和科研活动应遵守的规则。三是规定了性骚扰的认定标准，以及机关、企业、学校等单位防止和制止性骚扰的义务。3. 第三章规定了姓名权、名称权的具体内容，并对民事主体尊重保护他人姓名权、名称权的基本义务作了规定。一是对自然人选取姓氏的规则作了规定。二是明确对具有一定社会知名度，被他人使用足以造成公众混淆的笔名、艺名、网名等，参照适用姓名权和名称权保护的有关规定。4. 第四章规定了肖像权的权利内容及许可使用肖像的规则，明确禁止侵害他人的肖像权。一是规定禁止任何组织或者个人利用信息技术手段伪造等方式侵害他人的肖像权，并明确对自然人声音的保护，参照适用肖像权保护的有关规定。二是规定肖像权的合理使用规则。三是对肖像许可使用合同的解释、解除等作了规定。5. 第五章规定了名誉权和荣誉权的内容。一是对行为人实施新闻报道、舆论监督等行为涉及的民事责任承担，以及行为人是否尽到合理核实义务的认定等作了规定。二是规定民事主体有证据证明报刊、网络等媒体报道的内容失实，侵害其名誉权的，有权请求更正或者删除。6. 第六章进一步强化对隐私权和个人信息的保护，并为制定个人信息保护法留下空间。一是规定了隐私的定义，列明禁止侵害他人隐私权的具体行为。二是界定了个人信息的定义，明确了处理个人信息应遵循的原则和条件。三是构建自然人与信息处理者之间的基本权利义务框架，明确处理个人信息不承担责任的特定情形，合理平衡保护个人信息与维护公共利益之间的关系。四是规定国家机关及其工作人员负有保护自然人的隐私和个人信息的义务。

（五）婚姻家庭编。规范夫妻关系和家庭关系的基本准则，并增加了新的规定。共 5 章、79 条，主要内容有：1. 第一章重申了婚姻自由、一夫一妻、男女平等等婚姻家庭领域的基本原则和规则，并对相关内容作了进一步完善。一是规定家庭应当树立优良家风，弘扬家庭美德，重视家庭文明建设。二是规定了最有利于被收养人的原则。三是界定了亲属、近亲属、家庭成员的范围。2. 第二章规定了结婚制度，并对有关规定作了完善。一是将受胁迫一方请求撤销婚姻的期间起算点由“自结婚登记之日起”修改为“自胁迫行为终止之日起”。二是不再将“患有医学上认为不应当结婚的疾病”作为禁止结婚的情形，并增加规定一方隐瞒重大疾病的，另一方可以向人民法院请求撤销婚姻。三是增加规定婚姻无效或者被撤销的，无过错方有权请求损害赔偿。3. 第三章规定了夫妻关系、父母子女关系和其他近亲属关系，并完善了有关内容。一是明确了夫妻共同债务的范围。二是规范亲子关系确认和否认之诉。4. 第四章对离婚制度作出了规定，并对相关内容作了进一步完善。一是增加离婚冷静期制度。规定了提交离婚登记申请后三十日的离婚冷静期，在此期间，任何一方可以向登记机关撤回离婚申请。二是规定经人民法院判决不准离婚后，双方又分居满一年，一方再次提起离婚诉讼的，应当准予离婚。三是关于离婚后子女的抚养，将“哺乳期内的子女，以随哺乳的母亲抚养为原则”修改为“不满两周岁的子女，以由母亲直接抚养为原则”。四是将夫妻采用法定共同财产制的，纳入适用离婚经济补偿的范围，以加强对家庭负担较多义务一方权益的保护。五是将“有其他重大过错”规定为离婚损害赔偿的适用情形。5. 第五章对收养关系的成立、收养的效力、收养关系的解除作了规定，并进一步完善了有关制度。一是删除被收养的未成年人仅限于不满十四周岁的限制，修改为符合条件的未成年人均可被收养。二是将收养人须无子女的要求修改为收养人无子女或者只有一名子女。三是在收养人的条件中增加规定“无不利于被收养人健康成长的违法犯罪记录”，并增加规定民政部门应当依法进行收养评估。

（六）继承编。规定关于自然人死亡后财富传承的基本制度，以满足人民群众处理遗产的现实需要。共4章、45条，主要内容有：1. 第一章重申了国家保护自然人的继承权，规定了继承的基本制度，并对有关内容作了进一步完善：一是增加规定相互有继承关系的数人在同一事件中死亡，且难以确定死亡时间的继承规则。二是增加规定对继承人的宽恕制度，对继承权法定丧失制度予以完善。2. 第二章规定了法定继承人的顺序和范围，以及遗产分配的基本制度，并完善了代位继承制度，增加规定被继承人的兄弟姐妹先于被继承人死亡的，由被继承人的兄弟姐妹的子女代位继承。3. 第三章规定了遗嘱继承和遗赠制度，并进一步完善了遗嘱继承制度。一是增加了打印、录像等新的遗嘱形式。二是修改了遗嘱效力规则，删除了公证遗嘱效力优先的规定，切实尊重遗嘱人的真实意愿。4. 第四章规定了遗产处理的程序和规则，并进一步完善了有关遗产处理的制度。一是增加遗产管理人制度，明确了遗产管理人的产生方式、职责和权利等内容。二是完善遗赠扶养协议制度，适当扩大扶养人的范围，明确继承人以外的组织或者个人均可以成为扶养人，以满足养老形式多样化需求。三是完善无人继承遗产的归属制度，明确归国家所有的无人继承遗产应当用于公益事业。

（七）侵权责任编。规定民事主体侵害他人权益应当承担的法律后果。共10章、95条，主要内容有：1. 第一章规定了侵权责任的归责原则、多数人侵权的责任承担、侵权责任的减轻或者免除等一般规则，并对相关规定作了进一步完善：一是确立“自甘风险”规则，规定自愿参加具有一定风险的文体活动，因其他参加者的行为受到损害的，受害人不得请求没有故意或者重大过失的其他参加者承担侵权责任。二是规定“自助行为”制度，明确合法权益受到侵害，情况紧迫且不能及时获得国家机关保护，不立即采取措施将使其合法权益受到难以弥补的损害的，受害人可以在保护自己合法权益的必要范围内采取扣留侵权人的财物等合理措施，但是应当立即请求有关国家机关处理；受害人采取的措施不当造成他人损害的，应当承担侵权责任。2. 第二章规定了侵害人身权益和财产权益的赔偿规则、精神损害赔偿规则等；并对有关规定作了进一步完善：一是完善精神损害赔偿制度，规定因故意或者重大过失侵害自然人具有人身意义的特定物造成严重精神损害的，被侵权人有权请求精神损害赔偿。二是增加规定故意侵害他人知识产权，情节严重的，被侵权人有权请求相应的惩罚性赔偿。3. 第三章规定了无民事行为能力人、限制民事行为能力人及其监护人的侵权责任，用人单位的侵权责任，网络侵权责任，以及公共场所的安全保障义务等，并对相关规定作了进一步完善：一是增加规定委托监护的侵权责任。二是完善网络侵权责任制度，细化了网络侵权责任的具体规定，完善了权利人通知规则和网络服务提供者的转通知规则。4. 其他各章分别对产品生产销售、机动车交通事故、医疗、环境污染和生态破坏、高度危险、饲养动物、建筑物和物件等领域的侵权责任规则作出了具体规定，并对有关内容作了进一步完善：一是完善生产者、销售者召回缺陷产品的责任，增加规定，依照相关规定采取召回措施的，生产者、销售者应当负担被侵权人因此支出的必要费用。二是明确交通事故损害赔偿的顺序，即先由机动车强制保险理赔，不足部分由机动车商业保险理赔，仍不足的由侵权人赔偿。三是进一步保障患者的知情同意权，明确医务人员的相关说明义务，加强医疗机构及其医务人员对患者隐私和个人信息的保护。四是增加规定生态环境损害的惩罚性赔偿制度，并明确规定了生态环境损害的修复和赔偿规则。五是加强生物安全管理，完善高度危险责任，明确占有或者使用高致病性危险物造成他人损害的，应当承担侵权责任。六是完善高空抛物坠物治理规则。规定禁止从建筑物中抛掷物品，强调有关机关应当依法及时调查，查清责任人，并规定物业服务企业等建筑物管理人应当采取必要的安全保障措施防止此类行为的发生。

（八）附则。明确了民法典与婚姻法、继承法、民法通则、收养法、担保法、合同法、物权法、侵权责任法、民法总则的关系。规定在民法典施行之时，同步废止上述民事单行法律；作为与民法通则、婚姻法相关的法律解释，也同步废止。

“徒法不足以自行”。2021 年 1 月 1 日，新中国成立以来第一部以“法典”命名的法律——民法典已正式实施，这是新时代全面依法治国具有里程碑意义的一件大事。民法典的生命在于实施，民法典的权威也在于实施。为确保统一正确适用民法典，对标民法典立法精神和法律规定，全面清理司法解释及相关规范性文件，最高人民法院对中华人民共和国成立以来至 2020 年 5 月 28 日当时有效的 591 件司法解释及相关规范性文件、139 件指导性案例进行了全面清理。其中，与民法典规定一致，未作修改、继续适用的共计 364 件；对标民法典，对名称和部分条款进行修改的共计 111 件；决定废止的共计 116 件；决定对 2 件指导性案例不再参照适用。

为便于广大读者和法院工作人员准确理解和适用民法典及其司法解释，我们对“最高人民法院指导性案例裁判规则理解与适用系列”丛书进行了修订。本系列丛书修订主要有以下几个特点：一是注重准确对标法律和司法解释的最新规定。围绕民法典的立法精神和实践成果，对民法典及其司法解释相关内容进行阐释，准确把握民法典和相关司法解释条文的具体内涵和适用要点、难点，确保法律和司法解释得以正确贯彻实施。二是有机融入立法、司法的最新成果。自 2020 年以来，最高人民法院还制定了与民法典配套的 7 件新的司法解释，涉及适用民法典的时间效力、担保制度、物权、婚姻家庭、继承、建设工程合同、劳动争议等方面。本系列丛书在修订过程中对所引用的法律和司法解释进行了全面更新，同时也将近年来司法实践中所取得的成果融入其中，以增强本书的精准性、指导性和时效性。三是在更新的同时，注重对原有成果的承继。由于民法典施行之后，婚姻法、继承法、民法通则、收养法、担保法、合同法、物权法、侵权责任法、民法总则等法律以及与民法通则、婚姻法相关的法律解释同步废止。因此，我们在进行修订时，不是简单地将民法典规定的条文和序号进行替换，而是保留民法总则、合同法、物权法、担保法、婚姻法、继承法、民法通则、收养法、侵权责任法等法律和相关司法解释规定的内容，并根据民法典制定的原则、依据以及背景，重点突出民法典对上述法律相关内容修改、补充的比较，重点突出民法典所修改、补充条文涉及内容的理解，重点突出民法典及其相关司法解释修改、补充内容在司法实践中的把握，以便于读者全面地对本丛书所涉及民法典及其司法解释等相关内容的整体理解和把握，增强理论性和实用性。第四，注重引入新的案例。对近年来最高人民法院公布的指导性案例和最高人民法院公报上刊登的案例进行梳理，根据所提炼归纳的裁判规则，组织相关人员撰写，并根据不同分册需求，分别编入系列丛书中，以加强对民法典精神的理解和适用，更加有利于对民法典及其相关司法解释的贯彻执行和落实。

作者

2023 年 12 月

序

随着中国特色社会主义法律体系的形成，人民群众对司法的要求和期待也越来越高，对人民法院司法审判的关注空前强烈，这必然要求人民法院正确履行宪法和法律赋予的审判职责，更加注重依法办案，积极完善司法工作机制，全面发挥司法功能，切实让人民群众在每一个司法案件中感受到公平正义，确保中国特色社会主义法律体系得到全面实施。

“徒善不足以为政，徒法不足以自行。”法律的生命在于实施，而法律实施的核心在于法律的统一适用。同等情况同等对待不仅是我国法制统一的题中之意，也是法治的重要原则。案例指导制度在统一法律适用标准、指导下级法院审判工作等方面具有重要的作用。我国案例指导制度与西方国家判例法存在着重要区别。英美法系国家赋予“判例”以法源的地位，被称之为判例法，具有创制、借鉴以及遵循判例等一整套法律制度或者法律体系，其根本原则是“遵循先例”。绝大多数大陆法系国家，“判例”不是正式的法律渊源，只是被推定具有约束力或具有事实上的约束力。遵循先例或受先例拘束与指导，不是西方国家所特有的法律现象，而是实现法制统一的一般要求和基本路径。我国的“案例指导制度”在两大法系中均不存在，是我国司法实践特定历史阶段的产物。我国案例指导制度的构建，不仅符合我国的基本政治制度，而且适合我国的司法现状。案例指导制度无论在称谓（案例而非判例)、制度定位、法律依据，还是效力设定、机制构建等方面都与我国的政治语境相适应。指导性案例作为“动态法典”，既将抽象的、一般的静态法典的条文规范通过具体案件的法律适用演变成“活法”；又通过总结提炼法官审判经验、思维方法和价值追求，形成蕴涵着丰富的法律精神和法学理念的“裁判规则”，从而发挥规范类似案件裁判的作用，进而实现法律调整机制的静态与动态的相洽、刚性与柔性的协调、法律体系与社会变迁的相互融合。这是我国司法机关在既有的制度框架下和现行的司法体制基础上所进行的一项体现中国特色并顺应世界两大法系相互融合发展大趋势的法律适用上的机制创新。

当下，随着社会主义法治实践不断深入，社会主义法治理念基本树立，人们对司法公正越来越关心和渴望。心理学关于公平的理论早已证实，公正是社会比较的结果，人们关注的不是其所得到结果的绝对值，而是与他人对比的相对值。“同案同判”的要求缘于“同样的事情同样对待，相似的事情相似对待”的自然法思想，它是人们最直观、最朴素的正义观在司法领域的直接反映。如果“同案不同判”，当事人就会觉得自己受到了不公正的待遇，就会怀疑、动摇对司法和法律的信任和信仰。指导性案例既可以为相同或类似案件提供统一的司法标准，约束和规范法官自由裁量权的行使，又可基于案例的公开性、可预测性和可比性，阻断“暗箱操作”“违法断案”。因此，案例指导制度具有实现公平正义等多种功能：

第一，具有对法律规范内涵明确化的宣示功能。成文法典抽象性法言法语容易产生多种理解和解释，指导性案例是人民法院将抽象的法律条文适用于具体案件的产物，是将具体案件融于法律条款的智慧结晶。实行指导性案例制度，有利于人们通过案件理解法律，通过法律评价案件，从而架起法律与案件之间的桥梁，使法律规范更加明确化、具体化，为实现法律条文的可操作性提供范例。

第二，具有对制定法漏洞的补充功能。社会发展已经证明，包罗万象、有求必应、尽善尽美的法律只能是人们纯真而完美的梦想。成文法不可能详尽无遗地囊括社会生活的全部现象，其条文式的表述不可避免地在实现法律的普遍性、稳定性和确定性的同时，又在很大程度上牺牲必要的特殊性、适应性和灵活性，存在模糊性、僵化性、时滞性等缺陷，甚至不少领域存在空白或法律漏洞，难以适应实践中出现的新情况、新问题。指导性案例结合具体案例演绎法律条文，在法律许可的范围内，充分发挥司法的能动性、灵活性而有针对性地及时弥补成文法的漏洞，从而确保法网疏而不漏。

第三，具有对法官自由裁量权运用的约束功能。实行指导性案例制度，引导法官认同并借鉴指导性案例中归纳出的法律原则或裁判规则，为法官办案提供明确、具体的指引，有效克服法官的主观臆断和任意擅断，规范法官的自由裁量权，能使相同或相似案件得到基本相同的裁判，更好地维护司法的公平公正，增强司法裁判的权威性。

第四，具有提升案件裁判质量和效率的促进功能。实行指导性案例制度，有利于充分挖掘法官群体的司法智慧和裁判经验，为法官办案提供裁判理念、思维方式、办案思路、解决问题的法律方法和价值衡量等方面的指引。既可以减少法官不必要的重复劳动，节省时间和精力，缩短审判周期，又可以建立起解决同类或相似问题的思维模式，保证裁判的精准度，统一司法适用，提高司法效率。

第五，具有排除不当干扰的防御功能。由于影响司法公正信赖和司法裁判权威的因素很多，实行指导性案例制度，遵循先例进行裁判，以机会公正、待遇公正、尊严公正、结果公正等体现出法律可预期性的要求，以及“同样情况同样对待”的公平原则，在一定程度上可以弥补法律公正在逼近自然公正中遭遇的困窘和无奈；在一定程度上可以杜绝、避免和减少除法官能力、学识和认识等原因之外的徇私枉法现象，从而限制一些企图通过枉法裁判牟取私利的法官的“玩法空间”；在一定程度上可以发挥上级人民法院对下级人民法院的审判监督作用，抵制和排除法院外部的干扰和法院内部的不规范行为，遏制司法腐败，实现司法公正。

第六，具有对社会主体的教育功能。指导性案例的公布，使得司法裁判效力的影响得以延伸，一个个生动的指导性案例无疑是一个个鲜明的标准，既可以让当事人直观、生动、具体地了解指导性案例的裁判思路，更好地预测诉讼风险，采取更加理性的诉讼行为，从而减少司法资源的浪费，也可以增强社会公众近距离接触法律的机会，通过每个鲜活的案例，感受司法的公正与客观，有效地引导社会主体的行为。

第七，具有促进法学研究和推动立法完善的辅助功能。理论必须源于实践，法学作为一门应用学科更应如此。社会变化的必然性是以特殊性、偶然性为基础的，只注重对抽象的法律规范的研究，就难以把握法律运行的多样性和复杂性。研究法律离不开指导性案例，它既是定性研究的重要对象，又为量化分析提供了丰富的素材。作为联结实践与理论、问题与规则的桥梁，指导性案例本身所蕴含的法治信息，所提出的前沿命题，往往成为法学研究创新和理论发展的重要源泉。同时，司法审判活动作为法律发展的重要原动力之一，法律出台的实证基础往往来源于具体的案件，指导性案例涵盖了社会现实中存在的主要热点和难点问题，案例的积累为立法建议和司法解释的制定提供了有针对性和代表性的素材，增强了说服力和可信度，促使法律发展更能契合社会现实需要。

虽然指导性案例具有宣示、补充、约束、促进、防御、教育、辅助等多种功能，但要充分发挥好这些功能，在适用指导性案例时要采取“类比”“类推”的方法，“有条件地适用”“经过审查后适用”，充分运用归纳推理，使法官依据法律的精神和固有价值进行合理的取舍，使归纳结论符合法律的正义要求并具有可接受性。具体适用指导性案例应当注意以下一些问题：

第一，不能把指导性案例效力绝对化。在我国立法体制下，建立案例指导制度的目的是要建立一个有利于准确适用法律的司法工作机制，为案件的审理提供具体、规范的参照。按照《关于案例指导工作的规定》的要求，最高人民法院发布的指导性案例，各级人民法院在审判类似案件时应当参照，赋予了指导性案例一定的效力，这种参照的效力是一种“事实上的拘束力”，这种拘束力不属于正式的法律渊源，而主要体现为指导性、说服性、参考性。

第二，有必要建立和完善适用指导性案例的识别和引用规则以及保障机制。识别规则就是做好指导性案例裁判规则的总结工作，进一步明确类似案件的判断标准，方便法官尽快寻找到最适合的指导性案例。引用规则与指导性案例的效力有着密切的联系。指导性案例不具有普遍性的约束力，不能被裁判文书直接援引，但并不能排除裁判文书的合理引证。保障机制就是要建立起指导性案例遵循的审级监督和社会监督制度、责任追究制度、培训考核机制以及适用的服务体系。

第三，必须准确把握指导性案例的适用条件。适用条件主要是：现行法律没有明文规定、规定不明确、存在漏洞或冲突，司法实践中主要包括拟裁判的民商事、行政案件没有明确的法律依据，法律存在漏洞或冲突，以及法律虽然有规定，但比较原则，易产生歧义等情形；存在可以比照的指导性案例规则；存在相似的案件事实；等等。

第四，要为正确适用指导性案例确定正当程序。一是案情对比，重点是法定事实要件的比对，选择法定事实案件最相类似的指导性案例；二是情势权衡，主要包括政策权衡、价值权衡、利益权衡和功能权衡，保障案件裁判的形式公正与实质公正、程序公正与实体公正、个案公正与社会公正的统一；三是案例遴选，以主要问题为中心展开，分析案件事实，明确诉争焦点，列出问题要点，搜索最适合的指导性案例；四是规则适用，重点是在法庭审判和法院判决中的适用，既可以作为律师或检察官在法庭辩论时的理由，也可以作为法官阐释裁判的理由，还可以吸收到司法裁判的推理中，以增强裁判的说理性和权威性；五是案例排除适用原则，当指导性案例与拟裁判案件之间存在案件事实差别，以及指导性案例所确定的裁判规则存在与法律原则相冲突，或存在含混、模糊、内在冲突等缺陷时，可以排除指导性案例规则的适用。

指导性案例是法律与实践结合的产物，是司法经验和法律智慧的结晶。它既包含着对立法精神的理解和阐发，又包含着司法经验的探索与积累；既包含了实体性规则，又包含了程序性规范；既包括对法律的文意理解，又包括对法律精神实质的把握；既包括对形式正义的宣示，又包括对实质正义的把握。理论界和实务界对指导性案例应当具有"指导效力"已形成共识。为了更好地提高案例的指导性，增强指导性案例的适用价值，充分发挥其功能，让"纸上的法律"真正变成社会生活中"活的法律"，虽然有赖于诸多因素，但其中行之有效的方法之一就是从法学方法论的立场去阐释蕴涵于个案的裁判规则。这正是我们组织编写出版这套"最高人民法院指导性案例裁判规则理解与适用系列"丛书的目的和出发点。丛书中所选案例是以最高人民法院指导性案例、公报案例为主，同时，还精选了部分最高人民法院直接裁判的具有指导性的案例。《最高人民法院公报》是国家最高审判机关公开介绍我国审判工作和司法制度的重要官方文献，是最高人民法院对外公布司法解释、司法文件、裁判文书、典型案件及其他有关司法信息资料的法定刊物。公报案例的最大的特点就是以《最高人民法院公报》为载体，公开、客观地记录和反映具体案件正确适用具体法律的裁判过程，是唯一以最高人民法院官方名义发布的案例，无论案例是哪一级法院审结的案件，但所涉及的法律适用和理解、司法价值取向等都得到了最高人民法院的正式确认，直接体现最高人民法院的司法观点，具有典型性、权威性和指导性。本丛书分民商事、行政、刑事和综合（年卷）四大类，每大类中按不同案件类型编排成卷，如民商事类可分为担保卷、公司卷、合同卷、婚姻家庭卷、房地产卷等。通过对指导性案例、公报案例等进行梳理，然后编定成卷每年定期出版，奉献给大家。

本丛书突破了传统法律案例类图书的"要点提示、案情、法院审判、裁判要旨、评析"等写作模式，在编写体例上，采取了【裁判规则】【规则理解】【拓展适用】【典型案例】的体例。以裁判规则为主线，在内容和体例上具有一定的独创性，突出强调不仅要关注公报案例等指导性案例本身，而且要关注指导性案例所形成规则的理解与适用，侧重于弥补法律漏洞以及阐释实务中如何正确理解与适用法律，致力于为读者迅速查找指导性案例和把握裁判规则提供最为便捷有效的途径。

所有的【裁判规则】都是通过对案件争议焦点所涉及的法律问题进行评析后形成的并为裁判结论所确立的法律性质规则，属于法律规则或者原则范畴，是案例的核心内容、灵魂所在。指导性案例裁判规则一般是非特定的、非个案的，对法官在同类案件中认定事实、适用法律具有启发、引导、规范和参考作用。从一定意义上讲，指导性案例的指导作用更多地体现在从案件事实认定和法律适用中提炼出来的裁判规则或者裁判要旨。针对部分公报案例裁判摘要中存在法条构成要件重述、内容不明确等问题，我们对该部分案例的裁判规则进行了重新归纳和提炼。其目的正如美国大法官卡多佐在《司法过程的性质》中所言，在接手案件时，“所做的第一件事就是将他眼前的案件同一些先例加以比较，无论这些先例是贮藏在他心中还是贮藏在书本中……先例的背后是一些基本的司法审判概念，他们是司法推理的一些先决条件；而其后面的是生活习惯、社会制度，那些概念正是在它们之中才得以生成。通过一个互动过程，这些概念反过来修改着这些习惯与制度……如果先例清楚明了并且契合案件，那么法官就无需做更多的事了。”

德国法学家拉伦茨在《法学方法论》中说：“制作司法先例的法官首先考虑的是他所裁判的事件，这些要旨不过是裁判理由中蒸馏出来的结晶，与案件事实密切相关，在很大程度上本身也需要解释。”如何将写在纸上的裁判规则，适用于此后千变万化但法定事实要件相同或相似的类案，诠释规则所蕴含的公平与正义精神，是法官的重要任务。然而，由于各级法院、各地法院的法官们，在年龄、知识结构、社会阅历、审判经验等方面存在差异，对于裁判规则的理解、运用等都会有不同的结果。因此，我们认为有必要将指导性案例中所提炼裁判规则的【规则理解】作为本丛书核心内容，突出对所提炼裁判规则解读的指导意义，以超越个案审判的视野，对法律适用进行理性思考，研究案例所体现的法律规则、法律原理、法律精神以及裁判方法、裁判理念等体现的核心价值。虽然指导性案例裁判规则源于个案，但不仅仅局限于个案，而是通过对规则的理解以及法定事实要件的精准把握，达到将裁判规则适用于类案的效果，从而使所提炼的裁判规则中蕴涵的内在价值能够在更广的范围内、更深的层次上得以被发现、被接受、被适用。虽然目前还没有明确规定指导性案例的裁判规则可以在类案的裁判文书中直接援引，但不容置疑的是它的基本精神完全可以渗透于裁判文书的说理部分，可以作为法官裁判的理由、检察官或律师法庭辩论的理由。对于全国各级法院法官及其他法律工作者来说，准确理解和掌握指导性案例裁判规则，有助于统一司法理念、统一法律适用和统一裁判尺度，促进人们对法律的尊重与信仰。

为了防止因裁判规则的抽象性以及成文规范难以避免的缺陷而导致的弊端，我们对指导性案例的裁判规则进行了【拓展适用】，目的是对与裁判规则相关联的理论问题进行系统梳理和深入探讨，以期能够较为全面地阐释裁判规则的精髓，从而推动相关法学研究向纵深发展，拓宽人民法院、法官发现问题、解决问题的渠道，又能够为立法和司法解释提供新的思路和视角，从而形成实践丰富理论、理论指导实践、司法实践与理论研究良性互动的局面，提升司法应对现实的能力。

对《最高人民法院公报》【典型案例】等指导性案例进行分类梳理，一方面是对指导性案例进行连续性和系统性的汇编，方便各地各级法院的法官以及检察官、律师和其他法律界人士检索和援引；另一方面是更全面、更客观、更系统、更立体地展现了指导性案例所依附的案件事实、证据以及裁判说理等的真实风貌，更直观、更清晰、更准确地理解裁判规则的涵义，指导同类案件的法律适用，特别是裁判论证和说理过程，使抽象的审判指导概念更具明确性、更具形象化、更具可操作性。

对指导性案例裁判规则进行全面、系统的解读和阐释，以帮助法律实务界更精准地运用典型案例实现法律的目的、实现公平公正，使从事法学教育和理论研究的同志得以全面把握指导性案例的精神实质，是作者的一次尝试。我们深知，本套丛书所涉及的法学理论博大精深，各种研究文献浩如烟海，有许多未知的领域仍需作深入细致的研究。我们深知法学理论对审判实践有着巨大的指导作用，特别是在法律规定不明确的情况下，具有扎实深厚的理论功底，及时掌握理论界研究的最新成果就显得更为重要。正基于此，我们不敢懈怠，时刻关注理论发展的最新动态，时刻关注理论研究的最新成果，时刻关注审判实践中的典型案例和实践经验，从研究的角度提出一些个人的学术见解，这些见解并不代表任何组织和机构，甚至与我们个人的身份都无关联。当然，这些观点和意见的正确与否，不仅要接受理论界的评判，而且要接受实践的检验。希望借此丛书的修订版，使我们能够与理论界的学者、实务界的同仁进行深入交流探讨，以期共同推动我国案例指导制度的完善和案例研究的深化与细化。

是为序。

江必新

二〇二二年十一月二十日

凡　例

为使行文方便，本书对相关法律、法规和司法解释等规范性法律文件的名称做了缩略。

《民法典》：《中华人民共和国民法典》

《民法典时间效力司法解释》：《最高人民法院关于适用〈中华人民共和国民法典〉时间效力的若干规定》

《民法典总则司法解释》：《最高人民法院关于适用〈中华人民共和国民法典〉总则编若干问题的解释》

《民法典婚姻家庭司法解释（一）》：《最高人民法院关于适用〈中华人民共和国民法典〉婚姻家庭编的解释（一）》

《民法典继承司法解释（一）》：《最高人民法院关于适用〈中华人民共和国民法典〉继承编的解释（一）》

《民法典物权司法解释（一）》：《最高人民法院关于适用〈中华人民共和国民法典〉物权编的解释（一）》

《民法典有关担保司法解释》：《最高人民法院关于适用〈中华人民共和国民法典〉有关担保制度的解释》

《建设工程施工合同司法解释（一）》：《最高人民法院关于审理建设工程施工合同纠纷案件适用法律问题的解释（一）》

《劳动争议案件司法解释（一）》：《最高人民法院关于审理劳动争议案件适用法律问题的解释（一）》

《民法总则》：《中华人民共和国民法总则》

《城市房地产管理法》：《中华人民共和国城市房地产管理法》

《土地管理法》：《中华人民共和国土地管理法》

《建筑法》：《中华人民共和国建筑法》

《民法通则》：《中华人民共和国民法通则》

《民法通则意见》：《最高人民法院关于贯彻执行〈中华人民共和国民法通则〉若干问题的意见（试行）》

《合同法》:《中华人民共和国合同法》

《合同法司法解释(一)》:《最高人民法院关于适用〈中华人民共和国合同法〉若干问题的解释(一)》

《合同法司法解释(二)》:《最高人民法院关于适用〈中华人民共和国合同法〉若干问题的解释(二)》

《物权法》:《中华人民共和国物权法》

《公司法》:《中华人民共和国公司法》

《公司法司法解释一》:《最高人民法院关于适用〈中华人民共和国公司法〉若干问题的规定(一)》

《公司法司法解释二》:《最高人民法院关于适用〈中华人民共和国公司法〉若干问题的规定(二)》

《公司法司法解释三》:《最高人民法院关于适用〈中华人民共和国公司法〉若干问题的规定(三)》

《公司法司法解释四》:《最高人民法院关于适用〈中华人民共和国公司法〉若干问题的规定(四)》

《担保法》:《中华人民共和国担保法》

《担保法司法解释》:《最高人民法院关于适用〈中华人民共和国担保法〉若干问题的解释》

《招标投标法》:《中华人民共和国招标投标法》

《民事诉讼法》:《中华人民共和国民事诉讼法》

《民事诉讼法意见》:《最高人民法院关于适用〈中华人民共和国民事诉讼法〉若干问题的意见》

《道路交通安全法》:《中华人民共和国道路交通安全法》

《人身损害赔偿司法解释》:《最高人民法院关于审理人身损害赔偿案件适用法律若干问题的解释》

《道路交通事故损害赔偿司法解释》:《最高人民法院关于审理道路交通事故损害赔偿案件适用法律若干问题的解释》

《劳动法》:《中华人民共和国劳动法》

《劳动合同法》:《中华人民共和国劳动合同法》

《劳动司法解释一》:《最高人民法院关于审理劳动争议案件适用法律若干问题的解释》

《劳动司法解释二》:《最高人民法院关于审理劳动争议案件适用法律若干问题的解释(二)》

《劳动司法解释三》:《最高人民法院关于审理劳动争议案件适用法律若干问题的解释（三）》

《劳动司法解释四》:《最高人民法院关于审理劳动争议案件适用法律若干问题的解释（四）》

总 目 录

第一章 侵权法上的过失

第二章 侵害肖像权责任

第三章 侵害名称（姓名）权责任

第四章 侵害名誉权责任

第十章 定作人侵权责任

第十一章 承包合同中的风险责任

第十二章 金融机构侵权责任

第十三章 专家侵权责任

第十四章 工作物致害责任

第十五章　医疗损害赔偿责任

第十六章　产品责任

第十七章　环境污染责任

目　录

Contents

第一章　侵权法上的过失

第二章　侵害肖像权责任

第三章　侵害名称（姓名）权责任

第四章　侵害名誉权责任

第六章　网络侵权责任

第七章　新闻侵权责任

第八章　用人单位的侵权责任

第九章 提供劳务（雇佣）关系中的侵权责任

第十四章　工作物致害责任

第十五章　医疗损害赔偿责任

第十六章　产品责任

第十七章　环境污染责任

第一章　侵权法上的过失

规则 1：有关机关在向新闻媒体提供案件资料供新闻媒体报道时，未尽谨慎注意义务导致他人名誉权受到侵犯的，应承担相应的民事责任

——李海某等诉某某公安分局、某某电视台等侵犯名誉权、肖像权纠纷案①

【裁判规则】

国家机关在向新闻媒体提供侦破案件的相关资料，供新闻媒体用于新闻报道时，应尽谨慎注意义务以保护他人合法权益。未尽此义务导致他人名誉权受到侵犯的，应承担相应的民事责任。国家机关侦查行为的合法性、配合新闻媒体进行法制宣传的正当性以及新闻媒体自身在新闻报道中的过失，均不构成免除国家机关上述民事责任的法定事由。

【规则理解】

一、侵权法上的过失及认定标准

（一）侵权法上的过失

关于过失，《民法典》并无明文规定。侵权法上的过失，大致系指行为人对于被侵权人应负的注意义务的疏忽或懈怠。② 亦有人将过失解释为："行为人虽非故意，但按其情节应注意并能注意而不注意者，或对于构成侵权行为之事实，虽预见其能发生，而确信其不发生者是，易言之，过失者乃怠于注意之一种心理状态。"③ 侵权法旨在合理分配损害，因而对于过失的认定应当采取客观的标准。正如我国学者认为，对过错的判断标准，应采用客观过错，即行为人

---

① 《中华人民共和国最高人民法院公报》2007 年第 2 期。

② 参见杨立新：《侵权责任法》，法律出版社 2012 年版，第 96 页。

③ 王泽鉴：《侵权行为》，北京大学出版社 2009 年版，第 241 页。

未尽到一般人所能尽到的注意义务，也即违背了社会秩序要求的注意。[①] 现今，“过失客观化”已经成为侵权法上的通说，为包括德、法、英、美、日等国在内的绝大部分国家或地区的私法所践行。[②]

（二）侵权法上过失的认定标准

《侵权责任法》[③] 第6条第1款规定：“行为人因过错侵害他人民事权益，应当承担侵权责任。”《民法典》将上述规定的内容精神进行了保留，即第1165条第1款规定：“行为人因过错侵害他人民事权益造成损害的，应当承担侵权责任。”依学理解释，行为人过失侵权所违反的注意义务，应以善良管理人的注意义务（抽象过失）为标准。[④] “善良管理人的注意，乃通常合理人的注意，系一种客观化或类型化的过失标准。”[⑤] 善良管理人，乃侵权法所拟制出的人的形象，其具有与所从事的职业或事务相关，通常其所应具备的知识、经验以及谨慎注意程度较常人要高。依此，当行为人的“实然行为”，与同一情况下善良管理人的“应然行为”存在差距时，即可认为该行为人违反了其注意义务，构成过失侵权。

由于“过失”是个不确定的法律概念，在具体案例中应依据不同的情况，综合若干考量因素，以确定行为人是否违反了其注意义务。通常而言，认定注意义务主要有三种考量因素，即危险或者侵害的严重性、行为的效益，以及防范避免的负担。[⑥]

二、新闻材料提供者侵犯名誉权的过失认定

（一）客观的共同侵权行为

《侵权责任法》[⑦] 第8条规定：“二人以上共同实施侵权行为，造成他人损害的，应当承担连带责任。”《民法典》第1168条对该条规定的内容进行了保留。依照学理，可将共同侵权行为分为主观的共同侵权行为和客观的共同侵权行为。主观的共同侵权行为，即有主观的意思联络的共同侵权行为，是指数人基于共同故意产生的共同侵害他人权利造成损害的行为。而客观的共同侵权行

---

① 参见孔祥俊等：《侵权责任要件研究》，载《政法论坛》1993年第2期。

② 参见郑永宽：《论过失侵权判定标准的构造与适用》，载《法律科学》2013年第2期。

③ 2021年1月1日《民法典》施行后，该法废止。

④ 参见杨立新：《侵权责任法》，法律出版社2012年版，第99页。

⑤ 王泽鉴：《侵权行为》，北京大学出版社2009年版，第242页。

⑥ 王泽鉴：《侵权行为》，北京大学出版社2009年版，第243—244页。

⑦ 2021年1月1日《民法典》施行后，该法废止。

为，即有客观关联的共同行为，是指数人虽然没有共同的意思联络，但是数个行为人实施的行为是损害发生的共同原因，造成同一损害结果，且该损害结果不可分割的侵权行为。[①] 在此，笔者所要讨论的，主要是客观的共同侵权行为。

客观的共同侵权行为，虽然不具有主观上的意思联络，但由于各行为人的行为系造成同一损害的共同原因，因此共同构成一个侵权行为，而使各行为人对被侵权人的损害承担连带责任。在客观的共同侵权行为下，各行为人需要具备侵权行为的构成要件：第一，须有加害行为；第二，须侵害他人权益；第三，须有原因上的共同性；第四，各行为人须有故意或者过失，其中一人故意，他人为过失时，也可成立。[②]

（二）新闻报道中的共同侵权行为

新闻报道侵权纠纷，是指以新闻媒体的报道侵犯了公民或者法人的人格权利为诉讼理由的诉讼纠纷，其中，以侵犯名誉权的案件居多且具有代表性。[③] 实践中，新闻报道侵犯名誉权大致需要满足以下四个构成要件：第一，新闻媒体发表了有损公民或者法人名誉权的内容；第二，被报道的公民或者法人确实有名誉权遭受损失的事实；第三，侵权内容与名誉权受损之间有一定的因果关系；第四，新闻媒体或者新闻记者主观上有一定的过错。[④] 而在新闻报道侵权中，同样存在着共同侵权行为（主要是客观的共同侵权行为），其中以因提供新闻材料而引起的名誉权纠纷为典型。

实践中一般区分以下两种情况：1. 主动提供新闻材料，致使他人名誉受到损害的，应当认定为侵害他人名誉权。2. 因被动采访而提供新闻材料，且未经提供者同意公开，新闻单位擅自发表，致使他人名誉受到损害的，对提供者一般不应当认定为侵害名誉权；虽系被动提供新闻材料，但发表时得到提供者同意或者默许，致使他人名誉受到损害的，应当认定为侵害名誉权。在因提供新闻材料引起的名誉权纠纷中，提供者有可能与新闻单位构成客观的共同侵权行为，而认定提供者是否构成侵权的关键在于，提供者在提供新闻材料时，是否具有过失，即其是否违反了注意义务。

---

① 参见杨立新：《侵权责任法》，法律出版社2012年版，第112页。

② 参见王泽鉴：《侵权行为》，北京大学出版社2009年版，第362页。

③ 参见王军：《我国新闻侵权纠纷现状、对策及研究回顾》，载《法学杂志》2006年第3期。

④ 参见王军：《我国新闻侵权纠纷现状、对策及研究回顾》，载《法学杂志》2006年第3期。

（三）新闻材料提供者侵权的过失认定

过失的认定是一个必须具体化的标准，需要从事案例比较，组成类型，以探究违反注意义务的实质基准。[①] 而《最高人民法院关于审理名誉权案件若干问题的解释》[②] 第7条，即为新闻材料提供者侵权类型提供了一个具体化的标准，在此基础上，如何正确理解该条文显得尤为重要。

上述规定将新闻材料提供者的过失客观化为：当提供者同意新闻单位对其所提供的新闻材料进行公开时，若致使他人名誉受损，则认定提供者构成侵权。据此可以区分为两个类型：第一，当提供者主动提供新闻材料时，该规定即推定提供者同意新闻单位公开该新闻材料；第二，当提供者被动提供新闻材料时，则需要提供者在新闻单位发表时具有同意或者默许的表示。这里的"同意"表示明示同意，而"默许"则表示默示同意。问题的关键在于，提供者被动提供新闻材料的行为，在什么情况下应当认定为构成默许行为。

《民法通则意见》[③] 第66条前句规定："一方当事人向对方当事人提出民事权利的要求，对方未用语言或者文字明确表示意见，但其行为表明已接受的，可以认定为默示。"《民法典》将上述规定的内容精神进行了保留，即第135条规定："民事法律行为可以采用书面形式、口头形式或者其他形式；法律、行政法规规定或者当事人约定采用特定形式的，应当采用特定形式。"《民法典总则司法解释》第18条规定："当事人未采用书面形式或者口头形式，但是实施的行为本身表明已经作出相应意思表示，并符合民事法律行为成立条件的，人民法院可以认定为民法典第一百三十五条规定的采用其他形式实施的民事法律行为。"梅迪库斯指出，在用法上，"默示"可能被用以指称三种情形，分别是推知的意思表示、需要通过补充解释填补的意思表示以及单纯的沉默。[④]《民法典》第140条进一步规定："行为人可以明示或者默示作出意思表示。沉默只有在有法律规定、当事人约定或者符合当事人之间的交易习惯时，才可以视为意思表示。"新闻材料提供者的默许，则属于需要通过补充解释填补的意思表示。

---

① 参见王泽鉴：《侵权行为》，北京大学出版社2009年版，第243页。

② 2021年1月1日《最高人民法院关于废止部分司法解释及相关规范性文件的决定》施行后，该解释废止。

③ 2021年1月1日《最高人民法院关于废止部分司法解释及相关规范性文件的决定》施行后，该意见废止。

④ 参见朱庆育：《民法总论》，北京大学出版社2013年版，第189页。

行为人并非在任何情况下都能作出周全的考虑，因此其意思表示难免会存在缺漏，为最大限度地维护既有意思表示的有效性，有必要对意思表示进行补充，以完成意思表示实现相应法律效果所需要的细节。[①] 补充解释所补充的，往往被称为“推知的当事人意思”。因此，法官在以推知的意思对新闻材料提供者的意思表示进行补充时，需要考虑：若提供者在被动提供新闻材料时，考虑到当时未加以关注的情况，并且遵从新闻行业的惯例，会形成何种意思。显然，通过补充解释填补形成的意思表示，并非以提供者的真实意思为基础，而是考虑在同一情况下，一个抽象的理性人所应产生的意思，而此抽象理性人，只能由法官代表。[②] 进而可知，当通过补充解释填补的意思表示，其意思乃是同意新闻单位对新闻材料进行公开，即可认为提供者提供新闻材料的行为，构成默许行为。

（四）补充解释的惯例因素

在意思表示存在缺漏时，特定社会活动所形成的职业惯例，有助于确认当事人意思表示的客观意义。虽然我国侵权法并没有对惯例问题进行规定，但可以参照我国合同法的相关规定进行阐述。《合同法司法解释二》[③] 第 7 条第 1 款规定：“下列情形，不违反法律、行政法规强制性规定的，人民法院可以认定为合同法所称‘交易习惯’：（一）在交易行为当地或者某一领域、某一行业通常采用并为交易对方订立合同时所知道或者应当知道的做法；（二）当事人双方经常使用的习惯做法。”《民法典》在合同的履行相关规定中亦多处使用了“交易习惯”的表述。由此可知，民法上的惯例，主要是指由特定的行业或社会活动的长期实践所确立的习惯[④]，因而新闻单位会将所获得的新闻材料进行公开也应当认为是一种惯例。当新闻材料提供者和新闻单位均属于新闻行业时，对于行业管理自然是“知道或者应当知道”，但问题在于，若新闻材料提供者并不属于新闻行业，在进行补充解释时，是否应将该行业惯例纳入考量范围。

一般认为，惯例因素用作意思表示的解释手段，不应当对不属于该行业领域的当事人不利，否则对于行外人的要求过于苛刻。因而，行内人有义务对涉

① 参见朱庆育：《民法总论》，北京大学出版社 2013 年版，第 226—227 页。

② 参见朱庆育：《民法总论》，北京大学出版社 2013 年版，第 227 页。

③ 2021 年 1 月 1 日《最高人民法院关于废止部分司法解释及相关规范性文件的决定》施行后，该解释废止。

④ 参见朱庆育：《民法总论》，北京大学出版社 2013 年版，第 224 页。

及该行业的惯例向行外人进行必要说明，否则行内人应该承担相应的不利后果。[①] 换言之，在一般情况下，新闻材料提供者不应当被认为对于行业习惯具有预见的可能性。然而，在某些情况下，当新闻单位有理由相信，该提供者已经知道或者因为长期与新闻单位进行接触而应该知道行业惯例，或者该提供者因其职责所要求的谨慎注意程度使其应当知道行业惯例时，则在进行补充解释时，应将该行业惯例纳入考量范围。这种除外的适用，常见于新闻材料提供者为国家机关，例如公安机关的情况。

因此，当公安机关等国家机关被认为应当预见该新闻行业惯例时，其被动向新闻媒体提供案件资料的行为，应被认定为是对新闻媒体公开该材料的默许行为，因而构成过失侵权。

三、职务授权行为作为免责事由的界定

职务授权行为，也称为依法执行职务，是指依照法律授权或者法律规定，在必要时因行使职权而损害他人的财产和人身的行为。[②] 然而，将职务授权行为作为侵权的免责事由，其前提条件必须是该职务行为与他人的损害之间具有因果关系。因此，当公安机关等国家机关向新闻媒体提供案件资料时，其进行侦查活动的职务授权行为已经结束，因而，其侦查行为与因提供案件资料导致的损害后果之间不存在因果关系，职务授权行为便不能成为该种侵权行为的免责事由。

【拓展适用】

一、侵权法上注意义务的法律构造

（一）注意义务的两个层面

侵权法上的注意义务，是以善良管理人作为认定标准，其法律构造主要包括了两个层面：一是对损害后果发生的可预见性；二是对损害后果发生的可避免性。[③] 因而，当进行司法裁判时，首先应当考虑行为人对于损害后果的发生是否具有可预见性，若缺乏可预见性，则行为人对于该损害后果便不具有注意义务，即不构成过失侵权。若认定行为人对于损害后果具有可预见性，则应进一步考虑行为人对于损害后果的发生是否具有可以进行合理避免的可能性。从裁量顺序上说，可预见性是可避免性的前提。

---

① 参见朱庆育：《民法总论》，北京大学出版社 2013 年版，第 224 页。

② 参见杨立新：《侵权责任法》，法律出版社 2012 年版，第 112 页。

③ 参见郑永宽：《论过失侵权判定标准的构造与适用》，载《法律科学》2013 年第 2 期。

1. 损害后果发生的可预见性。可预见性，也称为预见可能性，其是通过假想的善良管理人在相同情况下能否预见到损害后果的发生来进行判断。行为人所要预见的，是在某种特定情况下可能产生的损害风险。然而，由于不同案件之间的情况千差万别，无法形成一个同一的裁判标准，因此，笔者认为，应当根据损害种类的不同，建立类型化的可预见性标准。正如有学者所言，“可预见性应被理解为与某一类型的损害相联系，而不是与特别的损害相联系”。[①] 当然，由于不同案件所考量的因素具有多样性与复杂性，即使建立了类型化的标准，在具体的案件中，仍需要法官结合具体的情况，在类型化的裁判规则之下，进行具体分析。

2. 损害后果发生的可避免性。关于如果有预见可能性能否立即认定有过失，存在两种观点的对立：一种观点认为，当存在结果预见可能性时，通过不实施使那种结果发生的行为则能够回避结果，所以预见可能性存在时可以立即认定存在结果回避义务因而有过失；另一种观点认为，在以预见可能性为前提的基础上还要有回避结果的可能性才能认定有过失。[②]

笔者认为，对于结果可避免性进行探讨的关键，并不在于能否避免损害的发生，而在于为了防止损害的发生，行为人所采取的避免措施应达到何种程度。在现代社会，几乎所有的社会活动都能够预见到损害风险，如果因此而停止所有行为，则将对人类的行为自由以及社会发展造成巨大阻碍。因此，可避免性所要求的，并非要尽一切可能的措施去避免损害发生，而是要求其所采取的措施需要达到合理的程度。因而，“对可能预见的危险，不采取通常人应采取的回避措施的场合才应该追究行为人的责任”。[③] 至于如何认定善良管理人通常会实施的合理行为，则主要通过法官的自由裁量权进行裁断，但实践中多辅以权衡模式为判定。这种模式尤以汉德公式为典型而被英美法大量采用，也被大陆法系的一些学说与判例所采纳。[④]

（二）汉德公式与过失的判断

关于侵权法上过失的判断标准，汉德公式是值得重视的经济分析的思考方法。美国著名大法官勒恩德·汉德（Learned Hand）在美国政府诉卡罗尔拖船

---

① ［美］格瑞尔德·J. 波斯特马：《哲学与侵权行为法》，陈敏、云建芳译，北京大学出版社 2005 年版，第 128 页。

② 于敏：《日本侵权行为法》，法律出版社 2006 年版，第 123 页。

③ 于敏：《日本侵权行为法》，法律出版社 2006 年版，第 129 页。

④ 参见郑永宽：《论过失侵权判定标准的构造与适用》，载《法律科学》2013 年第 2 期。

公司（United State v. Carroll Towing Co.）案中，为过失提出如下公式：若损失发生概率P，损失金额为L，并用B表示预防成本，则在B<P×L（即预防成本小于损失金额乘以损失发生概率）时，行为人具有过失。此即所谓的“汉德公式”。其基本思想系建立在所谓经济效率，即借助鼓励以合理费用预防意外事故，而不鼓励在安全上的超过投资，而对财富予以极大化，对成本费用予以极小化。①

汉德公式对于侵权法上的过失进行的经济分析，具有很大的启发性，以及很强的工具效用。但是，王泽鉴先生认为，侵权法上对于过失的认定，并不应当等同于纯为经济上的方程式，其指出：第一，传统的侵权行为法植根于个人的道德性，其所注重的是个人间的公平，而非增进广泛的社会政策或福利；第二，过失的认定上包括生命、身体等非经济价值，难以用金钱或财富加以计算衡量；第三，法官有无能力从事经济分析，甚有疑问；第四，侵权行为法的理念在维护个人自由并合理地分配损害，非仅为成本效率的微积分，不能使侵权行为法上的善良管理人成为冷血、精于计算的经济人。②

仍需指出的是，善良管理人所应采取的合理行为，乃是其在同意情况下所采取的“当为行为”，但“当为行为”并不必然就能够回避损害的发生。而汉德公式则旨在确定可对应于避险成本的足以回避损害的行为。两者在思考路径上并不完全相同，因此，汉德公式可以作为认定善良管理人的合理行为的一种参考，使损害发生的可能性、可能结果的严重性、加害行为的社会价值、避免损害发生的费用等因素都纳入司法考虑的范围，但汉德公式本身并无法成为一种可行认定标准。在日本，将因负担义务就要牺牲的利益与被侵害利益的重大性进行比较衡量的见解，也未为其法律界的通说所采纳。③

二、可预见性的法律边界

损害后果发生的可预见性，指向的是现代社会各行各业所积累的知识、经验和能力，由其所形成的一个善良管理人的预见可能性。然而，由于现代社会已经是一个充满风险的社会，如果将所有风险都纳入“可预见性”的范围，就等于让行为人对其引发的一切侵害负责，“可预见性”作为一个责任限制条件

① 参见王泽鉴：《侵权行为》，北京大学出版社2009年版，第245页。
② 参见王泽鉴：《侵权行为》，北京大学出版社2009年版，第246页。
③ 参见于敏：《日本侵权行为法》，法律出版社2006年版，第134页。

也就失去了意义。[①] 因此，对于可预见性的法律边界，需要进行进一步的分析。

(一) 程度限制

可预见性并不要求对损害预见达到非常具体的程度，只要行为人能够一般性地预见到伤害的现实可能性即满足要求。因为，过失责任的目的并不是要去保护某个特定的人，而是防止某种针对不特定人的危险，而现实中的受害人仅仅是因为碰巧置身于该类危险之中才成为特定的请求权人。[②] 因此，可预见性由于类型化的客观要求，其所针对的客体，往往是一类的损害风险，而不涉及真实的危险发生。换言之，行为人对于损害结果的预见，不要求其能够预见到行为后果的一切细节，只要其能够一般性地预见到损害发生的现实可能，即为足够。

(二) 信息限制

行为人是否具有"可预见性"，还应看其当时是否能够对获得有关侵害可能性的信息进行具体判断。当两个民事主体在社会中发生接触时，在缺乏进一步信息的情况下，只能将对方作为其所属社会群体的一个普通成员看待。因此，在判断相对人的身份时，在没有事实、经验支持相反判断的情况下，行为人可以将相对人看作一个"理性人"。如果这个相对人忽然做出了不合常理的举动，我们就可以认定这是行为人不可预见的。然而，行为人并不能永远主张社会相对人的任何非理性行为都是其不可预见的。当有一定的经验性常识表明，相对人极有可能出现非理性行为时，行为人便不可声称自己不具有对损害发生的可预见性。例如，当相对人由单个或极少数人扩大为群体时，非理性行为的发生概率就大大提高了，个体的多样性和精神状态的参差不齐已经成为现代社会的经验性知识，成为可以预见的了。[③]

(三) 非理性的经验：警示说明缺陷产品责任

我国《产品质量法》第 27 条第 1 款第 5 项规定："使用不当，容易造成产品本身损坏或者可能危及人身、财产安全的产品，应当有警示标志或者中文警示说明。"我国《消费者权益保护法》第 18 条第 1 款规定："经营者应当保证

① 参见刘文杰：《论侵权法上过失认定的"可预见性"》，载《环球法律评论》2013 年第 3 期。

② 参见刘文杰：《论侵权法上过失认定的"可预见性"》，载《环球法律评论》2013 年第 3 期。

③ 参见刘文杰：《论侵权法上过失认定的"可预见性"》，载《环球法律评论》2013 年第 3 期。

其提供的商品或者服务符合保障人身、财产安全的要求。对可能危及人身、财产安全的商品和服务，应当向消费者作出真实的说明和明确的警示，并说明和标明正确使用商品或者接受服务的方法以及防止危害发生的方法。”这两条共同构成了我国认定警示说明缺陷的法律依据。警示说明缺陷产品责任，其实内含着这样的假设，即当产品使用者众多时，非常有可能出现非理性的产品使用。

产品仅仅是合格产品，不具有制造缺陷和设计缺陷还不够，还要对产品作出充分的说明和警示，特别是对具有一定危险性的产品，制造者或者销售者更要竭尽注意义务，防止买受人在使用中发生危险，造成损害。这是现代社会对人身安全和财产安全的重视，也是人权观念在产品领域和消费领域中的普及。为了保护广大消费者的安全，产品制造者和销售者必须遵守这样的高度注意义务。①

对于有致害危险的产品，如果要避免该产品在使用中发生危险，就一定要进行说明或者警示。说明或者警示的必要性的判断标准，就是这种致害危险可以通过合理的说明或者警示而减少或者避免，如果不采纳该说明或警示就不能使产品得到合理安全的使用。该条件的要求是，合理的说明或者警示能够避免或者减少产品的致害危险，达到合理安全的标准，使产品能够安全使用。② 这一判断标准，突出说明了非理性概率对于行为人即生产者或销售者的可预见性的影响。

在一般的社会交往中，因为人与人之间通常进行的是一对一的交往，因此，行为人有理由相信交往相对人是一个理性人，因而在对其出售产品时，有理由期待其在没有警示标志的提醒下，也能够合理谨慎地使用该产品。然而，在现代社会交往中，特别在商事领域，由于生产者或销售者所面对的相对人由单个或者少数人，拓展到了广大的群体，原先对于单个相对人的合理推定便不能再适用。因为，个体聚集所产生的单个理性状态的差异性已经成为现代社会的常识，生产者或销售者没有理由再期待每一个相对人都能拥有相同的合理、谨慎的理性状态。如果产品的致害危险足够大，为了保证公民的安全，法律必须充当“家父”，推定该产品存在的致害危险不加以充分说明或者警示不足以防止危险转化为损害。③ 在这种情况下，生产者或者销售者就应当承担提供说明或

① 参见杨立新：《侵权责任法》，法律出版社 2012 年版，第 321 页。

② 参见杨立新：《侵权责任法》，法律出版社 2012 年版，第 322 页。

③ 参见杨立新：《侵权责任法》，法律出版社 2012 年版，第 320 页。

者警示的义务。

此外，对于说明、警示是否充分的认定标准，一般的要求是，正确说明产品存在的危险，以及正确使用该产品、避免产品存在的危险，达到使用的合理安全要求。[①] 根据解释，其认定的标准，大致应使说明、警示能够引起社会一般人注意并且予以理解。从相信产品能够被合理使用，到相信警示能够被合理注意，这说明了当相对人即潜在的受害者扩大为多数人时，法律对于相对人的合理期待的要求降低，而对生产者或者销售者的可预见性范围进行扩大。

三、注意义务的司法裁量

在进行司法裁判时，对于过失侵权的认定，主要集中在对于注意义务的判断之上，而在此过程中，出现了两个难点问题需要进行检讨，现分析如下。

（一）注意义务的冲突问题

由于注意义务的产生依据有很多种，而这些注意义务的产生依据之间又存在效力的差异，因此，一个人可能同时被法律、法规、习惯等要求履行多种注意义务，然而这几种注意义务彼此之间又不能相互吸收，于是便出现了注意义务发生重叠的情况，这些重叠的注意义务有时可能发生冲突，即行为人为履行一种或几种注意义务而必须放弃另外一种或几种注意义务。[②]

为了解决注意义务之间的冲突问题，笔者认为，需要确定两个维度：一是注意义务的时间维度；二是注意义务的效力维度。首先，在时间维度上，最接近于侵权损害发生的注意义务应当予以最优先履行，此类似于日本刑法学者在过失犯理论中所提出的“直近过失单独说”的思想。[③] 其次，在离侵权损害“同等距离”的若干个注意义务发生冲突的情况下，则应当按照注意义务产生依据的法律效力来进行排序，即法律效力优先者，其产生的注意义务履行优先。对于注意义务冲突的优先性进行排序，可以作为司法裁判中的一种有效规则进行运用。

（二）注意义务的司法推定

侵权法上的过失是抽象的，其不依行为人的主观意志为标准，而以客观上应不应当做到为标准。然而，由此也产生了一个问题。由于社会民众个体之间存在着差异，各类人群的“善良管理人”基本上都属于该类群平均水准的智力

---

① 参见杨立新：《侵权责任法》，法律出版社2012年版，第322页。

② 参见屈茂辉：《论民法上的注意义务》，载《北方法学》2007年第1期。

③ 参见周光权：《注意义务研究》，中国政法大学出版社1998年版，第130页。

水平、认知能力和知识经验的人，因此，在特定的群体中，总是有相当一部分人的智力水平、认知能力和知识经验处于“善良管理人”所要求的标准之下。对于这部分人的注意义务，无论是在学理上还是在实践中，都不是以这部分行为人是否能够实际了解、认识为依归，而是推定其具有“善良管理人”的智力水平、认知能力和知识经验。因此，对于侵权法所认定的“善良管理人”都应知晓的注意义务，便不允许任何人以不知晓为借口而否认注意义务的存在并逃避对其注意义务的履行。①

对于此种情况，王泽鉴先生认为，过失类型化含有客观责任的性质，与严格的个人责任未尽相符，在某种程度并具担保的因素，旨在实践侵权行为法填补损害及预防损害的机能。此依客观标准而为的过失非难，系就个别的行为人加以认定，基本上仍维持过失责任原则。然而在若干情形下，此种客观化的过失标准事实上将导致某种危险责任，如天生弱视而驾驶者，必须就其视力不足而负责，此为采过失责任所要付出的代价。② 但也有学者认为，这种司法推定做法是错误的，是把“善良管理人”的外延无限度地扩大，进而使之等同于整个社会的“善良管理人”。换言之，在注意义务认定的推定中，我们不仅要考虑行为人的职业特点、民事行为能力状况，还要考虑行为人所属类群是否为发达地区的同类类群的因素。③

笔者认为，与刑法保障人权的目的不同，侵权法的目的在于填补损害以及合理分配风险。因此，相较于刑法中过失犯的判断标准，侵权法中的过失侵权的标准显得更为客观化。在侵权法中，客观的过失标准，实为对于行为人与受害人的损害负担所进行的一种合理分配。准此而言，在刑法因无过失而不成立犯罪的，在民法上得因果是而构成侵权行为。④ 因而，若放弃了对于过失标准的客观界定，而又开始考虑具体个案中的行为人的职业、能力、智识等具体因素，则无异于又回到了之前的主观化标准，不仅不利于类型化标准的进一步深入研究，也无异于赋予司法机关过大的自由裁量权。

当然，根据民法确定的公平原则，在具体个案中，如依据客观标准所作出的裁决将产生极其不公平的结果，可对此进行适当的纠偏，例如适当减轻行为人的赔偿范围或者赔偿数额等。

---

① 参见屈茂辉：《论民法上的注意义务》，载《北方法学》2007 年第 1 期。

② 参见王泽鉴：《侵权行为》，北京大学出版社 2009 年版，第 243 页。

③ 参见屈茂辉：《论民法上的注意义务》，载《北方法学》2007 年第 1 期。

④ 参见王泽鉴：《侵权行为》，北京大学出版社 2009 年版，第 241 页。

【典型案例】

李海某等诉某某公安分局、某某电视台等侵犯名誉权、肖像权纠纷案[①]

上诉人（原审被告）：某某电视台。

法定代表人：汤达某，该台台长。

被上诉人（原审原告）：李海某。

法定代理人：李庆某（系李海某之父），个体工商户。

被上诉人（原审原告）：高某。

法定代理人：张某（系高某之母），农民。

被上诉人（原审原告）：刘某。

法定代理人：张艳某（系刘某之母），霍丘县供销社下岗职工。

被上诉人（原审原告）：孙某。

法定代理人：孙立某（系孙某之父），个体工商户。

被上诉人（原审原告）：陈光某。

法定代理人：陈树某（系陈光某之父），个体工商户。

被上诉人（原审原告）：张力某。

法定代理人：张宏某（系张力某之父），个体工商户。

原审被告：六安市公安局某某改革发展试验区分局。

负责人：黄家某，该局局长。

原审被告：某某改革发展试验区某某实验学校。

法定代表人：郑长某，该校校长。

〔基本案情〕

合肥市包河区人民法院经审理查明：2005 年 3 月 20 日，安徽省霍丘县某某镇发生一起强奸（未遂）案，被告某某公安分局立案后，于同年 4 月 13 日下午将犯罪嫌疑人朱某某抓获。当晚，某某公安分局欲安排被害人对犯罪嫌疑人进行混合指认，要求被告某某实验学校予以协助，提出需要数名与犯罪嫌疑人朱某某年龄相仿的初中男生配合指认。当晚 9 时下自习时，某某实验学校教导主任对该校初二八（8）班班主任张爱国说明了此事，张爱国即带领原告李海某、高某、刘某、陈光某、张力某和孙某前往某某公安分局。该局民警向张爱国及六原告说明了混合指认的相关内容，张爱国在谈话笔录上签名后，六原告按民警要求手举号牌与犯罪嫌疑人朱某某一起列队接受指认，这一过程被民警摄像和拍照。次日，被告某某电视台记者前往某某公安分局采集新闻，某某公安分局遂将本案指认过程的相关摄像资料等交给某某电视台记者，未作任何交待。2005 年 4 月 16 日，某某电视台“第一时间”栏目播报的新闻中，出现李海某等六原告手持号牌参与辨认的图像，面部无任何技术遮盖，

---

① 本案所涉及当事人姓名均为化名。

时间约2秒。某某电视台播报此新闻前未通知某某公安分局和某某实验学校。李海某等六原告先后看到该条新闻，随后即向学校及某某公安分局提出异议，未果，后被同学和其他人以“嫌疑犯”和“几号强奸犯”等字眼称呼。某某公安分局于2005年7月2日向某某实验学校发出建议函，建议学校对六原告予以表扬。李海某等六原告因与三被告未能就赔偿事宜达成一致意见，遂诉至法院。

〔一审裁判要旨〕

合肥市包河区人民法院认为：根据《中华人民共和国民法通则》[①]（以下简称民法通则）第一百零一条的规定，公民、法人享有名誉权，公民的人格尊严受法律保护。被告某某公安分局依法具有刑事案件侦查权，在侦破强奸犯罪刑事案件过程中，因侦查需要安排原告李海某等六名未成年人协助参与混合指认过程并拍照、录像，该行为本身并不违反法律规定。但在混合指认这一侦查活动终结后，在向被告某某电视台提供相关新闻资料时，作为公安机关的某某公安分局应当认识到、同时也有义务特别提醒某某电视台在播出时注意对图像进行相关技术处理，以保护六原告的合法权益。但某某公安分局未尽到该义务。某某电视台作为新闻机构，也应当在新闻报道中注意保护他人的合法权益，但在播放涉案新闻时，对犯罪嫌疑人朱某某的脸部画面作了某种程度的技术处理，反而忽略了对六原告的脸部画面进行处理，使六原告的脸部未加遮掩直接显示于屏幕。尽管播出时间较短，也足以使对六原告熟悉的人从电视画面上将六原告认出。同时，由于电视这种大众传媒方式覆盖面非常广泛，该新闻内容传播到社会上产生了广泛影响。加之某某电视台播出该新闻时未对六原告协助公安机关进行混合指认的情况加以特别说明，使得不特定的群众产生误解，导致六原告被他人冠以“强奸犯”的称谓，其社会评价被严重降低，产生了一定的损害结果。对于该损害后果的发生某某电视台和某某公安分局主观上均存在过错，其行为侵犯了六原告的名誉权，应当对其侵权行为所造成的损害后果承担民事赔偿责任。根据民法通则第一百二十条的规定，对于公民名誉权受到侵害的，可以责令侵权人恢复名誉、消除影响、赔礼道歉、赔偿损失。但赔偿损失的幅度应当与侵权所造成不良影响的范围相当。安徽电视台和某某公安分局均是由于过失造成侵权，主观上也不存在故意侮辱、诽谤他人为自己谋利的目的，因此，对六原告要求支付精神抚慰金60万元的请求不予支持，将精神抚慰金的数额酌定为每人6000元，合计36000元。

肖像权是公民支配自己肖像的权利。民法通则第一百条规定，公民享有肖像权，未经本人同意，不得以营利为目的使用公民的肖像。因此，构成侵犯肖像权需要符合两个要件：一是未经许可使用公民的肖像，二是以营利为目的。被告某某电视台和某某公安分局均非以营利为目的使用李海某等六原告的肖像，故不构成对六原告肖像权的侵犯。

---

① 本书案例中适用的法律法规等条文均为案件裁判当时有效，下文不再对此进行提示。

被告某某实验学校应被告某某公安分局的要求，指派老师带领李海某等六原告到该局配合进行相关刑事案件的侦破，行为并无不当。对某某公安分局在指认过程中拍摄、录像的行为，某某实验学校既无权干涉，也无法预见该影像资料会被新闻媒体不恰当地传播，被告某某电视台播出涉案新闻前亦未通知某某实验学校，故某某实验学校的行为不构成对六原告侵权。

综上，合肥市包河区人民法院判决：一、被告某某电视台和被告某某公安分局向原告李海某、高某、刘某、孙某、陈光某、张力某公开赔礼道歉，以消除影响、恢复名誉（内容须经该院审查许可）。两被告如不履行，该院将在安徽省省级报刊刊登该院生效判决书主文，相关费用由某某电视台与某某公安分局共同承担；二、被告某某电视台与被告某某公安分局共同向原告李海某、高某、刘某、孙某、陈光某、张力某各支付精神抚慰金人民币6000元，合计36000元；三、驳回原告李海某、高某、刘某、孙某、陈光某、张力某对被告某某实验学校的诉讼请求；四、驳回原告李海某、高某、刘某、孙某、陈光某、张力某的其他诉讼请求。

〔当事人上诉及答辩意见〕

某某公安分局不服一审判决，向安徽省合肥市中级人民法院提起上诉，理由是：1. 本案李海某等六被上诉人主张原审被告某某电视台及我局故意编造虚假新闻侵犯其肖像权、名誉权，而一审法院认定某某电视台未尽注意义务，我局未尽特别提醒义务，侵犯了李海某等人的名誉权。李海某等六人主张的法律关系性质与法院认定不一致，法院不应直接作出判决，而应当告知其变更诉讼请求，以便我局能就此进行举证。2. 我局因被动接受采访而提供包括录像资料在内的新闻材料，是履行法制宣传义务，主观无过错。某某电视台至案发当地采访，拍摄了学校、犯罪现场，并来我局调取案件第一手资料。我局除全面客观介绍案情外，还应记者要求提供了相关录像资料，目的并非供电视播放，而是为记者、编辑全面了解案件情况，保证新闻准确无误。某某电视台如播出我局提供的录像资料，应征得我局同意，但该电视台未尽上述义务。原审法院以本局有特别提醒义务为由判令本局承担侵权责任，无事实和法律依据。3. 某某电视台播放涉案新闻时已作了技术性处理，一审法院认为被上诉人的脸部未加遮掩直接显示于屏幕便是未对其合法权益进行保护，是错误理解。本局认为电视台在未通知本局并征得本局同意的情况下对录像进行剪辑播出虽有不妥，但其播出的内容能使观众清楚辨别李海某等六被上诉人不是犯罪嫌疑人，其播出目的是为弘扬正气，揭露犯罪，宣传法制，具有阻却违法性。综上，我局行为不构成侵权，不应承担民事责任。请求二审法院依法改判。

被上诉人李海某、高某、刘某、孙某、陈光某、张力某辩称：一审判决认定事实清楚，判决结论正确。上诉人某某公安分局将有关录像资料提供给原审被告某某电视台，应该履行特别提醒的注意义务。而正是因为某某电视台播放该录像资料时对被上诉人脸部画面未进行技术处理，给被上诉人造成名誉损害。故某某公安分局的上诉理由不能成立，请求二审法院维持原判。

原审被告某某电视台称：上诉人某某公安分局关于我台播放涉案录像资料须经该局同意的上诉理由不成立，原审判决赔偿李海某等六被上诉人精神抚慰金的金额欠合理。

原审被告某某实验学校称：公安部门按合法程序让学生配合指认，我校配合公安机关的行为并无不当。原审被告某某电视台播出指认过程，事前并未通知我校，故我校无过错，一审判决我校不承担责任是正确的。

〔二审查明的事实〕

合肥市中级人民法院经审理，确认了一审认定的事实。

〔二审裁判要旨〕

合肥市中级人民法院认为：

本案的争议焦点是：1. 李海某等被上诉人一审诉讼请求所主张的法律关系性质与一审法院认定是否一致。2. 公安机关将侦查过程中形成的录像材料交给新闻媒体时未尽特别提醒义务，是否存在过错。公安机关侦查行为的合法性、配合新闻媒体进行法制宣传的正当性以及新闻媒体自身在新闻报道中的过失，是否构成公安机关上述过错的法定免责事由。

本案被上诉人李海某、高某、刘某、孙某、陈光某、张力某在一审时提出的诉讼请求是认为上诉人某某公安分局及原审被告某某电视台、某某实验学校侵犯了其名誉权、肖像权，要求三单位公开赔礼道歉、恢复名誉、消除影响并支付精神抚慰金60万元。一审法院根据其诉讼请求进行审理，认为某某电视台、某某公安分局没有尽到各自的义务，构成对被上诉人名誉权的侵犯，但其行为未侵犯被上诉人的肖像权，并作出相应判决。该判决并未超出被上诉人一审时提出的诉讼请求。故上诉人主张原审判决认定的法律关系与被上诉人一审诉讼请求不一致的观点不成立。

根据《中华人民共和国刑事诉讼法》第三条的规定，对刑事案件的侦查、拘留、执行逮捕、预审，由公安机关负责。为了更好地打击犯罪，公安机关在行使侦查权时，可以根据工作需要依法采取一些特殊的侦查手段。本案中，上诉人某某公安分局为侦破相关刑事案件，安排李海某等六名被上诉人配合进行的混合指认，即是一种法定的、特殊的侦查手段。某某公安分局在特定的、不公开的场所内，为了侦查案件的需要进行混合指认，并进行录像、存档的行为，是依法行使侦查权的行为，本身并不具有违法性。但是，公安机关在侦查活动终结后，在向新闻媒体提供侦查活动中形成的资料时，应当尽到谨慎的注意义务，避免因此导致对他人合法权利的侵犯。如果因未尽谨慎注意义务，侵犯了公民、法人或其他组织的合法权益，也应当承担相应的法律责任。公安机关向新闻媒体提供新闻资料，不是依法行使侦查权的行为，不能因行使侦查权本身的正当性，免除其在向新闻媒体提供资料时未尽谨慎注意义务而应承担的法律责任。根据本案事实，某某公安分局将混合指认录像资料交给原审被告某某电视台，发生在混合指认这一侦查手段终结之后，且某某电视台是新闻媒体，其收集侦查资料只是为了用于新闻报道，某某公安分局将侦查过程中形成的材料交给某某电视台，不是侦查手段的延续。因此，某某公安分局侦查行为的合法性，不构成其在向新闻媒体提供侦破案件相关材料时未尽谨慎注意义务的法定免责事由。

上诉人某某公安分局以配合新闻工作，履行法制宣传义务为由，称自己无过错，是对法律上“过错”这一概念的误解。民法上的过错既包括故意，也包括过失。行为人主观上具有良好的意图，并非意味着行为人一定没有过错。播放法制节目，其目的正如某某公安分局所称是弘扬正气，揭露犯罪，是为了法制宣传的需要。但在本案中，宣传法制与保护未成年人的合法权益并不矛盾。对于涉及未成年人的特殊案件，在制作成面向广泛的、不特定的受众播放的新闻节目时，对未成年人的形象加以技术处理或者在节目中予以特别说明，并不会因此而影响宣传法制、弘扬正气的效果。参与指认的公安人员知晓并理解混合指认的内容，不会因为与案件无关的人参与指认而认为其就是犯罪嫌疑人，不会因此导致这些无辜的人的社会评价降低。但是，某某公安分局将混合指认录像资料交给电视台时，未尽特别提醒义务，导致李海某等六被上诉人的脸部画面未经任何技术处理，即通过新闻传播到不特定的受众处，且该新闻节目亦未就此作出特别说明。观看新闻的普通群众，并不一定知晓混合指认这一特定侦察手段的具体内容，因此有人公开指责六被上诉人未成年即犯下恶劣罪行，并冠以“强奸犯”的称谓，导致六被上诉人社会评价的降低，发生名誉权受损的后果。故某某公安分局配合新闻媒体进行法制宣传的正当性不构成免除其在本案中所应承担民事责任的法定事由。

本案损害后果的发生，与原审被告某某电视台的过失也存在一定的联系。在上诉人某某公安分局未尽提示义务的情形下，如果某某电视台在播放新闻时进行一些技术处理，损害后果就不会发生。但是，新闻媒体自身在新闻报道中的过失，并不导致某某公安分局的责任得以免除。根据《最高人民法院关于审理名誉权案件若干问题的解释》第七条第（二）项的规定，被动提供新闻材料，但发表时得到提供者同意或者默许，致使他人名誉受到损害的，应当认定提供者的行为构成侵害名誉权。电视台是面对大众的新闻传媒机构，某某公安分局在接受某某电视台“第一时间”栏目采访时，将上述混合指认录像资料交给电视台而未作任何特别说明，是对电视台播出该资料的一种默示行为。某某电视台自身在新闻报道中的过失，不构成免除某某公安分局民事责任的法定事由。

综上，上诉人某某公安分局上诉称其不应承担民事侵权责任的理由均不能成立。一审认定事实清楚，判决正确，但在适用法律部分，还应适用《最高人民法院关于审理名誉权案件若干问题的解释》第七条第（二）项的规定，应予以补充。据此，合肥市中级人民法院依照《中华人民共和国民事诉讼法》第一百五十三条第一款第（一）项之规定，于2006年3月15日判决：驳回上诉，维持原判。

第二章 侵害肖像权责任

规则 2：物质载体表现人体的一部分、不能体现特定人外部视觉形象的，不是法律意义上的肖像

——叶某诉某某医科大学附属北京某某医院、人民某某出版社、北京城市某某广告艺术有限公司肖像权纠纷案①

【裁判规则】

肖像权，是肖像人对自己的肖像依法享有的制作、使用专有权及利益维护权。如果物质载体所表现的内容，只是人体的一部分器官，不能反映特定人相貌的综合特征，则不是完整的特定人形象，不能引起一般人产生与特定人有关的思想或感情活动，不是法律意义上的肖像。

【规则理解】

一、法律意义上之“肖像”界定

作为一种典型的具体人格权，肖像权之客体为肖像上所体现的人格利益。《民法通则》② 虽然对肖像权进行了规定③，但是对何为肖像、何为肖像权，却未作出明确的定义。《民法典》则对肖像权、肖像作出了明确的界定，即第1018 条规定：“自然人享有肖像权，有权依法制作、使用、公开或者许可他人使用自己的肖像。肖像是通过影像、雕塑、绘画等方式在一定载体上所反映的特定自然人可以被识别的外部形象。”

（一）“肖像”概念之二分

作为概念使用的“肖像”，具有艺术造型与法律意义两个层面之内涵。溯

① 《中华人民共和国最高人民法院公报》2003 年第 6 期。

② 2021 年 1 月 1 日《民法典》施行后，该法废止。

③ 《民法通则》第 100 条规定：“公民享有肖像权，未经本人同意，不得以营利为目的使用公民的肖像。”

其本源，“肖像”一词最早就是出现在造型艺术范畴之中。在艺术学领域，肖像既是一门艺术、一种作品，同时也是某种具体的肖像载体，其内涵十分不确定。随着商品经济的发展，肖像自身所负载的人格利益逐渐为人们所认识。为了保护该原像人之人格利益，法律将“肖像”纳入自身规范的范畴，从而形成了法律意义上之“肖像”概念。

法律意义上的肖像通常以艺术造型中的肖像为载体，即建立在肖像作品客观存在的外部形态上。二者的本质区别在于，前者客观地反映了原像人的人格特征。因此，对原像人的识别性，系法律意义上之肖像的核心要素。换言之，若肖像作品客观地反映了原像人的人格特征，从而使他人能够依据该特征识别出原像人，产生与原像人有关的思想或感情活动，则足以认定该作品构成法律意义上之肖像。反之，若肖像作品所表现的内容，只有人体的一部分器官，不能反映特定人相貌的综合特征，不是完整的特定人形象，不能引起一般人产生与特定人有关的思想或感情活动，则不能认定该作品构成法律意义上之肖像。

（二）法律意义上之肖像内涵界定

关于法律意义上之肖像的具体内涵，我国法学理论界存在较大分歧。例如，第一种观点认为，“肖像即以某人为主题的相片和画像，通常是没有风景陪衬的大幅照片。完全不涉及人体五官的形象作品，例如背面、蒙面或者颈部以下局部人体作品均不构成肖像”①。第二种观点认为，“肖像是通过绘画、照相、雕刻、录像、电影等艺术形式使公民外貌在物质载体上再现的视觉形象”②。第三种观点认为，“肖像是指通过绘画、照相、雕塑等各种艺术形式而使公民的面部特征在物质载体上再现的视觉形象”，具有个人性、面部性、再现性、客观性和可辨性③。第四种观点认为，“法律意义的肖像不是外化在物质载体上的映像，更不是肖像作品，也不能把肖像等同于反映人的外部形象的绘画、照片、雕塑等。肖像是与人身不可脱离的外部形象，包括人的容貌和体貌”④。由此可见，我国学者对于肖像之内涵与外延，即肖像是否仅以面部特征为中心，及肖像是否等同于反映人外部形象的载体等，均存有较大争论。

通常，以面部（五官）为中心的形态与神态是个人形象区分上最具标志性的体征。因而，以面部特征为中心来界定法律意义上之肖像，符合社会一般理

① 张俊浩：《民法学原理》，中国政法大学出版社 1997 年版，第 141 页。

② 杨立新：《人格权法》，人民法院出版社 2009 年版，第 394 页。

③ 参见王利明：《人格权法研究》，中国人民大学出版社 2005 年版，第 446—448 页。

④ 隋彭生：《论肖像权的客体》，载《中国法学》2005 年第 1 期。

念，具有清晰、直观、易辨等诸多优点，在司法实践中可操作性突出，似较可取。然而，人的身体各部分，包括形体特征、姿势等其他方面，通常亦能反映人的特征，具有可识别性，故不能完全否认面部以外其他特征在肖像认定中的作用。只要依据以上特征得以清楚地识别出原像人，就应当认定该载体构成肖像，进而依法给予肖像权之保护，如人体模特的肖像①。不过，依据面部特征之外诸如身体某部位进行肖像识别时，还应当考虑社会一般民众的惯常观念与认识能力。如果识别过于困难，一般人（原像人的一般熟人、亲友等）不能直观、清晰地辨认载体所指向的原像人，唯有借助高科技等先进技术手段进行专业对比才能确定，则不应当认定该载体构成法律意义上之肖像。

对于肖像是否等同于物质载体的争论，笔者认为，法律意义上的肖像离不开载体，通常必须首先固定在一定的载体上（无论是有形还是无形）才能够为人力所支配，从而加以利用或者许可他人使用。然而，肖像是公民形象的再现，可以通过各种艺术手段与载体表现出来，并不等同于反映外部形象的载体；否则，将无法解释一连串的问题，如保管人将被保管人的照片毁坏，照相馆丢失顾客的相片等情形中，责任人均仅承担违约责任，而不构成对肖像权的侵害。而且，如果将肖像等同于载体，却将个人形象本身排除在肖像范畴之外，则对于正在进行的偷拍、偷录等行为，肖像权人将无法采取正当防卫行为或自助行为，因为肖像之载体尚未形成或者正在形成过程中。而“以人的外观形象作为肖像权的客体，就会为正当防卫等自力救济和请求公力救济提供坚实的法理基础，使当事人能够及时采取防患于未然的措施”②。由此，将个人形象本身亦纳入法律意义上之肖像范畴，具有一定的合理性。

综上所述，肖像离不开特质载体，唯有固定在一定载体上的肖像才存在自己使用与许可他人使用的可能。在生活中乃至司法实践中，将照片、画像、雕塑等载体与肖像作为同义语交替使用，已经成为人们的惯常做法。但有必要指出的是，肖像不等同于载体，是个人外部形象及该形象被特质载体固化后表现出来的视觉形象。如此，则肖像权人在权利有受侵害之虞时，得以私力方式或

---

① 此观点在比较法视角下亦能成立。早在1984年的科恩诉草药概念公司（Cohen v. Herbal Concepts，Inc.）一案中，美国法院就判决认为，可识别性不限于脸部特征，只要他人能够依据头发、姿势、体貌等特征识别出原像人，那么识别性就成立，构成肖像。参见［加］埃里克·H. 瑞特：《公开权的比较研究》，载张民安主编：《民商法学家》（第6卷），中山大学出版社2010年版，第280页。

② 隋彭生：《论肖像权的客体》，载《中国法学》2005年第1期。

请求公力给予救济，从而实现对肖像权人的全面保护。

二、肖像权侵权责任之构成

侵权责任之构成，通常需要具备以下四个要件，即行为人主观上具有过错、行为的违法性、损害事实的存在，以及损害事实与行为之间具有因果关系。侵害肖像权为侵权行为之一种，在具体认定时亦应当遵循一般侵权责任的认定思路。不过，肖像权侵权具有特殊性，根据特别法优先于一般法的原理，在其他法律有特别规定时，应当优先考虑特别法的规定，故特别法中关于肖像权侵权的特别规定，优先于一般侵权责任之构成要件。

（一）“以营利为目的”不应为侵害肖像权之构成要件

我国系成文法国家，在界定肖像权侵权责任之构成要件上，应当对立法[①]文本进行分析。《民法通则》[②] 第 100 条规定：“公民享有肖像权，未经本人同意，不得以营利为目的使用公民的肖像。”《民法通则意见》[③] 第 139 条也规定：“以营利为目的，未经公民同意利用其肖像做广告、商标、装饰橱窗等，应当认定为侵犯公民肖像权的行为。”据此，司法实践中，一般认为，只有以营利为目的且未经肖像权人同意而使用其肖像时，方能构成侵权。侵犯肖像权的构成附加了以营利为目的的条件。但实际上，该种观点并不符合肖像权作为绝对权、人格权的特性，容易将肖像权的保护引入人格商品化的歧途。[④] 更重要的是，从我国既有的立法文本中并不能毋庸置疑地得出上述结论。[⑤]

在现实生活中，使用他人肖像的情况十分复杂。根据是否以营利为目的，可以将非法使用他人肖像的情况分为：营利性非法使用与非营利性非法使用。其中，非营利性非法使用又可以具体分为侮辱性非法使用、一般利用性非法使用及不当性使用。侮辱性非法使用，是指使用人恶意丑化、玷污、毁损他人的肖像，行为人在主观上的恶意程度最高，给肖像权人带来的精神强制、痛苦与不安最大，物质利益之损害也最大。一般利用性非法使用，是指在未取得肖像

---

① 鉴于司法解释在我国司法审判实践中的重要作用，本文将司法解释亦纳入其中。

② 2021 年 1 月 1 日《民法典》施行后，该法废止。

③ 2021 年 1 月 1 日《最高人民法院关于废止部分司法解释及相关规范性文件的决定》施行后，该意见废止。

④ 杨立新：《人格权法》，法律出版社 2011 年版，第 458 页。

⑤ 实际上，《民法通则》第 100 条和《民法通则意见》第 139 条均未明确说明没有营利就不构成侵权，只是当时在广告、橱窗、挂历等商业行为中使用他人肖像的情况多发，具有其历史性和局限性。1990 年最高人民法院（1990）民他字第 28 号复函中对“以营利为目的”的要求已有明显松动。

权人同意的情况下，出于善意而非营利性使用他人肖像，如鉴赏、收藏、展示等，该种使用虽然主观上系善意，但使用不当也往往导致肖像权人精神上之痛苦乃至利益的丧失，如在公开场合展示某名人之照片，无意间暴露了其私生子的肖像等。而不当性使用，则是指在合理使用的前提下，使用人在使用方式、用途及范围上的不妥当行为，此种使用超出了合理使用的范围，与一般利用性非法使用在本质上实无差异。由此可见，若坚持将"以营利为目的"作为判断肖像权侵权是否构成之要件，将导致实务中大量发生的非营利性非法使用行为的合法化。

不仅如此，从肖像权所保护的客体角度来看，将"以营利为目的"作为侵权责任之构成要件，亦不具有合理性。肖像权保护的客体是人格利益，人格利益的核心是精神利益，而非物质利益。物质利益虽然亦为肖像权所保护，但肖像权之人格权属性决定了其不能构成独立的客体形态，而仅仅是人格利益派生、转化的产物。从人格权法体系来看，我国民法将肖像权与姓名权、名誉权等列为具体人格权，更多的是要保护人格要素所体现的人格利益，而非以财产利益为主。把"以营利为目的"作为侵权之构成要件的逻辑后果就是，肖像权所保护的客体被局限于财产利益，而其真正的客体人格利益却被忽略了，显然，这严重偏离了人格权制度的本质。"肖像权人基于人格尊严和人的自由，禁止他人再现自己的肖像（外在形象），就为禁止非营利性使用的理论提供了前提。"① 从常识来看，对他人肖像非营利的擅自使用，尤其是侮辱性使用或者不当性使用，也往往会使人不安和痛苦，甚至造成财产损失或预期利益丧失。

鉴于此，《民法典》编纂中，对上述规定做了修改，删除了"以营利为目的"的构成要件，即第1019条规定："任何组织或者个人不得以丑化、污损，或者利用信息技术手段伪造等方式侵害他人的肖像权。未经肖像权人同意，不得制作、使用、公开肖像权人的肖像，但是法律另有规定的除外。未经肖像权人同意，肖像作品权利人不得以发表、复制、发行、出租、展览等方式使用或者公开肖像权人的肖像。"这一规定无疑彰显了肖像权作为人的基本权利属性，有利于加强对肖像权的保护。按照该条规定，只要是未经肖像权人同意的制作、使用、公开肖像权人肖像的行为，均属于侵权行为。而该条规定的"但是法律另有规定的除外"，则在《民法典》第1020条关于可以不经肖像权人同意合理实施的行为中作出了明确规定。

---

① 隋彭生：《论肖像权的客体》，载《中国法学》2005年第1期。

（二）肖像权侵权责任之构成要件

未经本人同意非法使用他人肖像即构成侵权，不要求具有客观意义上的损害事实。肖像权侵权责任之构成，主要包括以下几个要件。

1. 实际使用他人的肖像

这里的使用，主要是指商业上的利用，如将肖像作为产品宣传的广告内容、将肖像作为组成要素申请某种商标等，但又不限于商业上的利用，对肖像载体进行加工、制作、描摹、复制、对外展览、陈列及公布等行为，均属于法律意义上的使用。在肖像权纠纷中，必须有以上的使用行为，才有可能构成侵权。纯粹消极层面的不作为，一般不能构成对肖像权之侵害。另外，必须是使用他人的肖像，对自己肖像的使用、制作、处分等自然不存在侵权的可能。

2. 未经肖像权人本人同意

肖像权是权利人对自己的肖像享有利益并排除他人侵害的权利，因而，未经本人的授权、许可，他人不得擅自使用其肖像，否则，在无违法阻却事由之情形下即构成侵权。肖像权系以自己之形象为客体之绝对的私权，而属于人格权之范围，故肖像权有排他独专之性质，无论何人，如未得原像人同意，不得滥用复制或公布，违者应负侵害权利之责。

本人的同意，通常包括两种形式，即单方面的授权与使用许可合同，尤以后者为多见。需要注意的是，如果被授权人超出授权范围或双方约定许可的方式、期限与途径等，仍然可能构成侵权，只是此时，作为合同当事人的肖像权人得于侵权责任与违约责任中选择其一，提出请求。

3. 不存在违法阻却事由——合理实施行为

权利的行使必有其边界，合理的限制并非对权利的否定，相反，正是为了保障权利自身的完满。肖像权具有绝对性、对世性等特征，若不对其进行一定的限制，必将导致他人自由的丧失与社会公共利益的减损。因此，各国法律均对肖像权之行使进行了某些限制，这种限制被称为肖像的合理使用。在合理使用范畴内，他人未经授权许可的擅自使用行为将阻却肖像权侵权责任的构成。在认定某使用行为是否可归入合理使用范畴时，应主要考虑该行为对于社会公共利益的影响，是否造成个人权利与他人行为自由过于失衡等。典型的合理使用有：基于新闻报道需要而使用、国家机关在执行公务中使用、纯粹为了科学研究和文化教育等公益目的而在特定场合使用等。对此，《民法典》第 1020 条规定："合理实施下列行为的，可以不经肖像权人同意：（一）为个人学习、艺术欣赏、课堂教学或者科学研究，在必要范围内使用肖像权人已经公开的肖像；

（二）为实施新闻报道，不可避免地制作、使用、公开肖像权人的肖像；（三）为依法履行职责，国家机关在必要范围内制作、使用、公开肖像权人的肖像；（四）为展示特定公共环境，不可避免地制作、使用、公开肖像权人的肖像；（五）为维护公共利益或者肖像权人合法权益，制作、使用、公开肖像权人的肖像的其他行为。”

（三）侵害肖像权之责任承担

行为人未经肖像权人同意、非法利用他人肖像，且无违法阻却事由构成侵权的，依据《民法通则》[①] 第120条的规定，肖像权人有权要求行为人承担停止侵害、赔礼道歉、赔偿损失等民事责任。《民法典》第995条[②]承继了上述人格权遭受侵害时的一般保护原则，同时还明确了人格权请求权不适用诉讼时效的规定。在认定具体的损害赔偿数额之时，必须充分考虑侵权人因商业化利用该肖像所获得的经济利益及肖像权人因此遭受的精神损害等诸多因素，综合确定合理数额。

【拓展适用】

一、人格权体系下之肖像权属性

通说认为，所谓肖像权，是指自然人对自己的肖像享有利益并排除他人侵害的权利[③]。肖像权以肖像上的利益（主要是人格利益）作为客体，直接关系到个人的尊严与社会评价，是一种典型的具体人格权，属于人格权的范畴。因而，对于肖像权本质的界定，必须立足于整个人格权法之背景、以人格权基础理论作为支撑，否则，“只见树木不见森林”，无法把握肖像权之实质内涵。

（一）人格权之内涵与特征

人格权是民法重要的调整内容。“术语意义上的人格权，换言之，被理解成人作为人的自由实现的人格权，是19世纪的成果，最早产生于德国。”[④] 第二次世界大战后，各国的人格权制度得到了快速发展，大有“人格正在向财产夺回皇冠”之势。我国原《民法通则》在“民事权利”一章中专设“人身权”一节，激起了法学界对人格权问题深入研究的热情。至《民法典》实行，人格

---

① 2021年1月1日《民法典》施行后，该法废止。

② 《民法典》第995条规定：“人格权受到侵害的，受害人有权依照本法和其他法律的规定请求行为人承担民事责任。受害人的停止侵害、排除妨碍、消除危险、消除影响、恢复名誉、赔礼道歉请求权，不适用诉讼时效的规定。”

③ 姚辉：《人格权法论》，中国人民大学出版社2011年版，第161页。

④ 徐国栋：《再论人身关系》，载《中国法学》2002年第4期。

权独立成编。

与债权、物权等民事权利相比，人格权最突出的特征在于将内在于人本身的属性作为权利客体，而债权与物权等其他权利都是以人外在的东西为客体。对客体的理解不同，再加之《民法通则》仅对生命权、身体权、健康权、姓名权、肖像权、名誉权、荣誉权等具体人格权单独进行了规定，故学界对于人格权之定义，存在严重分歧。有学者认为，人格权是自然人具有的、对于“人之所以为人”的那些属性所享有的排他性绝对权（而非支配权）①。有学者认为，人格权是支配权，权利人有权就其人格利益直接支配，并排除他人干涉，但其与同属于支配权的财产权如物权之可以自由处分，还是有所不同的②。而还有学者则认为，人格权是指以主体依法固有的人格利益为客体，以维护和实现人格平等、人格尊严、人身自由为目标的权利③。如此等等④。《民法典》第990条分别从具体人格权和一般人格权的角度规定了人格权的定义，“人格权是民事主体享有的生命权、身体权、健康权、姓名权、名称权、肖像权、名誉权、荣誉权、隐私权等权利。除前款规定的人格权外，自然人享有基于人身自由、人格尊严产生的其他人格权益。”

一般认为，人格权属于权利类型中的非财产权、专属权、对世权、绝对权及固有权利⑤，具有以下特征：

（1）非财产性。人格权不以一定的财产利益为内容，人格权的客体即法定的人格利益，既无法直接表现为等价的商品；也不能作为财产加以消耗、分割或转让。与财产权客体有一定的财产利益，可以金钱计量其价值不同。

（2）专属性。人格权不得抛弃与继承，由民事主体单独专属享有。而人格权之人伦价值属性则决定了人格权不能与民事主体相分离。

（3）对世性与绝对性。主体以外的任何人都是义务主体，均负有不得侵犯的消极义务。而主体得自由行使权利，无须他人为积极行为予以配合。

---

① 李永军：《民法总论》，法律出版社2009年版，第231页。

② 梁慧星：《民法总论》，法律出版社1996年版，第105页。

③ 王利明：《人格权法研究》，中国人民大学出版社2005年版，第14页。

④ 其他典型观点还有：（1）魏振瀛等认为，“人格权是指民事主体平等享有的，经法律认可、以人格利益为客体，作为民事权利义务主体应当具备的基本权利”（魏振瀛主编：《民法》，北京大学出版社、高等教育出版社2000年版，第646页）。（2）杨立新教授认为，“人格权是指民事主体专属享有，以人格利益为客体，为维护其独立人格所必备的固有权利”（杨立新：《人身权法论》，人民法院出版社2002年版，第84页）。

⑤ 参见王利明：《人格权法研究》，中国人民大学出版社2005年版，第32—38页。

（4）固有权性。人格权是人与生俱来、不可剥夺的一种原始性权利，始于出生、终于死亡。

（二）肖像权之属性

作为人格权的一种，肖像权自然应当具备前述人格权之非财产性、专属性、对世性、绝对性及固有权性等属性。但是，与其他人格要素不同的是，肖像一般需要而且能够固化在特质载体中，从而与人身相脱离，为人力所操控、利用。由此，作为个人形象外在表现的肖像，物质属性更为突出，与主体人身的关系更为疏远。这就决定了肖像权之独特属性，即主体限于自然人，以及客体涉及财产利益的保护。现代社会之人格权商品化与形象权理论的异军突起，均与后者密切相关。

1. 肖像权的主体只能是自然人，不包括法人和其他组织

肖像是个人形象及形象通过载体的再现，体现个人独特之体征与容貌等外部生理特征，从而区分、识别出特定的个人。法人、其他组织系法律拟制之主体，不存在实质意义上的人格，也不具有所谓的外部生理特征。厂房、设备等物质形式虽然可以视为该社团存续的标志，但并不具有区分之功能，而且，对于社团来说，名称上的不同已足以达到区分主体之目的。

2. 肖像权所保护的利益，包括人格利益与财产利益

肖像通常固化在某种物质载体上，具有物的某些基本特征，肖像权人能够自己支配或许可他人利用，从而使肖像具有其他人格权所不具有的物质价值。而且，肖像以艺术造型等为载体，通常具有美学价值与艺术价值，在商业化社会中蕴含着巨大的潜在财产价值，在市场交易中亦能切实转化为实实在在的物质利益。因此，肖像权所保护的利益，不仅包括精神层面的人格利益，而且包括物质（财产）利益。然而，此种物质利益能否与人格利益并列成为肖像权所保护之客体，理论界存有争论。

主流观点认为，肖像权属于人格权的范畴，客体只能是人格利益，而不包括财产利益，财产利益并非肖像权之独立客体形态，而是人格利益在商业化潮流中所派生出来的，本身不能改变肖像权之人格权属性。“公民的肖像是一种视觉艺术结晶，具有美学价值，在商品经济条件下，这种美学价值能够转化为财产上的利益，享有肖像权，就可以获得财产上的利益”，但是，“这种物质利益并不是肖像权的主要内容，而是由肖像权的精神利益所派生、所转化的利益，

带有附属性质”[①]。应当说，此观点立足于肖像权背后的整个人格权体系，慎重于权利体系的变动，试图从原有的体系框架出发阐释财产利益对人格权属性的冲击，从而维护法律体系在漫长岁月中形成的精致平衡。

不过，以郑玉波、马俊驹等为代表许多的学者提出了不同意见，认为应当与时俱进地将财产利益纳入人格权的客体范畴。例如，马俊驹认为，“作为人格权之客体的人格诸要素（伦理价值），在人们尚未认识到其可带来丰厚的经济利益时，法律认其为非财产权，其判断尚属符合实际。可是面对当代人（特别是某些公众人物）能够支配和利用自己的人格要素，获得重大经济利益的现象出现时，仍然坚持人格权只具非财产权特征，确已不符合社会发展的现实”[②]。根据该观点，财产利益已经独立成为肖像权之客体，与人格利益并行不悖，均受到肖像权的全面保护。笔者认为，在肖像权人许可他人商业化利用自己肖像已经成为极其普遍现象的今天，该观点亦具合理性。根据《民法典》第1018条关于肖像权的权利内容的规定，自然人除有权依法制作、使用、公开自己的肖像之外，还有权许可他人使用自己的肖像。其中，许可他人使用是指自然人同意他人使用自己的肖像，自然包括以商业为目的使用肖像。

二、商业化下肖像等要素利益之扩张保护——形象权理论

（一）人格要素商业化中财产利益之保护困境

在现代社会商业化大潮的冲击下，死者的形象、虚构人的形象、演员在剧中的角色、作家创作出的人及动物形象等肖像外之要素，均因商业化利用而产生了巨大的财产价值，具有了保护的紧迫性与必要性。然而，现有民法体系中的肖像权局限于对生存在世之自然人的保护，且以面部特征为中心；而现有的主流理论亦未能突破肖像权之客体限于人格利益之框架，故上述形象、角色等类似肖像的作品均不能纳入肖像权之保护范畴，不能为其提供有效的权利救济途径。显然，对姓名、肖像、类似肖像等诸多人格要素在商业化利用过程中所表现出来的直接性财产利益给予保护，极具现实的迫切性，这与现有的肖像权理论之间产生了不可逾越之鸿沟。然而，美国通过确立形象权制度，对此类商业化利益及时予以了确认、规范与保护，实现了与原有体系之协调与衔接，值得借鉴。

---

① 杨立新：《人身权法》，人民法院出版社2009年版，第398页。

② 马俊驹：《人格和人格权理论讲稿》，法律出版社2009年版，第104页。

（二）形象权之提出

“形象权”一词，译自英文 The Right of Publicity，也有人将之翻译为“姓名、肖像公开权”“人格广告权”，主要是为了解决肖像、姓名等人格要素的商业化问题、弥补隐私权保护上的不足。1953 年，弗兰克法官在海兰诉托普斯（Haelan Laboratories，Inc. v. Topps Chewing Gum，Inc.）一案中正式提出了该概念。1954 年，为了支持弗兰克法官的观点，梅尔维尼·尼莫（Melville B. Nimmer）教授于 1954 年发表了《形象权》一文，确认了形象权存在的价值，使得形象权逐渐独立于隐私权，成为一种新型权利。

（三）形象权之内涵与本质

1. 形象权之内涵

由于形象权概念本身的丰富性、复杂性及提出的时间较晚，学界对其含义各持己见。波斯纳法官在道格拉斯诉赫斯勒杂志（Douglass v. Hustler Magazine）一案中，将 publicity 定义为：“排除他人未经权利人许可而以商业目的使用其姓名或肖像的权利。”[①] 帕米拉·爱德华则认为：“形象权是个人对其姓名、肖像、外表、一定环境下的表演、生物特征等可以市场化的形象要素，享有控制并避免其被他人非法利用的权利。”[②] 而日本学者荻原有里则认为：“形象权是指对顾客具有吸引力的形象要素享有的排他性独占权。”[③]

“形象权”最早引入我国，主要体现在《商品化权刍议》一文中，该文作者对形象权进行了十分恰当的定义：所谓“形象”，包括真人的形象（例如，在世人的肖像）、虚构人的形象、创作出的人及动物形象、人体形象等，这些形象被付诸商业性使用的权利，我把它统称“形象权”[④]。有观点认为，“所谓形象权，是指主体对其知名形象进行商业利用并享有利益的权利”[⑤]。也有观点认为，形象权是“真实人物将其姓名、肖像或其他表明身份的个体特征授权于他人用于商业使用，并禁止他人未经授权进行商业使用的权利”[⑥]。由此，对于形象权之范围争论较大，但对于形象权之目的即对肖像、姓名等人格要素的商

---

① Douglass v. Hustler Magazine，769 F. 2d 1128（7th Cir. Ill. 1985）.

② Pamela Edwards，“What's the score? Does the right of publicity protect professional sports leagues?”，Albany Law Review. FindArticles. com. 17 Feb，2012.

③ ［日］荻原有里：《日本法律对商业形象权的保护》，载《知识产权》2003 年第 5 期。

④ 郑成思：《商品化权刍议》，载《中华商标》1996 年第 2 期。

⑤ 吴汉东：《形象的商品化与商品化的形象权》，载《法学》2004 年第 10 期。

⑥ 杜颖：《商品化权》，载梁慧星主编：《民商法论坛》第 13 卷，法律出版社 2000 年版，第 5 页。

业性利用进行规制，则意见基本一致。

2. 形象权之本质

从某种程度上来说，形象权源于隐私权，是人的肖像、姓名等某些具体人格要素被商业化以后，法院及理论界为了促进其在商业领域的再次利用，解决隐私权保护的不足而确立的。正如学者在引入“形象权”概念时所指出的：“在一般民法的人身权与版权之间，以及在商标权、商号权、商誉（goodwill）权与版权之间，存在着一个边缘领域。正像把工业版权领域的问题无论放到工业产权领域还是版权领域解决，都不尽合理一样，把这一边缘领域的问题无论单放到人身权（或商标权等）领域还是单放到版权领域解决，也都难以得出令人满意的答案。”① 笔者认为，上述观点值得赞同。将肖像、姓名等人格要素的商业化归入形象权的范围，不但可以很好地解决现实问题，而且不对原有的权利体系造成很大的冲击。比如肖像、姓名等在人死后一般得不到人格权的保护，但从形象权的角度则能够得到很好的救济，因为形象权是一种独立的财产权，可以继承延续，不同于原来的专属性权利。

尽管形象权涉及肖像、姓名等某些具体人格要素，但是，需要特别注意的是，形象权的本质是财产权，而非人格权；其保护的客体是肖像等的商业价值，而非内在于人的事物。也就是说，形象权设立的目的，在于保护人格区分所带来的巨大商业价值，而不是实现人格本身的区分。

（四）形象权对肖像等要素利益为扩张保护之途径

对肖像等人格要素的商业化利用，通常都涉及相关权益之支配性、让与性与财产性等问题，这就对传统的人格权体系造成了极大的冲击。而形象权却是一种独占性的财产权利，具有支配性，权利主体不但可以独占地专有使用，进行自由处分或授权他人使用，而且能够禁止他人在未经许可或者没有法律依据时使用自己的形象。因而，前述人格要素在商业化利用过程中所产生的利益能够被形象权所包含，并由形象权给予其权利上的全面保护与救济。这就绕开了对传统人格权理论之变动，不但可以解决肖像等要素的商业化问题，而且能够固守原有民法体系之精致协调设计，与民法人伦价值的观念亦相协调，值得借鉴。

① 郑成思：《商品化权刍议》，载《中华商标》1996 年第 2 期。

【典型案例】

叶某诉某某医科大学附属北京某某医院、人民某某出版社、北京城市某某广告艺术有限公司肖像权纠纷案

原告：叶某。

被告：某某医科大学附属北京某某医院。

法定代表人：张兆某，该医院院长。

被告：人民某某出版社。

法定代表人：张忠某，该出版社社长。

被告：北京城市某某广告艺术有限公司。

法定代表人：蒲惠某，该公司总经理。

〔基本案情〕

原告叶某因与被告某某医科大学附属北京某某医院（以下简称某某医院）、人民某某出版社（以下简称某某出版社）、北京城市某某广告艺术有限公司（以下简称广告公司）发生肖像权纠纷，向北京市东城区人民法院提起诉讼。

原告叶某诉称：我曾在中国人民解放军空军总院某某激光医疗中心（以下简称激光中心）就脸部先天的青黑色斑痕进行治疗，治疗效果良好。2001 年 10 月间，我发现被告某某出版社在其出版发行的《北京交通旅游图》上，刊登由被告广告公司经营的被告某某医院的广告。该广告使用了我治疗脸部斑痕前后的照片作为病案。后查《北京交通旅游图》已经十几次刊登这张照片，按地图上的记载，每次印数高达 50 万份。被告某某医院、某某出版社和广告公司的上述行为，侵害了我的肖像权。请求判令被告某某医院、某某出版社和广告公司立即停止侵害，消除影响，赔礼道歉，并给我赔偿损失 10 万元。

原告叶某向法庭出示、提交了其在激光中心治疗脸部先天青黑色斑痕前后的照片和病历；2001 年、2002 年《北京交通旅游图》，其上刊登的广告中附有标志治疗前、治疗后的特定人眼部以下照片。

被告某某医院、某某出版社和广告公司对原告叶某所诉《北京交通旅游图》上刊登附有病案照片广告的事实均无异议。

被告某某医院辩称：原告所诉的照片，是我院购买仪器设备时由供货方提供的。我院在委托被告广告公司发布的广告中，从病理角度使用了这张照片。这是一张局部照片，照片中人物的眼睛以上部分被遮挡，不能证明是原告。照片只占地图上很小一部分，不会带来严重影响，且我院使用这张照片也未获利，没有侵害原告的肖像权，不同意原告的诉讼请求。

被告某某出版社辩称：我社有发布广告的资格。原告所诉我社发布广告中附带的这张照片，根本无法辨认肖像人是谁。我社在刊发广告过程中已经依法尽了审核义务，不构成侵害肖像权，不同意原告的诉讼请求。

被告广告公司辩称：原告所诉照片，反映的只是局部病理情况，看不出肖像人是原告。即使肖像人是原告，也只是原告的局部照片，不构成侵权。另外，地图上的印数，只反映预计的发行范围，不是实际发行量。不同意原告的诉讼请求。

被告某某医院、某某出版社和广告公司对原告提交证据的真实性无异议，但认为这些证据不能印证待证事实。另外，被告某某医院、某某出版社和广告公司提交了广告发布合同、胶印任务通知单等证据。

北京市东城区人民法院在审理中，将《北京交通旅游图》刊登广告中所附的病案照片，与原告叶某出示的其在激光中心治疗脸部先天青黑色斑痕前后的照片进行对比，证明病案照片中的人就是叶某。对这一点，被告某某医院、某某出版社和广告公司虽先予否认，但在不能出示反驳证据后也不再坚持。由此确认，叶某所诉的事实属实。

〔一审裁判要旨〕

北京市东城区人民法院认为，本案是肖像权纠纷。被告某某医院、某某出版社和广告公司出示、提交的证据，均与本案无关，无需认定。

将原告叶某出示的其治疗前后原始照片与广告上使用的特定人眼部以下照片进行对比，证明广告上使用的照片就是叶某本人眼部以下照片。对此，被告某某医院、某某出版社和广告公司虽先否认，但在不能驳倒叶某的证据时不再坚持。因此可以推定，叶某是广告使用照片上的原形人。

《中华人民共和国民法通则》第一百条规定："公民享有肖像权，未经本人同意，不得以营利为目的使用公民的肖像。"第一百二十条第一款规定："公民的姓名权、肖像权、名誉权、荣誉权受到侵害的，有权要求停止侵害，恢复名誉，消除影响，赔礼道歉，并可以要求赔偿损失。"

法律规定的肖像权，基于公民的肖像而产生。肖像，是指以某一个人为主体的画像或照片等。通过绘画、摄影、雕刻、录像、电影等艺术手段，在物质载体上再现某一个自然人的相貌特征，就形成肖像。肖像的特征，除肖像与原形人在客观上相互独立成为能让人力支配的物品外，再就是具有完整、清晰、直观、可辨的形象再现性或称形象标识性。这里所说的形象，是指原形人相貌综合特征给他人形成的、能引起一般人产生与原形人有关的思想或感情活动的视觉效果。画像、照片等载体，如果其内容不能再现原形人的相貌综合特征，不能引起一般人产生与原形人有关的思想或感情活动，一般人不能直观清晰辨认该内容就是某一自然人的形象，这样的载体不能称为肖像。如果载体所表现的内容，只有凭借高科技技术手段进行对比，才能确定这是某一自然人特有的一部分形象而非该自然人清晰完整的形象，一般人不能凭直观清晰辨认载体所表现的内容就是该自然人，则这一载体也不能称为该自然人的肖像。该自然人只是载体所表现内容的原形人，不是肖像人。由于这样的载体所表现的内容不构成肖像，原形人也就对这一内容不享有肖像权。

肖像权，是肖像人对自己的肖像依法享有的制作、使用专有权及利益维护权。原告叶某所诉的这张照片，只有脸上的鼻子和嘴部分，不是完整的特定人形象。这张照片不能反映特定人相貌的综合特征，不能引起一般人产生与特定人有关的思想或感情活动，因此不是法律意义上的肖像。叶某据此照片主张保护肖像权，理由不能成立。

综上所述，北京市东城区人民法院于 2002 年 12 月 20 日判决：

驳回原告叶某的诉讼请求。

案件受理费 80 元，由原告叶某负担。

〔当事人上诉及答辩意见〕

一审宣判后，原告叶某不服，以原起诉理由提出上诉，请求二审改判。

〔二审裁判要旨〕

北京市第二中级人民法院经审理认为，《北京交通旅游图》上刊登的自然人面部局部器官照片，不能体现该自然人的外貌视觉形象，本身不构成肖像。上诉人叶某据此认为被上诉人某某医院、某某出版社和广告公司侵犯了其肖像权，理由不能成立。

据此，北京市第二中级人民法院于 2003 年 4 月 17 日判决：

驳回上诉，维持原判。

一、二审案件受理费各 80 元，均由上诉人叶某负担。

第三章　侵害名称（姓名）权责任

规则3：当事人将其曾任法定代表人的企业名下电话或传呼号码为自己所用，该行为侵犯企业名称权，应承担相应的民事责任

——辽宁省某某市取暖设备厂诉周成某、辽宁省某某市电信局、辽宁省某某市邮电信息号簿公司侵犯名称权纠纷案[①]

【裁判规则】

当事人虽然曾任拥有名称权企业的法定代表人，但在其已经不是该法定代表人的情况下，未经该企业的许可，擅自将该企业名下的电话或传呼号码改为自己的或者能为自己使用的电话号码、传呼号码，以便获取该企业名下的业务信息，侵犯了权利人使用自己名称的权利；造成一定经济损失的，应承担相应的民事责任。电信局、号簿公司未尽到合理注意义务，导致损失进一步扩大的，应承担相应的民事责任。

【规则理解】

一、企业名称的内涵

名称是法人及特殊的自然人组合等主体在社会活动中，用以确定和代表自身、并区别于他人的文字符号和标记[②]。名称与商号的关系极为密切。在企业名称中，商号是核心要素，名称的区别功能主要就是通过商号来表现的，正是因为商号的存在，名称才能将不同的企业主体区别开来。法律对名称的保护，也起源于早期各国对商号的保护，如日本早在1899年施行的《日本商法》中，就设专章对商号进行了规定。依据学界主流观点，企业名称与商号、商业名称、厂商名称等为同一概念。

名称不仅能确定和代表各种法人及非法人团体之存续，更重要的是具有区

---

① 《中华人民共和国最高人民法院公报》2000年第6期。

② 杨立新：《人格权法》，法律出版社2011年版，第425页。

别不同主体的功能。在市场经济条件下，这种区别功能蕴含着广大消费者对企业的评价，能够起到表彰商品来源、象征企业商誉等作用，直接关系到企业的交易机会、信誉、口碑及其在市场中的占有份额。因此，名称是企业一项非常重要的无形财产，与企业的生产经营及经济效益状况息息相关。字号驰名的企业名称，不仅能够使企业获得广大顾客的信赖，迅速打开产品的销路，获得可观的利润收入，而且能够产生类似于品牌的巨大经济效应，极大地提升企业在市场竞争中的优势地位。在企业破产或转让之时，企业名称还可以评估作价，作为财产转让给他人。因此，有人将企业名称称作"时间的信誉""企业的生命"；加强对企业名称之法律保护，也已经成为世界各国的共识。

二、企业名称权的内涵

对名称的全面保护，在法律层面即为名称权之范畴。然而，何为"名称权"，不无疑问。有学者认为，"名称权是法人、个体工商户、个人合伙依法享有的决定、使用、改变自己的名称，并排除他人干涉、盗用、冒用名称的权利"①。也有学者认为，"名称权是指法人、个体工商户和个人合伙等组织使用自己的名称并不受他人侵害的权利"②。还有学者则认为，"法人、个体工商户和个人合伙的'姓名权'称为'名称权'"③。

笔者认为，名称权作为一项开放性的权利，其权利主体为法人及非法人组织（主要包括但不限于个体工商户和个人合伙），自然人个人只享有姓名权而不能成为名称权的主体，即使是依职权对外代表企业进行交往活动的法定代表人，也仅仅具有企业名称的暂时使用权，一旦离职不再担任法定代表人，则其不能再以企业名称对外从事任何活动。在内容上，根据法律的规定及其权利属性，名称权应当具有可转让的权能。故所谓名称权，是指法人及非法人组织依法享有的决定、使用、变更、转让自己的名称，并排除他人非法干涉和侵害的权利。

三、企业名称权的权能

从企业名称权的定义及性质不难得出，企业名称权应当具有以下四种权能：名称设定权、名称专用权、名称变更权及名称转让权。

（一）名称设定权

作为名称权最基本的内容，设定权是指法人及非法人组织依法自由设定其

① 王冠：《论人格权》，载《政法论坛》1991年第3期。

② 王利明：《人格权法研究》，中国人民大学出版社2005年版，第426页。

③ 孟玉：《人身权的民法保护》，北京出版社1988年版，第8页。

名称，任何组织与个人均不得干预。对此，各国在立法上主要存在两种不同的做法：一是采用自由主义，允许当事人自由选择企业名称，名称是否与企业的生产经营之间存在关联，法律不加以任何的干预和限制；二是采用真实主义，要求企业的名称必须与其经营种类、营业内容及组织形式等相一致，否则不予承认和登记。

我国《企业名称登记管理规定》第 9 条规定："企业名称中的行业或者经营特点应当根据企业的主营业务和国民经济行业分类标准标明。国民经济行业分类标准中没有规定的，可以参照行业习惯或者专业文献等表述。"《企业名称登记管理实施办法》第 16 条规定："企业名称中的行业表述应当是反映企业经济活动性质所属国民经济行业或者企业经营特点的用语，企业名称中行业用语表述的内容应当与企业经营范围一致。"由此，我国关于企业名称的登记采取的是真实主义原则。然而，《企业名称登记管理实施办法》第 18 条也对企业名称中不使用国民经济行业类别用语表述企业所从事行业作出了例外规定。①

这表明，我国立法在采取真实主义的同时，也具有一定的自由主义色彩。

（二）名称专用权

经依法登记的名称，在登记的地域范围内，他人不得再登记经营同一营业性质的名称，权利人对其享有独占使用的权利，有权禁止同行业中的其他企业使用与其相同或者近似的企业名称，未经权利人许可而擅自使用的行为构成侵权，需承担相应的民事责任。现实中大量发生的姓名权侵权，也往往是针对名称的专用权而发生。

对此，我国立法规定较为全面。《企业名称登记管理实施办法》第 41 条规定："已经登记注册的企业名称，在使用中对公众造成欺骗或者误解的，或者损害他人合法权益的，应当认定为不适宜的企业名称予以纠正。"第 42 条规定："企业因名称与他人发生争议，可以向工商行政管理机关申请处理，也可以向人民法院起诉。"《反不正当竞争法》第 5 条也对企业名称权的保护进行了明确规定，将"擅自使用他人的企业名称或姓名，引人误认为是他人的商品"的行为直接认定为不正当竞争，从而对现实中存在的无法完全通过侵权制度来维权的名称权侵害给予补充救济。

① 该条规定："企业名称中不使用国民经济行业类别用语表述企业所从事行业的，应当符合以下条件：（一）企业经济活动性质分别属于国民经济行业 5 个以上大类；（二）企业注册资本（或注册资金）1 亿元以上或者是企业集团的母公司；（三）与同一工商行政管理机关核准或者登记注册的企业名称中字号不相同。"

（三）名称变更权

企业名称经注册登记后即受到国家法律的保护，并由工商行政管理机关对企业的名称实行分级管理。在实际的生产经营过程中，法人及非法人组织可以依法变更自己登记使用的名称。然而，由于名称往往代表着企业的法律人格，对企业及其债权人的利益等均有很大的影响，因而，变更名称受到严格限制。变更企业名称必须首先依法申请，遵循严格的法律程序，并经主管机关批准，最后由登记机关办理变更登记手续。

（四）名称转让权

名称权在性质上虽然属于人格权，但与其他具体人格权不同的是具有无形财产权之属性，在市场经济与商品化大潮下，通常蕴含着巨大的经济效益，其商业价值日益凸显，这就决定了名称权之可转让性。《民法通则》[①] 第 99 条明确规定，企业法人、个人合伙和个体工商户有权依法转让自己的名称。《民法典》将上述规定的内容精神进行了保留，即第 1013 条规定："法人、非法人组织享有名称权，有权依法决定、使用、变更、转让或者许可他人使用自己的名称。"名称权的转让可以分为整体转让和部分转让。名称权的可转让性，是其与公民的姓名权进行区别的重要特征。

四、侵犯企业名称权的常见情形

为规范市场秩序、全面保护企业的名称权，到目前为止，我国已制定了《反不正当竞争法》《产品质量法》《企业名称登记管理规定》《企业法人登记管理条例》[②] 及其施行细则、《公司登记管理条例》等保护企业名称的法律法规，形成了一套比较完备的企业名称权法律保护体系。由于名称权最主要的经济价值在于名称的使用，因而在司法实践中，以侵害名称权之专用权最为常见。需要注意的是，侵犯企业名称权的核心标准是行为人与被侵权人的字号是否会在相关公众或消费者中造成误认，而且，是否成立侵犯企业名称权也并不是简单的事实核对过程，往往还应从当事人的历史渊源、使用原因、是否授权等方面进行综合认定。具体而言，实践中主要存在以下几种典型的侵权情形。

（一）非法使用他人的企业名称

所谓非法使用他人企业名称，是指行为人未经权利人的许可，盗用、假冒或者仿冒他人企业的登记名称从事一定活动的行为。其中，盗用是指擅自以他

---

① 2021 年 1 月 1 日《民法典》施行后，该法废止。

② 2022 年 3 月 1 日《中华人民共和国市场主体登记管理条例》施行后，该条例废止。

人名称从事违法行为，例如以他人名义对外签订合同，骗取预付款和定金[①]；假冒是指未经他人许可擅自使用他人名称进行民事行为，其与盗用的区别在于其系为了从事一般的民事活动，情节更为轻微；而仿冒则是指行为人以与他人名称相类似之文字等作为自己的名称或商标，试图混淆、迷惑消费者从而谋取非法利益的行为。由于名称是企业的生命，不仅直接对外代表着企业，是企业进行生产经营活动的前提，而且蕴含着广大消费者和客户对该企业的信任，因而，行为人非法使用他人企业名称，通常是为了获取他人企业名下的交易机会与业务信息，这不仅能够造成该企业之潜在机会利益与业务信息的丧失，而且也可能降低该企业及其产品的信誉，造成巨大经济利益的损失。如未经许可，将他人企业名下的电话或传呼号码改为自己的或者能为自己使用的电话或传呼号码，从而获取他人企业名下的业务信息，导致他人企业潜在交易机会的极大减损，亦为非法使用他人企业名称，构成姓名权侵权。

（二）非法干涉他人对名称的使用

权利人对其名称依法享有专用权，任何人不得非法干涉和侵害。干涉行为主要包括行为人对他人名称的设定、专有使用、依法变更及转让等环节上的强行干预和控制，如强制法人或非法人组织使用或者不使用某一名称，阻挠他人名称的变更或转让，等等。

（三）其他侵犯名称权的常见情形

在现实生活中，侵犯企业名称权的行为往往表现为多种形式。除了以上两种主要情形外，还包括以下几类：[②]（1）使用与他人相同或近似的企业名称（字号）作为自己的企业名称；（2）将他人的企业名称（字号）作为商标在同一种或者类似的商品或服务上使用，并足以造成误认；（3）在同一种或者类似的商品或服务上标注他人的企业名称（字号）；（4）将与他人相同或近似的企业名称（字号）注册为域名，并且通过该域名进行相关商品交易，容易使相关公众产生误认；（5）知道或应当知道是假冒或近似他人企业名称（字号）的商品而予以销售的等。

① 王利明：《人格权法研究》，中国人民大学出版社2005年版，第442页。

② 参见曾世雄：《民法总则之现在与未来》，中国政法大学出版社2001年版，第6—14页。

【拓展适用】

一、企业名称权的性质

企业名称不仅是法人法律人格的象征，能够确定、代表和区分不同的法人及非法人组织，而且也凝聚着全部企业价值，是代表企业形象和信誉的根本标志，由此决定了企业名称权在性质上的复杂性，以及法律保护模式的特殊性。

关于名称权的性质，自名称权概念产生以来，学界众说纷纭，莫衷一是。典型的有“姓名权说”“财产权说”“工业产权说”“身份权说”及“人格权说”等。其中，“姓名权说”认为，“无论是自然人或法人均享有姓名权，自然人叫姓名权，法人叫名称权”①；“财产权说”认为，名称“具有财产权的一般特征，它是一项可以占有、使用、收益、出卖、继承以及作其他处分的财产”②；“工业产权说”认为，名称权的性质实为一种无体财产权，具有专有性和地域性，与商标权、专利权相同，且《保护工业产权巴黎公约》已将名称权作为工业产权加以保护③；“身份权说”认为，名称权与姓名权不属于同一性质的权利，姓名权是人格权，而名称权因其可以被转让和继承，因而不是人格权而是身份权④；“人格权说”则认为，名称权具备了人格权的全部特征，是固有权、专属权、必备权，而且其客体为人格利益，虽然名称权可以转让、继承，但这并不能否认其专属性等特征。

应当认为，以上观点均有其合理与偏颇之处。如前文所述，名称是确定和代表法人及非法人组织存续的符号和标记，也是其取得主体资格或者从事法律行为的必备要件。尤其是对于法人等具有法律人格的民事主体来说，只有享有名称权，其人格才能够充分表现，否则即失去独立人格之意义。因此，名称权具有人身权的属性，自无疑问。我国《民法通则》⑤在第5章“民事权利”第4节“人身权”第99条第2款明确规定：“法人、个体工商户、个人合伙享有名称权。企业法人、个体工商户、个人合伙有权使用、依法转让自己的名称。”《民法典》将上述规定的内容精神进行了保留，在第4编“人格权”第3章“姓名权和名称权”第1013条规定：“法人、非法人组织享有名称权，有权依

---

① 曹康：《人身权基本知识》，天津大学出版社1990年版，第25页。

② 杨明仑：《论企业名称权（续）》，载《北京律师》1992年第2期。

③ 该公约第8条规定：“厂商名称应在本联盟一切国家内受到保护，没有申请或注册的义务，也不论其是否为商标的一部分。”

④ 王利明主编：《人格权法新论》，吉林人民出版社1994年版，第346页。

⑤ 2021年1月1日《民法典》实行后，该法废止。

法决定、使用、变更、转让或者许可他人使用自己的名称。”企业名称权的人格权属性更为彰显。《民法典》第995条规定：“人格权受到侵害的，受害人有权依照本法和其他法律的规定请求行为人承担民事责任。受害人的停止侵害、排除妨碍、消除危险、消除影响、恢复名誉、赔礼道歉请求权，不适用诉讼时效的规定。”由此，当企业名称权受到侵害的，权利主体可以依照《民法典》的规定、以人格权受到侵害为由主张救济。这就意味着，在认定某个侵害姓名权的行为是否成立侵权时，可直接适用侵害名称权的构成要件，而不必适用一般侵权行为的构成要件。因此，“人格权说”有其合理一面。

然而，不同于姓名权及其他具体人格权，名称权具有某些无体财产权的属性，可以作为财产使用、收益、转让、继承及处分，这显然与一般财产权无异。在企业发展过程中，企业名称融合了企业的商誉与品牌，标志着特定的经营活动，良好、知名的企业名称代表着企业的信用、形象和精神，能为企业赢得更多的业务信息和交易机会，从而拓展产品的市场份额，在竞争中取得优势地位。为此，有学者将名称权定性为“可以转让的特殊的人身权，兼具财产权和人身权双重特性”。笔者认同此种观点，即名称权同时具有无体财产权和人身权的双重属性。

二、企业名称权的法律保护模式

在现代社会，商业迅猛发展，个人本位向社会本位迁移，法律对名称权的保护不仅应当涵盖名称权之人格权与财产权，而且应当对市场竞争秩序及多元利益格局给予较多的关注，进而对法律保护模式产生直接性的影响。

（一）企业名称权的保护原则

任何权利的行使均有其边界局限，名称权自然也不例外。在认定行为人的行为是否构成对他人名称权的侵犯时，只有首先明晰法律保护的基本原则与基本目标，才能较好地平衡权利人与行为人之间的利益关系与行为自由。从国际社会公约与各国国内立法的情况来看，名称权保护的基本原则主要有防止市场混淆原则和保护在先权利原则。

1. 防止市场混淆原则

所谓市场混淆，是指因行为人的特定行为致使相关公众误认为不同企业之间存在加盟、关联、附属或类似的联系，或者公众因此对于原本来源不同的商品或服务存在误解和混淆的情形。根据防止市场混淆原则，行为人的行为只有在导致市场混淆的情形下才对他人构成名称权侵权，否则，即使名称相同或近似也不承担责任。其背后的法理在于，法律并没有赋予权利人对其名称享有不受任何限制的绝对垄断权，而且要求各个企业之间的名称绝对不相同或不相近似也完全不可能，另外，若适用一般侵权来追究此种责任，因其涉及侵权行为的构成条件、行为人的主观状态、举证责任的分担等一系列问题，权利人往往难以维护其合法权益，因而，法律要求行为人必须遵循防止市场混淆的原则，以平衡各方的利益关系，消除权利间的冲突。较为典型的是世界知识产权组织（World Intellectual Property Organization，简称 WIPO）于 1996 年制定的《反不正当竞争的示范法》。该法第 2 条规定："凡在工商业活动中对他人企业或其活动、尤其是此种企业所提供的产品或服务或可能造成混淆的行动或做法，应构成不正当竞争的行为。"在该示范法的注释 2.04 中，WIPO 进一步明确："如果商标、厂商名称或任何其他企业名称使消费者联想到某一商业性来源或产地、任何对该来源或产地造成或可能造成混淆的行为通常构成不正常竞争行为。但是，混淆的概念不应局限于对商业性来源或产地的混淆。还应包括可表明业务联系的任何事物，比如在同一商标或类似商标的两个使用者之间的这种联系（对附属关系的混淆）。"目前，该原则已经成为国际社会及许多国家处理名称权侵权的最基本原则。

2. 保护在先权利原则

众所周知，保护在先权利是处理知识产权权利冲突的一项法律原则。在先权利是相对于"在后权利"而言的，保护在先权利即指当在先权利遭到在后权利的侵犯时，应当优先保护和恢复在先权利，并对在先权利人受到的损失给予补偿。目前，这一原则得到了国际社会的普遍承认，法国、德国、日本等均在其《知识产权法典》中予以了明文规定。我国在《商标法》第 9 条①、第 32 条②等法律法规确立了保护在先权利的原则。为更好地解决企业名称权之间、企业名称权与其他标识性工业产权之间的权利冲突，应当将"保护在先权利原则"适用于企业名称权之保护。《最高人民法院关于审理注册商标、企业名称与在先权利冲突的民事纠纷案件若干问题的规定》第 2 条更是明确规定："原告以他人企业名称与其在先的企业名称相同或者近似，足以使相关公众对其商品的来源产生混淆，违反反不正当竞争法第六条第（二）项的规定为由提起诉讼，符合民事诉讼法第一百一十九条规定的，人民法院应当受理。"据此可以

---

① 该法于 2019 年 4 月 23 日修正。该条第 1 款规定："申请注册的商标，应当有显著特征，便于识别，并不得与他人在先取得的合法权利相冲突。"

② 该条规定："申请商标注册不得损害他人现有的在先权利，也不得以不正当手段抢先注册他人已经使用并有一定影响的商标。"

认为，作为国际社会解决名称权侵权纠纷的基本原则，防止市场混淆原则与保护在先权利原则也将在我国的司法实务中发挥重要作用。

（二）企业名称权的保护目标

名称权兼具无体财产权与人身权的双重属性，决定了名称权之保护横跨公法与私法两个不同的领域，不仅涉及民事法律，而且越来越多地受到反不正当竞争法、知识产权法等其他法律的关注与规制。这种变化非常明显地反映在名称权法律保护的目标之上。

1. 维护企业独立的人格权与财产权

企业名称是企业的外化标识与存续符号，企业对外行使权利、承担债务、参与诉讼等一切交往活动都需要以名称来表现，否则，若缺乏一个专有、独用的名称，企业人身身份上的混淆将难以避免，其形象和信誉也就难以展现。可以说，企业独立的主体地位，通常是以维护其名称权作为基本的工具确立起来的。传统民商法将企业名称权定性为人身权进而加以保障，正是基于名称与企业法律人格之间的紧密联系。同时，名称权又是一种无体财产权，具有财产权的属性。为了取得和维持良好、知名的企业名称，通常需要当事人申请及登记主管部门的注册与核准，且企业需经过激烈、持久的市场竞争，因此，对他人企业名称的非法使用，通常会涉及知识产权法和不正当竞争法等范畴。

2. 建立和维护公平、有序的市场竞争格局，保护多方利益

与现代社会由个人本位向社会本位转变相一致，法律对企业名称的保护，也越来越关注对市场秩序的维护和对消费者等多方利益的保护，而不再局限于企业个体之利益。从市场竞争秩序层面看，非法使用他人名称从事生产经营行为，不仅侵害了权利人的名称专用权，而且会导致交易相对人的混淆，使侵权人不付出任何代价就获得权利人艰辛取得的竞争优势，造成严重的不公平，是对公平、有序市场竞争格局的极大破坏。从保护消费者等其他当事人的利益来看，企业名称作为相对人进行交易的基础信息来源，必须具备真实性和确定性，行为人盗用、冒用他人企业名称的行为，会导致相对人的混淆和误解，并据此作出错误的意思表示，蒙受经济上的损失。由此决定了在企业名称使用上竞争法和知识产权法越来越大的适用空间。

（三）企业名称权的具体保护模式

随着市场经济的发展，企业之间的竞争日益激烈，侵害企业名称权的表现形式愈加复杂，名称权双重属性与多元保护目标也均表明，传统民法之单一规范已经不足以对名称权给予全面的保护。因而，在实际立法中，大多数国家往

往并不固守某种单一的立法形式，而是综合运用不同的立法模式，多角度、多层次地进行系统调节，试图发挥立法的整体效应，实现最佳的规范效果。具体而言，目前主要存在以下几种立法模式：

1. 民商法保护模式。这是传统的保护模式，即从民商事主体的角度，通过责令侵害他人名称权的行为人承担民事责任的方法来保护名称权。如，《日本商法典》在第一编专设“商号”一章；瑞士《债权债务法》将第四编定为“商业登记、商业名称、商业账簿”等。我国《民法通则》不仅在“人身权”一节中规定名称权，而且明确规定名称权受到侵害的受害人有权要求行为人停止侵害、消除影响、赔礼道歉，并可以要求赔偿损失。《公司法》亦作了类似的规定。在此种模式下，受害人的损失难以得到全面赔偿，原因在于人身权受到侵害时，如果要求赔偿损失，一般只能是精神损害赔偿，而对法人来讲，精神损害似乎难以成立。

2. 知识产权法保护模式。不少国家和学者认为，企业名称为无体财产权，属于工业产权，应纳入知识产权法的保护范畴。采用此种模式的国家主要为知识产权体系较为完备的国家，如英国、德国等国在商标法，西班牙、葡萄牙、巴西等国在工业产权法中，都对企业名称权作了详尽的规定。此外，许多重要的国际组织与国际公约也将名称权纳入知识产权的范畴。例如，国际保护工业产权协会（AIPPI）1992年东京大会的决议，在问题104的决议2.5条款中将商号权包括在保护范围内①；《保护工业产权巴黎公约》第1条第2款明确将厂商名称与专利、商标等并列为工业产权的保护对象②。

3. 竞争法保护模式。对企业而言，名称直接关系到其对外生产经营的业务信息与交易机会，非法使用名称不仅是对其法律人格的侵犯，更是对经济利益的侵夺，导致公平、有序市场竞争格局的严重破坏，因此，为了防止企业名称的滥用，禁止不正当竞争，许多国家在竞争法中对名称权进行了规范。如，匈牙利的《禁止不正当竞争法》、日本的《不正当竞争防止法》、德国的《反不正当竞争法》等。我国在《反不正当竞争法》《产品质量法》中也有原则性的规定。

---

① 该条款规定：“2.5根据巴黎公约第8条和1971年马德里会议时第41B问题的决议，符合下列条件的商号名称：a）在请求保护的国家广为人知；b）在国际贸易中被使用或广为人知，并且所有人表明在可预见的将来对在被请求保护的国家进行贸易有兴趣。”

② 该款规定：“（2）工业产权的保护对象有专利、实用新型、外观设计、商标、服务标记、厂商名称、货源标记或原产地名称和制止不正当竞争。”

4. 特别法保护模式。此种立法模式，即将企业名称从传统的民商法典中单列出来，作为一个特殊的法律问题加以全面展开，从而予以特别的保护。如瑞典、荷兰制定了专门的《商业名称法》，哥伦比亚、秘鲁等国制定了《商号保护法》。

值得注意的是，从竞争法与知识产权法的范畴对企业名称权加以保护，已经成为国际社会的主要趋势。而且，在立法上，知识产权法和竞争法呈现出交叉与统一的状态，泾渭分明的传统界限被屡屡突破，即在竞争法中强化对知识产权的特殊保护，在知识产权法中将禁止不正当竞争作为重要内容。由此可以推测，竞争法保护模式与知识产权法保护模式的交叉融合，势必将成为未来企业名称权保护的主要途径。

三、侵害名称权的责任承担

从立法及司法实践来看，我国对名称权的保护并未采取单一的模式，而是包含了民商法保护、竞争法保护及知识产权保护等多种方式。当企业的名称权受到侵害时，权利人可以依据《民法典》第 995 条的规定要求行为人承担停止侵害、消除影响、赔礼道歉及赔偿损失等民事责任；权利人也可以依据《企业名称登记管理规定》等专门法规要求登记主管机关予以处理或者直接向法院起诉；如果符合《反不正当竞争法》规定构成不正当竞争行为的，权利人有权依据相关规定请求损害赔偿并由相关机关给予处罚等。

需要注意的是，根据现代侵权法的基本理念即“无过错既无责任”，以及行为自由与责任承担之间的平衡法理，以上名称权侵权的责任主体通常仅指直接实施侵害他人企业名称权的行为人。但在特殊情况下，未实施直接侵权行为的第三人亦有可能成为责任主体。此种情形即：法律明确规定第三人负有某种合理注意义务，而该第三人却怠于履行该义务，且主观上存在故意或者过失，则该第三人应当对权利人的损失承担相应的民事责任。此种责任仍然属于过错责任原则的范畴，并未突破传统侵权责任的界限。《广告法》第 34 条第 2 款规定：“广告经营者、广告发布者依据法律、行政法规查验有关证明文件，核实广告内容。对内容不符或者证明文件不全的广告，广告经营者不得提供设计、制作、代理服务，广告发行者不得发布。”由此，《广告法》要求广告经营者和广告发布者必须对广告内容的真实性与合法性负担一种合理、谨慎的注意义务，必须对该内容主动加以核实、审查，若因其故意或者过失导致权利人受到损害的，广告经营者和广告发布者应当承担与其过错相应的赔偿责任。

【典型案例】

辽宁省某某市取暖设备厂诉周成某、辽宁省某某市电信局、辽宁省某某市邮电信息号簿公司侵犯名称权纠纷案

原告：辽宁省某某市取暖设备厂。

法定代表人：赵福某，该厂厂长。

委托代理人：牛春某。

被告：周成某。

委托代理人：郑桂某、鲁成某。

被告：辽宁省某某市电信局。

法定代表人：王奇某，该局局长。

委托代理人：姜某。

被告：辽宁省某某市邮电信息号簿公司。

法定代表人：付淑某，该公司经理。

第三人：曹亚某。

第三人：周永某。

第三人：辽宁省某某市铁南燃料销售中心。

法定代表人：李晓某，该公司经理。

〔基本案情〕

原告辽宁省某某市取暖设备厂（以下简称取暖设备厂）因与被告周成某、辽宁省某某市电信局（以下简称市电信局）、辽宁省某某市邮电信息号簿公司（以下简称号簿公司）发生侵犯名称权纠纷，向辽宁省铁岭县人民法院提起诉讼。

原告取暖设备厂诉称：被告周成某未经原告许可，擅自更改电话号簿中原告的电话号码，侵犯了原告的名称权。被告市电信局和被告号簿公司作为该电话号簿的发行人，对周成某更改电话号码的行为审查不当，以致侵权后果发生，对此也应承担民事责任。请求责令各被告停止侵害，立即将刊登在原告名下但由被告周成某和本案第三人控制使用的电话和传呼号码转让给原告使用，由周成某向原告赔礼道歉，并由三被告赔偿因侵权给原告造成的经济损失5万余元。

被告周成某辩称：原告取暖设备厂自1986年创办以来，一直是我担任法定代表人。1998年3月股东和厂领导班子研究，决定让我分出去自行生产锅炉，但还是该厂的股东与法定代表人，与该厂使用同一个锅炉生产许可证。所以在被告市电信局向我核实广告刊登的电话号码有无变化时，我将原来的电话号码进行了改动。这是我履行职务的行为，不构成侵权。

被告市电信局辩称：由于与原告签订刊登电话号码广告的协议时，被告周成某是原告的法定代表人，所以在出版1999版中国黄页铁岭电话号簿时，我局与周成某联系电话号码是否改动。我局不知道原告的法定代表人已经更换，周成某要求改动电话号码时也没有声明他已经不是原告的法定代表人。我局是应客户自身的要求改动电话号码的，主观上没有过错，不应承担侵权的民事责任。

被告号簿公司与被告市电信局持相同的答辩理由。

第三人周永某述称：被告周成某要求将我的传呼号码刊登在电话号簿上，以便我帮他销售锅炉，我同意。我与原告之间没有任何利害关系，是否同意刊登我的传呼号码是我的权利，与原告不相干，不同意将我的传呼号码归原告使用。

第三人曹亚某、某某市铁南燃料销售中心（以下简称燃料中心）没有提供答辩意见。

铁岭县人民法院经审理查明：

被告周成某原是原告取暖设备厂的股东、厂长，1998 年 3 月离开取暖设备厂自行生产锅炉。自 1998 年 4 月 20 日起，侯善某任取暖设备厂厂长，翌年 5 月 27 日赵福某接任厂长。

1997 年 4 月 24 日，原告取暖设备厂与被告市电信局签订了一份协议，约定由市电信局在某某市电话号簿上以 2/3 彩色插图版面为取暖设备厂刊登介绍其产品和联系办法的广告。1999 年 4 月，市电信局准备出版中国黄页铁岭电话号簿，向被告周成某核实取暖设备厂的产品广告内容有无变化。周成某在取暖设备厂不知情的情况下，以取暖设备厂的名义要求将原广告中“厂长：周成某，电话（厂）：A，（宅）：B；销售科长：马凯，传呼：C；经销处：某某市银州区南环铁路立交桥西转盘东侧冶金仓库院内，电话：D”等内容，修改为“厂长：周成某，电话：E，B（宅），手机：F；销售科长：曹亚某，电话：G（宅），传呼：H；经销处：某某市银州区铁南煤炭市场大门北侧 10 米处，电话：I，联系人：周凤英”。市电信局对周成某提出修改的电话或传呼号码，用电话进行了核实，然后刊登在同年 6 月 3 日公开发行的 1999 版中国黄页铁岭电话号簿上。

1999 年 4 月原告取暖设备厂的经营用电话号码是“A、J”。电话号码“E、B”现由被告周成某使用。电话号码“F”原由张春友使用，现已由张春友转让给周成某使用。电话号码“G”现由第三人曹亚某使用。传呼号码“H”现由第三人周永某使用。电话号码“I”现由第三人燃料中心使用。

第三人曹亚某、周永某都是被告周成某之子。曹亚某现为周成某销售锅炉。周成某在电话号簿上刊登电话号码“G”和传呼号码“H”，事先均征得号码使用权人曹亚军、周永某的同意，但周成某刊登电话号码“I”，事先没有征得第三人燃料中心的同意。

另查明，被告号簿公司原是被告市电信局的内设机构，对外具有独立法人资格，有权利用电话号簿经营广告，对内不完全独立。1999 版中国黄页铁岭电话号簿是市电信局发行的，现销售 2 万余册。

自 1999 版中国黄页铁岭电话号簿发行后，原告取暖设备厂的业务电话数量减少。1999 年 6 月和 7 月，取暖设备厂的帐面亏损数额为 28785 元，而在 1996 年、1997

年、1998年同期，取暖设备厂的帐面均有盈余。

上述事实，有下列证据证明：

1. 原告取暖设备厂提供的该厂企业法人营业执照复印件，证明自1998年4月20日，侯善某为该厂厂长；自1999年5月27日起，赵福某为该厂厂长。

2. 原告取暖设备厂提供的某某市电话号簿广告协议书复印件和广告原稿，证明原协议中的广告内容。

3. 原告取暖设备厂提供的广告修改底稿及1999版中国黄页铁岭电话号簿中插八面广告彩页，证明被告周成某修改的广告内容。

4. 原告取暖设备厂提供的1999年4月农村电话收据复印件，证明该厂现用的电话号码。

5. 铁岭县电信局关于号码为“B，E”的两部电话由被告周成某使用，号码为“G”的电话由第三人曹亚某使用的证明材料。

6. 被告周成某的陈述和原告取暖设备厂提供的证人赵霞的证明材料，证明号码为“F”的移动电话原为张春友使用，后转让给周成某使用。

7. 某某市邮电局关于号码为“I”的电话由第三人燃料中心使用的证明材料。

8. 第三人周永某的陈述和证人陶金光的证明材料，证明号码为“H”的寻呼机由周永某使用。

9. 被告市电信局的陈述和被告号簿公司提供的广告经营许可证复印件，证明自1995年7月1日至1999年7月1日，号簿公司经营范围为利用其出版的电话号簿设计制作、发布国内广告。号簿公司原是市电信局的内部机构，现对外为独立法人企业，但内部仍没有完全独立。

10. 证人高晓娟的证言，证明被告周成某在1999年4月将原告取暖设备厂的广告底稿进行了修改，被告市电信局对修改内容用电话进行了核实。

11. 原告取暖设备厂1999年6月和7月会计帐目复印件、1996年、1997年、1998年每年6月和7月的会计统计报表，证人胡治某的证言，证明取暖设备厂的帐面盈亏情况，以及造成1999年帐面亏损28785元的原因，除有经营用电话被更改的因素，还有企业管理、市场行情等因素。

12. 证人李铁某的证言，证明赵福某、周成某、侯善某等5人均系原告取暖设备厂的股东，周成某原是取暖设备厂厂长，1998年春不再任厂长出去另做锅炉，当时虽然经股东同意周成某可以使用取暖设备厂的许可证生产锅炉，但因与有关规定不符而没有施行。

13. 被告周成某和第三人周永某、曹亚某的陈述，证明周永某、曹亚某是周成某的儿子，为帮助周成某销售锅炉，周永某同意将其传呼号码、曹亚某同意将其电话号码刊登在铁岭电话号簿上，周成某未征求第三人燃料中心的意见而将其电话号码刊登在铁岭电话号簿上。

上述证据经当庭质证，可以作为认定本案事实的根据。

审理期间，原告取暖设备厂表示放弃让被告周成某赔礼道歉，让被告市电信局、号簿公司承担侵权民事责任的请求。

〔一审裁判要旨〕

铁岭县人民法院认为：《中华人民共和国民法通则》第九十九条第二款规定："法人、个体工商户、个人合伙享有名称权。企业法人、个体工商户、个人合伙有权使用、依法转让自己的名称。"第一百二十条规定："公民的姓名权、肖像权、名誉权、荣誉权受到侵害的，有权要求停止侵害，恢复名誉，消除影响，赔礼道歉，并可以要求赔偿损失。法人的名称权、名誉权、荣誉权受到侵害的，适用前款规定。""某某市取暖设备厂"是原告取暖设备厂经登记注册的企业名称，依法应当受到保护，任何单位和个人未经取暖设备厂的许可，不得使用该名称。

被告周成某虽然曾任原告取暖设备厂的法定代表人，但在其已经不是取暖设备厂法定代表人的情况下，未经取暖设备厂的许可，擅自将取暖设备厂名下的电话或传呼号码改为自己的或者能为自己使用的电话号码、传呼号码，以便获取取暖设备厂名下的业务信息，侵犯了取暖设备厂使用自己名称的权利。取暖设备厂要求周成某承担侵权的民事责任，是合法的，应当支持。

《中华人民共和国广告法》第二十七条规定："广告经营者、广告发布者依据法律、行政法规查验有关证明文件，核实广告内容。对内容不实或者证明文件不全的广告，广告经营者不得提供设计、制作、代理服务，广告发布者不得发布。"被告市电信局和被告号簿公司是铁岭电话号簿中黄页广告的经营者、发布者。在1999版铁岭电话号簿发行前，市电信局和号簿公司对两年前的产品广告内容重新进行核实，是适当的和必要的。但是，市电信局、号簿公司在进行核实工作时，没有认真查验被告周成某的职务身份证明，也没有要求周成某出具原告取暖设备厂要求修改广告内容的证明材料，并仅以通电话的方式对周成某要求修改的内容进行核实，未尽到仔细审核的义务，以至使周成某的侵权行为形成事实。对此，市电信局和号簿公司应当承担相应的民事责任。

电话号码"G"和传呼号码"H"分别为第三人曹亚某、周永某合法使用。曹亚某、周永某作为被告周成某的子女，在不知道周成某准备修改原告取暖设备厂广告内容的情况下，为帮助周成某销售锅炉，同意将他们使用的号码刊登在电话号簿上。曹亚某、周永某没有与周成某共同侵权的故意，不应承担侵权的民事责任。

被告周成某事先没有征求第三人燃料中心的意见将电话号码"I"修改刊登在原告取暖设备厂的广告内容中，燃料中心对此既不知情也无过错，不应承担侵权的民事责任。

鉴于被告周成某利用修改电话号簿上广告内容的手段侵犯原告取暖设备厂名称权已是既成事实，为了保护取暖设备厂的合法权益，必须采取措施保证取暖设备厂能得到电话号簿发行后从电话上传来的该厂业务信息，才能有效地制止侵权。虽然重新发行电话号簿不失为一项制止侵权的有效措施，但在本案中若采取这个措施所需要的耗费，将远远超出所能保护的合法权益。解决民事纠纷所采取的措施，既要公正、公平，又要尽量以较小的代价来实现保障合法权益的目的，以符合追求社会效益的原则。在无法采取重新发行铁岭电话号簿进行补救的情况下，取暖设备厂提出将周成某修改后的电话号码归其使用，是一项可行的措施，应当支持。

电话号码“B”，是被告周成某在担任原告取暖设备厂法定代表人期间使用的住宅电话号码。这个电话号码是此次铁岭电话号簿发行前，应当由取暖设备厂提出修改的号码。由于周成某的侵权行为，使取暖设备厂丧失了修改的机会。周成某保留这个电话号码与更改其他电话号码的目的是一致的，都是企图以此来获取信息。因此，将这个电话号码和周成某使用的手机号码“F”归取暖设备厂使用，是周成某应当承担的侵权民事责任。取暖设备厂的这一诉讼请求合理合法，应予支持。除此以外，对取暖设备厂因铁岭电话号簿广告内容被修改后遭受的产品销售损失，周成某还应赔偿。取暖设备厂虽然要求周成某按该厂的经营亏损额进行赔偿，但不能排除该经营亏损额中因企业管理不善、市场行情或者产品质量等造成的损失数额，因此只能根据案件的实际情况，本着公平合理的原则酌情确定赔偿数额。取暖设备厂在诉讼过程中放弃了让周成某赔礼道歉的诉讼请求，是对自己民事权利和诉讼权利的处分，应予照准。

在本案中，第三人曹亚某、周永某不应承担侵权的民事责任，电话号码“G”和传呼号码“H”是他们私人合法使用的号码。曹亚某、周永某作为被告周成某的子女，是想为周成某销售锅炉提供帮助才同意将这两个号码刊登在铁岭电话号簿上的。如果将这两个号码继续留给曹亚某、周永某使用，则二人将很难处理通过这两个号码给原告取暖设备厂传来的业务信息。若把这些信息按原来的约定传达给周成某，就构成与周成某共同对取暖设备厂的侵权。若不给周成某传达，则这些信息就成了对二人的电话骚扰。因此这两个号码由取暖设备厂使用，符合各方合法权益。这样处理虽然会给不应承担侵权民事责任的曹亚某、周永某带来损失，但这个私人损失无法与即将产生的社会效益相比。况且曹亚某、周永某因此而遭受的损失，是周成某实施侵权行为的必然结果，可以请求周成某承担。

电话号码“I”是第三人燃料中心合法使用的号码，燃料中心也不应承担本案的侵权民事责任。作为一个企业法人，其长期使用的电话号码与其经营业绩密切相关，是其合法权益的一部分。原告取暖设备厂要求将燃料中心的电话号码更名归其使用，这对没有过错的燃料中心是不公平的。损害一个合法权益来保护另一个同等的合法权益，这种做法不能支持。燃料中心的电话号码已经被刊登在取暖设备厂名下，这个事实使不应承担侵权民事责任的燃料中心与本案的合理解决产生了一定的关系。燃料中心虽然可以继续使用该电话号码，但应当承担不把从电话上得知的取暖设备厂业务信息告诉周成某的义务。

原告取暖设备厂在诉讼中已经表示放弃追究被告市电信局、号簿公司侵权的民事责任，这是当事人对自己民事权利和诉讼权利的处分，应当照准。

被告周成某辩称，其原是原告取暖设备厂的股东、法定代表人，从该厂分出去自行生产锅炉后，也是经股东会同意与该厂使用同一个许可证，故其更改电话号码的行为是职务行为，不构成侵权。经查，自 1998 年 4 月 20 日起，周成某就已经不再是取暖设备厂企业法人营业执照上登记的法定代表人，只是该厂的股东之一。未经法人许可，股东无权在对外活动中代表法人。现有证据尚无法证明股东会曾允许周成某使用取暖设备厂的同一个许可证生产锅炉，即使此节能够证实，这也是生产锅炉的手续是否合法的问题，不能认为周成某因此取得了法定代表人的权利。周成某的这一答辩理由不能成立。

综上所述，铁岭县人民法院于 1999 年 9 月 29 日判决：

一、被告周成某立即停止对原告取暖设备厂名称权的侵害；周成某使用的普通电话号码“E、B”和移动电话号码“F”、第三人曹亚某使用的普通电话号码“G”、第三人周永某使用的无线寻呼机号码“H”均归取暖设备厂使用。

二、第三人燃料中心不得将号码为“I”的电话上传来的销售锅炉业务信息向被告周成某传达。

三、被告周成某给原告取暖设备厂赔偿经济损失 3000 元。

四、准予原告取暖设备厂放弃要被告周成某赔礼道歉，要被告市电信局、号簿公司赔偿经济损失的诉讼请求。

五、驳回原告取暖设备厂的其他诉讼请求。

案件受理费 850 元，由被告周成某负担。

第一审宣判后，各方当事人均未提起上诉，一审判决已经发生法律效力。

规则 4：盗用他人身份证、以其姓名申办信用卡透支，属于侵犯他人姓名权行为；信用卡中心未尽到合理审查义务，导致侵犯客户姓名权行为得以实施的，应按过错程度承担相应民事责任

——王春某诉张开某、江苏省南京某某高等职业学校、某某银行股份有限公司南京分行、某某银行股份有限公司信用卡中心侵权纠纷案①

① 《中华人民共和国最高人民法院公报》2000 年第 6 期。

【裁判规则】

未经他人同意，盗用他人身份证、以他人的姓名申办信用卡的行为，属于盗用、假冒他人姓名，侵犯他人姓名权的民事侵权行为。以上述方式办理信用卡后透支消费，导致他人姓名被银行列入不良信用记录，给他人造成名誉损失的，属于侵犯他人姓名权行为，不属于侵犯他人名誉权的行为。该行为导致当事人在银行征信系统存有不良信用纪录，对当事人从事商业活动及其他社会、经济活动具有重大不良影响，给当事人实际造成精神痛苦，妨碍其内心安宁，降低其社会评价，当事人就此提出精神损害赔偿诉讼请求的，人民法院应予支持。

信用卡中心作为客户开办信用卡的专门机构，对客户提交的信用卡申请资料的真实负有合理、有效审核的义务，其没有尽到合理审查义务，导致侵犯姓名权行为得以实施，其未尽合理注意义务的过错行为与当事人姓名权被侵犯的后果之间存在因果关系，应按过错程度承担相应赔偿责任。

【规则理解】

一、姓名与姓名权的产生

每个自然人均有姓名，因国家和时代的不同，姓名内容会存在一些差异，但一般都认为，姓名由姓与名组成。根据我国《说文解字》的解释："姓，人所生也。古之神圣母，感天而生子，故称天子。从女，从生，生亦声。""名，自命也，从口夕，夕者冥也，冥不相见，故以口自名。"故人类社会早期，姓通常是血缘遗传和家族本宗的记号，而名是使自然人个体区别于他人的符号，姓名具有表征特定群体和等级身份的功能。人类学学者也认为，姓名承担了代表群体或者个体、表明等级身份、规范婚姻关系、弥补命运缺憾、指代特殊事物、体现社会评价、凝聚文明精华等社会功能①。随着近代从身份到契约的转变及个人主义的确立，人格的独立、平等与自由开始深入人心，法律对此亦予以了确认，姓名遂逐渐与身份等级相分离，并最终实现了现代意义上的平等与独立②。

---

① 何晓明：《姓名与中国文化》，人民出版社2001年版，第8—16页。

② 以日本为例，在明治维新之前，一般平民只能使用名字，在明治维新之后所有日本人开始冠以所属的家族以姓，而在第二次世界大战之后，因家族制度的废止，姓氏开始成为个人的称呼。参见［日］五十岚清：《人格权法》，［日］铃木贤、葛敏译，北京大学出版社2009年版，第116页。

在现代社会，姓名是公民特定的人身专用的文字符号，是公民自身人格特征的重要标志，是区别于其他公民的文字符号[①]。姓名的主要功能在于标表自然人的存在，使人们得以在一般交往与法律交往中相互识别。然而，姓名不只具有符号意义，通常还与个人的人格尊严密切相关。当姓名在长期使用后被社会认可和接受时，姓名即与其所代表和指称的对象同一，能够直接确定和代表自然人，并表征其身份、品德、能力、社会评价等自然因素和社会因素，成为人格的象征。对姓名的侵害，不仅会导致姓名所指称和代表的个体蒙受经济利益的损失，而且通常会引起其精神上的痛苦。由此，保护个人的姓名不受他人非法侵害，逐渐得到了各国立法或司法裁判的确认[②]。其中，最早将姓名上升为民事权利并在民法典中明文加以保护的是德国。1900 年实施的《德国民法典》在第 12 条明确规定："有权使用某一姓名的人，因他人争夺该姓名的使用，或者无权使用该姓名的人使用该姓名，从而使其利益受到损害时，权利人得请求排除此侵害。有继续受侵害之虞时，权利人得提出停止侵害之诉。"其后，1907 年的《瑞士民法典》作了更为全面的保护。该法第 29 条规定："（1）当就姓名的使用权发生争议时，可诉请确定此项权利。（2）因他人冒用姓名而受到损害的人，可诉请禁止冒用；如冒用有过失的，并可诉请损害赔偿；如就侵害的种类侵害人应当给付一定数额的抚慰金时，亦可提出此项诉请。"而美国等英美法系国家，在 20 世纪初通过认可隐私权的保护，禁止在广告和商业行为中擅自使用他人的姓名；最近几十年则通过一种新型的民事权利——形象权，对姓名给予较为全面的保护[③]。

二、姓名权的内容

我国《民法通则》[④] 确立了姓名权的民法保护制度。该法第 99 条第 1 款规定："公民享有姓名权，有权决定、使用和依照规定改变自己的姓名，禁止他人干涉、盗用、假冒。"这一规定既确认公民依法享有姓名权，又明文禁止侵害姓名权的典型行为，系授权性规范与禁止性规范的结合。《民法典》将上述规定的内容精神进行了保留，即第 1012 条规定："自然人享有姓名权，有权依

---

① 马原主编：《中国民法教程》，人民法院出版社 1989 年版，第 489 页。

② 例如，德国、瑞士、意大利、俄罗斯、越南等国均在立法中明确对个人姓名进行保护。

③ 参见［日］五十岚清：《人格权法》，［日］铃木贤、葛敏译，北京大学出版社 2009 年版，第 117 页。

④ 2021 年 1 月 1 日《民法典》施行后，该法废止。

法决定、使用、变更或者许可他人使用自己的姓名，但是不得违背公序良俗。”第1014条规定：“任何组织或者个人不得以干涉、盗用、假冒等方式侵害他人的姓名权或者名称权。”上述规定是我国姓名权保护的最主要依据。此外，《收养法》①《婚姻法》②《户口登记条例》及个别司法解释也对姓名权进行了专门性或原则性的规定，共同构成了我国的姓名权保护制度。

据此，所谓姓名权，是指公民自由决定、使用和依照规定改变自己的姓名，并禁止他人以干涉、盗用、假冒等方式侵害自己姓名的一项民事权利。从这一概念可知，姓名权的内容包括积极权能和消极权能两个方面，其中，积极权能包括姓名权人的自我决定权、使用权和变更权等，而消极权能则主要指权利人对他人擅自使用自己姓名的禁止权。积极权能与消极权能密切相关，二者互相促进，共同构成姓名权的完整内容。

（一）自我决定权

自我决定权，亦称命名权，是指公民有权依照法律和有关规定，自由决定自己的姓名、别名、笔名、艺名等，任何人均不得非法干预。自我决定权是私法自治的体现，也是公民享有的基本人格权利。对此，我国法律亦予以了确认，《婚姻法》③ 第22条规定：“子女可以随父姓，可以随母姓。”《民法典》吸收了上述规定的内容精神，即第1015条规定：“自然人应当随父姓或者母姓，但是有下列情形之一的，可以在父姓和母姓之外选取姓氏：（一）选取其他直系长辈血亲的姓氏；（二）因由法定扶养人以外的人扶养而选取扶养人姓氏；（三）有不违背公序良俗的其他正当理由。少数民族自然人的姓氏可以遵从本民族的文化传统和风俗习惯。”不过，这种权利的行使需以个人具有相应的行为能力为前提。《户口登记条例》第7条规定：“婴儿出生后一个月以内，由户主、亲属、抚养人或者邻居向婴儿常住地户口登记机关申报出生登记。弃婴，由收养人或者育婴机关向户口登记机关申报出生登记。”由此，对于无民事行为能力或只具有限制行为能力的未成年子女而言，其姓名的自我决定权实际上是由父母等监护人行使，但是，当其成年具备完全民事行为能力之后，应当有权对自己的姓名作出选择，父母、养父母等监护人则应尊重其自我决定权。

然而，作为人们从事法律行为及在相互交往中彼此识别的标记，姓名不仅

① 2021年1月1日《民法典》施行后，该法废止。
② 2021年1月1日《民法典》施行后，该法废止。
③ 2021年1月1日《民法典》施行后，该法废止。

与个人的私权密切相关，而且通常亦关涉到他人、国家及社会的利益，因而，姓名的自我决定权有其行使的边界，必须符合法律法规等相关规定，平衡好私权的行使与相关管理制度之间的关系。譬如，在2008年全国十大影响性诉讼案件“赵C姓名权案”[①] 中，公安局依据《居民身份证法》《公安部关于对中国公民姓名用字有关问题的答复》《公安部关于启用新的常住人口登记表和居民户口簿有关事项的通知》及附件《常住人口登记表和居民户口簿填写说明》等规定，拒绝给赵C换发第二代居民身份证，这就涉及国家利益、公共利益与传统习俗的界定，以及公民在行使姓名的自我决定权时，应当如何协调与前者的关系等问题。

（二）姓名专用权

姓名存在的意义，在于确定、代表和区别特定的公民，并将其名义下从事的法律行为之后果归属于其所指称的个人，因而，姓名专用权是姓名权的主要权能，也是姓名权人享有的基本权利。对于姓名专用权的内涵，日本学者五十岚清准确地指出：“每个人，对自己姓名的使用不受他人干涉，当他人超越权限范围擅自使用自己姓名时，可以对此加以禁止。这是姓名权的本质，是很多国家的民法典作出规定的内容。”[②] 由此可知，姓名专用权包含两个部分，即自己使用的权利与许可他人使用的权利。自己使用的权利，即在一般社会交往与法律交往中公民使用自己的姓名来指称和代表自己，诸如在法律文书上签名、以自己名义汇款给他人等。而许可他人使用的权利，则是指授权许可他人使用自己的姓名，诸如许可他人将自己的姓名作为商标注册或作为企业名称的一部分使用，但是，由于姓名始终与个人人格相关联，具有强烈的专属性，因而姓名不能作为财产整体让与他人，这正是自然人的姓名权与法人所享有的名称权之间的主要区别之一。任何人未经许可，或者超出许可的范围与目的使用、冒用他人的姓名，即构成姓名权侵权，应当承担相应的民事责任。

（三）姓名变更权

姓名变更权亦称改动权，是指公民有权依照法律规定改变自己的姓名，不受其他限制的权利。变更权是姓名自我决定权的自然延伸与当然内容。关于变更权的规定，世界上主要存在两种立法例：一是英美国家的自由主义立法例，

---

① 关于该案的详细情况，请参见陈华世：《赵C，中国最牛姓名权案》，载《检察风云》2009年第7期。

② ［日］五十岚清：《人格权法》，［日］铃木贤、葛敏译，北京大学出版社2009年版，第119页。

公民可以依其意思表示自由地决定和变更其姓名，一般无须专门机关的审查核准与正式登记，仅需对外公告即可；二是大陆法系国家的许可主义立法例，在这种立法例下，姓名的变更通常需要有重大的理由，且须经相关的行政机关或司法机关的审查批准，乃至正式登记。

在我国，有学者认为："这种变更姓名的行为仅依单方意思表示即为已足，惟其表示须经公示，否则不得对抗第三人；但登记姓名的变更非依变更登记程序不生效力。"① 我国《户口登记条例》第18条规定："公民变更姓名，依照下列规定办理：（一）未满十八周岁的人需要变更姓名的时候，由本人或者父母、收养人向户口登记机关申请变更登记；（二）十八周岁以上的人需要变更姓名的时候，由本人向户口登记机关申请变更登记。"由此，登记姓名的变更，因涉及个人各种社会关系与法律关系的稳定性、延续性，须遵循申请、审查、批准、公告和登记等法定程序，在实际审查过程中，户籍登记机关通常也会要求申请人提供变更姓名的正当理由，在无正当理由时不予办理。当然，公民改变自己的艺名、笔名、化名等非登记姓名，则无须履行法定的姓名变更程序，完全依公民单方意思表示即为已足。

（四）对擅自使用姓名的禁止权

法律规范对姓名的保护，最初就是以禁止他人未经许可的擅自使用行为作为主要形态而出现，这为两大法系的共同之处。在现实生活中，擅自使用他人的姓名也一直是姓名权被侵害的最常见形态，其中以擅自将知名人物的姓名用作商业标识或者广告宣传最为典型，如2011年姚某诉某体育用品公司侵犯姓名权案②，某体育用品公司在没有任何合法授权及正当理由的情况下，在其经营活动中擅自将"姚某""姚某一代"作为商业标识使用。据此，赋予公民禁止他人擅自使用姓名的权利当然构成姓名权之重要内涵。此种禁止权的意义在于，姓名权人可以直接根据该权利制止不法侵害行为的继续发生，及时减少损失的扩大与痛苦的加深，因而，在侵权行为法体系中，禁止权构成了姓名权的特殊救济方式与手段。

三、姓名权侵权责任的构成与典型行为

（一）姓名权侵权责任的构成

与其他侵权行为一样，在姓名权侵权纠纷中，行为人是否应当承担民事责

---

① 张俊浩主编：《民法学原理》，中国政法大学出版社1991年版，第148页。

② 参见中国新闻网，http：//www.chinanews.com/ty/2011/12—27/3563125.shtml，最后访问时间：2023年7月6日。

任的前提在于其行为是否符合侵权构成要件。然而不同于一般侵权行为，对姓名权侵权的判定无须就违法行为、损害事实、因果关系及主观过错一一举证和详细判断。姓名权人只要证明行为人以干涉或盗用、假冒等不正当方式使用了自己的姓名，且被使用的姓名能够唯一地指向自身，或者足以让一般社会公众误以为指向权利人本身，则姓名权人主张构成侵权的举证责任已经完成，无须再举证证明该行为造成了物质或精神上的损害。当然，因姓名权人所遭受的损失与法院裁判确定的具体赔偿数额密切相关，故在法院认定姓名权侵权构成后、损害赔偿金确定之前，损害事实的举证仍主要由姓名权人来承担。

（二）侵害姓名权的典型行为

结合法律法规的相关规定及司法实践，侵害姓名权的典型行为主要包括以下几种情况。

1. 干涉他人行使姓名权。姓名权人对其姓名依法享有自我决定权、专用权和变更权，并禁止他人非法限制和干涉。干涉他人行使姓名权，通常是指在他人决定、使用或者变更姓名的过程中，行为人施加某种具有强制性的积极行为，从而迫使他人违背自由意志地使用或无法使用其姓名。在司法实践中，比较常见的情形主要包括强迫他人使用或不得使用某一姓名，非法更改他人的姓名等，如强迫妻子随夫改姓，强迫名歌星变更其艺名。另外，何种情形构成对养子女姓氏的干涉，也是司法实践中较为关注的问题。对此，《收养法》[①] 第 24 条规定，“养子女可以随养父或者养母的姓，经当事人协商一致，也可以保留原姓。”《民法典》对上述规定的内容精神进行了吸收，即第 1015 条规定：“自然人应当随父姓或者母姓，但是有下列情形之一的，可以在父姓和母姓之外选取姓氏：（一）选取其他直系长辈血亲的姓氏；（二）因由法定扶养人以外的人扶养而选取扶养人姓氏；（三）有不违背公序良俗的其他正当理由。少数民族自然人的姓氏可以遵从本民族的文化传统和风俗习惯。”故一般认为可以从养父母的姓氏，在当事人未协商或达不成一致意见的情形下，由养父母决定养子女的姓氏，生父母无权干涉。如果养父母与生父母协商一致，养子女保留原姓也是允许的。

2. 盗用、假冒他人姓名。盗用、假冒他人姓名，是姓名权侵权纠纷中最常见且复杂的情形。所谓盗用他人姓名，是指未经他人同意或授权，擅自以他人的名义实施某种不利于本人或社会的行为。由于盗用他人姓名的情形中，行为

---

① 2021 年 1 月 1 日《民法典》施行后，该法废止。

人一般是以他人的名义从事不法行为，故往往也涉及对他人名誉权的侵害。所谓假冒他人姓名，则是指使用他人的姓名，冒充他人对外从事活动，如“夫的情妇与夫同宿旅馆，而于名簿填写妻名，应认定系对妻姓名权的侵害”①。在此种情形中，行为人大多是利用社会公众对知名人士或某一特定个人的崇敬、仰慕与信赖心理，直接使用该知名人士的姓名从事各种活动。不过，行为人利用自己姓名与他人姓名相同或容易被混淆等条件冒充他人，以及利用他人的身份和姓名从事某种活动，也构成假冒他人姓名。

通常而言，行为人盗用、假冒他人姓名的目的，是提高自己的身价或声誉，规避法律法规，或者牟取某种不正当的利益。典型情形主要包括：盗用、假冒他人姓名从事非法活动，盗用、假冒他人姓名进行取乐活动并造成损害，以及未经姓名权人本人同意而假冒其签名或者擅自使用其印章等。由于盗用他人姓名与假冒他人姓名均是以非法手段利用和侵害他人的姓名，在实际侵权行为中二者往往混合在一起，故很难严格区分，也无区分的意义。

3. 不当使用他人姓名等其他侵权行为。对他人姓名的不当使用，主要涉及对他人姓名的正确称呼，这在一字多音多义或者声调不同而有不同的意思，特别是带有侮辱、贬低等目的时，更是如此。如以他人的姓名称呼家中饲养的宠物、以某女人的名字作为应召站名称、将他人的姓名为不当的发音（如将“江居士”读为或写为“将去死”）②。另外，在小说及其他文学作品中使用他人姓名或与他人姓名相似的姓名，亦有可能构成对他人姓名权与名誉权的侵害。如胡冀超、周孔昭、石达成诉刘守忠、《遵义晚报》报社侵害名誉权纠纷案③。

【拓展适用】

一、姓名权的法律保护

根据目前学术界与实务界的主流观点，姓名是自然人人格的一部分，是人格特质之一，而非仅仅是其表征，故姓名权为人格权的一种，属于人格权法所保护的范畴。德国学者拉伦茨指出：“姓名并非是人的身外之物，如同一件东西从一只手交到另一只手，而是使人个体化的一种标志、一个象征，所以它是

---

① 王泽鉴：《王泽鉴法学全集·第十一卷——民法总则》，中国政法大学出版社2003年版，第137页。

② 王泽鉴：《王泽鉴法学全集·第十一卷——民法总则》，中国政法大学出版社2003年版，第137页。

③ 《中华人民共和国最高人民法院公报》1999年第2期。

个人本身所具有的精神财富，一种人格财产。因此，姓名权本质上是一种人格权，即在一个人的直接存在以及他的个人生活范围内，承认他不受侵犯的权利。”① 日本最高法院于1988年在正面认可姓名权的“NHK日语读音诉讼案”中指出：“从社会的角度来看，姓名具有将个人从他人中进行识别和特定的功能，同时从个人角度看是作为个人受到尊重的基础，是个人人格的象征，构成人格权内容的一部分。”② 在我国，1986年的《民法通则》明确将姓名权列在“人身权”一节当中，至今，我国学界主流观点及司法实践一般也都认为姓名权为人格权的一种。

既然姓名权是一种独立的人格权利，那么，在侵害发生后，姓名权人的主要法律依据一般为姓名权本身的专门规定。不过，这并不意味着姓名权的法律保护方式仅此一种。从我国及大陆法系国家的立法体系看，在姓名权纠纷中，除了依据姓名权保护的专门规定外，权利人还可以基于以下两种请求权基础主张权利：一是一般侵权行为的规定；二是不当得利返还请求权的规定。需要注意的是，在以上两种请求权基础中，因侵权行为的构成要件最为严格，故姓名权人如果以侵权行为作为请求权基础来主张权利，需要举证证明侵权人的行为符合侵权行为的构成要件，即不法行为、主观过错、损害事实及因果关系。而若以不当得利作为请求权基础，则无须举证证明得利人主观上具有过错及其行为具有不法性，显然，这可以大大减轻姓名权人维权的成本与败诉的风险。

二、姓名权与名誉权、名称权及署名权等其他权利的关系

姓名不只是文字符号，还是自然人人格的一部分，在长期使用后即与其所代表和指称的对象同一，能够直接确定和代表自然人，并表征其身份、品德、能力、社会评价等自然因素和社会因素。因此，姓名权与名誉权、署名权等其他权利有着极其密切的关联，当作为基础性权利的姓名权被侵犯时，可能会随之导致其他权利，诸如名誉权、署名权等受到损害。

（一）姓名权与名誉权的关系

姓名是一个人的人格、身份的外在表现，而名誉则是社会对某一个人的思想品质和才干的综合评价。相较于其他权利，姓名权与名誉权的关系最为密切：二者不仅均属于人格权的范畴，而且只有结合在一起，才能表现出自然人的人

---

① ［德］拉伦茨：《德国民法通论》，王晓晔等译，法律出版社2004年版，第166页。

② ［日］五十岚清：《人格权法》，［日］铃木贤、葛敏译，北京大学出版社2009年版，第118页。

格利益和人格尊严。这就意味着，盗用、假冒他人名义从事某些活动（尤其是不法活动），不仅会侵害他人的姓名权，而且可能对该人的社会评价产生不利影响，从而侵害他人的名誉权。比如，假冒他人姓名刊登征婚广告，在罚款单上以他人名义签字，犯罪嫌疑人以他人身份申报姓名等。此时，一个不法行为同时侵害了权利人的姓名与名誉，分别符合两种请求权规范基础的要求，在法律上产生责任竞合的问题。那么，应当以哪种责任方式来保护受害人的利益？有学者主张："最好的办法是允许受害人就两种请求择一行使，一项请求实现以后，导致另一项请求消灭，这样既可以充分满足受害人的请求，也可不使加害人负过重的责任。""为了防止在实践中不适当地扩大责任竞合范围，在法律上应对责任竞合作出适当的限制。"① 笔者认为，姓名权与名誉权毕竟是两种不同的人格权，在一种不法行为究竟是侵害权利人的姓名还是名誉较难判断的场合，应当根据姓名权与名誉权的内涵与特征，从以下几个方面着手加以分析：首先，侵害姓名权通常侵害的是公民对自己姓名的自我决定权、专用权和变更权，对所造成的影响，在所不问；而侵害名誉权则侵害的是受害人的品德、声望、信用、才能、作风和人格尊严，并直接导致社会公众对其评价和看法的降低。其次，从侵权方式上进行判断，姓名权侵权一般是采用干涉、盗用、假冒等方式，而名誉权侵权则是以公开侮辱、诽谤等方式进行。最后，可以从是否为营利性民事活动方面加以判断。对姓名权的侵权，常发生于侵权行为人对不法利益的需求，对受害人的名誉并不一定带来不利的影响。此外，在侵害名誉权的情形中，侵权行为一般为第三人知道，而侵害姓名权则并不一定为第三人知道。

在前述判断结束后，若该不法行为确实同时侵害了受害人的姓名与名誉，则应当进一步判断以哪种责任方式来保护受害人。笔者认为，赋予当事人选择责任方式的权利确实是一种较佳的解决途径，但是，若其中一种权利是作为基础性权利存在时，则应当认定是对该种权利的侵害。那么，如何判断某一种权利是否构成基础性权利？对此，应当从案件的具体事实出发，详细了解行为人的主观动机和目的，结合该行为所造成的后果进行综合分析。一个人因干涉、盗用、假冒他人姓名而同时又给受害人造成名誉损害的，一般应当认定为姓名权侵权，而其中名誉的损害则应当作为侵权的情节，在处理时加以考虑。

---

① 王利明、杨立新主编：《人格权与新闻侵权》，中国方正出版社2010年版，第251页。

（二）姓名权与名称权的关系

姓名与名称都是确定和代表民事主体自身，并区别于他人的文字符号和标记，具有很多共通之处。我国《民法通则》[①] 第五章第四节（“人身权”）的第 99 条同时规定了公民的姓名权与法人等享有的名称权。《民法典》第四编第三章第 1012 条、第 1013 条分别规定了自然人的姓名权和法人、非法人组织的名称权。这意味着，在立法者看来，姓名权与名称权在性质上均为人格权。结合二者在表征民事主体身份、作为法律交往符号等方面的一致性，有学者认为，姓名权与名称权在性质上并无任何差异。有学者甚至直接主张：“无论是自然人或法人均享有姓名权，自然人叫姓名权，法人叫名称权。”[②]

应当认为，姓名权与名称权虽然均为标表型人格权，具有诸多相同之处，但是二者并不属于同一性质的权利。首先，二者的主体不同，产生方式也不同。姓名权专属于自然人，与人的血缘、身份、等级及特定群体等密切相关，而名称权则由法人、个体工商户、个人合伙等享有，一般仅具标表和指代功能，与前述属性无关；自然人的姓名权在命名上几乎不受限制，一般无须经专门机关核准登记即产生，而法人的名称权则受到严格限制，且必须经工商管理机关核准登记才能产生。其次，二者的属性与具体内容不同。姓名权为非财产权，具有强烈的专属性，通常不能转让、继承，而名称权则是法人等组织的无形资产，具有财产属性，可以进行使用、收益、转让和处分。最后，二者对于民事主体的意义不同。对企业法人等民事主体而言，必须有名称该组织才能设立和存续；公民在设立法人、个体工商户或者个人合伙之前，应当按照法律法规的相关规定申请名称预先核准，或者提交相应的名称材料，否则将无法设立；在企业设立之后的存续期间，企业名称不能单独转让，而必须与企业的整体营业一并转让；企业名称的工商登记注销，则意味着该组织的彻底消灭。显然，对自然人来说，姓名虽然是其人格标识与人格象征，但是姓名的有无并不影响个体本身的存续。

（三）姓名权与署名权的关系

“署名权”[③] 是在著作权法中作者所享有的一项重要人身权，与之对应的即为著作权法意义上的署名行为。署名是反映作者身份的一种表现形式，与姓名

---

① 2021 年 1 月 1 日《民法典》施行后，该法废止。

② 曹康编：《人身权基本知识》，天津大学出版社 1990 年版，第 25 页。

③ 严谨起见，本文所称的“署名权”被限定在著作权法的范畴内。

关系密切。在日常用语中，任何表明身份的行为都可以称为“署名”，如古字画爱好者在其收藏的名画古物上加盖自己的姓名印章等。即使在法律层面，“署名”也并非只在著作权领域存在，例如，《专利法》第16条第1款规定：“发明人或者设计人有权在专利文件中写明自己是发明人或者设计人”，这一规定赋予了发明人和设计人以“署名权”[①]。根据《著作权法》第10条第（二）项的规定，署名权是指表明作者身份，在作品上署名的权利。由于署名权的内容是作者有权在自己的作品上签署姓名（包括登记姓名、艺名、笔名、化名等），与姓名权密切相关，故有许多学者认为，著作权法中的署名权应当归入姓名权的范畴。然而，姓名权与署名权作为由人格权制度与著作权制度分别规定和确认的民事权利，不仅存在性质上的不同，而且在内容与功能等方面亦存在很大差异。从《著作权法》的相关规定来看，署名权的权利内容主要包括署名或不署名的决定权、署名方式决定权、署名排列方式决定权及署名指示权等，其功能在于表明作者身份、区分作品来源、体现法律对创作者的尊重，以及对独立创作智力成果的鼓励等，这显然不同于姓名权的自我决定权、专用权和变更权等内容，以及姓名所具有的标表、确定和区别自然人的功能。因此，姓名权与署名权是两种不同的权利，不能将署名权完全纳入姓名权的范畴。

在司法实践中，如何认定未经他人许可在自己创作的作品上署上他人姓名的行为性质（究竟是侵害姓名权还是署名权），是一个争议较大的问题。笔者认为，由于著作权法意义上的署名权是专指署上创作者姓名（含创作者的假名、笔名等其他名称）的行为，即“署名权”是创作作品的作者所特有的权利，只能由创作者享有，未创作者很难谓对该作品享有“署名权”，故被冒名者因其姓名署在未参与创作的作品上，认定为姓名权侵权似乎更为合适。

三、姓名权侵权的民事责任

根据《民法通则》[②] 第120条的规定，结合《侵权责任法》第15条[③]对侵权责任方式的规定可知，在姓名权侵权发生后，权利人有权要求行为人承担停止侵害、消除影响、赔礼道歉及赔偿损失等民事责任。《民法典》对上述规定

---

① 参见汤宗舜：《专利法解说》，知识产权出版社2002年版，第114页。

② 2021年1月1日《民法典》施行后，该法废止。

③ 该条规定：“承担侵权责任的方式主要有：（一）停止侵害；（二）排除妨碍；（三）消除危险；（四）返还财产；（五）恢复原状；（六）赔偿损失；（七）赔礼道歉；（八）消除影响、恢复名誉。以上承担侵权责任的方式，可以单独适用，也可以合并适用。”2021年1月1日《民法典》施行后，该法废止。

的内容精神进行了保留和延伸，即第995条规定："人格权受到侵害的，受害人有权依照本法和其他法律的规定请求行为人承担民事责任。受害人的停止侵害、排除妨碍、消除危险、消除影响、恢复名誉、赔礼道歉请求权，不适用诉讼时效的规定。"由于姓名是自然人人格的象征，命名、用名和改名均是命名者、用名者、改名者在姓名载体上所进行的情感和心理表达、意志与价值定位。在通常情况下，公民的姓名权并不具有直接的财产权属性，不能直接为权利人带来经济利益与物质财富，而是更多地与个人主观上的心理感受（如痛苦、难受、尴尬、委屈、无助等）与人格尊严紧密相关，故对姓名权的侵害并不必然造成权利人在物质利益上的损失，多以造成权利人精神上的痛苦与妨碍其内心的安宁为主要表现形式。若将此处的"赔偿损失"限定在物质利益的损害赔偿上，不仅会加重受害人（权利人）的举证责任，减少法律对姓名权保护的力度，也会放纵侵权行为，乃至造成鼓励侵权的后果。因此，侵害姓名权的民事责任不仅包括对物质利益损失的赔偿，而且包括对精神损害的赔偿，并且，精神损害赔偿应当为主要的赔偿内容。

从司法实务上看，认可权利人在姓名权受到侵害后请求给付精神损害赔偿金，也已经成为世界范围内的一种趋势。就德国而言，尽管《德国民法典》第235条规定："损害为非财产上的损害者，仅以有法律规定的情形为限，始得请求以金钱赔偿。"但德国最高法院在1959年3月18日判例中对于著名艺术家的姓名被擅自使用于广告宣传一案，准许给予权利人精神损害赔偿。在日本，日本民法虽无关于姓名权侵权责任的明文规定，但学说和判例亦均认为，姓名权受到侵害后权利人得请求非财产上损害赔偿①。

综上可知，在侵害姓名权的行为给受害人造成精神痛苦、妨碍其内心安宁时，受害人有权请求行为人承担精神损害赔偿责任。对此，法院可以根据侵害人的故意程度、损害后果、影响范围、双方的经济状况，以及对名誉等其他权利造成的不利影响等多种因素，综合确定精神损害赔偿金的数额，对姓名权人给予充分、及时的救济。

---

① 如名古屋法院在名古屋地判昭56（3）31《判夕》441号判决中，以冒用姓名的行为侵害了被冒用者的人格利益，责令被告赔偿10万日元的精神损害赔偿费。见［日］五十岚清：《人格权法》，［日］铃木贤、葛敏译，北京大学出版社2009年版，第123页。

【典型案例】

王春某诉张开某、江苏省南京某某高等职业学校、某某银行股份有限公司南京分行、某某银行股份有限公司信用卡中心侵权纠纷案

原告：王春某。

被告：张开某。

被告：江苏省南京某某高等职业学校。

法定代表人：秦志某，该校校长。

被告：某某银行股份有限公司南京分行。

负责人：金某，该分行行长。

被告：某某银行股份有限公司信用卡中心。

负责人：仲某伟，该中心总经理。

〔基本案情〕

原告王春某因与被告张开某、江苏省南京某某高等职业学校（以下简称某某学校）、某某银行股份有限公司南京分行（以下简称某行南京分行）、某某银行股份有限公司信用卡中心（以下简称信用卡中心）发生侵权纠纷，向江苏省南京市江宁区人民法院提起诉讼。

原告王春某诉称：原告原系被告某某学校的学生。原告在某某学校学习期间，被告张开某担任某某学校的代课老师。其间，张开某利用职务的便利，在未经原告同意的情况下，擅自使用原告的身份证，用原告的姓名办理了招商银行信用卡，并恶意透支，致使原告的姓名被列入银行不良信用记录（俗称黑名单），导致原告受到了严重的经济损失。被告某某学校对本校教师管理不严，被告某行南京分行、信用卡中心在为张开某办理涉案信用卡时没有尽到合理的审查义务，均对本案侵权后果具有过错。上述被告的行为侵犯了原告的合法权益，应当承担相应的责任。请求判令四被告共同赔偿原告名誉损失8000元、精神损害抚慰金5000元、失业保险金5400元、交通费964元，以上总计19364元；并要求撤销原告在银行的不良信用记录。

被告张开某辩称：本人并非被告某某学校的代课老师，也非被告某行南京分行的兼职员工，本人所代办的、户名为王春某的信用卡也并非由本人恶意透支，原告王春某提出的诉讼请求既不符合事实，也没有法律依据。请求驳回原告的诉讼请求。

被告某某学校辩称：原告王春某进入我校学习期间，在办理相关证件时，我校从未收取原告的身份证。被告张开某并非我校的代课老师。对王春某的遭遇我校表示同情，但我校与本案无关，不应对王春某被侵权的损失承担民事责任。请求驳回原告对我校的诉讼请求。

被告某行南京分行辩称：我行有着严格的用人制度，被告张开某不是我行兼职工作人员。涉案信用卡系张开某向被告信用卡中心直接申请办理，与我行无关。请求驳回原告王春某对我行的诉讼请求。

被告信用卡中心辩称：我中心对原告王春某的遭遇表示同情，但本案系被告张开某在未经王春某授权的情况下，盗用王春某的身份证办理信用卡并恶意透支，进而导致王春某被列入银行不良信用记录。根据行业规定，信用卡中心在申请人申请办理信用卡时，对于申请人的身份证只能作形式审查，对于申请人填写申请表内容的真实性也只能通过电话确认。本案中，我中心在涉案信用卡办理过程中已经尽到了合理审查义务，不存在过错，王春某所受损失应该由张开某承担法律责任。另外，我中心在查明真实情况后，已经撤销了王春某的银行不良信用记录。请求驳回原告对我中心的诉讼请求。

南京市江宁区人民法院一审查明：

2006 年 9 月至 2007 年 8 月间，被告张开某在被告某某学校担任教师。在此期间，原告王春某在某某学校学习。2006 年 9 月，张开某拣到王春某的身份证，在未经王春某同意的情况下，擅自利用王春某的身份证，同时伪造了王春某的收入证明，通过网上认识的李可向被告某行南京分行职员孙葵提交了信用卡申请资料。孙葵又将该申请资料邮寄给被告信用卡中心。同年 10 月，信用卡中心根据张开某提供的申请资料，通过电话方式进行了审核，批准并发放了户主为王春某的涉案信用卡。2007 年 1 月 9 日，张开某用涉案信用卡恶意透支消费 2397.60 元，致使王春某的姓名被列入银行不良信用记录。王春某得知后向公安机关报案，此后张开某向银行归还了该笔透支款。2007 年 10 月 26 日，信用卡中心删除了王春某的银行不良信用记录。

另查明：原告王春某诉称因其姓名被列入银行不良信用记录，导致其工作单位龙特电子公司无法为其办理个人养老保险、医疗保险以及工资卡。但经查证，王春某并没有在龙特电子公司工作，而是在南京麦乐迪 KTV 工作。经一审法院向南京市劳动保障部门咨询，南京市劳动保障部门明确表示：银行的征信系统并未与劳动保障部门的系统联网，职工的姓名是否被列入银行不良信用记录，不影响用人单位为该职工办理养老保险、医疗保险。

上述事实，有双方当事人提交并经依法质证的询问笔录、聘用合同书、律师函、信用卡申请表、个人信用报告、收入证明的各项证据在案为证，足以认定。

本案的争议焦点是：1. 被告张开某用原告王春某的身份证、以王春某的姓名办理信用卡，并在使用信用卡时透支消费，导致王春某的姓名被列入银行不良信用记录，其行为侵犯了王春某的何种权利；2. 除直接侵权人张开某外，被告某某学校、某行南京分行和信用卡中心对于王春某被侵权的后果有无过错，应否承担法律责任；3. 如何确定王春某因姓名权被侵犯所遭受的损失。

〔一审裁判要旨〕

南京市江宁区人民法院一审认为：

一、本案中，被告张开某侵犯了原告王春某的姓名权

《中华人民共和国民法通则》第九十九条规定：“公民享有姓名权，有权决定、

使用和依照规定改变自己的姓名，禁止他人干涉、盗用、假冒。”据此，姓名权是指公民自由决定、使用和依照规定改变自己的姓名，并禁止他人干涉、盗用、假冒自己姓名的一项民事权利。姓名权与其他人格权相比，具有基础权利的特征。姓名权被侵犯，可能会随之导致其他权利，诸如名誉权等人格权受到损害。因此，在现代经济活动中，姓名权愈来愈受到人们的重视。

根据本案事实，被告张开某在拣到原告王春某遗失的身份证后，既未将身份证归还原告，也未征得原告同意，而是擅自使用原告的身份证，以原告的姓名申请办理信用卡，其行为即属于盗用、假冒他人姓名、侵犯他人姓名权的民事侵权行为。尽管从结果看，张开某的上述行为还导致王春某的姓名被列入中国人民银行征信系统（即中国人民银行负责组织商业银行建立的个人信用信息基础数据库）的不良信用记录，而该不良信用记录在王春某与其他商业银行发生信贷活动时，其他商业银行均可查阅，必然造成王春某的信用污点，增大王春某从事商业交易活动和社会活动的成本，影响社会对王春某作出公正的评价，实际导致王春某的名誉受到损害，但结合案情全面分析，这一结果仍是张开某侵犯王春某姓名权的行为所导致的损害后果，张开某的行为不属于以虚构事实或其他侮辱、诽谤、贬损他人人格的手段侵犯他人名誉权的行为。

二、被告信用卡中心在涉案信用卡申办、发放过程中没有尽到合理审查义务，对于原告王春某被侵权的后果具有过错，应当承担相应的法律责任

根据本案事实，被告张开某在实施涉案侵权行为时虽系被告某某学校的教师，但张开某在本案中的行为并非受某某学校指派而为的职务行为，而是其个人行为，与某某学校无关。故某某学校对于原告王春某被侵权的后果不应承担法律责任。

被告张开某将其伪造的原告王春某收入证明等信用卡申请资料交给其网上认识的朋友李可，李可又将该申请资料交给被告某行南京分行的职员孙葵，孙葵又将该申请资料以邮寄方式提交给被告信用卡中心。孙葵虽系某行南京分行的员工，但其接受和转递涉案信用卡申请资料是出于为朋友帮忙的目的，完全是其个人行为，并非履行某行南京分行交办工作的职务行为。虽然孙葵出于对朋友李可的信赖，没有对涉案信用卡申请资料进行审核，即直接将该申请资料提交给信用卡中心，但考虑到孙葵仅是为朋友帮忙，没有审核的义务，且其个人行为与某行南京分行无关，故对于王春某被侵权的后果，某行南京分行不应承担法律责任。

被告信用卡中心是接受客户申请，为客户开办信用卡的专门机构，负有审核客户提交的信用卡申请资料的义务。根据本案事实，涉案信用卡并非客户本人持有效的身份证件到柜台办理，而是以邮寄资料方式申请开办信用卡。作为专业的信用卡开办机构，信用卡中心完全应当了解现实生活中存在盗用、假冒他人姓名申办信用卡的情况，在客户本人未到柜台的情况下，应当针对申请资料进行合理、有效的审查。但信用卡中心仅仅通过电话方式进行了所谓的核实，即批准并发放了户主为原告王春某的涉案信用卡。正是由于信用卡中心没有尽到合理的审查义务，才导致被告张开某侵犯王春某姓名权的行为得以最终实施成功。因此，信用卡中心对于王春某被侵权的后果存在过错。信用卡中心虽然与张开某不存在共同侵权的故意，但其未尽合理注意义务的过错行为与王春某姓名权被侵犯的后果之间存在因果关系。鉴于信用卡中心与张开某在本案侵权过程中既无共同的主观故意，也不存在其他的意思联络，双方也不存在统一的、不可分割的共同利益，故双方应按照各自过错程度的大小，分别承担赔偿责任。根据本案中王春某姓名权被侵犯的实际情况，酌定由张开某承担80%的赔偿责任，由信用卡中心承担20%的赔偿责任。

三、关于原告王春某因本案侵权行为所遭受的损失

原告王春某提出的赔偿请求包括名誉损失8000元、精神损害抚慰金5000元、失业保险金5400元、交通费964元，以上总计19364元。原告同时要求撤销其在银行的不良信用记录。就本案而言，王春某因被告张开某、信用卡中心的侵权行为，导致其在银行征信系统存有不良信用纪录，该不良信用记录对王春某从事商业活动及其他社会、经济活动具有重大不良影响。虽然在查清事实后，信用卡中心已经把王春某的不良信用记录删除，但损害已经实际发生，给王春某实际造成了精神上的痛苦，妨碍了其内心的安宁，其社会评价也必然因此而降低。因此，根据《最高人民法院关于确定民事侵权精神损害赔偿责任若干问题的解释》的有关规定，王春某在姓名权受到侵犯、导致名誉受损的情况下，提出精神损害赔偿的诉讼请求，应予支持。参照《最高人民法院关于审理名誉权案件若干问题的解释》的相关规定，综合考虑侵权人的过错程度、侵权行为的具体情节、给受害人造成精神损害后果以及本地区的平均生活水平等情况，酌定王春某的精神损害抚慰金为2000元；关于王春某主张的交通费损失，考虑到王春某为解决本案纠纷必然支出一定的交通费用，根据其相应的乘车次数和路线，酌定其交通费损失为164元；王春某主张的其他经济损失没有事实依据，故对其相关诉讼请求不予支持。鉴于信用卡中心已经将其姓名从银行征信系统不良信用记录中删除，故王春某关于撤销其银行不良信用记录的诉讼请求已经得到满足，不必再行判决。

据此，南京市江宁区人民法院依据《中华人民共和国民法通则》第九十九条、第一百二十条，《最高人民法院关于确定民事侵权精神损害赔偿责任若干问题的解释》第八条、第十条之规定，于2008年7月30日判决：

一、原告王春某因本案侵权行为遭受的损失包括交通费164元、精神损害抚慰金2000元，合计2164元，由被告张开某赔偿80%即1731.2元，由被告信用卡中心赔偿20%即432.8元，均于本判决发生法律效力之日起十日内给付；

二、驳回原告王春某的其他诉讼请求。

一审宣判后，双方当事人均未提出上诉，一审判决已经发生法律效力。

第四章　侵害名誉权责任

规则5：以非法手段，用“公告”的形式，故意捏造事实，对企业法人生产的产品进行诽谤，损害法人名誉权的，应依法承担民事责任

——上海新某医用橡胶厂诉某某医疗用品厂损害法人名誉权纠纷案①

【裁判规则】

企业的名誉权受国家法律保护。企业之间将生产的合格产品投放市场，开展正当的商品竞争，是国家允许的。以非法手段，用“公告”的形式，故意捏造事实，对企业法人生产的产品进行诽谤，其行为违反了法律规定，损害了法人的名誉权。被侵权人要求侵权人公开登报消除影响，恢复名誉、赔礼道歉、赔偿损失，符合法律规定，应予支持。

【规则理解】

一、名誉权的内涵、法律特征及主要内容

（一）名誉权的内涵

在人格权体系中，名誉权不仅是包含内容最为广泛的一项权利，而且是较早开始受到各国侵权法保护的人格权利②。尽管法律界对于“名誉”存在较大分歧，但在关于名誉权概念的界定上却比较一致。法学界对名誉权的界定通常从两个角度展开。一是从消极防御的角度以“名誉”作为客体来展开。如有学者认为：“名誉权作为一种民事权利，它是民事法律规定的民事主体所享有的获得和维持对其名誉进行客观公正评价的一种人格权。”③ 有学者认为：“名誉

---

① 《中华人民共和国最高人民法院公报》1988年第1期。

② 早在罗马法中，就通过侵权行为诉权制度明确认可了对名誉侵害的救济。早期，《十二铜表法》第8表第1条中规定：“以文字诽谤他人，或公然歌唱侮辱他人的歌词的，处死刑。”后来，优氏丁尼法时期，规定了“侵辱估价之诉”，对侮辱、诽谤等处以罚金。

③ 张新宝：《中国侵权行为法》，中国社会科学出版社2002年版，第307页。

权就是特定人享有应受社会公众给以公正评价的权利，以及要求他人不得以任何行为来造成对自己的不公正的社会评价的权利。”① 我国民法通则对于名誉权，也是从消极防御方面进行规定的。《民法通则》② 第 101 条规定：“公民、法人享有名誉权，公民的人格尊严受法律保护，禁止用侮辱、诽谤等方式损害公民、法人的名誉。”《民法典》对上述规定的内容精神进行了保留，即第 1024 条规定：“民事主体享有名誉权。任何组织或者个人不得以侮辱、诽谤等方式侵害他人的名誉权。名誉是对民事主体的品德、声望、才能、信用等的社会评价。”由此可见，在我国，名誉权的主体为民事主体，其内容是指民事主体对其名誉所享有的不受他人侵害的权利，在类型上分为自然人名誉权与法人、非法人组织名誉权。其中，自然人名誉权是指“以人在社会上应受与其地位相当之尊敬或评价之利益为内容之权利也”③；而法人名誉权则是指法人在生产经营过程中所形成的综合社会评价，并得以排除他人侵犯的权利。二是从正面积极的角度进行定义，如“名誉权乃吾人就社会上对于自己之评价，享受利益之权利也”④。

（二）名誉权的法律特征

作为一种十分重要的具体人格权，名誉权具有以下特征：

1. 专属性。即名誉权是民事主体通过自身的努力所形成的特定社会评价，只能由权利人自己享有和行使，不能让与他人、由他人继承或者代位行使。

2. 绝对性或对世性。即名誉权人以外的其他人均负有不侵害名誉权的消极义务，一旦违反则应承担相应的民事责任。

3. 特定性。即名誉权的主体是特定的民事主体。这意味着，侵害他人名誉的行为只有明确针对或者能够确定其指向特定的主体实施，才具有归责的可能。如果一个行为指向不确定的多数人，则单独的个体不能就此请求名誉权救济。

4. 保护方式上的相对性。尽管名誉权在性质上属于绝对权，但与生命权、健康权等人身权相比，名誉权并不是在任何情况下都受到绝对保护，其保护会受社会公共利益、个人的社会知名度等多种因素的限制。

（三）名誉权的主要内容

在权利内容上，与其他人格权类似，名誉权主要包括两个方面的内容：一

---

① 魏永征：《被告席上的记者》，上海人民出版社 1994 年版，第 30 页。

② 2021 年 1 月 1 日《民法典》施行后，该法废止。

③ 史尚宽：《债法总论》，中国政法大学出版社 2001 年版，第 145 页。

④ 郑玉波：《民法债编总论》，中国政法大学出版社 2004 年版，第 128 页。

是名誉保有权。由于名誉是社会公众在社会交往过程中对民事主体形成的特定评价，该评价对于民事主体生存于社会之中极为重要，故民事主体不仅会努力塑造自己的良好声誉，而且有权要求他人对自己作出客观公正的评价。名誉保有权是他人非法侵害名誉时受害人主张法律救济的权利基础，但在多数情况下表现为权利宣示的积极状态。二是消极防御权。名誉的侵害往往会给受害人造成情感上的巨大痛苦及经济上的损失，对于法人而言，名誉受到侵害则可能导致难以估量的经济损失，因而必须赋予权利主体之消极防御权，在名誉侵害行为发生时及时制止该行为的延续及损害的扩大，并有权在侵权发生后向法院寻求救济，弥补自己的损失。从我国《民法典》及相关司法解释来看，名誉权的权利价值在很大程度上也主要是消极防御权方面。

总之，名誉权是一种非财产性权利，造成的损害不能用金钱直接衡量，同时受害人也可以主张精神损害赔偿；名誉权也是普遍和专属性的权利，其主体为任何民事主体，且与主体不可分离，不可抛弃。其定义也可以从积极和消极两个角度界定名誉权的内容：一方面是名誉的享有和维护权，另一方面是权利人有权排斥他人对其名誉权的侵害。①

二、名誉权侵权责任的构成

在司法实践中，如何认定名誉权侵权的构成是法官居中裁判的首要前提。然而，关于名誉权侵权的构成，学术界存在不同观点。有学者认为，侵害名誉权的责任构成要件是“行为人实施了侮辱、诽谤等行为”“毁损名誉的行为指向特定人”“行为人的行为为第三人所知悉”“行为人具有过错”②。还有学者认为，构成侵害名誉权责任，应具备三个要件：“其一，散布了有关该自然人道德品质和生活作风方面的情况；其二，所散布有关该自然人道德品质和生活作风方面的情况是不真实的；其三，所散布的不真实情况有损于该自然人的名誉。”③ 更多的学者则认为，应当按照侵权责任的一般原理来确定名誉权侵权责任的构成。《最高人民法院关于审理名誉权案件若干问题的解答》④（以下简称《解答》）第7条第1款规定：“是否构成侵害名誉权的责任，应当根据受害人确有名誉被损害的事实、行为人行为违法、违法行为与损害后果之间有因果关

① 王利明：《人格权法研究》，中国人民大学出版社2005年版，第489页。

② 参见王利明：《人格权法研究》，中国人民大学出版社2005年版，第502—524页。

③ 梁慧星：《中国民法经济法诸问题》，法律出版社1991年版，第72页。

④ 2021年1月1日《最高人民法院关于废止部分司法解释及相关规范性文件的决定》施行后，该解答废止。

系、行为人主观上有过错来认定。”在司法实务中，法院一般均采用侵权责任的一般构成要件来认定名誉权侵权。笔者认为，侵害名誉的行为种类复杂，表现形式多样，无法具体列举穷尽，采用侵权责任的一般构成要件不仅能避免这些问题，具有较强的操作性，与我国司法实践中的做法亦相一致，而且完全能够涵盖上述学者的主张，实现对民事主体权利的充分保护。

（一）行为人行为违法

《民法通则》[①] 第101条、《民法通则意见》第140条[②]以及《解答》第7条第2款[③]对侵权他人名誉权的行为有相关规定，《民法典》对上述规定的内容精神进行了保留，即第1025条规定：“行为人为公共利益实施新闻报道、舆论监督等行为，影响他人名誉的，不承担民事责任，但是有下列情形之一的除外：（一）捏造、歪曲事实；（二）对他人提供的严重失实内容未尽到合理核实义务；（三）使用侮辱性言辞等贬损他人名誉。”第1027条第1款规定：“行为人发表的文学、艺术作品以真人真事或者特定人为描述对象，含有侮辱、诽谤内容，侵害他人名誉权的，受害人有权依法请求该行为人承担民事责任。”根据上述规定，“行为人行为违法”，主要是指行为人实施的侮辱、诽谤等行为。

1. 侮辱行为。侮辱是指公然损害或诋毁他人人格或名誉使他人人格或名誉受损的行为[④]；常见的侮辱方式有暴力侮辱、语言侮辱、文字侮辱等。如韩信的胯下之辱。尽管侮辱一般针对自然人实施，法人也不具有自然人之主观意志与生命躯壳，但侮辱行为也能针对法人实施，如制作丑化、败坏法人形象的海报等宣传单，以及当众污损法人的企业名称、商标等。通常认为，构成侮辱需要具有公然性。如果行为人实施侮辱性的行为但并未有第三人知晓，亦未向第三人公开，则不能构成对名誉权的侵害，因为这样并不会降低受害人的社会评

---

① 2021年1月1日《民法典》施行后，该法废止。

② 该条规定：“以书面、口头等形式宣扬他人的隐私，或者捏造事实公然丑化他人人格，以及用侮辱、诽谤等方式损害他人名誉，造成一定影响的，应当认定为侵害公民名誉权的行为。以书面、口头等形式诋毁、诽谤法人名誉，给法人造成损害的，应当认定为侵害法人名誉权的行为。”2021年1月1日《最高人民法院关于废止部分司法解释及相关规范性文件的决定》施行后，该意见废止。

③ 该款规定：“以书面或者口头形式侮辱或者诽谤他人，损害他人名誉的，应认定为侵害他人名誉权。”2021年1月1日《最高人民法院关于废止部分司法解释及相关规范性文件的决定》施行后，该解答废止。

④ 余一某诉《某某出版报》社侵害名誉权纠纷案，载《中华人民共和国最高人民法院公报》2003年第2期。

价。故名誉权侵权以第三人有途径知晓为前提。

2. 诽谤行为。诽谤是指以书面或者口头的形式捏造、散布与他人相关的虚假事实，以贬损他人名誉的行为，简言之即捏造事实、无中生有，如捏造、传播法人生产伪劣产品的谣言。英美法上将诽谤行为分为口头诽谤（libel）和书面诽谤（slander）两种，法律适用有所不同。口头诽谤主观均为故意；而书面诽谤较言语诽谤而言更为复杂，过失亦可构成，特别是大众传媒传播虚假事实的行为，侵权主体具有多重性，而且由于传播范围广，对当事人造成的损害较一般的口头侵权严重得多。如果行为人传播的是客观存在的事实，则一般认为不构成诽谤。由于在不同的语境中言词的含义不同，故判断某一言词是否具有诽谤性，通常需要结合特定案件的具体语境、当事人的主观恶意以及该行为在社会中的影响等因素综合进行认定，并且应当以一般人的标准来理解言词的具体含义，而不能以受害人或者法官的理解来推断其含义。

3. 其他侵害名誉权的违法行为。如《解答》[①] 第 9 条第 3 款："编辑出版单位在作品已被认定为侵害他人名誉权或被告知明显属于侵害他人名誉权后，应刊登声明消除影响或者采取其他补救措施；拒不刊登声明，不采取其他补救措施，或者继续刊登、出版侵权作品的，应认定为侵权。"《民法典》对上述规定的内容精神进行了保留，即第 1028 条规定："民事主体有证据证明报刊、网络等媒体报道的内容失实，侵害其名誉权的，有权请求该媒体及时采取更正或者删除等必要措施。"同时，因侵害名誉的行为具有多种表现形式，除了侮辱、诽谤等典型方式外，还包括以侵害姓名权、肖像权或者隐私权等方式对他人名誉权造成侵害的行为，此时构成的是侵害姓名权或肖像权等与侵害名誉权的竞合。例如，某人以某市长的名义开设赌场，从事违法犯罪活动，致使某市长的名誉受到严重的贬损，影响极其恶劣。对于此种名誉权纠纷与其他民事纠纷交织在一起的情形，《最高人民法院关于审理名誉权案件若干问题的解释》[②]（以下简称《解释》）第 11 条规定，人民法院应当按当事人自己选择的请求予以审理；发生适用数种请求的，人民法院应当根据民事诉讼法的有关规定和案件的实际情况，可以合并审理的合并审理，不能合并审理的可以告知当事人另行起诉。

---

① 2021 年 1 月 1 日《最高人民法院关于废止部分司法解释及相关规范性文件的决定》施行后，该解答废止。

② 2021 年 1 月 1 日《最高人民法院关于废止部分司法解释及相关规范性文件的决定》施行后，该解答废止。

（二）受害人确有名誉被损害的事实

“无损害即无救济”，侵权行为的成立，必须有已发生的损害事实。由于当事人的主观感受具有随意性、恣意性，且名誉在本质上是一种社会评价而非个人评价，故应当采用客观标准而不是受害人或者法官本人的主观判断，来认定损害发生与否。史尚宽先生也认为：“故决定对于他人之名誉有无毁损，不仅以其行为之性质上一般的是否可为毁损名誉，尚就参酌主张被毁损之人之社会地位，以决定其行为对于其人之名誉是否可为毁损，即应为个人之具体的决定。有名誉之毁损与否，非依被害人之主观，应客观的决定之。”①

那么，何为客观标准？社会评价是也。在名誉权侵权纠纷中，名誉被损害实质上指的正是受害人之社会评价的降低。若行为人虽然使用了侵害名誉的言词但客观上没有造成对方社会评价降低，则侵权行为不成立。然而，社会评价是一个抽象的、综合性的概念，在很多情况下并不直接表现出来，受害人要举证证明自己的社会评价因他人的行为而降低，通常是一件很困难的事情。

结合名誉权的特征，笔者认为，在判断受害人名誉是否被损害时，主要考虑以下三个因素：行为的一般性质、受害人的社会地位，以及行为是否为第三人所知悉。1. “行为的一般性质”，要求法官在认定侵权是否成立时，首先应当结合行为发生的特定时间、场合与具体语境，综合判断该行为是否足以对一般人的名誉造成毁损。2. “受害人的社会地位”，要求必须审查和考虑此人所处的社会地位、职业与其他状况，一般而言，社会地位越高的人往往更为重视名誉，故侵害造成的名誉毁损也更大，但这并不意味着侵害社会地位较低的人之名誉不构成侵权。3. 由于名誉本质上为社会评价，为了证明某种言词造成受害人社会评价的下降，通常需要贬损名誉的行为在一定范围内流传，因此，“行为被第三人所知悉”是判断社会评价降低的关键因素。由于社会评价是否降低的判断无法对具体人数做出量化的统计要求，且只要有第三人知悉，该侵害事实就有对外传播的可能，故这里的第三人，是当事人之外的任何一人足矣。即贬损行为只要被行为人和受害人以外的任何一个第三个人所知悉，则可能构成名誉权侵权。但这并不意味法官无须进一步对损害事实进行判断。社会评价本身是一个开放性标准，是社会公众、某一行业、某一地区、某一群体共同认可的价值观，法官在认定损害大小及赔偿责任之时，应当综合考虑民族传统、善良风俗、行业标准或惯例、公众价值取向等多种因素来综合判定。

---

① 史尚宽：《债法总论》，中国政法大学出版社2000年版，第145页。

侵害名誉权的损害后果，即是受害人社会评价的降低。而社会评价降低之后，所导致的后果有：社会其他成员对其产生不良的看法，出现不利于被害人的各种议论、评论甚至攻击等；使受害人在社会生活中受到孤立、冷落等而使受害人在其职业、职务、营业等方面发生或者可能发生困难；受害人的精神痛苦。[①] 由于侵害名誉权所造成的损失很多都是非财产性的，证明损害存在难度和特殊性。美国《侵权法第二次重述》第 577 条规定："公布事项的诽谤，是指将诽谤内容以故意或者过失行为传达于受诽谤之外的第三人。" 在对该条的注释中指出，即使将诽谤言词传达给被诽谤者的代理人和仆人，亦构成名誉毁损。故而，借鉴英美法上对诽谤损害构成的认定，只要被害人举证证明侵害名誉权的行为为第三人所知，即认定社会评价的降低。[②] 至于之后引起的精神损害，也应当参考受害人对加害行为的反应、加害人的主观状态、加害行为的情节和手段、行为内容的恶劣程度、影响范围大小等具体判断。[③]

（三）违法行为与损害后果之间有因果关系

侵权行为的成立，还要求侵害名誉权的言行与损害事实之间存在因果关系。如果被告对原告厂实施的名誉侵害行为，虽然确实导致原告厂生产的妇用卫生杯销售量下降，但其销售量的下降并非纯系被告行为所致，也与原告产品本身的质量、宣传不够等方面相关，那么被告应酌情赔偿其损失。需要指出的是，与一般侵权行为不同，名誉权中的因果关系有其特殊性，即违法行为并非直接作用于侵害客体，而是通过对社会公众的影响，进而使受害人承受精神痛苦或经济利益的损失。因而，在判断因果关系时，不应当过分强调行为与损害后果之间的必然性与直接性，而应当注意其存在形式的多样性。

（四）行为人主观上有过错

关于名誉权侵权的认定是否适用过错要件，各国立法有所不同。英美法采纳无过失责任原则，只要行为人发布的言词客观上降低了社会公众的评价，则无论行为人是否出于故意或过失，也不论其能否合理地预见到言词的真实与指向，名誉权侵权均成立。而大陆法系国家则一般采用过错责任原则，一般要求加害人在主观上存有故意或者过失。我国《民法通则意见》[④] 第 150 条规定：

---

① 张新宝：《名誉权的法律保护》，中国政法大学出版社 1997 年版，第 136 页。

② 杨立新：《人格权法》，法律出版社 2011 年版，第 517 页。

③ 杨立新：《人格权法》，法律出版社 2011 年版，第 518 页。

④ 2021 年 1 月 1 日《最高人民法院关于废止部分司法解释及相关规范性文件的决定》施行后，该意见废止。

“公民的姓名权、肖像权、名誉权、荣誉权和法人的名称权、名誉权、荣誉权受到侵害，公民或者法人要求赔偿损失的，人民法院可以根据侵权人的过错程度、侵权行为的具体情节、后果和影响确定其赔偿责任。”《民法典》对上述规定的内容精神进行了吸纳，即第998条规定：“认定行为人承担侵害除生命权、身体权和健康权外的人格权的民事责任，应当考虑行为人和受害人的职业、影响范围、过错程度，以及行为的目的、方式、后果等因素。”由此，在我国，过错不仅是构成要件之一，也是确定赔偿责任的重要考虑因素。

此外，有学者认为，在新闻报道涉及公务人员或与公共利益有重大关系的事件时，行为人主观上存在重大过失或者故意时才承担民事责任。[①] 对公务人员这样一类特定主体的名誉权进行限缩，赋予其更多的容忍义务，以及减轻媒体对报道公共利益类事件的责任，有利于舆论对政治权力和社会重大事件进行监督，是个人利益对社会利益的合理让步。

【拓展适用】

一、名誉权的客体范畴

如前所述，对于名誉作为名誉权的客体，法学界并不存在争论。然而，在是否包括名誉感这一问题上，法学界却存在较大分歧。所谓名誉感，即“为与地位相当之自尊心（对于自己价值之感情）”[②]。以史尚宽、何孝元等为代表的学者认为，侮辱会侵害人的名誉感，如果法律不保护名誉感，则侮辱行为将难以受到追究，因而，名誉权的客体应当包括名誉感，只有这样才有利于权利的保护。而王利明、杨立新等学者则认为，应当将名誉感排除在名誉权保护的客体范畴中，否则名誉权的保护范畴过于宽泛。

对自然人而言，名誉贬损行为通常会引起其情感上的伤害，进而对个人的内在价值产生怀疑，而且在很多场合中，侵害行为可能仅侵害他人的名誉感而不会导致其社会评价的降低，如果不将侵害名誉感的侮辱等行为纳入名誉权的归责范畴，则不利于受害人的权利保护。因此，以上关于名誉感应当纳入名誉权客体的观点有其合理之处。但是名誉与名誉感毕竟具有本质上的区别，众所周知，个人的主观感受会因生活环境、教育背景、性别、年龄等社会生活因素以及个人思维方式和性格的不同而存在较大的差异。名誉感是个人对自身人格价值的主观感受，不仅极其脆弱，很容易受到伤害，而且本身也可能不真实或

① 王利明、杨立新主编：《人格权和新闻侵权》，中国方正出版社1995版，第590页。
② 史尚宽：《债法总论》，中国政法大学出版社2001年版，第147页。

不切实际，即使与社会评价一致，因个体的差异也会对他人的行为作出完全不同的反应，故而很难找到一个可供司法裁判的客观评断标准对其进行救济。而且，对于法人这样的拟制组织体而言，也并不像自然人那样具有情感与自尊，赋予法人名誉权之目的，更多的是保护法人的经济利益，维护市场经济秩序的正常进行。若认为名誉权的客体包含名誉感，将不能解释名誉权之统一概念之下的法人名誉权的客体，势必导致概念上的不周延与逻辑上的错误。此外，从名誉权制度的演变来看，将名誉感排除在名誉权的客体之外，也完全符合名誉权制度的发展潮流。有学者指出，19 世纪时，西方学者常将名誉与名誉感混为一谈，而到了 19 世纪末期以后，却对两者作出了严格的区别①。在日本，目前的通说、判例也均认为，“虽然使用了侵害名誉权的言词，但受害人的社会评价并未因此引起下降时，通常认为受害人的名誉情感（人们对自身的人格价值所持有的主观评价）受到了伤害。但是，受害人的社会评价客观上并未降低，只不过是名誉情感受到伤害时，侵害名誉权就不能成立”②。当然，将名誉感排除在名誉权保护的客体范畴之外，并不意味着公民名誉感不受法律的保护。由于名誉感在性质上属于一种人格权利益，而侵权责任法保护的客体包括权利与利益，故而对超过一定限度的违法侵害，至少可以对侵害者主张精神损害赔偿。

二、法人名誉权的特殊性质

尽管自然人名誉权与法人名誉权在诸多方面具有共同性③，由于法人是社会经济发展到一定阶段以后、基于民商事活动的需要而产生的法律拟制人，自身无法像自然人那样具有感知、感觉、情感及心理活动，故权利主体性质上的不同，决定了法人名誉权在性质上的特殊性。

（一）具有商业价值

法人的名誉权在很大程度上已经脱离了人格权本身所具有的伦理道德性质，在性质上更多的是一种商业价值，即商誉。自然人对于社会评价的关注，来自自尊心上的需要与情感上的寄托，无论是否真实，其所享有的社会评价都与其所具有的品德、信用、个人能力等自然人属性相关；而法人并不具有这些自然特性，而且社会评价的降低所造成的后果通常关涉到法人自身的生产、运作、

---

① 龙显铭：《私法上人格权之保护》，中华书局 1948 年版，第 70 页。

② ［日］五十岚清：《人格权法》，［日］铃木贤、葛敏译，北京大学出版社 2009 年版，第 19 页。

③ 本书在论述名誉权的内涵时也未进行区分，但这并不意味着二者之间无其他差别。

产品销售、资产状况等商业价值和经济利益，而不只涉及个体所拥有的外部社会评价。

（二）与经济利益密切相关

法人名誉权实质上保护的是法人的商业价值与经济收益，而公民名誉权则更多地是保护公民的人格利益。对于法人而言，良好的信用与商誉是巨大的无形财产，不仅能打开产品的市场销路，而且有助于提高企业的知名度与竞争力，若其名誉遭受毁损，其生产经营活动必然受到重大打击。而公民名誉权则不同，名誉侵害首先给其造成的是精神上的痛苦，其次才是物质利益上的损失。名誉权制度之设立初衷，也正是基于对公民人格利益之保护。这一差别，决定了二者在救济方式上的不同。通常，法人名誉权的救济途径，主要是停止侵害、赔礼道歉、赔偿经济损失，而公民在名誉权受到侵害时，除了以上救济手段外，还可以主张精神损害赔偿。

（三）侵害名誉权的方式不同

根据我国《民法典》的相关规定，对自然人名誉权的侵害方式主要是诽谤与侮辱等方式，此处的侮辱是指以暴力、言语、文字等方式对自然人的性格、品性、才干等人格利益进行贬损、丑化。与自然人不同，法人是无生命的组织，故针对法人的名誉侵权通常不存在暴力侮辱及对其人格利益的贬损等。从司法实践中大量发生的纠纷来看，行为人对于法人名誉权的侵害，通常采用在大众传媒上刊登虚假广告、发表不实文章或失当评论、召开“新闻发布会”等手段捏造、散布虚假事实，贬损竞争对手的商业信誉与产品声誉。这种手段显然违反了我国《反不正当竞争法》的规定，由此，侵害法人名誉的行为可能存在不正当竞争与名誉权侵权的竞合。

（四）具有综合性评价

自然人的名誉是社会对自然人内在人格价值诸如能力、才干、品德、信誉等的评价，既可以是综合性的，也可以是单方面的，对自然人某一方面个人素质的毁损均有可能构成名誉权侵权。与之不同，法人的名誉是社会对其在整个生产过程中的商业信用、生产能力、资产状况等各方面的综合性评价，因而，对法人名誉权的保护既要考虑到法人的社会影响力和知名度，也要考量行为人实施的行为是否符合社会公认的价值观，进而判断是否构成侵权。

三、名誉权与言论自由的边界

任何名誉权纠纷都包含着两种张力的博弈，即名誉权与言论自由两种法益之间此消彼长的关系。一方面，公民享有言论自由的最基本权利，这一权利受到宪法的保护。另一方面，对他人名誉的保护，实质上就是对言论自由的限制，通过司法干预来矫正名誉权与言论自由之间失衡的状态。尽管我国名誉权领域新类型案件层出不穷，目前，司法领域并没有在涉及名誉权和言论自由相互冲突的案件中形成大体一致的规则，以致既难以充分合理地保护民事主体的名誉权，也难以充分尊重言论自由，其结果是两种基本权利在制度层面上均丧失。如何在具体案件中权衡二者的轻重，确立清晰的规则，实现权利的合理配置，是司法实践中法官进行个案裁量时所必须衡量和解决的问题。

名誉权纠纷源于名誉权与言论自由的潜在冲突。面对名誉权与言论自由相互冲突之时，法院不能简单地判定何种权利优先，而应当在法律价值体系的整体框架下，结合社会一般公众的看法、特定价值在社会生活中的相对重要性，仔细考察特定案件中该言论的性质、目的以及可能产生的社会效果等要素，形成充分的确信，进而对权利保护的优先性作出权衡和判断。比如，消费者对生产者、经营者、销售者的产品质量或者服务质量进行批评、评论，这一般属于正常的舆论监督范围，即使言词使用上存在某些偏激、攻击等不妥之处，也应当考虑到社会一般公众在当时可能的反应与容忍度，只要言词根据当时的语境尚能接受的话，就不应当认定为对他人名誉权的侵害。与此类似，新闻单位对生产者、经营者、销售者的产品质量或者服务质量进行的批评、评论，必须考虑适当新闻媒体监督对于社会诚信体系等公共福利可能产生的积极、长远影响，只要其在内容上基本属实、没有侮辱内容，也不应当认定为侵害其名誉权。如果根据以上的方法仍然难以评断某一行为是否构成侵权，则法官可以考虑采取向社会不特定当事人随机抽样调查、实地走访、征询业内专家、走访潜在交易客户等多种手段，为形成客观真实的心证提供科学的依据。

需要注意的是，具体言论是否针对特定主体，在很大程度上也是界定言论自由边界的重要因素。名誉权具有绝对性、不可转让性等特征，只能为特定第三人所享有，故侮辱、诽谤等行为必须能够指向特定人且为第三人所知，才有可能构成名誉权侵权。这就意味着，通常情况下，当言论所指向的是某一类群体时，属于言论自由的范畴，该类群体中的个体不能单独提起名誉权侵权之诉。而如果该言论中的某些部分确实是针对群体中的特定个体，且超过了正常的言论自由的范围，则该个体有权提起侵权之诉。这里的特定人并不要求在言词中指名道姓，也不要求真实姓名，只要根据行为内容的描述，诸如身高、体重、性格、单位等，社会一般人诸如其同事、朋友等能够认定即可。

四、名誉权侵权的抗辩事由

阻却违法事由，也称抗辩事由，是指行为人实施了某种在通常情况下可能构成侵权的行为，但基于该种特定事由能够证明对方关于承担侵权责任的请求不成立或者不完全成立。由于言论自由是宪法赋予的一项基本权利与政治权利，权利主体在正当行使过程中对他人名誉造成的侵害，可以言论自由来主张违法阻却。但是，言论自由的基本权利本身也受到限制，其行使虽可能阻却名誉权侵权的成立，但不一定能够阻却隐私权等其他侵权行为的成立。除此之外，名誉侵权的阻却违法事由还包括受害人同意、言词内容真实及其他抗辩事由。

（一）受害人同意

受害人同意是侵权责任中一项重要的抗辩事由。如果对受害人名誉的侵害事先得到了其承诺，那么，对于一般的轻度损害，原则上应当尊重受害人的意思表示，阻却违法性。例如，受害人同意散布某种与自己相关的谣言。但是，对于严重损害个人尊严，或者违背法律、公序良俗的言行，即使事先取得了受害人的同意，也不能阻却违法性。而且，这里强调的是事前同意，至于事后取得受害人同意，则不能作为抗辩事由，仅为对行为人侵权责任的免除。

（二）言词内容真实

从国外的立法来看，言词是否真实是判断名誉权侵权能否构成的关键事由。例如在德国法中，原告要行使恢复名誉的请求权，必须证明被告的言词不真实。日本权威判例也认为："作为民事侵权行为的名誉毁损，如果该行为事实是与公共利益相关的事实，且以实现公共利益为目的，如果能证明所揭示的事实具有真实性，那么上述行为就不具违法性，所以理解为侵权行为不成立是比较恰当的。如果对上述事实无法证明其真实性，但是行为人有相当的理由确信其为事实的时候，对上述行为因不具有故意或过失，结果也应当理解为侵权行为不成立。"[①] 在我国，根据《民法典》和相关司法解释，亦可以认为言词内容真实构成名誉权侵权的抗辩事由。例如，《解答》[②] 第 7 条第 4 款规定："因新闻报道严重失实，致他人名誉受到损害的，应按照侵害他人名誉权处理。"第 8 条规定："因撰写、发表批评文章引起的名誉权纠纷、人民法院应根据不同情况

---

① ［日］五十岚清：《人格权法》，［日］铃木贤、葛敏译，北京大学出版社 2009 年版，第 37 页。

② 2021 年 1 月 1 日《最高人民法院关于废止部分司法解释及相关规范性文件的决定》施行后，该解答废止。

处理：文章反映的问题基本真实，没有侮辱他人人格的内容的，不应认定为侵害他人名誉权。文章反映的问题虽基本属实，但有侮辱他人人格的内容，使他人名誉受到侵害的，应认定为侵害他人名誉权。文章的基本内容失实，使他人名誉受到损害的，应认定为侵害他人名誉权。"《解释》① 第6条规定："新闻单位根据国家机关依职权制作的公开的文书和实施的公开的职权行为所作的报道，其报道客观准确的，不应当认定为侵害他人名誉权；其报道失实，或者前述文书和职权行为已公开纠正而拒绝更正报道，致使他人名誉受到损害的，应当认定为侵害他人名誉权。"《民法典》对上述规定的内容精神进行了吸纳，即第1025条规定："行为人为公共利益实施新闻报道、舆论监督等行为，影响他人名誉的，不承担民事责任，但是有下列情形之一的除外：（一）捏造、歪曲事实；（二）对他人提供的严重失实内容未尽到合理核实义务；（三）使用侮辱性言辞等贬损他人名誉。"第1028条规定："民事主体有证据证明报刊、网络等媒体报道的内容失实，侵害其名誉权的，有权请求该媒体及时采取更正或者删除等必要措施。"由此，在我国行为人可以言词内容真实来阻却名誉权侵权的成立。但是，这并不意味着可以"畅所欲言"。行为人散布的真实言词若涉及他人的隐私，则可能构成对他人隐私权的侵犯。而且，在特定情形中，如果行为人以贬损他人名誉为目的，公然对外散布某些对他人人格有严重损害的事实，则可能构成对他人隐私权与名誉权的侵害，由受害人自行选择具体的权利救济。

（三）其他抗辩事由

这主要包括正当防卫、职务行为等。正当防卫，是指行为人在他人实施或者将要实施足以侵害自己名誉权的言行时，为了保护自己而给予反击，造成他人名誉的损害。例如，在他人无端指责自己论文抄袭时，为了反击而发表反驳文章。应当认为，这种为了保护自己的正当利益而不得已损害侵害人名誉的行为，只要在方法与内容上没有超出适当的范围，就足以阻却违法性。职务行为，是指依照法律法规或者职权范围而正当行使权利的行为。例如，党政部门在职权范围内对下属作出的客观公正评价。需要注意的是，职务行为必须在职权范围内正当地行使，否则也有构成侵权的可能。

五、侵害名誉权之责任承担

根据《民法典》第995条、第1000条的规定，行为人侵害民事主体的名誉

① 2021年1月1日《最高人民法院关于废止部分司法解释及相关规范性文件的决定》施行后，该解释废止。

权构成侵权的，受害人有权依照民法典和其他法律的规定请求行为人承担民事责任。受害人的停止侵害、排除妨碍、恢复名誉、消除影响、赔礼道歉请求权，不适用诉讼时效的限制。其中，恢复名誉、消除影响、赔礼道歉等民事责任，应当与行为的具体方式和造成的影响范围相当。

在赔偿损失方面，民事主体因名誉权受到侵害要求赔偿的，侵权人应赔偿侵权行为造成的经济损失；自然人并提出精神损害赔偿要求的，法院应当考虑以下因素综合确定：侵权人的过错程度、侵权行为的具体情节、给受害人造成精神损害的后果等。此外，需要注意的是，《民法典》还新增加规定了违约精神损害的相关规定，即第996条规定："因当事人一方的违约行为，损害对方人格权并造成严重精神损害，受损害方选择请求其承担违约责任的，不影响受损害方请求精神损害赔偿。"对于法人因名誉权侵权导致的生产、经营与销售损失，侵权人的赔偿范围和数额可以按照确因侵权而造成客户退货、解除合同等损失程度来适当确定。这就意味着，赔偿范围严格局限于与侵权具有直接因果关系的损害，至于与侵权无关的因素造成的损失，则不应当纳入侵权人赔偿的范围。

【典型案例】

上海新某医用橡胶厂诉某某医疗用品厂损害法人名誉权纠纷案

原告：上海新某医用橡胶厂。

法定代表人：考建某，上海新某医用橡胶厂厂长。

委托代理人：徐某。

委托代理人：宋廉某。

被告：某某医疗用品厂。

法定代表人：胡仲某，某某医疗用品厂厂长。

委托代理人：王国某。

委托代理人：徐忠某。

〔基本案情〕

原告上海新某医用橡胶厂诉被告某某医疗用品厂损害法人名誉权纠纷一案，上海市静安区人民法院依法组成合议庭，公开进行了审理。

原告诉称：妇用卫生杯，系本厂与蚌埠医学院妇产科教研室协作研制的产品，1983年正式投产，1984年大量投放市场。被告为推销自产的妇用卫生杯，印制"公告"，邮寄上海市一些医药商店及有关单位，并在街道上张贴。该公告称：新某医用橡胶厂生产的妇用卫生杯，积压105万只，倾销失效、半失效产品，各界妇女购买使用后要贻误自身，等等。这纯系捏造事实，诽谤本厂生产的妇用卫生杯质量，损害了本厂的名誉，影响了妇用卫生杯销售，造成一定的损失。故要求被告公开登报，消除影响，恢复名誉，赔礼道歉，并赔偿损失10万元。

被告答辩称：印发、张贴“公告”是事实。但是，原告为了推销自己的妇用卫生杯，在上海通过召开会议、刊登广告和向有关单位写信等方式，诽谤我厂生产的妇用卫生杯有毒、产品无检测方法、无产品标准等，损害了我厂名誉。为此，反诉要求原告赔偿10万元，登报公开赔礼道歉，消除影响，恢复名誉，并向上海所有医药商店澄清事实。

静安区人民法院审理查明：上海新某医用橡胶厂1980年与蚌埠医学院妇产科教研室协作研制妇用卫生杯。1982年11月20日由原上海橡胶工业公司和蚌埠医学院科研处，组织专家对Ⅰ型、Ⅱ型妇用卫生杯通过技术鉴定后，进行批量生产。1983年2月，Ⅱ型妇用卫生杯投放市场，销量很好。1985年6月，又生产了Ⅲ型妇用卫生杯新产品。1986年2月，被告印发数百份“公告”称：原告厂生产的妇用卫生杯积压了105万只，倾销失效、半失效产品。此后，原告生产的妇用卫生杯销量受到影响。从1986年起，年销量由1985年的60多万只降至20多万只。同年5、6两个月，退货高达7万多只。自1986年3月至1987年3月共退货11万多只。按现出厂价每只1.10元计，积压资金达12万余元。事实是原告厂妇用卫生杯的库存量从未超过20万只，1987年3月底库存只有146311只。经查，经销原告厂妇用卫生杯的单位，也从未发现销售失效、半失效产品。

又查明：被告某某医疗用品厂系乡办企业，1984年5月经工商行政管理部门核准成立，1985年10月29日变更登记为现法人名称，开始主要经营妇用卫生杯。法人代表胡仲某原系原告厂工人，1984年6月辞职去被告厂工作。被告厂在未经有关部门对产品作技术鉴定的情况下，从1985年1月起，生产妇用卫生杯，并大量投放市场销售。原告于同年10月向上海市工商行政管理等部门，写信反映被告厂无研制单位、无有关专家鉴定、无产品标准、无检测方法等，将生产的妇用卫生杯大量投放市场，违反质量管理规定，要求干预制止。被告厂生产的妇用卫生杯到1985年12月3日，才经江苏省科技委员会鉴定通过。

1985年9月24日，原告与上海医疗器械批发部联合召开上海部分医药商店负责人会议。经参加会议的人证实：原告厂在会议上发言，主要介绍、推广新产品Ⅲ型妇用卫生杯，从未讲过被告厂生产的妇用卫生杯有毒。关于“公告”称原告盗用“抗菌素瓶塞生产许可证”，冒充妇用卫生杯生产许可证，欺骗经销单位和消费者等，经查，原告曾将1985年由化工部颁发的“抗菌素瓶塞生产许可证”，用来为妇用卫生杯作过广告。按国家规定，生产妇用卫生杯，不需要生产许可证。后经主管部门发现后，原告于同年12月5日，已登报声明。

〔一审裁判要旨〕

静安区人民法院认为，企业的名誉权受国家法律保护。企业之间将生产的合格产品投放市场，开展正当的商品竞争，是国家允许的。原告厂的妇用卫生杯从未积压过一年之久，销售的妇用卫生杯根本不存在失效、半失效的问题，库存量也从未有过 105 万只。被告以非法手段，用“公告”的形式，故意捏造事实，对原告厂生产的妇用卫生杯进行诽谤，其行为违反了《中华人民共和国民法通则》第一百零一条的规定，损害了法人的名誉权。原告要求被告公开登报消除影响，恢复名誉、赔礼道歉、赔偿损失，符合《民法通则》第一百二十条的规定，应予支持。但原告厂生产的妇用卫生杯销售量下降，并非纯系被告诽谤其产品所致，也有质量、宣传不够等方面的因素，故被告应酌情赔偿其损失。被告厂生产的妇用卫生杯，未经技术鉴定和主管部门批准，擅自进行生产，并大量投放市场销售，其行为严重违反国家的有关规定。原告为此向有关部门反映，并无不当。至于被告反诉原告在会议上讲被告厂生产的妇用卫生杯有毒一事，查无事实，不予认定。

静安区人民法院于 1987 年 10 月 8 日判决如下：

一、被告某某医疗用品厂于本判决生效后 30 日内，在上海市市级日报上登报为原告新某医用橡胶厂消除影响，恢复名誉，赔礼道歉。登报内容需经法院审核，费用由被告负担。

二、被告赔偿原告损失 3 万元，于本判决生效后 10 日内一次付清。

三、被告的反诉，予以驳回。

本案诉讼费 1640 元，由被告承担。

规则 6：新闻媒体进行学术讨论时表达的观点只要不构成侮辱、诽谤，就不能认定侵犯他人的名誉权

——余一某诉《某某出版报》社侵害名誉权纠纷案[①]

【裁判规则】

对一部作品的社会价值进行评价，每个人均可以根据法律赋予的言论自由权，充分发表自己的意见。公开发表对文学作品的评论或批评，是其行使学术批评和言论自由的正当权利，应当得到尊重。但是，公开发表的观点是否正确，也应该允许舆论争论和监督。就学术讨论而言，对新闻媒体发表的不同意见，应该有一定的容忍度，不能因为言辞激烈就认为是侵权；只要不构成侮辱、诽谤，就不能认定侵犯他人的名誉权，要求其承担民事责任。

---

① 《中华人民共和国最高人民法院公报》2003 年第 2 期。

【规则理解】

名誉权作为典型的具体人格权，在1986年《民法通则》[①]中就已经得到了我国法律的确认和保护。2009年的《侵权责任法》[②]承其衣钵，将名誉权明确列举在具体人格权之中。至2021年的《民法典》，将名誉权明确赋予所有民事主体。关于名誉权的保护和侵害名誉权的认定，首先应当厘清相关概念和内容。

一、名誉的概念及对不同学说的评价

（一）名誉的概念

名誉是人格存在的基础，也是名誉权的法律客体，因而对“名誉”内涵的界定直接关系到名誉权所保护的客体范畴，是司法实践中法官进行裁决时必须首先弄明白的问题。关于名誉的内涵，在语义学上较少分歧，通常按照《辞海》上的解释，理解为“名为命名，誉为美誉，有令名始获美誉，因谓令名曰名誉”。

（二）对名誉的概念法律意义的不同学说评价

对于法律意义上的名誉概念，我国法学界却存在较大争议，目前主要存在以下四种学说：1. 声名说。即名誉是个人凭其天赋、家世、功勋、财富、品德、学历及地位等各种人格上之潜质，在他人心目中所具有的声名与美誉。2. 社会评价说。如有学者认为，名誉是自然人、法人自身素质的客观外在表现，是社会给予的真实评价[③]。还有学者认为，名誉是社会不特定的他人对名誉主体的品行、德行、才能水平、信用等的一般评价及名誉主体对这种评价的能动反映[④]。3. 内部名誉和外部名誉综合说。如有学者指出，普通所谓名誉，有两层含义：一为内部的名誉，指各个人内在之价值，即人之内部的价值；二为外部的名誉，指对于人之属性，而由他人所为之评价[⑤]。内部名誉即名誉感，是自然人对其内在价值所具有的感情和自我评价。4. 人格尊严说。如有学者认为，名誉作为人格一项重要的内在要素，是个人对自我的尊严感。还有学者认为，公民的人格尊严应当受到法律保护是公民名誉权的重要内容[⑥]。

应当认为，以上学说均有其合理之处，不过考虑到权利保护的必要性及可

① 2021年1月1日《民法典》施行后，该法废止。
② 2021年1月1日《民法典》施行后，该法废止。
③ 周国平：《关于名誉权的若干问题探讨》，载《法学天地》1991年第6期。
④ 张新宝：《名誉权的法律保护》，中国政法大学出版社1997年版，第20页。
⑤ 龙显铭：《私法上人格权之保护》，中华书局1949年版，第70页。
⑥ 参见罗东川：《论名誉权的概念和特征》，载《政治与法律》1993年第2期。

操作性等诸多因素，“社会评价说”更为可取。声名说虽与社会评价说类似，但其过于抽象和笼统；内部名誉与外部名誉综合说将个人主观情感纳入名誉的范畴，过分扩大了名誉权保护的客体，且难于操作；而人格尊严说则将属于一般人格权的尊严用来解释具体人格权，显然具有不当之处。有学者认为，自然人的名誉是根据他的观点、行为、作风和工作表现等所形成的关于他的品德、才干及其他素质的社会评价，即对他的社会价值的一般认识；法人的名誉是它在整个活动过程中逐步形成的，反映了社会对它的全部活动的总的评价①。这一定义十分恰当。在英美等国，学者或判例一般也将名誉界定为评价。例如，英国权威著作定义，名誉损害是“公开一种错误和损害名誉的陈述，这种陈述涉及另外一个人，公开者也没有法律的权利予以公开”②。美国学术界认为，名誉侵权是“一种错误的陈述，该陈述试图伤害他人的名誉，结果降低了这个人在社会中的声誉，导致人们避免与他联系和交往”③。日本最高法院在判例中指出：“名誉是指每个人因其自身的品行、德行、名声、信用等，所应该得到的世人的相应评价。”④ 结合以上观点，笔者认为，所谓名誉，是指社会公众根据民事主体的思想、表现、行为、生产经营活动等，逐步形成的有关其素质、才干、品行、声望、信用、商誉等的社会评价。《民法典》第1024条第2款对名誉作出了明确的界定：“名誉是对民事主体的品德、声望、才能、信用等的社会评价。”名誉的内容依照不同主体，其内容也有所不同。对于法人，名誉是对其信用、资产状况等方面的综合评价；而对于自然人，名誉既可能是综合性的，也可能是对于个人素质的一个方面的单独评价⑤。

（三）名誉的法律特征

名誉有以下主要特征⑥：1. 社会性。名誉是公众舆论对特定主体在社会生活中的行为的评价，是社会生活的反映。2. 客观性。名誉是外部社会对特定主体的评价，而非主体的自我认识。3. 特定性。名誉是对特定主体的社会评价，评价的是“这一个”主体，而非“这些个”主体。4. 时代性。不同时代人们

---

① 陈汉章：《人身权法》，法律出版社1987年版，第19页、第23页。

② 许爱国：《英美侵权行为法学》，北京大学出版社2004年版，第178页。

③ George Christie Sum & Substance of Torts CES 1980 pp. 243.

④ ［日］五十岚清：《人格权法》，［日］铃木贤、葛敏译，北京大学出版社2009年版，第17页。

⑤ 王利明、杨立新主编：《人格权和新闻侵权》，中国方正出版社1995年版，第295页。

⑥ 杨立新：《人格权法》，法律出版社2011年版，第505—506页。

的名誉观不同，对名誉的理解是随社会发展而变化的。当代名誉的内涵，在裁判时应由法官根据民众的普遍认识、政策舆论导向等综合确定。

由名誉特征可知，这里的名誉是“外部的名誉”，评价来自外部社会；与之对应，所谓“内部的名誉”，指的是名誉主观性的一面，评价来自主体自身，也被称为名誉感。

一般认为，法律只保护“外部的名誉”，即狭义的名誉，而不将名誉感列为名誉权保护的客体。法律对名誉的保护，强调的都是侮辱、诽谤这样公开的侵害行为，注重的是侵权行为对外部的影响；而名誉感遭受侵害时，在未被他人知晓时，不会降低外部的社会对其的社会评价①。也有部分学者认为，名誉感也应该受到法律保护，应当列入名誉权的保护范围，将主观标准与客观标准并用判断名誉侵权构成②。如果名誉感受到伤害达到损害人格尊严的程度时，也应当受到法律保护，但这时并不是对名誉权造成了侵害，而是对一般人格权中的人格尊严的侵害，无论是受害主体的主张，还是司法裁判者，都应当对此予以注意。

二、新闻媒体造成名誉权侵权责任之认定应注意的问题

尽管学界对名誉侵权的构成存在不同观点③，《侵权责任法》④ 出台后，司法实践中则采用侵权责任的一般构成要件来认定名誉侵权。《解答》⑤ 第 7 条第 1 款对此作出了明确规定：“是否构成侵害名誉权的责任，应当根据受害人确有名誉被损害的事实、行为人行为违法、违法行为与损害后果之间有因果关系、行为人主观上有过错来认定。”名誉权作为人格权的特殊性，其责任构成的判断与财产侵权行为有很大不同。因此，对于名誉权侵权责任的认定，应注意以下几点。

---

① 杨立新：《人格权法》，法律出版社 2011 年版，第 503 页。

② 张新宝：《名誉权的法律保护》，中国政法大学出版社 1997 年版，第 21 页。

③ 如王利明在《人格权法研究》一书中认为侵犯名誉权的责任构成要件有四：行为人实施了侮辱、诽谤等行为，毁损名誉的行为指向特定人，行为人的行为为第三人所知悉，行为人具有过错。梁慧星在《中国民法经济法诸问题》一书中则认为责任构成要件有三：散布了有关该自然人道德品质和生活作风方面的情况，所散布有关该自然人道德品质和生活作风方面的情况是不真实的，所散布的不真实情况有损于该自然人的名誉。

④ 2021 年 1 月 1 日《民法典》施行后，该法废止。

⑤ 2021 年 1 月 1 日《最高人民法院关于废止部分司法解释及相关规范性文件的决定》施行后，该解答废止。

（一）新闻媒体批评意见表达的限度

所谓新闻侮辱，是指通过发表新闻作品的方法，公然侮辱他人人格、破坏他人名誉的行为。新闻侮辱的最大特点是，在新闻舆论工具上，刊登有损他人名誉、人格丑恶的言论或图画，或进行辱骂。[①] 值得注意的是，以微信、微博为表现形式的新媒介，亦属新闻舆论工具。新闻评论是一种意见表达，但法律允许的批评意见表达是有限度的：1. 接受评价的事须与公众利益有关，根据该事件性质，可以接受公众评价；2. 被批评者所接受的舆论谴责强度应当同关联性事件的恶劣性程度相一致，不应承受明显超出事件性质的过重或过损的社会舆论谴责。[②] 也就是说，对被评价者的评价应当合理。“评论乃主观意见，价值判断的表达，是否适当，应作较宽松的认定。其措辞尖锐，带有情绪或感情，对错与否，能否为多数人所认同，在所不问，惟不能人身攻击。”[③]

（二）新闻媒体批评文章事实基本真实的把握

《民法通则》[④] 第101条规定：“公民、法人享有名誉权，公民的人格尊严受法律保护，禁止用侮辱、诽谤等方式损害公民、法人的名誉。”《民法典》对上述规定的内容精神进行了保留，即第1024条第1款规定：“民事主体享有名誉权。任何组织或者个人不得以侮辱、诽谤等方式侵害他人的名誉权。”《解答》[⑤] 第8条规定：“因撰写、发表批评文章引起的名誉权纠纷，人民法院应根据不同情况处理：文章反映的问题基本真实，没有侮辱他人人格的内容的，不应认定为侵害他人名誉权。文章反映的问题虽基本属实，但有侮辱他人人格的内容，使他人名誉受到损害的，应认定为侵害他人名誉权。文章的基本内容失实，使他人名誉受到损害的，应认定为侵害他人名誉权。”《民法典》对上述规定的内容精神进行了吸纳，即第1025条规定：“行为人为公共利益实施新闻报道、舆论监督等行为，影响他人名誉的，不承担民事责任，但是有下列情形之一的除外：（一）捏造、歪曲事实；（二）对他人提供的严重失实内容未尽到合理核实义务；（三）使用侮辱性言辞等贬损他人名誉。”根据上述规定，为公共

---

① 曹瑞林编：《新闻媒介侵权损害赔偿》，人民法院出版社2000年版，第92页。

② 陈堂发：《批评性报道法律问题研究》，上海交通大学出版社2011年版，第195页。

③ 王泽鉴：《人格权法：法释义学、比较法、案例研究》，北京大学出版社2013年版，第163页。

④ 2021年1月1日《民法典》施行后，该法废止。

⑤ 2021年1月1日《最高人民法院关于废止部分司法解释及相关规范性文件的决定》施行后，该解答废止。

利益实施新闻报道、舆论监督等行为，构成名誉权侵权的具体情形有三：一是“捏造、歪曲事实”；二是“对他人提供的严重失实内容未尽到合理核实义务”；三是“使用侮辱性言辞等贬损他人名誉”。如何理解“捏造、歪曲事实”，以及“严重失实”。一般而言，应当依一个正常理性人的认识能力来判断。具体判断认定“事实基本真实”，应当符合以下要求：1. 媒体揭露新闻事实的任何重要内容必须是真实而非虚构的，即能够影响原告名誉毁损程度的任何事实必须真实无误；2. 事实的真实性达到“正常理性人”能够合理相信的标准，能使法官建立内心确信；3. 没有侵害他人权益的恶意或重大过失。[①] 主体内容失实的，应当认定为侵权，但细节失实的，则应该分情况分析：如果该事实不是涉及对该主体进行评价的内容，则其错误并不构成侵权；反之，如果该事实对公众形成对其的社会评价有重要影响时，其错误应认定为侵害名誉权。对于涉及公益的言论，评价尺度应当放宽，因为事关公益的事件更应及时报道以满足人民的知情权，而及时地报道其查证真实性的程度自应有所减弱，如此才能维护一个活泼的言论市场。[②] 此外，《民法典》第1026条还明确规定了新闻报道、舆论监督主体合理核实义务，该条规定：“认定行为人是否尽到前条第二项规定的合理核实义务，应当考虑下列因素：（一）内容来源的可信度；（二）对明显可能引发争议的内容是否进行了必要的调查；（三）内容的时限性；（四）内容与公序良俗的关联性；（五）受害人名誉受贬损的可能性；（六）核实能力和核实成本。”

（三）侮辱、诽谤等违法行为应针对特定人实施

名誉权的专属性特征决定，名誉权只能为特定人享有，针对特定的人实施侵犯名誉的行为，对该特定的人社会评价才会降低。若泛泛而谈，不能推断出具体的指定对象，则不构成对特定人名誉权的侵害。但是，这里的特定，并不是要求限于某个人，而是根据语言可以推断出是某个特定的人或具体范围的一群人；特定也不需要指明受害人的姓名或名称，只要根据其描述的该受害者的特征（如外貌、语言、行为、职务等），能够让舆论发表环境内的一般人可以依此推断出是此人，特定化即可成立。

---

① 刘凯湘：《在私权保障与新闻自由之间——以媒体侵权的类型为视角》，载《法律适用》2013年第9期。

② 张红：《事实陈述、意见表达与公益性言论保护》，载《法律科学》2010年第3期。

【拓展适用】

名誉权案件包含了名誉权与言论自由之间的冲突。新闻媒体作为社会舆论的重要组成部分，行使着主要的舆论监督职责，若对其责任过于苛责，恐怕不利于其监督教育职能的发挥，也不利于宪法上言论自由权利的实现。因此，各国均认可新闻媒体就其言论提出抗辩，或阻碍责任成立，或减轻责任承担，以帮助法官寻找到公众知情权、监督权与私人个人利益之间的平衡点。

一、公众人物的抗辩

（一）公众人物的概念

公众人物是美国判例法中较早提及的概念。公众人物指因特殊地位或表现而为公众所瞩目者，如各级政府官员、主动寻求公众评价的各种公开的候选人、体育艺术明星、因重大不凡表现而影响社会的发明家和企业家等。他们的表现或与公共利益有重大关系，或为大众关心的焦点，其成为公众人物而自愿暴露在公众面前，应该对公众的评论有所容忍。[①]

实践中，有法院在判决中使用公众人物的概念，将其作为媒体侵权抗辩的免责事由之一。我国法院在审理名誉权纠纷时，支持被告“公众人物”抗辩的比例占到33%[②]。

（二）判断规则

在美国，普通人欲获得诽谤诉讼胜诉只要证明被告的言论不实，而公众人物在此基础上还要证明被告怀有真实的恶意，即是明知报道的事实为假或不顾真实与否的轻率心理状态。此外，还取消了侵权的惩罚性赔偿，将赔偿限于实际损失。

我国虽然没有明确规定真实的恶意规则，但这一规则在判断被告的主观过错要件时有借鉴意义。法官在判断原告提出的证明媒体故意或者过失的证据时，应当设定比普通名誉权侵权更高的认定标准。学者吴飞认为，“真实的恶意”不是一般的过错，它几乎接近于“故意”和“明知故犯”，是一种“重大的过错”，在证明被告存在这样的一种过错状态的时候，原告的举证必须“明白无误和令人信服”，而在一般的侵权案件中，证明是否侵权的标准只是“占有优

---

① 王利明、杨立新主编：《人格权和新闻侵权》，中国方正出版社1995年版，第600页。

② 参见中国人民大学民商事法律科学研究中心：《中国媒体侵权责任案件法律适用指引——中国侵权责任法之媒体侵权责任》。转引自刘凯湘：《在私权保障与新闻自由之间——以媒体侵权的类型为视角》，载《法律适用》2013年第9期。

势的证据”，意思是看原被告双方哪一方所提供的证据更加有力。但是，真实恶意规则的使用也应当加以限制。公众人物也有保护人格权的需要，故而此规则只应适用于公众关注的事项，或者与公共利益密切相关。具体而言，可以总结为以下两类①：

1. 因其特殊身份而产生的活动或者与其身份密不可分的活动。公众人物因为其在特定的领域或行业中的突出作为而吸引社会的关注，故而其在突出的领域内的活动理应受到公众监督。举例而言，知名学者发表的相关评论，著名作家发布的创作作品，影视明星的影视表演，公职人员的职务行为等，都符合这一特征。这些活动具有公共性质，是其个人行为和社会政治文化事业发展的公共利益的结合。

2. 有关公众人物私德的行为。公众人物的言行对社会和公众产生不同于一般个人的影响力和感召力，他们的私德不但成为社会公德的重要组成部分，而且还影响社会公德的形成，他们的言行都易成为青少年模仿学习的对象。若对其私德暴露出的不良表现不加以适时批评和引导的话，容易误导社会风气，也会连带社会对该人物所处的领域产生质疑。

二、消息来源的抗辩

（一）受害人提供或同意

受害人同意是侵权行为的一般抗辩事由，故而也是新闻媒体侵权的抗辩事由。受害人同意是指受害人同意他人侵害其权利，其自愿承担损害后果的单方意思表示。明知媒体的报道会产生对己不利的后果，仍然主动提供新闻材料或者愿意承担后果的，即是这里的同意。

受害者同意作为一项单方意思表示，首先应当符合意思表示的一般构成与生效要件：1. 权利人有作出有效意思表示的能力和权限。无行为能力和限制行为能力人本人的同意意思表示无效，须事先经其监护人同意；2. 意思表示真实自由，不得有胁迫、欺诈、重大误解等因素；3. 受害人须有明确承诺，权利人没有明示准许侵害自己权利，不得推定其已为承诺；4. 意思表示不违反法律或公共利益。

此外，新闻媒体侵害名誉权案件中，受害者承诺还应注意以下问题：

1. 事前承诺。受害人的意思表示必须是在民事权益被新闻媒介介入或披露

① 杨士林：《“公众人物”的名誉权与言论自由的冲突及解决机制》，载《法学论坛》2003 年第 5 期。

之前作出，如果在事后作出就是法律责任的事后免除，而不是事前的抗辩事由。实践中，权利人事先接受侵权人的采访，同意发表采访内容，受害人在有关文章发表前审阅了清样没有提出异议，受害人明确表示对发表与其有关的批评意见均不介意，都是表示同意的方式。

2. 不得超过权利人同意的范围和限度。报道内容应当与受害人的意思表示实质相同，媒体对超出范围和限度的损害应当承担民事责任。记者采访过程中，当事人明确表示记者不得将一些采访内容写入文章的，记者不得将其记入文章，进行传播。[①] 否则，就构成了侵害受害人的利益，应承担相应的责任。

（二）权威信息来源

受害人提供的信息或同意发表的信息，无疑是最可靠的，但如果信息是从具有公信力的机构获得，该信息也就获得了公权力的特许，媒体也就不该因为此报道中含有的侵权内容被追究责任。

《解释》[②] 第6条规定："新闻单位根据国家机关依据职权制作的公开的文书和实施的公开的职权行为所作的报道，其报道客观准确的，不应当认定为侵害他人名誉权；其报道失实，或者前述文书和职权行为已公开纠正而拒绝更正报道，致使他人名誉受到损害的，应当认定为侵害他人名誉权。"依照本条规定，只要媒体如实报道国家机关行为，在内容有误的情况下配合国家机关和响应当事人要求更正的，不构成侵权。《民法典》第1026条亦将内容来源的可信度作为行为人为公共利益实施新闻报道、舆论监督是否构成侵权的重要考量因素。有学者总结了几种可信度高的权威内容来源，包括：（1）法律、行政法规和规章认定的事实；（2）人民法院终审裁判文书认定的事实；（3）合法仲裁机构认定的事实；（4）行政机关在正式文件和正式行政程序中认定的事实；（5）执政党的正式文件、出版物认定的事实和执政党正式向社会公布的事实；（6）国家立法、行政、司法机关在其正式出版物（《如国务院公报》《最高人民法院公报》）上发布或者认定的事实；（8）公民、法人关于自身活动以书面（如广告宣传材料）或口头方式（如答记者问）公布的有关材料。[③] 此外，《新闻出版

---

① 参见郭卫华、常鹏翱：《论新闻侵权的抗辩事由》，载《法学杂志》2002年第5期。张新宝：《名誉权的法律保护》，中国政法大学出版社1997年版，第157—158页。

② 2021年1月1日《最高人民法院关于废止部分司法解释及相关规范性文件的决定》施行后，该解释废止。

③ 参见张红：《〈民法典各分编（草案）〉人格权编评析》，载《法学评论》2019年第1期。

总署关于严防虚假新闻报道的若干规定》中的相关规定，亦可资参考。

可见，权威信息来源可以分为两种，一种是官方书面文书，另一种是官方发言人在正式场合的言论。

三、公正评论的抗辩

评论是一种意见、看法的表达，是基于一定的事实，对该事实所反映的问题发表的立场和观点，典型的评论如编者按、社论、评论员文章等。

公正评论原则，也是来源于英美诽谤法的一般实践。在英国，公正评论是普通法所认可的权利，因为公正评论是《欧洲人权公约》第10条的重要表现形式。对于那些涉及公众的合法利益的事件，或者公众所关注的事件，公民可以自由地对它们发表评论。即使那些评论非常刺耳，只要公民在发表言论时是诚实而没有恶意的，那么，他们无须就其评论承担名誉侵权责任。这里的恶意，不意味着憎恨或者敌意，而是指缺少对其观点的确信。①

（一）事实与评论的界限

公正评论要求被告抗辩时证明其言论是评论、意见表达，而非事实陈述。最常见的判断语词是“笔者认为”“我的观点是”等词汇，虽然这可能不具有决定性，还需要结合接下来措辞的字面意义、语词选择、语境、创作背景等综合考虑。判断的目的是：辨明该所谓评论，并非是对事实的断言。这一举证责任应由被告一方负责，如果媒体不能证明这一点，其抗辩的根基就不能确立。

关于判断标准，美国联邦最高法院曾较为明确地提出有关方法：1. 分析所涉及的陈述，其一般正常用法及意义，可否被认定为一种事实或意见；2. 分析该陈述是否可被检验为真或伪；3. 了解表达该项陈述时的事实情境及全部陈述，以确定涉及争议的陈述之真正意涵是事实还是意见；4. 探求表达该项陈述时的客观社会状态，以判断当时社会对该陈述认定为事实或是意见。②

（二）评论需有事实上的根据

评论的基础事实须为公开传播的事实，即已揭露的事实，而不能是由评论者凭空编造、扭曲或者明显不真实的事实③。这里被告需要证明其评论的依据事实有可靠的来源，或者可以配合上文所讲权威信息来源进行抗辩。此外，对

---

① 张民安主编：《名誉侵权的抗辩事由——事实真实、公平评论、绝对或相对免责特权等对行为人名誉侵权责任的免除》，中山大学出版社2011年版，第132页。

② 转引自张红：《事实陈述、意见表述与公益性言论保护——最高法院1993年〈名誉权问题解答〉第8条之检讨》，载《法律科学》2010年第3期。

③ 杨立新：《人格权法》，法律出版社2011年版，第228页。

事实真实性，也需尽到一定的审查注意义务。对于明显不可靠的坊间传闻、来源不明的网络谣言等，如果法官依照一个正常理性人标准即可断定其不可能为真的话，该事实作为评论的根据即不成立。

（三）评论须公正

这里的公正，并不是指评论要客观而理性。仅仅是使用的语言比较粗俗、夸张或者有失公允，并不能以此认定该言论不公正。尖刻、非理性、非逻辑的言论也可以是公正的。但是，该言论不应该有侮辱、诽谤的内容，如果造成对受害人人格的侵害的话，就不能够认定该言论是公正的。

（四）评论须出于公共利益目的

公共利益本身在新闻侵权案件中就可以作为一条单独的抗辩理由。公共利益可以包括两种情况：1. 社会公众对于评论中所涉及的事项享有法律上的利益；2. 评论中所涉及的事项受到公众的质疑或是公众的广泛关注。[①] 新闻评论涉及以下事件的时候，可以认为与公共利益相关：国家机关立法、司法、行政等职能行为；各类团体所为会对社会上不特定的民众产生影响的行为；“自愿接受评论”场合下行为人所为；公众人物[②]。

（五）评论者动机出于非恶意

只有在表达者评论的动机是为了促进社会事务的良性发展，而非对当事人进行羞辱、诋毁时，公正评论抗辩才能成立。与判断公正性时类似，不能仅从被告选择的词语中推论出恶意，只要没有达到正常理性人认为的损害人格尊严的程度，就不成立恶意。

（六）依据事实是否应当真实

评论的依据基本真实，是英国法上判断正当言论的条件之一。《解答》[③] 第8条要求“基本真实”和“基本属实”，《民法典》第1025条亦规定，不得捏造、歪曲事实。如果不满足这一点，媒体则要承担侵权责任。但这并非一概而论。评论事实虽然不真实，但符合公开传播事实的要求，不是评论者故意编造的事实，或者虽是明显不真实的事实但评论者依据新闻从业要求不能发现，既

---

① 王军、王轩：《英国法上的名誉权保护》，载《法学杂志》2008年第3期。

② 周林彬、方斯远：《论新闻侵权中的公正评论原则》，载《当代法学》2008年第1期。公众人物的条件和限制可以参见上文“公众人物的抗辩”有关内容。

③ 2021年1月1日《最高人民法院关于废止部分司法解释及相关规范性文件的决定》施行后，该解答废止。

无侵权故意，又无贬损他人人格的言辞，也不构成媒体侵权。[①]

【典型案例】

余一某诉《某某出版报》社侵害名誉权纠纷案

原告：余一某。

被告：《某某出版报》社。

法定代表人：张芬某，该报社总编辑。

〔基本案情〕

原告余一某因与被告《某某出版报》社发生侵害名誉权纠纷，向江苏省南京市鼓楼区人民法院提起诉讼。

原告诉称：我以学者的良心和应有的严谨态度发表文章，对电视连续剧《钢铁是怎样炼成的》文学剧本中出现的编校错误提出批评后，被告发表署名文章，说我是“项庄舞剑”“借题发挥”“批评的用心值得怀疑……”，等等，并在编者按中，把我对剧本编校方面提出的批评，说成是“大是大非的问题”。我的文章批评公开发行的文学剧本的编校质量，不仅是行使学术批评的正当权利，也是行使读者应有的权利。被告发表署名文章对我进行指责，完全是主观武断的产物，是不负责任的诽谤之词。被告在刊登该署名文章时，不仅不尽审查的义务，反而以编者按进一步上纲上线，为把纯学术讨论的问题引到政治上推波助澜。

被告刊登的文章和编者按发表后，我的领导、同事、朋友和学生都非常关切，询问“是不是政治上出了什么问题?”被告的行为损害了我在学术界的声誉和形象，给我精神上带来很多痛苦。故请求判令被告赔礼道歉，消除影响，赔偿精神损失费1万元，并负担本案全部诉讼费用。

原告除向法庭提交了该署名文章和编者按的复印件以外，还提交了四份证人证言，以证明署名文章和编者按带有政治色彩，改变了正常的学术讨论性质和气氛，使原告精神激愤、焦虑，未能按期完成科研项目，同时也给原告的家庭生活带来影响。

被告辩称：报社不否定学术意见的发表，但学术研究的发表应保持慎重的态度，且应有一定的范围。原告的批评，实际是全盘否定《钢铁是怎样炼成的》一书。报社刊登署名文章并加注编者按，目的是想引起读者讨论《钢铁是怎样炼成的》是否为一本好书，是行使舆论监督的正当权利，没有侵害原告的名誉，请求驳回原告的诉讼请求。

被告认为原告提交的四份证人证言只是证人自己的观点，且与本案无关。

南京市鼓楼区人民法院经审理查明：

---

① 杨立新：《人格权法》，法律出版社2011年版，第229页。

原告余一某是南京大学外国文学研究所教授，近年来陆续发表了《〈钢铁是怎样炼成的〉是一本好书吗?》《炼出的“一炉废钢”》《“大炼〈钢铁〉”炼出的废品》等文章。其中《〈钢铁是怎样炼成的〉是一本好书吗?》一文，从时代与作品的真实性、作品主人公的艺术形象、作者与作品的编辑加工、作品被大众接受的过程，以及中文全译本的问题等方面，对前苏联出版的小说《钢铁是怎样炼成的》一书进行了分析、评论，结论是：该书不是一本好书，应当把它送进历史的博物馆，而不是把它介绍给年轻一代。《炼出的“一炉废钢”》和《“大炼〈钢铁〉”炼出的废品》等两篇文章，则主要针对一本名为《钢铁是怎样炼成的（电视连续剧文学剧本）》（以下简称文学剧本）中出现的字词、修辞、语法、体例、标点、地名、人名、称谓等编校错误提出批评。

针对原告余一某的上述文章，被告《某某出版报》社在2000年6月26日的《某某出版报》上，刊登了署名钟宜渔《由批评编校差错所引发的论争》（以下简称“钟文”）的文章，并配发编者按。“钟文”认为，“余先生指摘文学剧本的编校质量是项庄舞剑”，只要综合考查余一某在三篇文章中的一系列评论就可以看出，“其批判编校质量只是一层薄薄的面纱，借题发挥的后面却做着一块更厚重的文章”。“钟文”在摘引了余一某三篇文章里对《钢铁是怎样炼成的》一书，以及对同名电视连续剧发表的一些评论原话后，认为：“余一某先生对《钢铁是怎样炼成的》一书及同名电视连续剧的评判态度已不是严肃的学术研究，而是在借题发挥肆意攻击”，“如果带着政治和自己的狭隘眼光、偏见来评判一部被公认了的优秀文学作品，这种批评的用心就值得怀疑”。《某某出版报》配发的编者按中写到：“围绕出版《钢铁是怎样炼成的》书籍和改编电视连续剧一事，居然有一场尖锐的思想论争”“这个论争不是纯学术的，也不是鸡毛蒜皮的小是小非，而是关系到是否坚持中国先进文化前进方向的原则之争”，是一个“大是大非”的问题。

上述事实，双方当事人陈述一致。

〔一审裁判要旨〕

南京市鼓楼区人民法院认为：

《中华人民共和国民法通则》第五条规定：“公民、法人的合法的民事权益受法律保护，任何组织和个人不得侵犯。”被告《某某出版报》社作为新闻出版单位，应对其所刊登的文章负有审查的责任。原告余一某因对《某某出版报》刊登的署名文章和编者按不满，对新闻出版报社提起侵权诉讼，符合民事诉讼的受案范围。

名誉，是指社会对公民个人的品德、情操、才干、声望、信誉和形象等各方面形成的综合评价。名誉权，则是法律规定公民享有的保有和维护自身名誉的权利。《民法通则》第一百零一条规定：“公民、法人享有名誉权，公民的人格尊严受法律保护，禁止用侮辱、诽谤等方式损害公民、法人的名誉。”据此可知，侮辱、诽谤他人名誉或人格的，应视为侵权行为，承担民事责任。

本案争议焦点为，被告《某某出版报》社刊登“钟文”并配发编者按的行为，是否构成了侮辱、诽谤，侵害了余一某的名誉权，损害了余一某的人格尊严。

诽谤是指为了毁坏他人名誉，无中生有捏造事实并加以散布的行为。经查，“钟文”和“编者按”中，凡涉及原告余一某之处，均引用余一某评论文章中的原话，不存在捏造事实的情况。因此，《某某出版报》社的行为不构成诽谤。侮辱是指公然损害或诋毁他人人格或者名誉的行为。“钟文”和“编者按”中，除对《钢铁是怎样炼成的》一书和同名电视连续剧表达了与原告余一某相反的观点外，并无损害余一某人格或者名誉的言辞。因此，《某某出版报》社的行为也不构成侮辱。

综观本案，引起双方当事人发生争议的，不是文学剧本的编校质量问题，而是应该如何评价《钢铁是怎样炼成的》一书的社会价值。对一部作品的社会价值进行评价，每个人均可以根据法律赋予的言论自由权，充分发表自己的意见。原告余一某作为外国文学专业的学者，公开发表对外国文学作品的评论或批评，是其行使学术批评的正当权利，应当得到尊重。但是，余一某公开发表的观点是否正确，也应该允许他人争论甚至辩驳。社会科学是在争论、辩论中发展的。就学术讨论而言，对不同的意见，应该有一定的容忍度，不能因为对方言辞激烈，就认为是侵权。只要双方的争论不违反法律的禁止性规定，都不应承担法律责任。

被告《某某出版报》社不同意原告余一某对《钢铁是怎样炼成的》一书的评价，针对余一某的观点，发表了持相反观点的文章并配发“编者按”。这是《某某出版报》社行使舆论监督的权利，履行新闻机构的职责，同样应当得到尊重。“钟文”和“编者按”的措辞虽然较为严厉，但就其发表文章的动机来说，是欢迎读者参与讨论，并无损害对方权利的目的。余一某认为《某某出版报》社将正常的学术讨论上升成政治问题，改变了学术讨论的性质与气氛，担心由此受到影响，要求《某某出版报》社因此承担法律责任，没有法律上和事实上的依据。

综上所述，原告余一某认为被告《某某出版报》社侵害其名誉权，要求《某某出版报》社承担侵权责任，理由不能成立，其诉讼请求不予支持。据此，南京市鼓楼区人民法院于 2002 年 8 月 20 日判决：

驳回原告余一某的诉讼请求。

案件受理费 100 元，由原告余一某负担。

〔当事人上诉及答辩意见〕

第一审宣判后，余一某不服，向南京市中级人民法院提起上诉，请求改判。主要理由是：

1. 一审关于“没有捏造事实并散布不构成诽谤”的认定是不当和错误的。首先，“编者按”和“钟文”，不是对上诉人的有关文章进行有理有据的分析讨论后才作出评论，而是直接上纲上线，强行延伸。其次，从上诉人的有关文章内容里，得不出被上诉人的评论；被上诉人的评论与上诉人的文章内容完全脱节，是非实事求是、毫无根据的。再次，一个诚实善良、思维正常的人在同样情况下，不会作出与被上诉人一致的评论，被上诉人的评论是严重不当的。

2. “钟文”和“编者按”是煽动读者对上诉人进行政治大批判。受“钟文”和“编者按”的影响，一些青年学者在是否报考上诉人的博士生问题上产生了疑惑甚至放弃了报考，给上诉人造成了精神痛苦和名誉损害，消耗了上诉人的大量时间和精力，影响了上诉人的教学和科研活动。因此，被上诉人对上诉人的侵害是极其严重的。

〔二审裁判要旨〕

南京市中级人民法院认为，人民法院作出裁判的原则是“以事实为根据，以法律为准绳”。判令当事人承担侵害名誉权的责任，应当根据确有名誉被侵害的事实、行为人实施了侮辱、诽谤的违法行为、违法行为与损害后果之间有因果关系、行为人主观上有过错等来认定。报纸作为新闻媒介，就他人的文章或观点展开讨论，是办报的一种形式。被上诉人《某某出版报》社发表的“钟文”及“编者按”中，既没有捏造事实对上诉人余一某进行诽谤，也没有侮辱余一某的人格，故不构成对余一某名誉的侵害。余一某的上诉理由，主要是认为“钟文”和“编者按”表达观点的方式不当。而在有关争论中，争论双方在表达自己的观点时，只要不构成侮辱、诽谤，就不能认定侵犯他人的名誉权，要求其承担民事责任。一审认定的事实清楚，适用法律正确，应予维持；余一某的上诉理由无法律依据，不予支持。

据此，南京市中级人民法院依照《中华人民共和国民事诉讼法》第一百五十三条第一款第一项的规定，于2002年11月7日判决：

驳回上诉，维持原判。

二审诉讼费100元，由上诉人余一某负担。

第五章　死者名誉权的保护

规则7：死者的近亲属，在死者及本人名誉权受到侵害的情况下，有权提起诉讼，请求法律的保护

——陈秀某诉魏锡某、《某晚报》社侵害名誉权纠纷案①

【裁判规则】

公民死亡后名誉仍受到法律保护。死者的近亲属，在死者及本人名誉受到侵害的情况下，有权提起诉讼，请求法律的保护。创作体裁虽为小说，但使用了死者及其亲属的真实姓名，其中虚构了有损死者及其亲属名誉的情节，其行为侵害了他人名誉权，应承担民事责任。出版单位未做认真审查即予刊登，致使损害他人名誉的不良影响扩散，应承担相应的民事责任。

【规则理解】

一、死者名誉保护的理论之争

（一）死者名誉保护的两个阶段

对死者名誉权或名誉的界定，实务界和学理界均存在不同认识。一些早期的函件采用过“名誉权”表述。对此，学理上称为死者名誉的“直接保护”阶段。

《最高人民法院关于审理名誉权案件若干问题的解答》② 第5条规定：“死者名誉受到损害的，其近亲属有权向人民法院起诉。近亲属包括：配偶、父母、子女、兄弟姐妹、祖父母、外祖父母、孙子女、外孙子女。”《民法典》对上述规定的内容精神进行了吸纳，即第994条规定：“死者的姓名、肖像、名誉、荣誉、隐私、遗体等受到侵害的，其配偶、子女、父母有权依法请求行为人承担

① 《中华人民共和国最高人民法院公报》1990年第2期。

② 2021年1月1日《最高人民法院关于废止部分司法解释及相关规范性文件的决定》施行后，该解答废止。

民事责任；死者没有配偶、子女且父母已经死亡的，其他近亲属有权依法请求行为人承担民事责任。”值得注意的是，上述规定不再采用“名誉权”，而是采用了“死者名誉”的表述。《最高人民法院关于确定民事侵权精神损害赔偿责任若干问题的解释》[①] 第3条规定：“自然人死亡后，其近亲属因下列侵权行为遭受精神痛苦，向人民法院起诉请求赔偿精神损害的，人民法院应当依法予以受理：（一）以侮辱、诽谤、贬损、丑化或者违反社会公共利益、社会公德的其他方式，侵害死者姓名、肖像、名誉、荣誉；（二）非法披露、利用死者隐私，或者以违反社会公共利益、社会公德的其他方式侵害死者隐私；（三）非法利用、损害遗体、遗骨，或者以违反社会公共利益、社会公德的其他方式侵害遗体、遗骨。”这一规定继续沿用了“死者名誉”的表述。对此，学理上称为死者名誉的“间接保护”阶段。[②]

（二）死者名誉保护的不同学说

“名誉”与“名誉权”差异表述，蕴含了死者名誉保护的理论之争。传统民法理论认为，自然人权利能力始于出生终于死亡，死者已不具备权利能力，不具有成为民事主体的资格，不能享有权利和承担义务，更不能作原告，因此当他人侵犯死者生前的名誉，造成其名誉的贬损和破坏时，法律要基于怎样的制度设计来对死者的名誉进行保护呢？对此，学界主要有以下几种观点：（1）死者权利保护说。该说认为，自然人的权利能力并非绝对与自然人的生死严格相对，民事权利能力始于出生终于死亡的观念已经被突破，自然人死亡后仍有权利能力，因此可以享有权利。[③] 也有学者主张，权利能力消灭与权利消灭是两个问题，不能将二者混淆，权利能力消灭不能代表权利消灭。自然人虽已死亡，不具有权利能力，但因有些权利的存在不仅仅以生命为基础，更多地涉及人类的整体尊严和善良风俗，因此像这样的权利，如名誉权、隐私权、肖像权

---

① 该解释已被2020年12月23日最高人民法院审判委员会第1823次会议通过的《最高人民法院关于修改〈最高人民法院关于在民事审判工作中适用《中华人民共和国工会法》若干问题的解释〉等二十七件民事类司法解释的决定》修正。修正后与死者名誉相关的规定是第3条：“死者的姓名、肖像、名誉、荣誉、隐私、遗体、遗骨等受到侵害，其近亲属向人民法院提起诉讼请求精神损害赔偿的，人民法院应当依法予以支持。”

② 张娜、韩世远：《作者、新闻出版单位与死者名誉保护——以〈最高人民法院公报〉案例为素材》，载《法律适用》2008年第10期。

③ 郭林、张谷：《试论我国民法对死者名誉权的保护》，载《上海法学研究》1991年第6期。

等，即使生命已经终止，其也应该继续受到保护。[①]（2）死者法益保护说。该说认为，自然人死亡后，权利能力终止，不再享有权利，法律所保护的不是权利，而是法益。[②] 民事权利以利益为内容，这种利益是社会利益和个人利益的结合，一个人死后，个人利益消失，但是社会利益继续存续，这关乎整个社会的公共利益，因此，自然人死亡后，与其说是该自然人的某些具体民事权利受保护，不如说是其遗留的有关社会利益应继续受到法律的保护。[③]（3）近亲属利益保护说。该说认为，自然人死亡丧失权利能力，也不再享有权利，对死者的保护与其说是对死者权利的保护或者是对死者遗留的某些人身利益的保护，不如说是对死者近亲属的保护。因为他人对死者名誉的损害，往往也伴有对死者近亲属的名誉的损害，此时，其近亲属可以以自己的权利受到侵害为由而享有诉权。[④]（4）人格利益继受说。该说认为，自然人死亡后权利能力消灭，人身权也消灭，但是人身权背后的人格利益并不消灭，它具有社会上的延续性，事实上转移给了死者的近亲属或特定情况下的国家承受，这使得承受人获得了一种以死者生前人格权为内容的人身权利。[⑤] 也有学者认为，人格权与人格利益不可以混为一谈，人格权不能继承，但是人格利益却可以继承，因为自然人死后其近亲属可以继承其人格利益，保护死者的声誉、隐私等。[⑥]（5）家庭利益保护说。该学说认为，个人名誉是家庭名誉的一部分，当个人名誉受损时，家庭名誉也会不同程度地受损。死者虽然已经死亡，但是对死者名誉的损害还是会损害家庭的名誉，因此基丁保护家庭名誉的理由，可以要求侵权人停止侵害、恢复名誉、赔偿损失等，从而保护死者的名誉。[⑦] 此外，还有“死者人身遗存保护说”“人格权延伸保护说”等主张。

（三）对不同学说的简单评析

综合各种观点，可以看出，虽然对基于怎样的法理基础对死者的名誉进行保护存在争议，但对死者名誉应受保护已达成共识。笔者认为，死者权利保护

---

① 龙卫球：《民法总论》，中国法制出版社 2002 年版，第 300 页。

② 郭明瑞主编：《民法》，高等教育出版社 2007 年版，第 44 页。

③ 王利明：《民法总论研究》，中国人民大学出版社 2003 年版，第 340 页。

④ 葛云松：《死者生前人格利益的民法保护》，载《比较法研究》2002 年第 4 期。李永军：《民法总论》，中国政法大学出版社 2000 年版，第 258 页。

⑤ 王利民：《论“死者人身权保护”》，载《河北法学》1998 年第 6 期。

⑥ 郭明瑞、房绍坤、唐广良：《民商法原理（一）：民商法总论、人身权法》，中国人民大学出版社 1999 年版，第 468 页。

⑦ 陈爽：《浅论死者名誉与家庭名誉》，载《法学研究》1991 年第 1 期。

说会打破已然构建的民法世界——承认死者具有权利能力，死者即成为适格的民事主体，可享有权利承担义务，死者不仅享有名誉权，还享有其他人身权和财产权，近亲属无权继承；而因死者不能表达个人自由意思，还需要为死者设置监护人……死者法益保护说虽试图用“法益”概念回避主张保护死者权利带来的逻辑难题，但法益概念的功能仅能弥补权利分类理论的不足，不能弥补权利主体理论的不足。鉴于法益也需要归属于特定的主体，对法益的侵害，也会发生主体的救济权的问题。① 因此，法益保护说也未能真正解决死者名誉保护的问题。近亲属利益保护说更为可取，具体分析如下：侵害死者名誉一般包括三种情形：一是仅造成死者的社会评价降低，而与生者无关；二是因侵害死者名誉而导致死者遗属的名誉受损；三是侵害死者名誉并不对死者遗属的名誉造成损害，但是损害了遗属对死者的虔敬之情。第一种情形，因死者人格已不存在，不可能成为权利主体，因此不构成侵害人格权的侵权行为。第二种情形已构成对死者遗属人格权的侵害，当然构成侵权行为，但受害人是生者而非死者。第三种情形因降低死者的社会评价致使损害遗属对先人的敬爱追慕之情，此对先人的感情亦属于人格利益应予以保护，应允许遗属以侵害死者名誉为由诉请损害赔偿及停止侵害。② 依前述主张，侵害死者名誉的侵权行为只有在侵害了死者遗属的人格权或人格利益时才成立，仅造成死者名誉损害而不损及死者遗属的行为不构成死者名誉的侵权行为，不必为此负责。不过，这也可能存在问题，如死者自身利益与遗属的虔敬之情未必一致，另外，如果不存在死者遗属，对于侵害死者名誉的行为就会放任不管，其正当性也值得思考。③

二、侵害死者名誉的构成要件

死者名誉或名誉权之争，主要关涉传统民法理论中有关权利主体资格能力的认定。但不能因理论之争损害对死者名誉的应有保护，是否构成对死者名誉的侵害以及如何保护的问题，可类推适用法律对名誉权侵权责任的相关规定。

有关名誉权侵权责任的构成要件，司法实践中一般根据受害人确有名誉被损害的事实、行为人行为违法、违法行为与损害后果之间有因果关系、行为人主观上有过错来认定。笔者认为，侵害死者名誉的行为种类复杂，表现形式多

---

① 杨代雄：《民法总论专题》，清华大学出版社 2012 年版，第 68 页。

② 梁慧星：《民法总论》，法律出版社 2001 年版，第 132 页。

③ 张娜、韩世远：《作者、新闻出版单位与死者名誉保护——以〈最高人民法院公报〉案例为素材》，载《法律适用》2008 年第 10 期。

样，无法具体列举穷尽，采用上述构成要件不仅能避免这些问题，具有较强的操作性，与我国司法实践中的做法亦相一致，而且能够实现对死者权利的充分保护。具体而言，侵害死者名誉的构成要件包括：

（一）侵害人实施了侵害死者名誉的违法行为

根据《民法通则》第 101 条、《民法通则意见》第 104 条以及《最高人民法院关于审理名誉权案件若干问题的解答》第 7 条第 2 款的规定[①]，主要指行为人实施了侮辱、诽谤死者名誉的行为。《民法典》第 1024 条对上述规定的内容精神进行了保留，规定侵害他人名誉权的违法行为方式主要是侮辱、诽谤。侮辱行为是指采用暴力、语言、文字及其他方式恶意贬损死者人格与名誉，损害死者尊严的行为。诽谤行为是指以书面或者口头的形式捏造、散布与死者相关的虚假事实，以贬损死者的名誉。

（二）行为人的侮辱、诽谤行为造成了损害后果

行为人的侮辱、诽谤行为损害了死者的名誉，造成死者名誉的贬损或丑化。与此同时，行为人的行为往往也会造成死者遗属名誉或家庭名誉的贬损，给死者近亲属的感情带来伤害。

（三）具有因果关系

行为人的损害行为与损害后果具有因果关系。需要指出的是，死者名誉侵权中的因果关系有其特殊性，即违法行为并非直接作用于侵害主体，而是通过对社会公众的影响，使死者的近亲属承受精神痛苦或经济利益的损失。

（四）行为人主观上具有过错

行为人主观上积极追求对死者名誉的损害或者事实上放任了损害后果的发生，也包括行为人疏忽大意或过于自信而造成他人名誉的损害。新闻出版单位未认真审查即予刊登稿件，致使损害他人名誉的不良影响扩散，亦构成对死者名誉的侵害，应在扩大的责任范围内承担侵权责任。

三、侵害死者名誉的责任承担方式

根据《最高人民法院关于审理名誉权案件若干问题的解答》第 10 条规定，行为人侵害名誉权构成侵权的，法院依照《民法通则》第 120 条和第 134 条的规定[②]，可以责令侵权人停止侵害，恢复名誉，消除影响，赔礼道歉、赔偿损失。《民法典》第 995 条对上述规定的内容精神进行了保留，规定侵害人格权

---

① 上述规定在 2021 年 1 月 1 日《民法典》施行后，已被废止。

② 上述规定在 2021 年 1 月 1 日《民法典》施行后，已被废止。

的民事责任方式，包括停止侵害、排除妨碍、消除危险、消除影响、恢复名誉、赔礼道歉等。侵害死者名誉的民事责任承担方式亦应如此。其中恢复名誉、消除影响的范围，一般应与侵权所造成的不良影响的范围相当。

值得注意的是，在赔偿损失方面，有关受害人精神损害的赔偿问题，须严苛把握，以达致公平正义。有学者主张《民法通则》① 第120条标志着在我国民事责任体系中确立了对精神损害进行金钱赔偿的原则。②《最高人民法院关于审理名誉权的若干问题的解答》③ 第10条规定：“公民、法人因名誉权受到侵害要求赔偿的，侵权人应赔偿侵权行为造成的经济损失；公民并提出精神损害赔偿要求的，人民法院可根据侵权人的过错程度、侵权行为的具体情节、给受害人造成精神损害的后果等情况酌定。”该规定可谓首次明确了对受害人的精神损害可以进行金钱赔偿。《最高人民法院关于确定民事侵权精神损害赔偿责任若干问题的解释》④ 则进一步规定了死者名誉受侵害有关精神损害赔偿的事项。⑤ 该解释第3条规定：“死者的姓名、肖像、名誉、荣誉、隐私、遗体、遗骨等受到侵害，其近亲属向人民法院提起诉讼请求精神损害赔偿的，人民法院应当依法予以支持。”并在第6条明确了侵犯死者名誉时确定精神损害赔偿数额的酌定因素：“精神损害的赔偿数额根据以下因素确定：（一）侵权人的过错程度，但是法律另有规定的除外；（二）侵权行为的目的、方式、场合等具体情节；（三）侵权行为所造成的后果；（四）侵权人的获利情况；（五）侵权人承担责任的经济能力；（六）受理诉讼法院所在地的平均生活水平。”实践中，就侵害死者名誉的民事责任承担方式而言，未造成严重后果的，法院可以判令侵权人停止侵害、恢复名誉、消除影响、赔礼道歉；造成严重后果的，还可以要求侵权人赔偿相应的精神损失。

---

① 2021年1月1日《民法典》施行后，该法废止。

② 张新宝、庚长庆：《名誉权案件审理的情况、问题及对策》，载《法学论坛》1997年第3期。

③ 2021年1月1日《最高人民法院关于废止部分司法解释及相关规范性文件的决定》施行后，该解答废止。

④ 该解释已被2020年12月23日最高人民法院审判委员会第1823次会议通过的《最高人民法院关于修改〈最高人民法院关于在民事审判工作中适用《中华人民共和国工会法》若干问题的解释〉等二十七件民事类司法解释的决定》修正。

⑤ 杨立新、杨帆：《最高人民法院〈关于确定民事侵权精神损害赔偿责任若干问题的解释〉释评》，载《法学家》2001年第5期。

【拓展适用】

一、自然人死亡后的名誉侵权的起诉主体

《最高人民法院关于审理名誉权案件若干问题的解答》[①] 第5条规定："死者名誉受到损害的，其近亲属有权向人民法院起诉，近亲属包括：配偶、父母、子女、兄弟姐妹、祖父母、外祖父母、孙子女、外孙子女。"《民法典》对上述规定的内容精神进行了吸纳，即第994条规定："死者的姓名、肖像、名誉、荣誉、隐私、遗体等受到侵害的，其配偶、子女、父母有权依法请求行为人承担民事责任；死者没有配偶、子女且父母已经死亡的，其他近亲属有权依法请求行为人承担民事责任。"依据上述规定，自然人死亡后名誉侵权的起诉主体为死者的配偶、子女、父母及其他近亲属。但司法实践中仍存在问题，如死者近亲属已经死亡或者没有近亲属，抑或死者近亲属的利益与死者利益未必一致等情形下，如何保护死者名誉和因此产生的社会公序良俗与社会公德。对此，有学者主张应当完善自然人死亡后名誉侵权的起诉主体，应包括：（1）死者的近亲属。死者近亲属处在保护死者名誉的最有利位置，不仅拥有保护死者名誉的动力，也最容易收集各种资料和证据，因此死者近亲属也是司法解释唯一承认的可以就死者名誉受到侵害而提起诉讼的主体。（2）死者近亲属以外的其他公民或组织。死者近亲属以外的其他公民或组织主要指其他亲属或者死者的利害关系人，如朋友或师生等，如雷锋同志的战友可能就更了解其生平，也与雷锋同志拥有深厚的友谊，若有人恶意侵害雷锋的名誉，则雷锋的战友或所在部队应该拥有起诉的权利。特定组织因为其拥有专业人士、掌握专业知识，可能更具优势。而死者近亲属以外的其他公民或组织能在死者名誉受到侵害时提起诉讼的前提条件应限定在特定情形下，即当死者的近亲属已经死亡或者没有近亲属，抑或死者近亲属的利益与死者的利益未必一致时，可以考虑由这类主体起诉。（3）国家。既然当死者近亲属已经死亡或者没有近亲属，抑或死者近亲属的利益与死者的利益未必一致时，可以允许死者近亲属以外的其他公民或组织提起诉讼，那么也应当赋予国家在不存在上述任何主体时向人民法院起诉的权利，只有这样才可以全面保护死者名誉。对此，亦有引入公益诉讼之必要。2012年《民事诉讼法》修改时增加了公益诉讼的内容，但并未将上述情形收入其中，有待将来的司法解释进一步明确。

---

① 2021年1月1日《最高人民法院关于废止部分司法解释及相关规范性文件的决定》施行后，该解答废止。

二、死者名誉的存续保护期限

死者名誉的存续期限，是指死者名誉存在和受法律保护的期间。在此期间内，死者名誉受到侵害的，其近亲属可以行使诉权，提请保护；期间届满，即使死者名誉受到侵害，近亲属也不能再主张权利。死者名誉的存续期限具有除斥期间的性质，事关当事人是否享有权利，对该期间的具体设置，学界大致有三种观点：（1）严格限制死者名誉的存续期间，该说认为死者毕竟是过去的历史，其名誉涉及的事物也是过去的事务，要求对过去事务进行完全准确的描述是不可能的，相比之下，更应该注重保护当下人的言论自由，因此要严格限制死者名誉的存续期间。[①]（2）不应严格限制死者名誉的保护期间，只要有利益相关人认为其利益因某行为人侵犯死者名誉而受到损害，则该死者生前的名誉仍在保护期限之内，而不受近亲属已故的限制。因为对死者名誉的保护，主要就是为了保护相关利益人，而不仅仅是近亲属的利益。[②]（3）参照近亲属的范围与著作权法中规定的发表权、使用权和获得报酬权的保护期限，确定一个合理的期间，如50年。也有学者主张应以死者近亲属的存留期间为期限，当其近亲属去世后，则法律对死者的名誉不再保护。[③] 综合上述几种观点，笔者认为第三种观点为宜。如果严格限制保护的时间可能对近亲属的感情造成不必要的伤害；如果把这一期间规定得过于宽松也不利于生者的言论自由。

需要注意的是，死者名誉的存续期间和保护期间是两个不同的概念，应予区分。死者名誉的保护期间，是指当发生侵害死者名誉的事件时，享有诉权的主体向人民法院提起诉讼的期间，超过这个期间法律就不予保护，该期间应适用诉讼时效的相关规定。值得注意的是，《民法典》第995条规定了受害人停止侵害、排除妨碍、消除危险、消除影响、恢复名誉、赔礼道歉请求权，不适用诉讼时效的规定，即人格请求权不受诉讼时效的限制。

三、死者人格利益保护和商业化利用

前述有关死者名誉保护主体和存续保护期限的讨论与规则，可以扩张适用于死者人格利益的保护，主要侧重保护的是人格利益中的精神利益。与之相应的，死者人格利益中有关财产利益的保护亦需引起足够的重视。实践中，公民

---

① 张新宝、庚长庆：《名誉权案件审理的情况、问题及对策》，载《法学论坛》1997年第3期。

② 苏家成：《关于自然人死亡后名誉权问题的探讨》，载《法律适用》2001年第6期。

③ 柏文栋：《浅谈对死亡人名誉权的法律保护》，载《法律适用》1993年第6期。

死亡后，其肖像权受法律保护。任何贬损、丑化或者擅自以营利为目的使用死者肖像构成侵权的，死者的近亲属有权向人民法院提起诉讼。我国司法实践中已对死者人格利益中的财产利益予以认可和保护。自然人的一部分人格利益，因主体的知名度和影响力而具有了财产属性，这种利益并不随着自然人本身的死亡而消失，也存在着继受者和存续期限的确定等问题。

（一）国外对人格要素中财产利益的保护

在其他国家立法例中，对人格要素中的财产利益有一个更为概括的概念：形象权。所谓形象权，指自然人将其姓名、肖像、声音以及其他足以识别其他身份或形象的要素或特征利用在商业上，从而获得经济利益的权利。美国在发展形象权制度时，多类推财产法、隐私权法、著作权法等来设计形象权规则，并且在制定法上认可了自然人死后的形象权。而在法国，法院认为形象权兼有人格权和财产权的属性。形象权的可继承性问题在法国形象权制度中一直存在争议，这一问题同时涉及死者是否仍然可以享有形象权的问题。在最初否认形象权的可继承性后，法国法院最后看起来是转向了认可该权利能够继承的观点。①

（二）死者人格要素中财产利益的继受主体

死者人格要素中财产利益的本质是财产权，而非人格权。其保护的客体是肖像等的商业价值，而非内在于人的事务。也就是说，形象权设立的目的，在于保护人格区分所带来的商业价值，而不是为了实现人格本身的区分。是故，在死者人格要素中财产利益的保护上，法律结构或者逻辑上要比死者人格利益本身显得更为顺畅。死者的肖像、姓名等利益中的财产性质部分，都可以转化成经济收益，与死者的遗产十分相似，故而类推适用继承法有其合理性。美国法和德国法上，人格权的财产部分均被明确承认得为继承。②

有关死者人格要素中财产利益的继受主体，死者的近亲属系死者人格利益中财产利益的合法继受者。对于近亲属的范围和顺位，则可以参照继承法的规则加以确认。需要注意的是，死者如若在遗嘱中对于其死后该部分利益的归属有规定的，理应尊重意思自治，按照其遗嘱中规定的内容确定继受者；若没有相关内容，则按照法定继承的规则处理：第一顺位是配偶、父母和子女；第二

① 崔拴林：《死者法律地位刍议——以国外的死者形象权制度为主要考察对象》，载《山西师大学报》（社会科学版）2008 年第 3 期。

② 王泽鉴：《人格权法——法释义学、比较法、案例研究》，北京大学出版社 2013 年版，第 301 页。

顺位是兄弟姐妹和祖父母、外祖父母。

但是，近亲属对于这部分利益的权利并不是绝对的，还应受到公共利益的制约。一般而言，为公众利益而使用死者的姓名、肖像等，可视为对死者名誉和社会评价的肯定，不会引来死者近亲属的反对；但如果出现矛盾的话，法律应该倾向于保护公共的利益。可见，对死者人格利益中的财产利益的保护，限制在商业化利用的范畴内更为合适。在这种情况下，将死者的姓名、肖像用于商用谋取利益时，应当事先经过其利益继受人的同意，否则将构成侵权。

（三）死者人格要素中财产利益的存续期限

前已述及，死者名誉的保护期限应该受到限制。由此延伸至整个人格利益领域，特别是对于有经济利益的部分人格利益，这一期限更应该明确。因该期限一旦结束，这部分利益即应归入社会公共资源，可以自由地进行进一步的加工和利用，以加快社会公共资源的流动与创造。国外对死者的这部分利益就有明确的限制性规定，比如德国《艺术品著作权法》第 22 条即规定，在肖像权人死亡以后的 10 年内，只有征得其近亲属的同意，才能传播或公开展示死者的肖像。①《印度尼西亚版权法》第 18 条规定："肖像被制作人死后 10 年内，肖像作品之版权人在复制或发行其作品前均须征得肖像被制作人的子女同意。"②鉴于我国法律并未对这种利益存续期限予以规定，对这种利益已经无须继续保护的主张，应当由以此抗辩的被告人承担举证责任加以证明。

（四）死者作为公众人物的必要限制

需要注意的是，虽然死者人格利益中财产性质的部分可以由死者的近亲属继受，但是这部分利益也因为死者的身份和影响力的不同而受到不同限制。就公众人物而言，其人格财产利益的部分价值越高，所涉公共利益也就越深入，商业使用所受的限制也越多。特别是作为国家领袖、历史人物等公众人物，其人格利益本身就是公共利益的组成部分，无论是否具有财产因素，都不能继受。具体而言，有关历史人物的肖像等已经成为历史的组成部分，不能利用进行商业开发；③ 而已故的国家领导人的肖像姓名与国家形象紧密相连，事关国家利益，更不能将其财产利益交给私人。从这种角度考虑，对于这一类特殊的公众人物，国家与公众才是其死亡之后人格利益的主要继受者，其近亲属则负有更

---

① ［德］迪特尔·梅迪库斯：《德国民法总论》，邵建东译，法律出版社 2000 年版，第 801 页。

② 朱妙春：《死亡人肖像权初探——鲁迅肖像权案评析》，载《法学》1999 年第 8 期。

③ 王利明：《人格权法》，中国人民大学出版社 2005 年版，第 200 页。

多的容忍义务。

【典型案例】

陈秀某诉魏锡某、《某晚报》社侵害名誉权纠纷案

原告：陈秀某。

委托代理人：魏树某（原告之外孙女）。

委托代理人：王宗某。

被告：魏锡某。

委托代理人：白松某。

委托代理人：刘思某。

被告：天津《某晚报》社。

法定代表人：李某，天津《某晚报》社总编辑。

委托代理人：张维某，《某晚报》社副刊部编辑。

委托代理人：周贵某，《某晚报》社副刊部编辑。

〔基本案情〕

原告陈秀某以被告侵害了她及死去的女儿吉文贞的名誉权为由，于1987年6月向天津市中级人民法院起诉。该院经审理查明：

原告陈秀某系已故曲艺演员吉文贞（艺名荷花女）之母。吉文贞自幼随父学艺，15岁起在天津登台演出，有一定名声。1944年19岁时病故。被告魏锡某于1985年着手创作以吉文贞为原型，表现旧社会艺人苦难生活的小说。在创作期间，魏锡某曾先后3次找到原告陈秀某，并给吉文贞之弟写信了解有关吉文贞的生平以及从艺情况，索要了吉文贞的照片，但未将写小说一事告诉原告及其家人。

被告魏锡某写完小说《荷花女》后，投稿于《某晚报》。该报于1987年4月18日至6月12日在副刊上连载，每日刊登1篇，共计56篇，约11万字。当小说在《某晚报》刊登后不久，原告陈秀某及其亲属即以小说内容及插图有损吉文贞名誉为由，先后两次去《某晚报》社要求停载。《某晚报》社以报纸要对读者负责为由予以拒绝。

被告魏锡某所著《荷花女》一书使用了吉文贞的真实姓名和艺名，称陈秀某为陈氏。书中描写了吉文贞从17岁到19岁病逝的两年间，先后同许某某等3人恋爱，并3次接收对方聘礼，其中于某某已婚，吉文贞却愿意作于某某的妾。小说还描写了吉文贞先后到当时天津帮会头头、大恶霸袁某某和刘某某家唱堂会并被袁、刘侮辱。小说最后影射吉文贞系患性病打错针致死。同时，小说还描写了陈秀某同意女儿作于某某的妾，接收了于家的聘礼。上述内容确属魏锡某虚构。

原告陈秀某在《荷花女》发表后，精神受到刺激致病，造成医疗费等实际损失404.58元。

在审理中，被告魏锡某辩称，《荷花女》体裁为小说，作者有权虚构，创作该小说的目的是通过对荷花女悲惨命运的描写，使读者热爱新社会，痛恨旧社会。小说《荷花女》并未损害吉文贞的形象，而是美化抬高了她的形象，故不构成侵害原告及吉文贞的名誉权。吉文贞本人已故，原告陈秀某与本案无直接利害关系，无权起诉。

被告《某晚报》社辩称，报社对小说不负有核实内容是否真实的义务。如该小说构成侵权，按"文责自负"原则，责任应由作者本人承担；吉文贞早已死亡，保护死人名誉权没有法律根据。

〔一审裁判要旨〕

天津市中级人民法院认为：《中华人民共和国民法通则》规定公民享有名誉权。公民死亡后名誉权仍应受法律保护。原告陈秀某系已故吉文贞之母，在其女儿及本人名誉权受到侵害的情况下，有权提起诉讼，请求法律保护。被告魏锡某所著《荷花女》体裁虽为小说，但作者使用了吉文贞和陈秀某的真实姓名，其中虚构了有损吉文贞和陈秀某名誉的一些情况，其行为侵害了吉文贞和陈秀某的名誉权，应承担民事责任。被告《某晚报》社对使用真实姓名的小说《荷花女》未作认真审查即予登载，致使损害吉文贞和陈秀某名誉的不良影响扩散，也应承担相应的民事责任。

天津市中级人民法院于1989年6月21日判决：

一、被告魏锡某、《某晚报》社，分别在《某晚报》上连续三天刊登道歉声明，为吉文贞、原告陈秀某恢复名誉、消除影响，其道歉声明的内容及版面由法院审定。如拒绝执行，法院即在其他报刊上刊登为吉文贞、原告陈秀某恢复名誉，消除影响的公告，其费用由拒绝执行的人员负担。

二、被告魏锡某、《某晚报》社各赔偿陈秀某四百元。

三、被告魏锡某应停止侵害，其所著小说《荷花女》不得再以任何形式付印、出版发行。

〔当事人上诉及答辩意见〕

被告《某晚报》社、魏锡某不服判决，以原答辩理由分别向天津市高级人民法院提出上诉。

〔二审裁判要旨〕

天津市高级人民法院审理认为：原审认定事实清楚，证据充分可靠，适用法律正确。在庭审调查和辩论结束后，上诉人《某晚报》社、魏锡某要求法庭调解；被上诉人陈秀某亦表示同意。依照《中华人民共和国民事诉讼法（试行）》第九十七条的规定，法庭主持调解，在确认上诉人构成侵权和应承担民事责任的前提下，于1990年4月11日，双方自愿达成如下协议：1. 为消除上诉人魏锡某所著小说《荷花女》的不良影响，由上诉人《某晚报》社负责将双方商定的由被上诉人陈秀某所写介绍吉文贞生平真实情况的来信，魏锡某所写表示道歉的复信，在原连载小说版面上刊登，并加有道歉内容的编者按。本调解书送达后十日内执行完毕。2. 经济赔偿问题由上诉人和被上诉人双方自行解决。3. 上诉人魏锡某原著小说《荷花女》，不得以任何形式付印、出版发行。小说修改后，出版发行必须征询吉文贞有关亲属的意见。

规则 8：侵害英雄烈士等的名誉、荣誉，损害社会公共利益的，应当依法承担侵权民事责任

——葛长某诉洪振某名誉权、荣誉权纠纷案①

【裁判规则】

对侵害英雄烈士名誉、荣誉等行为，英雄烈士的近亲属依法向人民法院提起诉讼的，人民法院应予受理。英雄烈士事迹和精神是中华民族的共同历史记忆和社会主义核心价值观的重要体现，英雄烈士的名誉、荣誉等受法律保护。人民法院审理侵害英雄烈士名誉、荣誉等案件，不仅要依法保护相关个人权益，还应发挥司法彰显公共价值功能，维护社会公共利益。任何组织和个人以细节考据、观点争鸣等名义对英雄烈士的事迹和精神进行污蔑和贬损，属于歪曲、丑化、亵渎、否定英雄烈士事迹和精神的行为，应当依法承担法律责任。

【规则理解】

一、英雄烈士人格利益保护的法理基础

英雄烈士事迹和精神是中华民族的共同历史记忆和社会主义核心价值观的重要体现。英雄和烈士是一个国家和民族精神的体现，是引领社会风尚的标杆。加强对英雄烈士等的姓名、肖像、名誉、荣誉的法律保护，对于引领社会尊崇英烈、惩恶扬善的社会风气，弘扬社会主义核心价值观意义重大。《民法总则》② 在总结既有审判实践经验、综合各方意见的基础上，于第 185 条明确规定：“侵害英雄烈士等的姓名、肖像、名誉、荣誉，损害社会公共利益的，应当承担民事责任。”《民法典》第 185 条沿用了这一规定。

（一）英雄烈士人格利益的双重属性

尽管就字面理解“英雄”可能是尚在人世之人，但从语言的通常表达习

① 最高人民法院 99 号指导案例。

② 2021 年 1 月 1 日《民法典》施行，该法废止。

惯，以及《民法典》第185条的条文沿袭及实践应用来看，宜采体系解释方法将该条规范的“英雄烈士”并列解释为已经牺牲之人。据此，该条规范的英雄烈士人格利益与死者人格利益在身份和伦理上取得同质性。同时还应注意的是，英雄烈士相比较于一般死者，除具有一般死者身份的比较性、被动性和区分性外，其身份还具有公共性和授予性的特质，属于“特殊死者”。[①]

有关死者人格利益保护的法理基础存在直接保护说和间接保护说之争，前者肯定死者的人格权利；后者则否认死者的人格权，具体又分为“近亲属权益保护说”“近亲属利益关联说”“近亲属权利保护兼采社会利益说”等不同观点。从《最高人民法院关于确定民事侵权精神损害赔偿责任若干问题的解释》第3条关于“死者的姓名、肖像、名誉、荣誉、隐私、遗体、遗骨等受到侵害，其近亲属向人民法院提起诉讼请求精神损害赔偿的，人民法院应当依法予以支持”，以及《民法典》第994条“死者的姓名、肖像、名誉、荣誉、隐私、遗体等受到侵害的，其配偶、子女、父母有权依法请求行为人承担民事责任；死者没有配偶、子女且父母已经死亡的，其他近亲属有权依法请求行为人承担民事责任”的规定来看，现有法律和司法解释对死者人格利益采取了“近亲属权益保护说”。但英雄烈士，相对于一般死者，其人格利益除未因其生命终结而消失的名誉、荣誉等、其近亲属的个人感情之外，还承载着英烈精神、社会道德、公共秩序、社会公众的民族和历史情感等更高层次的公共利益，具备浓烈的双重属性。对此，《民法典》第185条关于“侵害英雄烈士等的姓名、肖像、名誉、荣誉，损害社会公共利益……”以及《英雄烈士保护法》第25条第1款、第2款关于“对侵害英雄烈士的姓名、肖像、名誉、荣誉的行为，英雄烈士的近亲属可以依法向人民法院提起诉讼。英雄烈士没有近亲属或者近亲属不提起诉讼的，检察机关依法对侵害英雄烈士的姓名、肖像、名誉、荣誉，损害社会公共利益的行为向人民法院提起诉讼”的规定中，亦可彰显。

（二）与死者人格利益保护的逻辑调适

尽管英雄烈士人格利益保护与死者人格利益保护具有高度关联性与规范同质性[②]，但英雄烈士具备不同于一般死者的特殊身份，我国现行法律规范体系关于二者的规定仍有诸多差异。能否以及如何将死者人格利益保护规范引入英

---

① 王春梅：《英烈人格利益保护的请求权规范基础及其裁判路径》，载《东北师大学报（哲学社会科学版）》2022年第1期。

② 袁明扬、陈林林：《〈民法典〉“英烈条款”的司法适用及完善——基于52份英烈人格保护判决的分析》，载《法律适用》2022年第6期。

雄烈士人格利益保护，在司法实践中存在调适必要。尽管《民法典》《英雄烈士保护法》中均将对英雄烈士人格利益的保护对象限定于“姓名、肖像、名誉、荣誉”，但毫无疑问其中除人格私益外，还存在人格公益。英雄烈士的人格私益受到侵害的，其近亲属可以选择适用英雄烈士人格利益保护的特别规范，如《民法典》第185条、《英雄烈士保护法》第25条第1款的规定，作为请求权基础寻求救济，也可以选择适用一般死者人格利益保护的规范，如《民法典》第994条的规定，作为请求权基础寻求救济。英雄烈士的人格公益受到侵害的，检察机关仅能依据英雄烈士人格利益保护的特别规范，如《民法典》第185条、《英雄烈士保护法》第25条第1款的规定，作为请求权基础予以保护。

值得注意的是，《民法典》第994条关于死者人格利益保护的范围，除“姓名、肖像、名誉、荣誉”外，还包括“隐私、遗体等”人格利益，较英雄烈士人格利益的保护范围更大。实践中，英雄烈士的隐私、遗体等其他人格利益受到侵害的，仅能由其近亲属依据一般死者人格利益保护规范，即《民法典》第994条寻求救济。此外，英雄烈士的姓名、肖像、名誉、荣誉受到侵害的，因其人格利益的双重属性，在英雄烈士无近亲属或者其近亲属不提起诉讼时，应当由检察机关依据英雄烈士人格利益保护的特别规范予以保护。

二、侵害英雄烈士人格利益的构成要件

根据《民法典》第185条、第994条及《英雄烈士保护法》第25条等相关法律规定，侵害英雄烈士人格利益的构成要件有四：

（一）须侵害英雄烈士等的姓名、肖像、名誉、荣誉等

1. 英雄烈士人格利益的保护范围

《民法典》第185条对英雄烈士人格利益的保护对象，采用了“英雄烈士等”的开放性表述，同时以穷尽式列举方式将保护客体限于“姓名、肖像、名誉、荣誉”四种权益。后者在实践中较易把握，前者则存在英雄与烈士是否并列、如何界定，是针对某一个体还是作为整体的英雄烈士，如何确定“等”字的涵盖范围等问题。笔者认为，结合立法技术和背景，宜将英雄和烈士理解为相并列的两类主体，其中英雄是重要的荣誉称号，《烈士褒扬条例》《军人抚恤优待条例》等相关规范性文件中则明确规定了烈士的评定标准。而“等”字不能理解为设定了一个“框架式的主体范围”或者是英雄烈士个体的集合，而应理解为与英雄烈士具有相同社会意义的人。[①] 此外，司法实践中，除侵害个体

---

① 参见房绍坤：《英雄烈士人格利益不容侵害》，载《检察日报》2017年4月25日。

英雄烈士，如邱少云烈士、叶挺烈士、刘胡兰烈士人格利益案件之外，亦有“被告李某、吴某侵害萧山烈士陵园烈士荣誉”公益诉讼案等，系侵犯萧山烈士陵园烈士整体人格利益、人格尊严，均应获得保护。

2. 英雄烈士人格利益侵权行为的认定

《民法典》第185条未就侵害英雄烈士人格利益的行为作出规定。但侵害英雄烈士人格利益与侵害一般死者人格利益在行为方式上应无二致。根据《民法典》第四编“人格权编”第三章、第四章、第五章分别针对姓名权、肖像权、名誉权和荣誉权的相关规定，侵害英雄烈士的姓名的方式主要有干涉、盗用、假冒等，侵权英雄烈士的肖像的方式主要有丑化、污损、利用信息技术手段伪造等，侵害英雄烈士名誉的方式主要有侮辱、诽谤，侵害英雄烈士的荣誉的方式主要有非法剥夺荣誉称号、诋毁、贬损等。此外，《英雄烈士保护法》第22条第1款、第2款规定作为保护英雄烈士人格利益的特别法，对侵害英雄烈士姓名、肖像、名誉、荣誉的行为作出了明确的禁止性规定，即“禁止歪曲、丑化、亵渎、否定英雄烈士事迹和精神。英雄烈士的姓名、肖像、名誉、荣誉受法律保护。任何组织和个人不得在公共场所、互联网或者利用广播电视、电影、出版物等，以侮辱、诽谤或者其他方式侵害英雄烈士的姓名、肖像、名誉、荣誉。任何组织和个人不得将英雄烈士的姓名、肖像用于或者变相用于商标、商业广告，损害英雄烈士的名誉、荣誉。”侵害人有上述行为的，应认定为侵害英雄烈士人格利益的行为。

实践中，侵害英雄烈士人格利益的行为形态复杂多样。如侵害英雄烈士名誉的方式经常表现为学术文章、观点争鸣、细节考据等，[①] 不限于侮辱、诽谤。在葛长某诉洪振某名誉权、荣誉权纠纷案中，法院认为，尽管涉案文章并不存在明显侮辱性的语言，但通过强调与基本事实无关或者关联不大的细节，引导读者对“狼牙山五壮士”这一英雄人物群体英勇抗敌事迹和舍生取义精神产生质疑，从而否定基本事实的真实性，进而降低他们的英勇形象和精神价值，也构成实质性地侵害英雄烈士名誉的侵权行为。

（二）须有过错

在归责原则上，本条属于一般侵权，采取过错责任，即加害人须有过错，

---

① 参见凌巍、何江恒、马蓓蓓：《〈葛长某诉洪振某名誉权、荣誉权纠纷案〉的理解与参照——以细节考据、观点争鸣等方式对英雄烈士的事迹和精神进行贬损、丑化的行为构成对英雄烈士名誉权、荣誉权的侵害》，载《人民司法（案例）》2021年第17期。

侵权责任才告成立。侵权法上，过错包括故意和过失。但“由于死者的人格利益并非是一种权利，法律上对其保护相对较弱”。[①] 故在英雄烈士人格利益保护构成要件之下的侵权人主观过错一般以故意为限，即明知或者应当预见到其行为造成他人社会评价降低的后果而仍然为之或认为仍可避免的主观状态。

（三）须有损害

对侵害英雄烈士人格利益是否以损失社会公共利益为构成要件，存在学理上的争议。否定者认为，这一条款本质上是对死者人格利益的保护，损害公共利益仅系侵权情节的考量因素。[②] 肯定者认为，英雄烈士等的人格利益必须已经转化为社会公共利益，亦即在损害后果上应高于一般侵权行为，除了造成英雄烈士的姓名、肖像、名誉、荣誉受损之外，尚要求侵害公共利益的后果要件。笔者认为，无论从文义解释、历史解释、立法目的还是英雄烈士人格利益的双重属性来看，损害社会公共利益均应为构成要件。英雄烈士的人格利益及其上承载的事迹和精神，是中华民族共同的历史记忆和宝贵的精神财富，中华民族感情及精神世界的重要内容和社会主义核心价值观的重要体现。侵害英雄烈士人格利益，不仅侵害了英雄烈士本人的姓名、肖像、名誉、荣誉，给其近亲属造成精神痛苦，也伤害了社会民众的民族和历史感情，损害了社会公共利益。此处损害，既包括对英雄烈士姓名、肖像、名誉、荣誉人格利益的损害，也包括对建立在英雄烈士人格利益基础之上的英雄烈士的形象、事迹和精神，即社会公共利益的损害。在一定意义上可以说，以损害社会公共利益为要件，恰是英雄烈士人格利益保护与一般死者人格利益保护最主要的区别所在。[③]

（四）须有因果关系

即侵权行为与英雄烈士人格利益及其上承载的民族精神、社会风尚等社会公共利益受损之间具有相当因果关系。侵害英雄烈士姓名、肖像、名誉、荣誉的行为，在一般情形下，能够产生另其近亲属的精神痛苦，对英雄烈士人格利益上承载的民族感情、历史情感等社会公共利益造成损害。

三、侵害英雄烈士人格利益的责任承担

《民法典》第185条关于英雄烈士人格利益保护的特别规范，以及第994条

---

① 程啸：《侵权责任》（第2版），法律出版社2015年版，第188页。

② 参见苏正洪：《侵害英雄烈士名誉之公益诉讼问题探讨》，载《上海法学研究》2020年第3卷。

③ 参见刘颖：《〈民法总则〉中英雄烈士条款的解释论研究》，载《法律科学》2018年第2期。

关于死者人格利益保护的一般规范中，均没有明确侵权责任应如何承担。司法实践从人格权受到侵害时的一般性保护规则中寻求依据。根据《民法典》第995条规定，侵害英雄烈士人格利益的责任方式为停止侵害、消除影响、恢复名誉、赔礼道歉以及赔偿损失和精神损害赔偿等。其中，停止侵害，是指因加害人的行为使人格权益遭受损害或即将发生损害时，受害人请求加害人停止其实施侵害行为，主要针对正在进行或者即将发生的侵害行为，及时制止，防止损害后果的产生或扩大。消除影响，是指加害人对因其侵害他人人格权行为所造成的不良后果，采取合理方式，如删除文章等消除不良影响，主要适用于侵害英雄烈士名誉等精神性人格权的情形。除消除影响外，请求权人还可以要求侵害人在合理范围内采取恰当措施，如发布公告、澄清事实等方式恢复英雄烈士等的名誉。赔礼道歉，是指侵害人承认其行为构成侵权并表示歉意的一种民事责任承担方式，相比较而言更具有抚慰精神伤痛、教育和预防的特殊功能。《最高人民法院关于确定民事侵权精神损害赔偿责任若干问题的解释》第3条对死者人格利益精神损害赔偿作了专门规定："死者的姓名、肖像、名誉、荣誉、隐私、遗体、遗骨等受到侵害，其近亲属向人民法院提起诉讼请求精神损害赔偿的，人民法院应当依法予以支持。"英雄烈士人格利益受到侵害的，请求权人可依据该条规定主张精神损害赔偿。

【拓展适用】

一、英雄烈士人格利益保护的请求权人

《民法典》第185条未规定英雄烈士人格利益的请求权人。《民法典》第994条关于一般死者人格利益保护的规定，将请求权人限定于死者的配偶、子女、父母和其他近亲属。《民法典》第1045条进一步将近亲属的范围界定为"配偶、父母、子女、兄弟姐妹、祖父母、外祖父母、孙子女、外孙子女"。根据上述规定，英雄烈士人格利益保护的请求权人为其配偶、子女、父母、兄弟姐妹、祖父母、外祖父母、孙子女、外孙子女。

但实践中，很多英雄烈士已经逝世多年，其人格利益受到侵害时已无在世的近亲属提起诉讼，或者虽有近亲属但没有诉讼能力或者诉讼意愿，此时容易产生英雄烈士人格利益保护的真空。且《民法典》第185条还规定了"损害社会公共利益"这一构成要件，故其请求权人范围相比较于一般死者而言，应更为广泛。《英雄烈士保护法》第25条第2款规定："英雄烈士没有近亲属或者近亲属不提起诉讼的，检察机关依法对侵害英雄烈士的姓名、肖像、名誉、荣誉，损害社会公共利益的行为向人民法院提起诉讼。”此条规定，赋予检察机关以英雄烈士人格利益保护请求权人的法律地位，且检察机关作为英雄烈士人格利益保护请求权人，具有诉讼主体补充地位，其在顺位上劣后于英雄烈士的近亲属。

二、英雄烈士人格利益保护的诉讼程序配置

《民法典》第185条规定，损害社会公共利益是英雄烈士人格利益保护的特殊构成要件；《英雄烈士保护法》第25条规定，则给英雄烈士人格利益保护配置了私益诉讼和公益诉讼两种救济程序，上述规定为英雄烈士人格利益保护提供了实体和程序上的规范依据。但亦在英雄烈士人格利益保护诉讼中产生了一系列实践和理论问题，如英雄烈士近亲属是否仅享有提起私益诉讼的权利，其能否针对侵犯英雄烈士人格利益行为提起公益诉讼；不同请求权人在英雄烈士人格利益保护私益诉讼和公益诉讼中能够提出的诉讼请求是否存在差异；近亲属和检察机关针对同一侵害英雄烈士人格利益的行为提出不同诉讼请求的原因，等等。

（一）英雄烈士近亲属的公益性诉讼实施权

英雄烈士近亲属具有维护英雄烈士人格利益的情感诉求，其对侵害英雄烈士人格利益的行为享有私益诉讼请求权。但前文已述，英雄烈士事迹和精神是中华民族的共同历史记忆和社会主义核心价值观的重要体现，其本身亦同时承载着社会公共利益。除非英雄烈士无近亲属，侵害英雄烈士的姓名、肖像、名誉、荣誉，损害社会公共利益的行为，必然同时损害英雄烈士近亲属的私人利益。尤其在侵权人采取公开方式侵害英雄烈士人格利益场合，公益性诉讼实施权与私益性诉讼实施权指向相同的侵权事实①，赋予英雄烈士近亲属以公益性诉讼实施权，可以在提升诉讼效率的同时实现充分保护英雄烈士人格利益的制度功能。

（二）检察民事公益诉讼启动上的劣后性

《英雄烈士保护法》第25条第2款规定：“英雄烈士没有近亲属或者近亲属不提起诉讼的，检察机关依法对侵害英雄烈士的姓名、肖像、名誉、荣誉，损害社会公共利益的行为向人民法院提起诉讼。”《中华人民共和国民事诉讼法》第58条规定：“对污染环境、侵害众多消费者合法权益等损害社会公共利

---

① 黄忠顺：《英烈权益诉讼中的诉讼实施权配置问题研究——兼论保护英雄烈士人格利益的路径抉择》，载《西南政法大学学报》2018年第4期。

益的行为，法律规定的机关和有关组织可以向人民法院提起诉讼。人民检察院在履行职责中发现破坏生态环境和资源保护、食品药品安全领域侵害众多消费者合法权益等损害社会公共利益的行为，在没有前款规定的机关和组织或者前款规定的机关和组织不提起诉讼的情况下，可以向人民法院提起诉讼。前款规定的机关或者组织提起诉讼的，人民检察院可以支持起诉。”《最高人民法院、最高人民检察院关于检察公益诉讼案件适用法律若干问题的解释》第 13 条规定：“人民检察院在履行职责中发现破坏生态环境和资源保护，食品药品安全领域侵害众多消费者合法权益，侵害英雄烈士等的姓名、肖像、名誉、荣誉等损害社会公共利益的行为，拟提起公益诉讼的，应当依法公告，公告期间为三十日。公告期满，法律规定的机关和有关组织、英雄烈士等的近亲属不提起诉讼的，人民检察院可以向人民法院提起诉讼。人民检察院办理侵害英雄烈士等的姓名、肖像、名誉、荣誉的民事公益诉讼案件，也可以直接征询英雄烈士等的近亲属的意见。”根据上述规定，检察机关提起公益诉讼，实体上以损害社会公共利益为构成要件，程序上以依法公告、英雄烈士没有近亲属或者近亲属不提起诉讼为前提。值得注意的是，检察民事公益诉讼一旦启动，即具有独立性，诉讼请求、诉讼策略等不受英雄烈士近亲属的左右，但可以征询其意见。

（三）英雄烈士人格利益私益诉讼和公益诉讼中诉讼请求不同

英雄烈士人格利益受到侵害时，精神损害赔偿的基础在于其近亲属遭受了精神痛苦。故，在检察机关提起的民事公益诉讼中，因欠缺作为基础的精神痛苦，且缺乏实体法上依据，作为请求权人的检察机关不得提出精神损害赔偿的诉讼请求。此外，即使同一责任方式，在私益诉讼和公益诉讼的诉讼请求中亦呈现不同的形态，如赔礼道歉，公益诉讼中表现为向社会公众赔礼道歉，私益诉讼中则指向英雄烈士近亲属的某一或者某些特定主体。

三、英雄烈士其他人格利益的保护

《民法典》第 185 条将保护范围限定于英雄烈士的姓名、肖像、名誉、荣誉四种人格利益。相比较于死者人格利益以“姓名、肖像、名誉、荣誉、隐私、遗体等”为保护范围而言，较为狭窄。但此种差异并非立法漏洞，亦不意味着英雄烈士的隐私、遗体等人格利益不受法律保护。其主要原因在于立法者认为，只有姓名、肖像、名誉、荣誉这四种人格利益才涉及社会公共利益，英雄烈士的其他人格利益受到侵害时，一般仅涉及私人利益，此时适用死者人格利益保护的一般规范。[①]

（一）英雄烈士等的隐私保护

就英雄烈士的隐私保护而言，主要有两种路径，一是适用《民法典》第994条、《最高人民法院关于确定民事侵权精神损害赔偿责任若干问题的解释》第3条等关于一般死者人格利益保护的规范，由其近亲属提起人格利益保护私益诉讼。二是侵害人以泄露、公开等方式侵害英雄烈士的隐私，造成英雄烈士的社会评价降低、名誉受损，损害社会公共利益的，符合《民法典》第185条的构成要件，可由英雄烈士的近亲属提起私益诉讼或者由检察机关依法提起公益诉讼。亦有观点认为，名誉与隐私保护在立法、理论及实践中均已分离的情形下，仍然借助名誉保护寻求对隐私的寄生式保护，可能会造成对英雄烈士等隐私人格利益的不当消解。[②] 但不可忽视的是，实践中存在侵害人通过披露英雄烈士隐私等形式损害社会公共利益的可能，此种情形下，应以社会公共利益作为最终的价值归属进行考量，实现扩张性解释英雄烈士人格利益保护客体的目的。

（二）英雄烈士等的遗体保护

遗体等是蕴含特定人格利益之物，对近亲属具有重要的精神利益和情感价值，相当部分还体现了伦理与道德的基本要求，[③] 具有保护的现实必要。在现有法律文本之下，对英雄烈士等的遗体的保护，可在《民法典》第994条、《最高人民法院关于确定民事侵权精神损害赔偿责任若干问题的解释》第3条等关于一般死者人格利益保护规范中寻求请求权基础。

值得注意的是，《民法典》第994条在表述上采取了开放性表述，一般死者人格利益的保护客体为“姓名、肖像、名誉、荣誉、隐私、遗体等”，此处“等”字所涵盖保护的利益范围亦可以扩展用于对英雄烈士人格利益保护的强化。[④] 此外，《英雄烈士保护法》第27条、第28条对在英雄烈士纪念设施保护范围内从事有损纪念英雄烈士环境和氛围的活动，侵占、破坏、污损英雄烈士

---

① 王利明：《中华人民共和国民法总则详解（下册）》，中国法制出版社2017年版，第858页。

② 参见王春梅：《英烈人格利益保护的请求权规范基础及其裁判路径》，载《东北师大学报（哲学社会科学版）》2022年第1期。

③ 冷传莉：《论民法中的人格物》，法律出版社2011年版，第4页。

④ 参见王春梅：《英烈人格利益保护的请求权规范基础及其裁判路径》，载《东北师大学报（哲学社会科学版）》2022年第1期。

纪念设施等行为，亦规定了相应的法律责任。

【典型案例】

葛长某诉洪振某名誉权、荣誉权纠纷案

关键词：民事/名誉权/荣誉权/英雄烈士/社会公共利益

〔裁判要点〕

1. 对侵害英雄烈士名誉、荣誉等行为，英雄烈士的近亲属依法向人民法院提起诉讼的，人民法院应予受理。

2. 英雄烈士事迹和精神是中华民族的共同历史记忆和社会主义核心价值观的重要体现，英雄烈士的名誉、荣誉等受法律保护。人民法院审理侵害英雄烈士名誉、荣誉等案件，不仅要依法保护相关个人权益，还应发挥司法彰显公共价值功能，维护社会公共利益。

3. 任何组织和个人以细节考据、观点争鸣等名义对英雄烈士的事迹和精神进行污蔑和贬损，属于歪曲、丑化、亵渎、否定英雄烈士事迹和精神的行为，应当依法承担法律责任。

〔基本案情〕

原告葛长某诉称：洪振某发表的《小学课本〈狼牙山五壮士〉有多处不实》一文以及《“狼牙山五壮士”的细节分歧》一文，以历史细节考据、学术研究为幌子，以细节否定英雄，企图达到抹黑“狼牙山五壮士”英雄形象和名誉的目的，请求判令洪振某停止侵权、公开道歉、消除影响。

被告洪振某辩称：案涉文章是学术文章，没有侮辱性的言词，关于事实的表述有相应的根据，不是凭空捏造或者歪曲，不构成侮辱和诽谤，不构成名誉权的侵害，不同意葛长某的全部诉讼请求。

法院经审理查明：1941年9月25日，在易县狼牙山发生了著名的狼牙山战斗。在这场战斗中，“狼牙山五壮士”英勇抗敌的基本事实和舍生取义的伟大精神，赢得了全中国人民的高度认同和广泛赞扬。五壮士的事迹被编入义务教育教科书，五壮士被人民视为当代中华民族抗击外敌入侵的民族英雄。

2013年9月9日，时任《某某春秋》杂志社执行主编的洪振某在财经网发表《小学课本〈狼牙山五壮士〉有多处不实》一文。文中写道：据《某某都市报》2013年8月31日报道，广州越秀警方于8月29日晚间将一位在新浪微博上“污蔑狼牙山五壮士”的网民抓获，以虚构信息、散布谣言为由予以行政拘留7日。所谓“污蔑狼牙山五壮士”的“谣言”原本就有。据媒体报道，该网友实际上是传播了2011年12月14日百度贴吧里一篇名为《狼牙山五壮士真相原来是这样!》的帖子的内容，该帖子说五壮士“5个人中有3个是当场被打死的，后来清理战场把尸体丢下悬崖。另两个当场被活捉，只是后来不知道什么原因又从日本人手上逃了出来。”

2013 年第 11 期《某某春秋》杂志刊发洪振某撰写的《“狼牙山五壮士”的细节分歧》一文，亦发表于《某某春秋》杂志网站。该文分为“在何处跳崖”“跳崖是怎么跳的”“敌我双方战斗伤亡”“‘五壮士’是否拔了群众的萝卜”等部分。文章通过援引不同来源、不同内容、不同时期的报刊资料等，对“狼牙山五壮士”事迹中的细节提出质疑。

〔裁判结果〕

北京市西城区人民法院于 2016 年 6 月 27 日作出（2015）西民初字第 27841 号民事判决：一、被告洪振某立即停止侵害葛振林名誉、荣誉的行为；二、本判决生效后三日内，被告洪振某公开发布赔礼道歉公告，向原告葛长某赔礼道歉，消除影响。该公告须连续刊登五日，公告刊登媒体及内容需经本院审核，逾期不执行，本院将在相关媒体上刊登判决书的主要内容，所需费用由被告洪振某承担。一审宣判后，洪振某向北京市第二中级人民法院提起上诉，北京市第二中级人民法院于 2016 年 8 月 15 日作出（2016）京 02 民终 6272 号民事判决：驳回上诉，维持原判。

〔裁判理由〕

法院生效裁判认为：1941 年 9 月 25 日，在易县狼牙山发生的狼牙山战斗，是被大量事实证明的著名战斗。在这场战斗中，“狼牙山五壮士”英勇抗敌的基本事实和舍生取义的伟大精神，赢得了全国人民高度认同和广泛赞扬，是五壮士获得“狼牙山五壮士”崇高名誉和荣誉的基础。“狼牙山五壮士”这一称号在全军、全国人民中已经赢得了普遍的公众认同，既是国家及公众对他们作为中华民族的优秀儿女在反抗侵略、保家卫国中作出巨大牺牲的褒奖，也是他们应当获得的个人名誉和个人荣誉。“狼牙山五壮士”是中国共产党领导的八路军在抵抗日本帝国主义侵略伟大斗争中涌现出来的英雄群体，是中国共产党领导的全民抗战并取得最终胜利的重要事件载体。“狼牙山五壮士”的事迹经由广泛传播，已成为激励无数中华儿女反抗侵略、英勇抗敌的精神动力之一；成为人民军队誓死捍卫国家利益、保障国家安全的军魂来源之一。在和平年代，“狼牙山五壮士”的精神，仍然是我国公众树立不畏艰辛、不怕困难、为国为民奋斗终身的精神指引。这些英雄烈士及其精神，已经获得全民族的广泛认同，是中华民族共同记忆的一部分，是中华民族精神的内核之一，也是社会主义核心价值观的重要内容。而民族的共同记忆、民族精神乃至社会主义核心价值观，无论是从我国的历史看，还是从现行法上看，都已经是社会公共利益的一部分。

案涉文章对于“狼牙山五壮士”在战斗中所表现出的英勇抗敌的事迹和舍生取义的精神这一基本事实，自始至终未作出正面评价。而是以考证“在何处跳崖”“跳崖是怎么跳的”“敌我双方战斗伤亡”以及“‘五壮士’是否拔了群众的萝卜”等细节为主要线索，通过援引不同时期的材料、相关当事者不同时期的言论，全然不考虑历史的变迁，各个材料所形成的时代背景以及各个材料的语境等因素。在无充分证据的情况下，案涉文章多处作出似是而非的推测、质疑乃至评价。因此，尽管案涉文章无明显侮辱性的语言，但通过强调与基本事实无关或者关联不大的细节，引导读者对“狼牙山五壮士”这一英雄烈士群体英勇抗敌事迹和舍生取义精神产生质疑，从而否定基本事实的真实性，进而降低他们的英勇形象和精神价值。洪振某的行为方式符合以贬损、丑化的方式损害他人名誉和荣誉权益的特征。

案涉文章通过刊物发行和网络传播，在全国范围内产生了较大影响，不仅损害了葛振林的个人名誉和荣誉，损害了葛长某的个人感情，也在一定范围和程度上伤害了社会公众的民族和历史情感。在我国，由于“狼牙山五壮士”的精神价值已经内化为民族精神和社会公共利益的一部分，因此，也损害了社会公共利益。洪振某作为具有一定研究能力和熟练使用互联网工具的人，应当认识到案涉文章的发表及其传播将会损害到“狼牙山五壮士”的名誉及荣誉，也会对其近亲属造成感情和精神上的伤害，更会损害到社会公共利益。在此情形下，洪振某有能力控制文章所可能产生的损害后果而未控制，仍以既有的状态发表，在主观上显然具有过错。

第六章　网络侵权责任

规则 9：利用互联网侮辱他人或者捏造事实诽谤他人，构成侵犯他人名誉权，应当依法承担侵权民事责任

——张甲诉俞凌某网络环境中侵犯名誉权纠纷案①

【裁判规则】

当事人虽然各自以虚拟的网名登录网站并参与网站的活动，但在现实生活中通过聚会，网名及其真实身份已相互和被其他网友所知悉，知道对方真实身份的网友间，虽然继续以网名在网上进行交流，但此时的交流已经不局限于虚拟的网络空间，交流对象也不再是虚拟的人，而是具有了现实性、针对性。侵权人利用互联网侮辱他人或者捏造事实诽谤他人，在主观上具有对他人的名誉进行毁损的恶意，客观地实施了侵犯他人名誉权的行为，不可避免地影响了他人对被害人的公正评价，应当承担侵权的民事责任。

【规则理解】

一、互联网名誉侵权责任的概念及法律特征

（一）互联网名誉侵权责任的概念

互联网名誉侵权责任是指在互联网上，网络用户、网络服务提供者由于过错，借助互联网侵犯他人名誉权的侵权责任。互联网名誉侵权责任的主体包括网络用户、网络服务提供者。关于互联网名誉侵权责任的概念主要存在以下几种学说：1. 故意说。该学说认为互联网名誉侵权责任是在互联网活动中的网络用户、网络服务提供者由于过错，借助互联网进行的故意侵害他人名誉权的侵权责任。2. 交易说。该学说认为互联网名誉侵权责任是在互联网交易互联网活动中的网络用户、网络服务提供者由于过错，借助互联网故意侵害他人名誉权的侵权责任。3. 过错说。该学说认为互联网名誉侵权责任是在互联网中，网络

① 《中华人民共和国最高人民法院公报》2001 年第 5 期。

用户、网络服务提供者由于过错，借助互联网侵害他人名誉权的侵权责任。4. 违法说。该学说认为互联网名誉侵权责任是在互联网活动中，网络用户、网络服务提供者由于过错，违反法律规定的义务侵害他人名誉权的侵权责任。

《侵权责任法》[①] 第36条规定："网络用户、网络服务提供者利用网络侵害他人民事权益的，应当承担侵权责任。网络用户利用网络服务实施侵权行为的，被侵权人有权通知网络服务提供者采取删除、屏蔽、断开链接等必要措施。网络服务提供者接到通知后未及时采取必要措施的，对损害的扩大部分与该网络用户承担连带责任。网络服务提供者知道网络用户利用其网络服务侵害他人民事权益，未采取必要措施的，与该网络用户承担连带责任。"《民法典》将上述规定的内容精神进行了保留，即第1194条规定："网络用户、网络服务提供者利用网络侵害他人民事权益的，应当承担侵权责任。法律另有规定的，依照其规定。"第1195条规定："网络用户利用网络服务实施侵权行为的，权利人有权通知网络服务提供者采取删除、屏蔽、断开链接等必要措施。通知应当包括构成侵权的初步证据及权利人的真实身份信息。网络服务提供者接到通知后，应当及时将该通知转送相关网络用户，并根据构成侵权的初步证据和服务类型采取必要措施；未及时采取必要措施的，对损害的扩大部分与该网络用户承担连带责任。权利人因错误通知造成网络用户或者网络服务提供者损害的，应当承担侵权责任。法律另有规定的，依照其规定。"第1197条规定："网络服务提供者知道或者应当知道网络用户利用其网络服务侵害他人民事权益，未采取必要措施的，与该网络用户承担连带责任。"此即法律对于互联网侵权责任的规定。

（二）互联网名誉侵权责任的法律特征

与传统的名誉侵权责任相比，互联网名誉侵权责任本质上没有区别，主要是在表现方式和传播工具上有所不同。网络中可以依靠各种技术手段，如电子邮件、公告板、个人主页和聊天室等媒介实施诽谤等侵权行为，并且在很短的时间内就可以将消息传播到全世界的用户，方法简便、信息迅捷、后果严重，是现实社会中其他传播媒体所难以比拟的，因而互联网名誉侵权具有以下法律特征：

1. 侵权主体的虚拟化责任难以确定。网络为人们的交流创造了一个相对虚拟的环境，这是网络媒体与传统媒体有所不同的另一个方面。传统媒体传播环

---

① 2021年1月1日《民法典》施行后，该法废止。

境下的传播者，其身份的确认就比较容易。网络传播环境的新闻传播者，由于主体呈现出的游离、分散状态，使得对互联网侵权主体的确认变得十分困难，从而成为困扰各国司法的一个难题。传统名誉侵权容易留下痕迹，如笔迹、声音等，通过对这些痕迹进行鉴定，易于识别侵权者的身份。网络名誉侵权却大不相同，人们在网络中发表言论时大多使用网名，而把自己的真实身份隐去，由于不是进行面对面的交流，受害人并不了解对方真实身份，网络上的侮辱、诽谤他人的行为可以快捷而且不留痕迹地完成，虽然通过技术手段可以获取侵权人使用的 IP 地址，但难以快速确定侵权人。

2. 实施侵害行为的便捷、隐匿性。互联网为人们能够以较低成本迅速向全球传播信息提供了一个有效的途径。网民随时都能上网参与到开放的网络世界中，很多人上网使用的网名均是虚拟的。通常在互联网上建立个人主页是免费的，不需要与网络服务者订立正式的合同，只要按网络服务者的要求填写固定表格即可，但实际上这些内容大多数是可以虚拟的。这种状况使受损的权利人很难确定真正的侵权行为人。同时由于网络特有的属性，网上发表的信息随时都可能被改写或删除，调查取证也比较困难，侵权行为往往难以查明。

3. 侵权行为的互动性。传统媒体中发生的名誉侵权行为，其传播途径大致如下：先由媒体传播给受传者，受传者再以人际传播的方式向其他人传播。如果受众不是新闻工作者或媒体，其很难接着又成为媒体传播途径中的传播者。而在网络中，每个人都是互动的个体，公民不必依靠新闻这样的组织来集中行使表达自由权，而是可以由自身亲自实现。在网络传播中大部分属于个体自觉地传播，而非群体性，摆脱了对传统媒体的强烈依赖性。这种非群体性的传播实现了一种没有约束的自由，但也正因为缺少必要的约束，才使得网络信息的真实性、权威性被大大地降低。

4. 侵权案件管辖的复杂性。互联网具有国际性、无地域的限制，一个人的侵权言论通过互联网可以轻而易举地传播到任何地方。网络的空间特殊性使得传统的管辖原则受到了挑战。传统的以行为地、侵权地和被告住所地为基础确定司法管辖地的原则，对于网络名誉侵权是很难适用的，特别是当侵权言论进行跨国传播的时候，会引发国际诉讼管辖争议等国际私法上的问题。

5. 侵权言论的危害后果虽然难以估计，但危害呈上升趋势。名誉权损害的大小是根据侵害名誉权行为影响的范围来确定的。由于网络传播的快速性和广泛性，在网络上侵害名誉权的行为一旦实施，就可以在几秒钟内传遍世界各地，这会引起无数人对被侵权人社会综合评价的降低，使被侵权人的名誉严重受损。

二、互联网名誉侵权责任的构成要件

（一）损害事实

要认定网络名誉侵权责任的损害事实，就必须考虑网络舆论载体的复杂性，区别对待网上言论。网络名誉权损害应具有四方面的特征：1. 损害是对侵害网络虚拟主体所对应民事主体的合法民事权利和利益所产生的后果。2. 根据网络语言的特点和对网上行为价值的判断，损害具有客观真实性和确定性。3. 损害具有法律上的可补救性。4. 在网络中所散布的“有损名誉性质的内容”是夸大、侮辱和虚假的不良信息，造成了权利主体在网络社会和现实社会中公众评价的降低。

相对于传统的名誉侵权，网络名誉侵权责任的特征之一是损害后果的严重性，而且，传统的侵权纠纷中，有加害行为不一定有损害后果，但在网络名誉侵权中，加害行为的发生必将导致损害后果的产生。如何正确估量损害后果的大小，是网络名誉侵权中的一个重要问题。对于名誉的损害，可以通过网络上的网站点击率、在线聊天人数、电子邮件的发送数目等由受害人举证来判断损害的程度；对于精神损害，不能完全以外在的表现来确定，应综合各种因素，比如侵害人的过错程度、侵害情节和手段、社会影响大小等综合判断；而对财产的损失，则由受害人进行举证加以证明。

（二）违法行为

互联网名誉侵权责任的违法行为既包括积极的作为，即发表言论对他人进行侮辱、诽谤，这种作为的侵权行为更多地发生在网络用户身上。同时，也包括一些消极的不作为，主要表现在当侵权事实发生时，在接到被侵权人要求积极补救或删除的要求时，侵权人未即时地采取补救行动或者删除，反而听之任之，继续放任该侵权行为的发生。这种不作为的侵权行为则更多地发生在网络服务提供商身上。

在网络中将虚假事实信息进行散布是认定网络名誉侵权的一个重要要件。指向虚拟主体进行侮辱、诽谤时，对“第三人知悉”的认定应慎重。此时的可能性有三种：1. 被侵权人的真实身份在侵权行为发生的网络环境中已经被其他虚拟主体所得知。2. 现实社会中的第三人能将该网络侵权行为所指向的虚拟主体与被侵权人的真实身份对号入座。3. 被侵权人的真实身份不为他人所知。对于前两种情形，“第三人知悉”的认定与传统名誉侵权并无差别，因为被侵权人的现实真实身份已被他人了解。但是在第三种情形下，严格地说，这种因互联网本身的虚拟性所导致的被侵权人真实身份不为第三者知悉，意味着侵权行为不能成立。然而，由民事主体通过注册生成的虚拟主体是借助数字化技术在虚拟空间的再现。这也就意味着，虚拟主体背后所体现的是实实在在的民事主体，其使用网名或者 ID 参与网络活动类似于民事主体利用笔名或者别名在报刊上发表文章。因此，如果针对虚拟主体实施侵权，虽然被侵权人的真实身份不为他人所知，其现实身份也不能证明是否被公开，但只要有其他虚拟主体得知该侵权行为是针对某一特定人时，应当认定为“第三人知悉”。①

（三）因果关系

侵权行为法所研究的因果关系，是指具有违法性的侵害行为与受害人受到的损害之间的因果联系。因果关系是任何侵权行为都必须具备的构成要件之一。检验是否存在因果关系，通常有以下几种检验方法：1. 时间上的顺序性，凡是原因现象必然早于结果现象。2. 客观性，作为原因的现象应当是一种客观存在。3. 必要性，作为原因的侵害行为是作为结果的损害之产生所必须具备的条件。

从法律的角度来看，要构成互联网名誉侵权，行为人的行为应当是针对特定对象实施的，且名誉受损的结果与行为人行为存在因果关系。与传统媒体相比，网络最大的特点就是它的虚拟性。有些网络上名誉权侵权针对的是网名或化名，即虚拟主体，是否能据此认定其在现实生活中没有特定指向的主体，因而该违法行为与其导致的损害后果之间并没有因果关系？笔者认为，网名虽然只是虚拟主体的一个符号，但是，只要能够证明它与现实生活当中的公民或法人是相对应的，而且第三人知道该网名在现实生活中的特定指向，那么针对这一网名所实行的侮辱、诽谤等行为实际上损害的是现实中特定人的名誉。因此，对虚拟主体的名誉权保护，实际上保护的是现实社会中真实主体的名誉权。正因为如此，这种因果关系当然就是存在的。

（四）主观过错

主观过错是基于过错责任侵权行为的构成要件，侵害名誉权也是一种基于过错责任的侵权行为。互联网名誉侵权应适用过错责任原则，行为人只对自己基于主观上的故意或过失而为的行为所产生的损害后果承担法律责任。实行过错责任，对于网民而言，只要不故意或过失侵害他人名誉，就可以自由地发表言论，充分发挥网络交流的优势。因为原告身份的不同，适用过错的要求也不

---

① 参见刘满达、孔昱：《网络环境下的名誉权保护初探》，载《浙江社会科学》2007 年第 3 期。

同，如果原告是公众人物，需证明被告名誉侵权具有实际恶意。如果原告是普通人，则被告的过失也可能构成侵权。

三、网络名誉侵权行为的责任方式

互联网名誉侵权的责任方式主要有赔礼道歉、赔偿损失和停止侵害。

（一）赔礼道歉

传统的侵犯名誉权案件，侵权行为人对被侵权人赔礼道歉的方式，一般是当面赔礼道歉或在媒体上发表致歉声明，人民法院判决书中可以要求致歉内容须经法院审查认可，甚至注明版面篇幅及页数。这是由于登载在报纸等媒体上的致歉内容，人们可以不受时间限制地阅览，达到消除不良影响的效果。在网络中发生的名誉侵权行为，具有侵权信息的内容多半表现和存在于网络中，消除这类影响的方式也需要与侵权行为的传播、影响范围相对应，因此可以由侵权行为人在网络上刊登致歉声明。但是网络的一个重要特点在于信息的易删除性与内容更新的快捷性。如果在法院的判决书上没有规定刊登道歉声明的时间和位置，责任承担方在发表声明后立即删除，或放在留存的数据库里，需要通过搜索、查询方式才被人们看到，就会形成表面上执行了判决内容，实际上逃避了消除不良影响的后果，使严肃的判决流于形式。因此，要根据网络的特点并依据侵权行为的严重程度来确定具体的刊载时间和位置，[①] 以期达到赔礼道歉的实际效果。

（二）赔偿损失

赔偿损失的责任方式是以侵权损害的存在为前提的。网络名誉权的损害包括财产损失和精神损害两大类。作为财产损失，从法律上讲，名誉权本身不是财产，但是对名誉权的损害会直接影响公民和法人现有财产和可得利益的损失，这一点对于法人的网络名誉尤为重要。作为精神损害，主要是指被侵权人因名誉权的受损而遭受的精神上的痛苦和打击，因此侵犯网络名誉权所造成的后果往往是双重的，这对于自然人的网络名誉十分重要，但对于法人来说是不存在精神损害的。

在认定损害赔偿的数额时，要综合以下因素进行考虑：1. 被侵权人的实际损失，包括利润损失、诉讼费用的支出等。2. 在网络上侵权文字、图片等的访问量和存续时间。3. 侵权行为人的非法所得情况。4. 侵权行为人的主观过错大

---

① 参见王眉：《网络传播中的名誉侵权问题研究》，中国广播电视出版社 2008 年版，第 103 页。

小和赔偿能力。5. 人民法院处理同类案件的先例。

（三）停止侵害

停止侵害是侵害名誉权的行为尚在进行的情况下承担的民事责任。人民法院在处理互联网名誉权纠纷案件中，如果侵权人尚未停止侵权行为，办案人员应当首先对其进行法制教育，劝其自觉停止侵权行为。如果侵权人不接受教育，不自觉停止侵权行为，人民法院可以根据当事人的申请，采取行为得当的方式，责令停止侵害，也可以判决责令其停止网络侵害行为。如果侵权人不自觉履行，人民法院可采取训诫，责令具结悔过、罚款、拘留等强制措施，迫使侵权人停止侵权行为。

【拓展适用】

一、互联网名誉侵权的主体

（一）互联网名誉侵权主体的种类

与传统的名誉侵权相比，网络环境下的名誉侵权牵涉的责任主体更为纷繁复杂。互联网名誉侵权的主体包括网络侵权内容初始作者、网络侵权内容传播者、网络服务提供商。

1. 网络侵权内容初始作者。网络侵权内容初始作者是在互联网上出现的侮辱、诽谤言论的原始作者，也可称为原创者。一般分为两种情况：首先，制造侮辱、诽谤言论并亲自上传到网页上的人；其次，提供言论，让他人上传到网页上的人。协助初始作者上传信息的人，如果明知信息的侮辱、诽谤内容而将其上传的，也应认定为共同初始作者，承担共同侵权责任。《侵权责任法》[①] 第36条第1款规定："网络用户、网络服务提供者利用网络侵害他人民事权益的，应当承担侵权责任。"《民法典》第1194条在保留此条规定内容的基础上，增加了"法律另有规定的，依照其规定"的但书表述。其中的他人民事权益就包括了名誉权。

2. 网络侵权内容传播者。网络侵权内容传播者是指并不直接撰写或创作对他人带有侮辱、诽谤性或者涉及他人名誉的文字、图片或者音像资料等内容，但是却通过发送电子邮件或者在网上转载、粘贴等方式对原始内容创作者的侵权内容在网络环境下进行传播的主体，他们在客观上造成了侵权影响的进一步的扩大，从而使被侵权人在身心上遭受更大的损害。因此同侮辱、诽谤言论的

---

① 2021年1月1日《民法典》施行后，该法废止。

原始作者的行为一样，应承担侵权的法律责任。

3. 网络服务提供商。网络服务提供商主要是指为网络提供连接服务者。网络服务提供者的民事法律责任是一个重要问题。不在法律上明确其责任，在发生侵权时，是仅仅追究网络内容提供者的责任，还是同时追究网络中介服务者的责任，就成为法律上的一个模糊区。[①]《侵权责任法》[②] 第 36 条第 2 款和第 3 款规定了网络服务提供商的责任，上述规定内容在《民法典》第 1195 条第 2 款、第 1197 条中得以保留。如果被侵权人知道网络用户利用网络对其实施了侵犯名誉权的行为，可以向网络服务提供者发出一个通知，要求网络服务提供者采取删除、屏蔽、断开链接等必要措施，如果网络服务提供者未及时采取必要措施，就应当对损失的扩大部分与网络用户承担连带责任。如果网络服务提供者知道网络用户利用了其网络服务侵害了他人的名誉权，未采取必要措施的，则网络服务提供者与网络用户承担连带责任。但权利人因错误通知造成网络用户或者网络服务提供者损害的，应当承担侵权责任。法律另有规定的，依照其规定。

（二）互联网名誉侵权主体的认定方式

依据互联网环境独有的特点，在确认侵权主体时可以采取以下三种方式：

1. 通过向网络环境下信息内容服务提供者查询侵权主体的上网记录信息，认定侵权人的身份。网民在网络环境里的任何活动都会留下信息内容，作为网络服务提供商有能力也应该有必要对这些信息内容进行保存和记录。由于这些记录下来的信息内容涉及侵权人的隐私或安全，所以，法律方面的规定应由有关司法机关进行采样并调查。司法部门为了查处侵犯信息内容的网络传播的行为，可以要求网络服务提供商提供涉嫌侵权的用户的姓名（网名）、联系方式、网络地址等资料。在网络环境下名誉侵权诉讼中，因为原告无法取得被告侵权的网上数据信息内容，所以可以申请司法机关向网络服务提供商进行调查。通过司法部门调取的 IP 地址、注册 ID、上网时间等记录的分析，可确认或基本框定侵权行为人的身份。[③]

2. 可以通过网络服务经营商调查网民的身份登记资料，确认侵权行为人。如果侵权行为人不是在家里上网，而是在提供上网服务的经营场所实施侵权行

---

① 王利明：《侵权行为法归责原则研究》，中国政法大学出版社 1992 年版，第 16 页。

② 2021 年 1 月 1 日《民法典》施行后，该法废止。

③ 张新宝：《名誉权的法律保护》，中国政法大学出版社 1997 年版，第 151 页。

为，则司法机关也可向这些经营场所调取侵权人的上网记录。通过对侵权人上网的时间与侵权的时间和侵权物理 IP 地址的比对，可辨别和确认侵权行为人的真实身份。现在的网络经营场所已经在政府及司法机关监管下走向了正规化，以前什么人都可以进出网络经营场所的现象已经一去不复返了。可是还有一些网络服务经营商不正规管理，使某些不法分子通过其网络进行非法活动。这样不仅给网络服务商自身带来了麻烦，也给司法机关带来了不便。

3. 谨慎地审查确认侵权过程。在查证侵权行为人的现实身份时，还应考虑案件的因果关系，对于知情人的反馈，以及从网上相互谩骂到现实纠纷的转化等各式各样的细节，结合网络技术升级，通过综合分析对比的方式做出鉴别。其实审查侵权过程及侵权的影响度，在网络环境下是相当容易的事情，但是从网络环境向现实的转化过程中如何平衡其中关系就相对复杂了。鉴于在网络环境下的名誉侵权的特点，对此应该从严掌握。

二、互联网虚拟主体的法律人格问题

（一）互联网虚拟主体与现实主体

互联网虚拟主体是指以传输控制协议为基本技术条件在网络环境下虚拟的网络行为的实施者。[①] 网络虚拟环境是一种计算机网络之间的交互联结体系，用户必须通过可以为网络识别的电子 IP 代表他在虚拟环境中开展活动，享有网络信息、资源。网络虚拟环境下，对行为主体的识别无法依靠相貌、名称等有形的标识，用户在申请邮箱、参与网络游戏和网络社区成员等活动时需要提供账号和密码之类的信息。用户设定的账号和密码的结合可以用来验证该用户已获得某系统的授权，用户可依据其 ID 账号在网络虚拟环境中获得虚拟财产、从事交易或享受运营商提供的网络服务。网络服务器仅可识别用户的 IP 地址，因此，在网络虚拟环境中，现实主体的真实身份被遮掩，互联网虚拟主体以抽象的账号形式直接表现了现实主体在网上的一切活动，而与之进行联系的其他互联网虚拟主体也不关心现实主体的真实信息。用户在网络世界的活动通过该 ID 账号实现，产生了所谓的互联网虚拟主体。

现实主体的网络活动通过互联网虚拟主体而实现，很多人认为互联网虚拟主体与现实主体相区别，并具有实质的权利主体地位，设想互联网虚拟主体就是网络空间的民事主体，可以赋予法律人格，在立法上将其拟制为“人”。主张虚拟主体与现实主体相区别并赋予独立法律人格的设想，虽然与法律人格的

---

① 参见林旭霞：《虚拟财产权研究》，法律出版社 2010 年版，第 120 页。

扩张发展趋势相合，但仅仅是一种形似而神非的妄想。尽管虚拟主体在网络活动中发挥着重要功能，但它不能导致法律人格的获得。

1. 从法律人格的判断标准看，互联网虚拟主体是现实主体设定在网络中的电子数据，不具有意志能力。互联网虚拟主体本质上是一种网络电磁数据，它本身并不能形成或表达意思表示，无法做出任何体现其意志自由的意思，它是现实主体设定的，互联网虚拟主体进行活动的意思均来自现实主体的设定，其所谓的行动也是由现实法律主体支配和决定的。互联网虚拟主体只是作为现实主体在网络虚拟空间的代表帮助现实主体实现网络世界的民事法律关系的参与。也就是说，互联网虚拟主体本质上是现实主体设定的，是在网络中传输的电子数据，它不具有独立的意志能力。精神病病人没有意志能力尚有获得的可能，而虚拟主体则无法获得。互联网虚拟主体进行活动的意思均来自现实主体。

2. 从权利能力的角度而言，网络虚拟环境中存在的大量虚拟财产的归属与交易关系，都和现实用户与运营商之间不可分离，由其产生的权利和义务均由现实主体承担。在网络环境下所保护的或请求赔偿的各类利益也都是现实主体的利益。存在于虚拟世界的互联网虚拟主体作为一种拟制主体，并不实际地享有权利和承担义务，根本上而言，它没有权利能力，其仅使现实主体在网络环境下增加了一种存在方式。也就是说，互联网虚拟主体不具有权利和义务的归属资格，即不具备权利能力。而且，在网络虚拟环境中，存在各类虚拟主体之间的法律关系。无论是虚拟主体之间的侵权关系，还是合同关系，抑或是支付对价或交付虚拟物，由此产生的财产、收益均归属于现实主体。在网络环境下所保护的或请求赔偿的各类权益均应归属于现实主体。网络环境中的各种利益关系从根本上讲都是现实主体的利益关系的反映。

3. 从责任承担角度而言，虚拟主体的法律地位因网上替代性争议解决机制的出现而凸显，但这些替代性解决机制并未产生现实主体被替代的结果。有关互联网名誉侵权的纠纷中，出现大量的网上协商、调解、仲裁等解决方案。这些机制的突出特点在于以网络邮件、群组聊天、网络视频会议等方式来解决争议的程序性事项，这些方式本质上只是新的网络技术应用于网络世界而带来的差异。网上替代性争议解决机制的争议解决原理不变，争议解决的参加者仍是权利义务的利害相关人，而虚拟主体仍需证明其虚拟身份与现实主体的一致性，而争议解决的后果仍需要由现实主体承担。因此，虽然由于网络技术的发展使得有关虚拟财产的纠纷采取由互联网虚拟主体为参加者的网上纠纷解决方式，但类似机制并未替代现实主体。虚拟主体依附于其代表的现实法律主体，有关的行为后果和法律责任均由现实主体承担。

4. 从法律主体的角度而言，互联网虚拟主体不是具有团体属性的法人组织，也并非具有生物或伦理意义的人，无法成为现实社会关系的主体，不能取得法律主体资格。[①] 而且虚拟主体可以被轻易地删除或更改，如果赋予虚拟主体法律主体资格，也不符合法律主体的法定性和稳定性原则。

5. 从价值衡量的角度而言，赋予互联网虚拟主体法律人格，虚拟主体与现实主体相分离，虚拟身份可能成为侵害他人权益的工具，因为此时虚拟主体可能因缺乏物质基础和现实主体证明困难而逃避责任。

因此，网络虚拟世界中权利义务的归属点只能是现实主体，虚拟主体法律人格在法律上并未获得而且也无法获得认可。虚拟主体与现实主体在法律上的人格是同一的。

（二）互联网虚拟主体的法律地位

虚拟主体不能获得独立的法律人格，但它毕竟是一种网络中的客观存在，而且与现实主体的关系密不可分。其法律地位有必要予以澄清。虚拟主体的法律地位问题，大体上有以下几种观点：

1. 虚拟主体的独立主体说。该类观点的理由主要包括两种：（1）虚拟主体是真实主体在网络平台上的再现，应该在法律上承认其作为电子商务主体的存在意义；[②]（2）虚拟主体能够在网上以自己的名义而非现实主体的名义为民商事法律行为，可以自己的名义占有和处分网络虚拟财产，应该赋予独立的民事主体地位。[③] 对于这类观点，前文已经予以评析，此处不赘述。虚拟主体没有独立的主体地位，它与现实主体的法律人格是同一的。

2. 虚拟角色法人概念说。该观点认为平衡虚拟主体基于虚拟世界是现实世界延伸的观念而产生的多种利益诉求，主张设计虚拟角色法人概念，其享有财产权，在理论上将各种虚拟统一到虚拟角色法人整体单位之上，把它们看成是虚拟角色的股东而成为利益共同体，以期望促成彼此之间的妥协。[④] 但这种观点先入为主地生造并引入虚拟角色法人的概念，将其分离于各类主体之外，希望通过类似公司与股东的关系来调和彼此之间的利益矛盾。首先，可以明确的

---

① 参见孙占利：《虚拟主体基本法律问题探略》，载《法学评论》2008 年第 2 期。

② 参见刘大洪：《电子商务的发展与民商法的创新》，载《武汉大学学报》2003 年第 5 期。

③ 参见孙占利：《虚拟主体基于法律问题探略》，载《法学评论》2008 年第 2 期。

④ 参见龙龙：《网络虚拟财产的保护与保障分析》，载《湘潭大学学报》2009 年第 5 期。

是，它也是独立主体说的另一种表述；其次，这种将由用户设定的虚拟主体独立开来并设定法人概念的作为，既不符合网络虚拟世界的运行状况，也与法人的基本理念和制度不相符；再次，这种做法也不可能实现和解决各类现实主体之间的妥协与矛盾纷争；最后，该种观点还将虚拟角色和虚拟主体相混淆。因此，这种观点不足取。

3. 电子民事主体在网络环境下电子身份说。该观点认为确认互联网虚拟主体为现实的民事主体在网络环境中活动时的电子身份，对于明确网络活动主体的行为规则、确定其权利义务内容的意义重大。这种观点符合实际情况。在现代社会，法律意义上的身份，是“一个人或团体被放置的相较于其他人或团体的有利或不利地位”。[①] 法律人格体现的是抽象意义上平等的人，身份所体现的就是具体的有差异的人。法律制度中的身份可以看作一种提供利益划分机制和明晰权利义务关系的社会组织艺术，社会关系的不同即有不同的新的身份，它表明了个体在社会关系中的私法地位。[②]

虚拟主体的身份意义表明每个进入虚拟世界的网络用户所处的地位和享有的利益差异，不同的用户由于上线时间的积累或支付费用的不同，可以要求服务商提供服务的内容、项目等级别和内容也不同，可见，虚拟主体代表了网络用户在网络环境中相较于其他用户所处的不同地位。虚拟主体的身份对于确定现实主体在网络环境中的权利义务有着重要意义。在网络用户与运营商的纠纷中，由于账号注册的注册人未采用实名，运营商经常以原告不是本案当事人来主张免责。此时，账号与其注册人的一致性就是明确诉讼主体资格的关键。

互联网虚拟主体不是独立的法律主体，而是现实法律主体将其行为拓展到网络虚拟空间而设定的网上数字化身份，其仅使现实法律主体在网络世界的存续表达方式发生了变更。虚拟主体不具有独立性，它不能形成或决定意思表示，它所占有的虚拟财产都是现实法律主体投入时间、精力或通过购买、赠与等途径获得的，虚拟财产的权利人是现实法律主体，虚拟主体缺乏享受权利和承担义务的必要物质条件。虚拟主体并非不具有法律上的意义，它是虚拟财产权主体在网络中的身份，它与现实社会中的身份一样具有对网络环境中的利益关系进行组织、协调的功能。明确其身份意义有利于虚拟财产权主体实现其特定的网络利益，也有助于网络活动中相关民事纠纷的解决。

---

① 彭万林：《民法学》，中国政法大学出版社 1999 年版，第 17 页。

② 参见马俊驹、童列春：《私法中身份的再发现》，载《法学研究》2008 年第 5 期。

三、言论自由与互联网名誉侵权

（一）言论自由的重要性

互联网传播中体现出来重要的价值要素之一，就是公民的言论自由得到了更广泛的实现。言论自由是指一国公民在法律规定或认可的情况下，通过口头、书面或印刷及其他手段表述各种思想和见解，而不受他人干涉或约束的一种自由。它不仅包括以口头形式表达思想的自由，也包括通过网络、视频作品、电子出版物和其他媒介表达思想的自由。网络传播中体现出来的言论自由是指公民通过网络寻求、接受和传播各种信息和思想的自由。

从现有的相关法律规定中，我们可以看到言论自由是受到法律保护的一项重要权利。在国内的法律规定中，言论自由是受到我国宪法保护的一项基本权利。同时，在我国参与制定或签署的相关国际法律规定中，如《公民权利和政治权利国际公约》《世界人权宣言》等，言论自由作为民主国家保障的一项基本人权同样受到重视。

言论自由不仅适用于那些良好的信息或意见的抒发，也同样适用于那些不好的信息或意见的反馈。正是在这些多元化话语的诉求下，才能促进社会的进步以及个人的全面提升。因此，言论自由对于现代民主社会是不可缺少的。

（二）言论自由与互联网名誉侵权的冲突

言论自由是一项非常重要的权利，但是，无论是在东方还是西方，也无论是在欧洲还是亚洲，言论自由都不是一种绝对的权利。因此，言论自由这一权利在行使的过程中就有可能受到限制，保护名誉权就是对言论自由权利的一种可允许限制。在公民行使言论自由的同时，有可能侵犯到其他公民和法人等民事主体的名誉权。这种冲突的表现在于：当侧重于保护网络传播中的言论自由时，公民和法人的名誉权就可能受到损害，人格权得不到有效保护；如果侧重于保护公民或者法人的名誉权时，就可能对网络传播中的言论自由进行限制，造成“寒蝉效应”，言论自由的权利就可能得不到有效伸张。那么如何区分言论自由和互联网名誉侵权呢？第一，言论中批评、揭露的内容必须客观、真实，不得捏造，更不得借题发挥、歪曲事实。只要言论内容达到基本事实而不是强调百分之百的真实，即使使用了一定的修饰手法也不构成侵犯他人的名誉权。由于言论失实而侵害了他人名誉权的，行为人应承担侵犯名誉权的责任。第二，言论的言辞不能从人格上进行攻击以及侮辱、诽谤。即使言论中所依据的情况属实，但使用有恶意的词句，造成他人名誉权损害的，也要承担民事责任。第三，看言论人的主观态度。言论人在发表言论时有一定主观目的，如果主观愿望有利于国家利益和社会公共利益的，即使使用了一定的修饰手法也不构成侵权。但如果言论人的过失报道的事实中有侮辱、诽谤他人的内容，并在客观上降低了他人的社会评价的，应认定为侵害名誉权的行为。第四，判断一项言论究竟属于言论自由还是侵害名誉权的行为，归根结底还要看言论是否具有违法性。如果该言论违反了我国法律的规定，那么该项言论就侵害了他人的名誉权；如果该言论没有违反我国法律的规定，那么该项言论就属于言论自由的范畴。

【典型案例】

张甲诉俞凌某网络环境中侵犯名誉权纠纷案

原告：张甲。

委托代理人：张乙。

被告：俞凌某。

委托代理人：朱卫某。

〔基本案情〕

原告张甲因与被告俞凌某发生网络环境中侵犯名誉权纠纷，向江苏省南京市鼓楼区人民法院提起诉讼。

原告诉称：原告是网络爱好者，网名为红颜静。在南京西祠网站中，真实姓名和网名均有一定的知名度。在网民聚会上通过别人介绍，原告认识了被告俞凌某，并知道其网名为华容道。2001 年 3 月 4 日后，被告在网上以“大跃进”的网名多次发出侮辱原告人格的帖子，侵犯了原告的名誉权。请求判令被告停止侵害、消除影响、赔礼道歉，并给原告赔偿精神损害抚慰金 1 万元。

被告未作书面答辩，审理中辩称：注册 ID（身份认证）的使用人不存在唯一性。虚拟的 ID 可以由多个用户使用，任何上网的人，只要凭借密码就可以以其身份登录。以“大跃进”为网名在网上发帖子，不能说明均是被告所为，存在被告的密码被盗用的可能。原告的网名红颜静虽然在西祠胡同网上有知名度，但不代表原告在社会上有影响。网络虚拟主体间的攻击应是道德和网站站规调整的问题。虚拟 ID 只对虚拟的网络社会有影响，网络虚拟主体名誉的评价不影响现实社会对真实主体名誉的评价。网络虚拟主体不具有人格权，不受法律保护。被告没有侵犯原告的名誉权。

南京市鼓楼区人民法院经审理查明：

原告张甲以“红颜静”为网名，在 e 龙西祠胡同网站登记上网，并主持和管理一讨论版块。被告俞凌某以“华容道”为网名，在同一网站登记上网。“红颜静”“华容道”在西祠胡同网站登记的都是真实网友级别。2000 年 11 月 19 日，西祠胡同网站中的“紫金山下”讨论版块和“一根红线”讨论版块组织网友聚会。通过聚会，网友间互相认识，并且互相知道了他人上网使用的网名。俞凌某除以“华容道”的网名参加真实网友的活动外，还在e龙西祠胡同网站以“大跃进”为网名登记，其级别为该网站的注册网友。

2001年3月4日，在e龙西祠胡同网站的相关讨论版上，有网名“大跃进”发表的《记昨日输红了眼睛的红颜静》一文，文中在描述“红颜静”赢牌和输牌时，使用了“捶胸顿足如丧考妣耍赖骂娘狗急跳墙”等侮辱性言词。3月7日，“大跃进”发表《我就是华容道，我和红颜静有一腿》一文。4月30日，“大跃进”又发表《刺刀插向〔小猪寂寞〕的软肋》一文，文中有“本文所指的软肋就是一个千夫所指，水性杨花的网络三陪女；网络亚色情场所的代言人；中国网友男女比例严重失调的畸形产物——红颜静”等言词。5月8日至5月9日，“大跃进”在网上跟帖中，又重复了上述侮辱言词。5月29日，“大跃进”在《我反对恶意炒作“交叉线性骚扰”事件!》帖中，使用了“这让我想起红颜静这个假处女……”等言词。5月31日，“大跃进”在《红颜静！你丫敢动老子一个指头，一切后果自负!》一文中称，“你一不能出台挣钱，二不能为兄弟上阵出头，你要是投胎一男的，顶多是当一小白脸”。上述帖子的点击人气数均达数十次至上百次。

另查明，2001年3月4日，原告张甲针对以“大跃进”网名发表的文章，也在e龙西祠胡同网站的“接触无限”讨论版块上，以“红颜静”的网名发表了《大跃进=华容道》一文。该文章还在西祠胡同网站的其他讨论版块发表过，文中有攻击“大跃进”的言词。

认定上述事实的证据有：

1. 原告张甲提交的对网上文章进行证据保全的公证书，能够证实以“大跃进”为网名在e龙西祠胡同网上发表的一系列侮辱性文章。

2. 法院从北京艺龙信息技术有限公司（以下简称艺龙公司，即网上所称的e龙）调取的该公司西祠胡同网站的网友信息及上线日志，能够证明原告张甲的网名是“红颜静”，是真实网友；被告俞凌某的网名是“华容道”，也是真实网友；“大跃进”是注册级别网友使用的网名。

根据“大跃进”发表上述文章的时间，从西祠胡同网站调取了“大跃进”“华容道”在5月22日至6月21日期间上线的时段和IP地址（按国际互联网协议确定的上网计算机地址），并据此通过江苏省公众多媒体局查明：“华容道”与“大跃进”上线使用的电话主叫号码相同，该主叫号码与被告俞凌某自认的家中上网电话号码一致，从而证实5月29日、5月31日在e龙西祠胡同网站以“大跃进”的网名发表《我反对恶意炒作“交叉线性骚扰”事件!》和《红颜静！你丫敢动老子一个指头，一切后果自负!》文章的作者，就是本案被告俞凌某。

艺龙公司规定，凡在该公司网站注册的网友，只要自己的密码不被他人盗用，他人就不能以与自己同样的网名在该站重复登录。公证书证明，自2001年3月4日起至5月期间，以“大跃进”网名在西祠胡同网站发表的文章一直没有中断。从由此形成证据锁链中可以推断，3 月 4 日、3 月 7 日、4 月 30 日等时间段中，在 e 龙西祠胡同网站发表有关“红颜静”言论的“大跃进”，与 5 月 29 日、31 日在该网站发表有关“红颜静”文章的“大跃进”是同一人，即本案被告俞凌某。

3. 原告张甲提交的网友聚会照片、证人证言，与双方当事人的陈述相互印证，能够证明张甲和被告俞凌某因网友聚会而相互认识，张甲的真实身份及其使用的网名已被他人知悉。

〔一审裁判要旨〕

南京市鼓楼区人民法院认为：

名誉，是社会上人们对公民或者法人的品德、声誉、形象等各方面的综合评价。《中华人民共和国民法通则》第一百零一条规定：“公民、法人享有名誉权，公民的人格尊严受到法律保护，禁止用侮辱、诽谤等方式损害公民、法人的名誉。”公民的名誉权受法律保护，任何人均不得利用各种形式侮辱、毁损他人的名誉。

网络是科技发展的产物，对人类社会的进步具有不可低估的推动作用。尽管网络空间是虚拟的，但通过网络的一举一动折射出来的人的行为，却是实实在在的。全国人大常委会在《关于维护互联网安全的决定》第六条第二款中规定：“利用互联网侵犯他人合法权益，构成民事侵权的，依法承担民事责任。”作为现代社会传播媒介的网络空间，既是人们传播信息和交流的场所，更是一个健康有序的活动空间，应当受到道德的规范和法律的制约，绝不能让其发展成为一些人为所欲为的工具。利用互联网侮辱他人或者捏造事实诽谤他人，侵犯他人合法权益构成侵权的，应当承担民事责任。

本案原告张甲、被告俞凌某虽然各自以虚拟的网名登录网站并参与网站的活动，但在现实生活中通过聚会，已经相互认识并且相互知道网名所对应的人，且张甲的“红颜静”网名及其真实身份还被其他网友所知悉，“红颜静”不再仅仅是网络上的虚拟身份。知道对方真实身份的网友间，虽然继续以网名在网上进行交流，但此时的交流已经不局限于虚拟的网络空间，交流对象也不再是虚拟的人，而是具有了现实性、针对性。俞凌某通过西祠胡同网站的公开讨论版，以“大跃进”的网名数次发表针对“红颜静”即张甲的言论，其间多次使用侮辱性语言贬低“红颜静”即张甲的人格。俞凌某在主观上具有对张甲的名誉进行毁损的恶意，客观地实施了侵权他人名誉权的行为，不可避免地影响了他人对张甲的公正评价，应当承担侵权的民事责任。

《民法通则》第一百二十条第一款规定：“公民的姓名权、肖像权、名誉权、荣誉权受到侵害的，有权要求停止侵害，恢复名誉，消除影响，赔礼道歉，并可以要求赔偿损失。”被告俞凌某侵犯了原告张甲的名誉权后，张甲要求其停止侵害、消除影响、赔礼道歉，于法有据，应当支持。关于原告张甲主张的精神损害抚慰金，根据《最高人民法院关于确定民事侵权精神损害赔偿责任若干问题的解释》第八条第二款的规定，可以判令被告俞凌某赔偿。鉴于知道“红颜静”即为张甲的人数有限，侵权行为造成的实际影响在范围内有一定局限性，考虑到张甲在被侵权后也曾在网上对俞凌某发表过不当言论等因素，对张甲主张赔偿 1 万元的请求不予支持，具体赔偿数额由法院酌定。

综上，南京市鼓楼区人民法院于 2001 年 7 月 16 日判决：

一、被告俞凌某停止对原告张甲的名誉侵害，并于本判决生效之日起 3 日内，在 e 龙西祠胡同网站上向张甲赔礼道歉，道歉内容须经本院审核。否则，本院将在一家全国性网站上公布判决书，刊登费用由俞凌某负担。

二、被告俞凌某于判决生效之日起 3 日内，向原告张甲支付精神损害抚慰金 1000 元。

本案受理费 510 元，其他诉讼费 1200 元，由原告张甲负担 460 元，被告俞凌某负担 1250 元。

宣判后，双方当事人均未提起上诉，第一审判决发生法律效力。

第七章　新闻侵权责任

规则 10：报刊社对准备刊发的稿件负有审核义务，文章发表后侵害他人名誉的，作者和报刊社都有责任的，应共同承担侵害他人名誉权的责任

——徐某诉《某某文化艺术报》、赵伟某侵害名誉权纠纷案①

【裁判规则】

公民依法享有名誉权，公民的人格尊严受国家法律保护。当事人对无事实依据的传闻，不作调查核实，便撰写有损他人名誉的文章予以发表，致使内容严重失实，主观上有过错，客观上诋毁、贬低了他人人格，造成了不良后果，已构成对他人名誉权的侵害。报刊社明知发表会对他人名誉带来侵害，未审查核实并发表严重失实的文章，直接起到了扩大不良后果的作用，其行为不仅仅是工作失误，而且主观上亦有过错，应共同承担侵害他人名誉权的责任。

【规则理解】

一、新闻名誉侵权责任的概念和表现形式

（一）新闻名誉侵权责任的概念

新闻名誉侵权是新闻侵权的一种表现形式。“新闻侵权是指新闻单位或个人利用大众传媒以故意捏造事实或报道失实等形式向公众传播内容违法或侵害他人权利的新闻，从而侵害了公民或法人的人格权的行为。”② 因此，新闻名誉侵权责任是指新闻单位或个人利用大众传媒以故意捏造事实或报道失实等形式向公众传播内容违法或侵害他人权利的新闻，从而侵害了公民或法人等民事主体的名誉权而应当承担的责任。

---

① 《中华人民共和国最高人民法院公报》1990 年第 4 期。

② 王利明主编：《人格权与新闻侵权》，中国方正出版社 1995 年版，第 132 页。

（二）新闻名誉侵权责任的表现形式

实践中发生的新闻名誉侵权纠纷种类很多，我们可以从不同的角度进行探讨和分析。而常见的新闻名誉侵权主要有以下几种表现形式：

1. 新闻报道内容不真实导致的新闻名誉侵权。真实性是新闻工作的根本原则，甚至把真实性当成新闻工作的生命线一点也不为过。新闻报道的内容必须真实，如果内容不真实，虚构情节，甚至歪曲事实，就有可能侵犯他人名誉权。有些新闻从业人员工作态度不端正，不通过深入一线采访获取第一手材料，只是道听途说，或者对一些网友的帖子改编后，写上自己的名字刊发。更有甚者，干脆胡乱编造虚假新闻，提供虚假报道。而与此同时一些新闻机构的审核人员没有认真核对每一个细节①，没有把好编辑、审核关，给内容失实的新闻以可乘之机，对相关公民、法人的名誉造成了侵害。新闻报道内容失实主要有两种情况：第一种是新闻作品中基本事实不真实，即新闻作品中的“事实”与客观存在的事实不符，使受害人名誉受到毁损，构成侵权；第二种是新闻作品中反映的内容不全面，所反映的内容不是事实的全部，而是事实的一部分，致使主要内容、基本内容贬损他人名誉，造成社会评价降低。在实践中引起报道失实的原因很多，诸如获得的新闻材料本身不真实；对道听途说的消息不加证实就作为新闻发表；作者为达到一定的社会影响效果，虚构情节，歪曲事实；作者擅自公布、揭露他人隐私等。

2. 新闻作品中存在侮辱、诽谤性的语言，从而丑化他人人格，构成新闻名誉侵权。侮辱是指公然用暴力、谩骂或者其他形式，贬损他人人格、侵害他人名誉的行为。如在侵权作品中称他人为“骗子”“流氓”“恶霸”等即为用侮辱性语言丑化他人形象，侵犯他人名誉权。诽谤是指散布捏造的事实，恶意中伤他人以侵害他人名誉的行为。相对于侮辱行为而言，诽谤更强调捏造事实并予以传播。1993 年公布的《最高人民法院关于审理名誉权案件若干问题的解答》② 第 8 条规定，名誉侵权除可因内容失实认定外，还可以因作品的语言带有侮辱性而认定，只要二者具备其一即可。新闻侵权中最常见的一种方式就是故意使用侮辱、诽谤性语言丑化他人人格，司法实践中大多数案件也是因侵权人在新闻报道对被报道人实施了侮辱、诽谤行为致被报道人人格权损害的。

---

① 参见陈宝英：《新闻侵权的形态与防范》，载《新闻爱好者》2010 年第 9 期。

② 2021 年 1 月 1 日《最高人民法院关于废止部分司法解释及相关规范性文件的决定》施行后，该解答废止。

3. 不作为方式构成对名誉权的损害。对新闻侵害名誉权行为能否以不作为形式构成存在较大争议。1988年《最高人民法院关于侵害名誉权案件有关报刊社是否列为被告和如何适用管辖问题的批复》（已失效）中曾规定“报刊社对要发表的稿件，应负责审查核实”，因此可见报刊社对侵权稿件的发表未尽审查义务是一种不作为侵权方式。[①] 报刊社发表侵权稿件的行为既可以由作为方式构成，也可以由不作为方式构成。因为根据该批复报刊社负有审查核实的法定义务，报刊社未尽该义务而发表侵权作品，则报刊社的侵权行为由不作为方式构成。同时报刊社还负有不发表侵权作品的法定义务，当报刊社尽到审查核实的法定义务后，仍将侵权作品发表，报刊社的侵权行为由作为方式构成。另外，新闻媒体在发表了侵权新闻后，负有及时更正的义务，如果新闻媒体拒绝更正，则同样构成不作为的侵权。新闻媒体基于所负的审查、更正的义务而可能发生相应的不作为侵害他人名誉权的行为。

二、新闻名誉侵权责任的构成要件及抗辩事由

（一）构成要件

侵权行为的构成要件，是指构成某一具体侵权行为的各种作为必要条件的因素。行为人的某一行为只有具备了民法或者侵权行为法规定的相关要件，才构成侵权行为，行为人才承担相应的民事责任。侵权行为构成要件的理论，是对立法和司法实践的高度概括，也是对规则原则的系统阐述。新闻名誉侵权的构成要件，是指新闻报道中侵犯他人名誉的行为人承担民事责任的条件。新闻名誉侵权作为侵权行为法中的一种类型，其责任构成要件应依据一般侵权民事责任构成要件来分析，即违法行为、损害事实、违法行为与损害事实之间因果关系和行为人主观过错四要件。

1. 新闻媒体传播行为违法。新闻名誉侵权责任制度评价的首先是人的行为，而且这种行为必须具有违法性，即违反了法律的强制性规定。合法的新闻报道行为即使造成他人名誉损害也不属于侵权。因此，新闻侵害名誉权行为，是指新闻媒体及社会公众利用大众传播媒介进行信息传播的过程中，因过错刊发新闻报道，严重降低自然人和法人正常的社会评价，造成他人名誉毁损的非法行为。[②] 名誉权是绝对权，任何人均负有不得侵犯的不作为义务。新闻机构及其从业人员如违反这种义务，就构成作为的新闻侵权行为，因而新闻侵害名

① 郭卫华主编：《新闻侵权热点问题研究》，人民法院出版社2000年版，第49页。
② 张新宝：《名誉权的法律保护》，中国政法大学出版社1997年版，第116页。

誉权行为的基本方式是作为。但是，特定条件下，法律赋予具有特殊身份的主体以作为的形式来保护他人名誉权的积极义务，而行为人未尽到这种积极义务，在这种情况下不作为行为也可构成侵害名誉权的违法行为。这种积极义务主要指法定义务和先前行为所引起的义务，前者主要指新闻单位负有稿件审核义务，后者主要指新闻机构在刊播了侵权新闻作品后的更正义务。

2. 造成名誉损害的事实已发生。损害事实是指一定的行为致使权利主体的人身权、财产权受到侵害，并造成财产利益和非财产利益的减少或灭失的客观事实。① 罗马法中有一句格言："无损害即无责任。"损害事实是认定任何侵权行为都必须具备的要件，新闻侵害名誉权行为的成立同样要求有给受害人造成一定损害的事实。名誉权本身比较抽象，其受损的事实不易被直接感受到，对侵害名誉权损害事实的认定相应特殊。通说认为，只要新闻机构及新闻从业人员侵害他人名誉权的行为已为任意的第三人所知悉，就可以认定新闻侵害名誉权的损害事实已经存在。新闻名誉侵权的损害事实具体包括三个方面：即名誉损害、精神损害、财产损失。损害应具备三个方面的特征：（1）损害必须是侵害合法民事权益所产生的结果。（2）损害具有客观真实性和确定性。（3）损害具有法律上的可补救性。

3. 新闻名誉侵权的责任行为与损害后果之间存在因果关系。现代民法强调自己责任，即行为人只对自己行为造成的损害后果负责，这就要求新闻名誉侵权的违法行为与损害后果之间存在因果关系。在认定新闻名誉侵权行为与损害后果之间是否存在因果关系时，我们要区分不同的危害后果适用不同的证明要求。一般来说，只要行为人利用新闻作品对受害人实施了诸如侮辱、诽谤等违法行为，就可以推定受害人的名誉因此遭受了损害，受害人对此因果关系不需承担特别的举证责任。如果受害人主张行为人的违法行为还给自己造成财产损害或者精神损害后果，则受害人必须举证证明违法行为与这两种损害后果之间存在因果关系。

4. 行为人主观上存在过错。过错是侵权行为的核心问题，也是侵权民事责任归责中的重要要素。主观过错是构成名誉侵权责任的必要条件。主观过错是行为人实施行为时的心理状态，包括故意和过失。在新闻名誉侵权行为中，故意侵权人实施侵权行为的动机是多种多样的，如报复、发泄个人愤怒或嫉妒等，也有部分作者或新闻媒体为了追求报道的生动性而过分夸张地对所发生的事实

---

① 王利明、杨立新主编：《人格权与新闻侵权》，中国方正出版社 2000 年版，第 585 页。

进行描述、添油加醋，造成报道严重失实。另外，过失导致他人名誉权受到侵害也占有相当的比例。如因不谨慎、不认真导致用词不当，评论失当或者泄露他人个人隐私而导致的名誉权受到侵害；新闻审查单位对新闻稿件未严格审核、把关，而导致侵害他人名誉权的新闻得以发表并最终导致损害事实的发生。行为人故意和过失造成他人名誉权受到损害都应该承担相应的法律责任。

（二）抗辩事由

针对新闻名誉侵权对象提出的承担侵权责任的要求，新闻媒介和新闻工作者可以提出抗辩事由，即提出证明原告的诉讼请求不成立的事实。新闻名誉侵权的抗辩事由主要包括内容基本真实、公正评论、正当的舆论监督和权威消息来源四个方面。

1. 内容基本真实。新闻名誉侵权一种重要类型就是新闻报道内容严重失实。相关司法解释对“严重失实”的理解显然是指报道失实达到很严重的程度，如果报道内容基本真实或者基本属实，而且没有侮辱他人人格的内容的，则不构成侵权。1993 年《最高人民法院关于审理名誉权案件若干问题的解答》① 第 8 条中规定：“文章反映的问题基本真实，没有侮辱他人人格的内容的，不应认定为侵害他人名誉权。”1998 年《最高人民法院关于审理名誉权案件若干问题的解释》② 中第 9 条规定：“新闻单位对生产者、经营者、销售者的产品质量或者服务质量进行批评、评论，内容基本属实，没有侮辱内容的，不应当认定为侵害其名誉权；主要内容失实，损害其名誉的，应当认定为侵害名誉权。”所以从《最高人民法院关于审理名誉权案件若干问题的解答》到《最高人民法院关于审理名誉权案件若干问题的解释》都把内容“内容基本真实”作为承担侵权责任的抗辩事由，对某些细枝末节小部分、非主要部分的失实，只要文章中没有侮辱人格的内容，就不应认定为新闻侵害名誉权。需要注意的是，虽然基本真实，但有侮辱人格的内容，同样不能以“内容基本真实”进行抗辩。《民法典》对上述规定的内容精神进行了吸纳，即第 1025 条规定：“行为人为公共利益实施新闻报道、舆论监督等行为，影响他人名誉的，不承担民事责任，但是有下列情形之一的除外：（一）捏造、歪曲事实；（二）对他人提供的严重失实内容未尽到合理核实义务；（三）使用侮辱性言辞等贬损他人名

① 2021 年 1 月 1 日《最高人民法院关于废止部分司法解释及相关规范性文件的决定》施行后，该解答废止。

② 2021 年 1 月 1 日《最高人民法院关于废止部分司法解释及相关规范性文件的决定》施行后，该解释废止。

誉。”第 1028 条规定：“民事主体有证据证明报刊、网络等媒体报道的内容失实，侵害其名誉权的，有权请求该媒体及时采取更正或者删除等必要措施。”

2. 公正评论。公正评论是新闻媒体应诉时一条重要的抗辩事由。而在适用公正评论这一抗辩事由时应该从宽把握，只要评论者的评论有客观事实依据，而且本着诚信善意的原则发表评论，即使评论内容有些偏激或者片面，也应该认定为公正评论。公正评论应具有下列条件：（1）评论者主观上应出于善意，而且立场公正、态度庄重，不能出于偏袒、嘲笑和讽刺；（2）所依据的事实必须真实；（3）评论的目的是为着公共利益的目标，是维护多数人的利益和社会公共利益，评论的内容或言辞表述不带有故意或恶意侮辱、贬斥的性质，说理的方式适当，不过于偏激。

3. 正当的舆论监督。新闻媒介承担着十分重要的舆论监督功能，它维护社会正常运行，维护国家利益和公共利益，对整个社会的发展有十分重要的意义，因此，应该给舆论监督以一定的宽容。因为新闻有时效性，工作节奏快，快中难免出差错。另外，新闻采访不是司法机关办案，调查核实手段有限，要求新闻像判决书那样准确无误，无异于取消新闻批评和舆论监督。所以，对此应从维护公众知情权及公共利益出发加以保护。

4. 权威消息来源。这是指消息具有权威性，事实材料取自权威性的证明。一般指党和国家机关、政府部门公开发布的正式文件、通知、布告，法院生效判决或者其他允许公开发表、引用的材料。权威消息来源也是新闻名誉侵权的抗辩事由之一。

三、新闻名誉侵权行为的责任方式

当民事主体在新闻报道中被侵害名誉权后，可以要求侵权人承担的民事责任的方式主要为“财产责任方式”和“非财产责任方式”。

（一）新闻名誉侵权的财产性责任承担方式

在新闻名誉权侵权的财产性赔偿中，主要包括对财产损害的赔偿和对精神损害的赔偿。财产损害是指侵权人对受害人财产上的直接损失给予相应的补偿。在适用财产损害赔偿的责任承担方式时，应坚持补偿的范围与损失的范围相协调的原则。新闻侵害名誉权行为可造成受害人的直接财产损害和间接财产损害。直接财产损害包括受害人为恢复名誉、减轻损害行为所支出的必要费用和受害人为恢复健康所支出的必要的开支。间接财产损害是指因新闻侵害名誉权导致不利于受害人社会关系的变动和其他不良后果，如受害人被降级、降职，造成受害人本可获得财产利益的减少和损失。精神损害赔偿是民事主体因其人身权受到不法侵害，使其人格权益和身份权益受到损害或遭受精神痛苦，要求侵权人通过财产赔偿等方法进行救济和保护的民事法律制度。《民法典》第1183条第一款规定："侵害自然人人身权益造成严重精神损害的，被侵权人有权请求精神损害赔偿。"新闻名誉侵权的客体名誉权作为人身权益的一种，自然也是可以享有请求精神损害赔偿的权利。

（二）新闻名誉侵权的非财产性责任承担方式

当民事主体在新闻报道中被侵害名誉权后，可以要求侵权人承担的非财产性民事责任的方式主要有停止侵害、恢复名誉、消除影响、赔礼道歉。

1. 停止侵害。停止侵害的责任形式可适用于各种侵权行为，在新闻报道侵犯名誉权中也应适用。在新闻报道侵害名誉权中，适用停止侵害应注意以下两个问题：第一，必须是新闻侵权行为已经发生，尚未停止。对已经停止的侵权行为不可适用停止侵害。侵权行为是一个动态的过程，如果侵权行为已经终止，适用停止侵害，没有任何意义。第二，是除了对正在发生的侵权行为适用停止侵害，对没有发生但即将发生的侵权行为也可适用，如新闻单位和作者在得知将要刊播的作品有侵害他人权利内容时有义务停止侵害。

2. 恢复名誉、消除影响。恢复名誉是指行为人因其行为侵害了公民或法人的名誉应在影响所及的范围内将受害人的名誉恢复至未受侵害时的状态。消除影响，是指行为人因其侵害了公民或法人的名誉权应承担在影响所及范围内消除不良后果的责任。新闻名誉侵权行为是行为人通过大众传播媒介来实施的，所以侵权行为人同样应通过大众传播媒介来履行恢复名誉、消除影响的义务和责任。

3. 赔礼道歉。赔礼道歉是指侵害行为人向受害人承认错误，表示歉意，以求得受害人原谅。新闻侵害名誉权中，受害人可以要求新闻单位、作者对侵权行为造成的后果通过赔礼道歉进行补救。法律上的赔礼道歉不一定建立于侵权人自愿的基础上，它是侵权人所必须承担的强制义务。实践中如果侵权人拒不赔礼道歉怎么办？实践中，侵权人拒不执行生效判决，不为对方恢复名誉、消除影响的，人民法院可以采取公告、登报等方式，将判决的主要内容和有关情况公布于众，费用由被执行人负担，并可依照《民事诉讼法》相关的规定处理。

【拓展适用】

一、新闻名誉侵权责任的主体认定

在实践中，新闻侵权在多数情况下是以共同侵权的形式存在的，因此在分析新闻名誉侵权责任主体之前，有必要先对共同侵权行为以及共同侵权中侵权责任的承担方式加以分析。共同侵权行为是指加害人为二人或二人以上共同实施侵害行为，使他人的合法权益造成损害，加害人应当承担连带责任的侵权行为。[①] 在共同侵权行为的构成要件上要求同时具备主体的复数性、行为或意思的共同性、结果的统一性和责任的连带性。[②] 新闻侵权中的共同侵权行为也应具有上述特点。新闻侵权的主体包括新闻媒体和新闻作者两大类，根据两者之间隶属关系的不同，又可分为新闻发布单位与记者，新闻发布单位与一般来稿者两类。另外，由于新闻具有可转载性的特征，新闻侵权作品的转载媒体也有成为侵权责任主体的可能性。

（一）新闻发布单位与记者

记者是在新闻发布单位中专门从事新闻采集和新闻制作的人。记者与新闻发布单位一般应具有劳动合同关系。因此当新闻侵权行为发生时，如果记者是以新闻机构工作人员的身份履行工作职责，则其侵权行为是一种职务行为，该行为的民事责任应由新闻机构承担，新闻工作者不承担个人的民事责任。如果记者是以个人身份从事其工作职责以外的新闻写作活动，构成新闻侵权的，由记者本人承担民事责任。但需要注意的是，记者在工作职责以外创作的新闻作品被其他新闻单位发表的，可以将该记者的身份视为一般来稿者，与发表单位承担共同侵权责任。如果记者的作品原本并非其工作职责的内容，后又被本人所在的新闻单位发表的，该作品依然应被视为职务作品，由该新闻发布单位单独承担新闻侵权责任。这是因为记者收集新闻素材，进行新闻创作的职责是概括性的，不能将其职务行为缩小化，限制在新闻单位交付的创作任务之内。实践中，因新闻报道或其他作品发生的名誉权纠纷，应根据原告的起诉确定被告。只诉作者的，列作者为被告；只诉新闻出版单位的，列新闻出版单位为被告；对作者和新闻出版单位都提起诉讼的，将作者和新闻出版单位均列为被告，但作者与新闻出版单位为隶属关系，作品系作者履行职务所形成的，只列单位为被告。

（二）新闻发布单位与一般来稿者

并非所有的新闻创作都是由新闻记者完成的，新闻创作与发表的权利实际上是对言论自由权的一种延伸和扩展，所以一般公民均具有进行新闻创作的权

---

① 杨立新：《侵权责任法》，法律出版社2010年版，第92页。
② 杨立新：《侵权责任法》，法律出版社2010年版，第99页。

利。因此，在新闻名誉权侵权责任发生时，一般来稿者也同样可以成为侵权责任的主体。一般来稿者的侵权责任主要可以分为三大类：1. 当一般来稿者在新闻创作过程中存在故意或过失，新闻单位同样具有故意或过失行为，致使侵权作品被发表的，一般来稿者与新闻发布单位承担共同侵权责任。此时由谁承担责任，受害人有权自由选择，既可以将其列为共同被告，也可以只列新闻发布单位或新闻作者为被告，由受害人在起诉时确定。法院只能依被害人的选择确定被告人的侵权责任。如果只列一个被告且该被告被判承担责任的，承担责任的一方可以向应承担责任的另一方追偿。2. 一般来稿者对侵权行为具有故意，且使用欺诈、隐瞒等方式致使新闻单位在客观上不能发现侵权行为的存在，并最终致使新闻发布单位发表其稿件的，则由一般来稿者单独承担侵权责任。3. 如果一般来稿者主观上无过错，客观上无法得知其作品侵权，新闻单位在审查稿件时存在故意或过失并最终导致该稿件被发表的，由新闻发布单位独自承担侵权责任。另外，因为一般来稿者是广大的社会公众，新闻发布单位对来稿者的主体身份同样应当进行基本的调查核实。如果新闻发布单位在审查稿件内容的过程中不具有过错，但是在审查作者的身份过程中存在过错的，如明知或应知其为被剥夺政治权利的人仍将其作品发表，造成新闻名誉侵权的，新闻发布单位同样应承担侵权责任。

（三）新闻侵权作品的转载媒体

关于转载媒体能否成为新闻侵权的责任主体，1993 年《最高人民法院关于审理名誉权案件若干问题的解答》① 中第 9 条规定："编辑出版单位在作品已被认定为侵害他人名誉权或者被告知明显属于侵害他人名誉权后，应刊登声明消除影响或者采取其他补救措施；拒不刊登声明，不采取其他补救措施，或者继续刊登、出版侵权作品的，应认定为侵权。"1998 年《最高人民法院关于审理名誉权案件若干问题的解释》② 第 3 条规定："新闻媒介和出版机构转载作品，当事人以转载者侵害其名誉权向人民法院提起诉讼的，人民法院应当受理。"上述解释虽已失效，但实践中，转载侵权作品仍可以产生新的诉讼理由。

① 2021 年 1 月 1 日《最高人民法院关于废止部分司法解释及相关规范性文件的决定》施行后，该解答废止。

② 2021 年 1 月 1 日《最高人民法院关于废止部分司法解释及相关规范性文件的决定》施行后，该解释废止。

二、新闻名誉侵权中的特殊问题

(一) 舆论监督与名誉侵权的界限

舆论监督是指新闻工作者以及其他人依法通过新闻媒体发表意见或言论，对社会的政治生活、经济生活、文化生活等当面进行批评，实行监督的权利。马克思曾在《论普鲁士书报检查制度》一文中说道：“新闻自由就是人类自由的实现……没有新闻自由，其他一切自由都会成为泡影。”① 从法律关系上讲，新闻自由权与名誉权都是基本权利，都应受到法律保护。理论上看，两者是并行不悖的权利。新闻自由权的正常行使不会妨碍名誉权的实现。我国《宪法》第35条规定：“中华人民共和国公民有言论、出版、集会、结社、游行、示威的自由。”而对名誉权的保护在我国宪法和民法中也有明确规定，如《宪法》第38条规定：“中华人民共和国公民的人格尊严不受侵犯。禁止用任何方法对公民进行侮辱、诽谤和诬告陷害。”由此可以看出对新闻自由与对名誉权的保护都是社会主义民主与法治的需要。新闻自由、舆论监督的重要性体现在，通过大众传播媒介做出的新闻报道、评论等向人民群众告知各种情况、监督政府的行为，所以在整个民主政治的运作中起着极为重要的作用。

但应强调的是，新闻自由、舆论监督在社会生活中非常重要，并不意味着这种权利和自由是不受限制的，在任何社会中权利和自由都是相对的，任何权利都应当有其相对的界限。具体来说，行使新闻自由权利的同时必须做到对个人名誉权的维护和尊重。我国《宪法》第51条规定：“中华人民共和国公民在行使自由和权利的时候，不得损害国家的、社会的、集体的利益和其他公民的合法的自由和权利。”这表明，禁止滥用新闻自由权侵害包括名誉权在内的人格权，不能以新闻自由权的滥用来妨碍民事主体的名誉权等人格权。新闻工作者行使新闻自由权、舆论监督权必须严格遵守国家的法律和法规，尊重他人的人格权，维护他人的人格尊严和自由，所以法律所设定的人格权制度是对新闻自由的一种限制。新闻工作者享有新闻自由、舆论监督权，更有尊重他人人格尊严、不得侵害他人名誉和隐私等权利的义务。这种义务不是道德义务而是法定义务，是和权利密切结合在一起的。同时也应注意到，在我国现实生活中，新闻舆论对社会生活的影响作用是巨大的，这进一步说明，越是重要就越需要对新闻自由和舆论监督权实行制衡，越需要法律对这种权利做出限制，所以不能以新闻舆论的监督对抗名誉权保护。

---

① 转引自余定宇：《寻找法律的印迹》，法律出版社2004年版，第204页。

一般认为，应从以下几个方面把握正当的舆论监督与侵害名誉权的界限：

1. 报道基本事实是否真实。新闻报道中批评、揭露的事实必须客观、真实。新闻报导不得捏造，或借题发挥，歪曲整个事件的意义。只要报道内容达到基本真实而不是强调百分之百的真实，即使使用了一定的修饰手法也不为侵权。[①] 由于报道失实而侵害了公民、法人名誉权的，行为人应负侵犯名誉权的责任。

2. 行为人主观态度是否善意。行为人在撰写新闻时是有一定主观目的的，如果主观愿望是有利于社会和人民的，即使使用了一定的修辞手法也不为侵权。但如果行为人过失报道的事实中有侮辱、诽谤被监督人的内容，并在客观上降低了被监督人的社会评价的，应认定为侵害名誉权的行为。

3. 细枝末节的非原则失实不构成侵权。由于受新闻机构的工作程序、新闻报道的及时性、作者调查的非强制性等各种因素的限制，个别枝节性问题的失实有时是难免的。如果要求新闻的每一个细节都符合事实是不切实际的，也是不可能的，而且非原则问题的失实并不会导致被监督者社会评价降低。

4. 报道的言辞不能从人格上进行攻击、侮辱、诽谤。即使评论中所依据的情况属实，但使用有恶意的词句，造成他人名誉权损害的，也要承担民事责任。例如，利用别人过去的错误或者生理上的缺陷进行报道，致使他人名誉降低的，就构成新闻侵权。

5. 对有关社会利益的公众事件进行评论和对某些学术观点进行的争论，只要评论人诚实地表达了自己的真实见解，而不是故意贬损他人人格的，一般也不应认定为侵权。

当然，判断一项新闻报道行为究竟属于正当的舆论监督还是侵害名誉权的行为，归根结底还是看新闻舆论监督行为是否具有违法性，譬如，新闻传媒对于违法行为、违反道德行为进行报道，即使客观上造成了当事人名誉降低，也不会构成侵害当事人的名誉权。

（二）公众人物名誉权的保护

公众人物自 1971 年被美国联邦最高法院确立为适用于任何有关公共利益的对个人报道的场合，已被许多国家采纳，成为新闻法治的一项重要内容。公众人物主要包括党政官员、政界要人，文艺界、影视界、体育界明星，劳动模范、先进工作者和科技界、企业界等社会各界知名人士。对公众人物尤其是政治人

---

① 孙彦华：《名誉权的保护与正当舆论监督》，载《政法论丛》2000 年第 5 期。

物、影视体育明星、知名人士等的舆论监督和批评适当从严，名誉权的保护应适当弱化。对于普通公民的名誉权等人格权保护适当从严。权利必须受到监督是现代民主制度的共同准则，相对于公共利益，作为公众人物的个人权利，应当有所限制。这并不是说公众人物的个人权利要低于一般公民，而是面对两种不同权益的冲突所作的权衡和协调，是符合社会公共利益需要的。公众人物特别是官员承担了接受公众监督的义务，公众人物在献身于社会时应当放弃自己一部分权益，公众人物在自己的角色利益中已经得到了足够的报偿，公众人物的地位和权力使他具有较强的抗御侵害的能力。民众批评公众人物特别是官员时由于地位局限不可能保证绝不出错，只允许完全正确的批评等于取消批评。所以对于公众人物的名誉权应作适当的弱化保护处理。倘若新闻媒介每次对公众人物作评论都要征得其本人的意见，就谈不上新闻自由。

应该说，许多对公众人物的报道的确给当事人造成了很大的名誉损害。新闻媒体对此的抗辩理由不外乎是公布的报道具有新闻价值，能满足公众的知情权。新闻价值主要表现在两个方面，社会公共利益和符合公众兴趣。而符合公众兴趣则有两个问题要注意，一是公众兴趣的判断，新闻是否符合公众兴趣应当根据一般公众的经验或看法，并不是新闻媒体自己说了算。二是公众兴趣有正当与不正当之分。人性中本来就有恶的一面，喜欢窥视别人隐私是人类的一种天性。不见得公众感兴趣的内容，人民法院就要支持。①

（三）死者名誉权的保护

生者的名誉权法律予以保护，凡侮辱、诽谤他人的要承担责任，那么，对于死者的名誉权是否要给予保护？新闻侮辱、诽谤了死者的名誉是否要承担责任？对这两个问题的回答是肯定的。最高人民法院在1993年《关于审理名誉权案件若干问题的解答》② 明确规定了死者名誉受到损害的，其近亲属有权向人民法院起诉。2001年在《最高人民法院关于确定民事侵权精神损害赔偿责任若干问题的解释》③ 中，又将以往仅就死者名誉权的延伸保护扩大到死者的其他人格要素，包括姓名、肖像、荣誉、隐私以及死者的遗体、遗骨等方面。由此可见，对死者的名誉权乃至姓名、肖像、荣誉、隐私等人格、身份权的保护，

---

① 王丽、盛常红：《公众人物的名誉权》，载《检察实践》2004年第4期。

② 2021年1月1日《最高人民法院关于废止部分司法解释及相关规范性文件的决定》施行后，该解答废止。

③ 该解释在2020年12月23日被修正，根据修正后的解释第3条规定，死者人格利益的保护范围为姓名、肖像、名誉、荣誉、隐私、遗体等。

是有充分的法律依据的。因此，只要新闻媒体使用侮辱、诽谤方式侵害了死者的名誉权，就要承担民事责任。对死者，无论是采用侮辱、诽谤，还是捏造、虚构等方式损害其名誉，贬损其形象的，都构成侵害死者名誉权。死者近亲属依法均有权主张权利，维护死者及其近亲属的合法利益，侵权人应依法对其侵害行为造成的损害后果承担相应的民事责任。

【典型案例】

徐某诉《某某文化艺术报》、赵伟某侵害名誉权纠纷案

原告：徐某。

委托代理人：沈志某。

委托代理人：孙某。

被告：《某某文化艺术报》。

法定代表人：朱士某，《某某文化艺术报》总编辑。

委托代理人：郑传某、曹海某。

被告：赵伟某。

委托代理人：鲍培某、陈敏某。

〔基本案情〕

原告徐某以被告《某某文化艺术报》、赵伟某侵害名誉权纠纷一案，向上海市静安区人民法院提起诉讼。

原告诉称：《某某文化艺术报》于1987年12月18日刊登赵伟某写的《索价3000元带来的震荡》（以下简称《索价》）的文章，虽没有点我的名，但显然指的是我。因为老山英模中只有我一个人参加了上海金秋文艺晚会演出。《索价》一文事实严重失实，许多报刊转载、评论，广大读者信以为真，严重损害了我的名誉，给我工作和精神造成极大压力和痛苦。请求《某某文化艺术报》和赵伟某立即停止侵害，公开登报澄清事实，消除影响，恢复名誉，赔礼道歉。对因名誉权受到侵害所造成的精神损害，不要求二被告赔偿。但是，因诉讼开支的交通费、住宿费、聘请律师等费用计人民币3700元应予赔偿。

被告《某某文化艺术报》辩称：《某某文化艺术报》是在对社会上文化现象作透视分析的前提下发表《索价》一文的，文章的事实应由作者负责。即使《索价》一文的报道有失实之处，也属工作失误。“失实”与“侵权”并无直接的因果关系，故不构成侵害徐某名誉权。

被告赵伟某辩称：《索价》一文的内容是在青少年研讨会上听到的，是对不同意见的如实记叙。作者对该“新闻”的事实不需调查核实。因为作者没有主观上的过错，故不构成对徐某名誉权的侵害。

静安区人民法院经公开审理查明：1987年10月下旬，《上海青年报》社举办

“上海青年金秋文艺晚会”，邀请原告徐某参加演出。因该文艺晚会系营利性质，派人与徐某商谈演出事宜时，说明可给演员一定报酬。徐某表示，给多少都无所谓，你们看着办。当时双方都未明确约定演出报酬数额。徐某参加演出后，《上海青年报》社自行决定给付了徐某演出报酬。不久，上海《团的生活》记者赵伟某在有关单位举办的青少年问题研讨会上，听到有关徐某来沪演出要价问题的发言后，撰写了《索价》一文，投给《某某文化艺术报》。该报在编稿时，预料该文发表后会给徐某的名誉带来侵害，但未向有关单位调查核实，仅将文章题目中的徐某姓名删掉，将“索取”改成“索价”，把文中徐某改为“老山英模”，于1987年12月18日在该报“文化透视”栏目中公开发表。文章称：“当一家新闻单位邀请一位以动人的歌声博得群众尊敬爱戴的老山英模参加上海金秋文艺晚会时，这位英模人物开价3000元，少1分也不行。尽管报社同志一再解释，鉴于经费等各种因素酌情付给报酬，他始终没有改口。”文章发表后，多家报刊相继转载，并发表评论文章，致使该文广为流传；徐某因此受到多方指责。为此，徐某曾委托律师与《某某文化艺术报》进行磋商未果。

〔一审裁判要旨〕

静安区人民法院认为：公民依法享有名誉权，公民的人格尊严受国家法律保护。被告赵伟某对无事实依据的传闻，不作调查核实，撰文给《某某文化艺术报》。《某某文化艺术报》编稿时，已预料《索价》一文的发表会对徐某名誉带来侵害，但对事实不经核实，在隐去原告姓名后予以发表，在社会上扩大了不良影响。依照《中华人民共和国民法通则》第一百零一条的规定，二被告的上述行为，侵害了原告的名誉权。二被告否认其侵权行为理由不足。依照《民法通则》第一百二十条第一款的规定，原告要求停止侵害，消除影响，恢复名誉和对因诉讼造成的直接经济损失要求赔偿，是合理的，应予支持。根据二被告的侵权事实，赵伟某应承担一定责任，《某某文化艺术报》应承担主要责任。对造成的精神损害，原告不要求赔偿，应予准许。

据此，静安区人民法院于1988年6月10日判决：

一、被告《某某文化艺术报》、赵伟某对徐某名誉权应停止侵害，于判决生效后十日内在上海市市级日报上登报为原告徐某恢复名誉，消除影响。登报内容须经法院审核，费用由《某某文化艺术报》负担百分之七十，赵伟某负担百分之三十。

二、《某某文化艺术报》赔偿徐某经济损失计人民币二千五百九十元；赵伟某赔偿徐某经济损失计人民币一千一百一十元。

〔当事人上诉及答辩意见〕

被告《某某文化艺术报》、赵伟某不服第一审判决，以原答辩理由分别向上海市中级人民法院提出上诉。

〔二审裁判要旨〕

上海市中级人民法院经审理认为：上诉人赵伟某撰写《索价》一文时，对被上诉人“开价三千元”“少一分也不行”的传闻，不调查核实，致使文章内容严重失实，其主观上是有过错的，客观上诋毁、贬低了徐某的人格，造成了不良后果，已构成对徐某名誉权的侵害。上诉人《某某文化艺术报》明知发表《索价》一文会对徐某名誉带来侵害，未审查核实，即发表这一严重失实的文章，贬低了徐某的人格，使其受到多方指责，直接起到了扩大不良后果的作用，其行为不仅仅是工作失误，而且主观上亦有过错。根据最高人民法院法（民）复〔1988〕11号批复关于报刊社对准备发表的稿件，应负责审查核实；发表后侵害了公民的名誉权，作者和报刊社都有责任的精神，二上诉人的上诉理由不能成立。二上诉人对徐某因名誉权受到侵害引起诉讼而支付的合理的、必要的费用，应按照国家规定的标准，酌情赔偿。原审认定的数额偏高，超标准部分不应列入赔偿范围。依照《中华人民共和国民事诉讼法（试行）》第一百五十一条第一款第二项的规定，判决如下：

一、维持原审法院判决第一项；变更第二项。

二、上诉人《某某文化艺术报》赔偿被上诉人徐某经济损失人民币一千八百二十元；上诉人赵伟某赔偿人民币七百八十元。

第八章 用人单位的侵权责任

规则 11：用工单位对劳动者作出不实不良评价、足以影响到劳动者今后的就业求职和工作生活的，构成对劳动者名誉权的侵犯

——徐某诉上海某某冶金建设公司侵犯名誉权纠纷案①

【裁判规则】

名誉是指根据公民的观点、行为、作用、表现等所形成的关于公民品德、才干及其他素质的总体社会评价。公民享有名誉权，法律禁止用侮辱、诽谤等方式损害公民的名誉。用工单位对劳动者的劳动、工作情况作出的评价也是劳动者总体社会评价的重要组成部分。用工单位对劳动者作出不实的不良评价，足以影响到劳动者今后的就业求职和工作生活的，构成对劳动者名誉权的侵犯。

【规则理解】

一、劳动关系中的名誉权保护

名誉权是一种典型的人格权，具有对世的效力，即社会的每一个体都有义务尊重他人的名誉权，避免因自身的行为对他人名誉权构成侵害。名誉权的侵权行为，较多发生于新闻媒体与被媒体评价的社会主体之间，因为在这两类主体之间，评价与被评价的关系发生得最为频繁。此外，普通的社会个体之间也会因为一方对相对方的评价行为而产生与名誉权有关的争议。在侵害名誉权的行为中，有一类相对特殊的情形，即侵权人与被侵权人之间存在某种意义上的隶属或等级关系，致使一方对另一方实施侵权更为便利，侵权行为造成的损害后果往往也更为严重。这类关系包括用人单位与所雇用的劳动者之间形成的劳动关系、工作中形成的上下级关系、父母与子女之间形成的监护与被监护关系等。劳动关系主体之间侵犯名誉权的行为是其中最为典型的一类。

---

① 《中华人民共和国最高人民法院公报》2006 年第 12 期。

（一）劳动关系概述

所谓劳动关系，是指用人单位与劳动者之间通过订立劳动合同而缔结的法律关系。《劳动合同法》第2条规定："中华人民共和国境内的企业、个体经济组织、民办非企业单位等组织（以下称用人单位）与劳动者建立劳动关系，订立、履行、变更、解除或者终止劳动合同，适用本法。"第7条规定："用人单位自用工之日起即与劳动者建立劳动关系。用人单位应当建立职工名册备查。"一方面，劳动关系的建立基于劳动合同，用人单位与劳动者之间的权利义务分配来源于双方的约定，因此劳动关系具有民事合同关系的一定特征；另一方面，劳动关系与企业的组织管理有密切的联系，"其基本含义是指管理方与劳动者个人及团体之间产生的，由双方利益引起的，表现为合作、冲突、力量和权利关系的总和"①，其中包含的管理概念体现出鲜明的层级和隶属观念，与平等主体缔结民事关系的情形存在显著区别。除了劳动关系自身包含的层级隶属内容，劳动关系与普通合同关系的区别还体现在缔结合同的双方主体实力地位相差悬殊，劳动者个人的谈判能力往往居于弱势，因此现代各国立法普遍就劳动关系单独立法，支持劳动者建立工会组织，甚至直接就最长工时、最低工资、保险福利等内容作出规定，向用人单位施加义务。鉴于此，学术界的普遍观点认为，"劳动法根植于民法，又超越了民法，就其通过立法确立劳动权利义务基准并求助于团体力量以实现契约双方力量平衡的努力方向，是对民法调整劳动契约关系功能不足的一种弥补"。②

（二）名誉权在劳动关系中的特殊表现

对于名誉权而言，劳动关系双方之间的侵权行为与平等民事主体之间的侵权行为相比具有一定的特殊性。用人单位与劳动者之间通过缔结劳动合同建立了一种十分紧密的联系，这种联系不仅体现为工资发放、按劳取酬的财产关系，还体现为用人单位对劳动者的劳动行为进行管理、规制和评价的人身关系。而一方基于人身关系对相对方所作出的评价往往更加令人信服，其评价的效果会更加明显。例如，一个十几岁的少年，如果路上偶遇的陌生人声称他惯于撒谎，未必能够取信于人；但如果他的父母、老师作出同样的评价，通常能够使大多数人相信。与此类似，如果用人单位声称其聘用的一名员工有违纪行为、不遵

---

① 程延园：《当代西方劳动关系研究学派及其观点评述》，载《教学与研究》2003年第3期。

② 冯彦君：《民法与劳动法：制度的发展与变迁》，载《社会科学战线》2001年第3期。

守工作纪律，就会严重影响该名员工的职业声誉和未来的求职成功率。当然，劳动关系是双方关系，劳动者对用人单位的评价同样会对用人单位的名誉造成影响，但同一用人单位对应的通常是多数劳动者，单一劳动者的刻意诋毁可以由其他劳动者的真实评价所抵消，并且劳动者个体的舆论影响力往往也显著弱于用人单位，因此总体而言，劳动者对用人单位作出的不实评价对用人单位名誉权的损害相对较小。

在劳动关系中，用人单位对劳动者实施侵犯名誉权行为的另一特殊之处体现为侵权行为后果的严重性。在通常的侵犯名誉权行为中，侵权人与被侵权人是平等的民事主体，即使侵权人通过新闻媒体等能够产生广泛影响的途径实施侵权行为，也只能产生扩大侵权行为波及范围的作用，而不能使其对被侵权人作出的评价更加使人信服。但在劳动关系等具有一定人身隶属性质的社会或法律关系中，侵犯名誉权的后果则恰恰相反，可能侵权行为本身的影响范围有限，但侵权人的评价在有限的范围内却能使接收信息的第三人产生内心确信，从而对被侵权人的名誉产生巨大的损害。例如，用人单位通报批评某劳动者，称该劳动者盗窃单位财物。用人单位作出判断的依据是该劳动者当班时管理的仓库物品丢失，其实并没有证据证明劳动者实施了盗窃行为。但是用人单位作出的这种评价，显然会使该劳动者的同事及其他知晓这一评价的人对其道德品质持怀疑或否定态度。即使该劳动者再三申辩，他人仍然会有这样的疑问："如果你没有偷，单位有什么理由要冤枉你？"这是管理者权威在世俗生活中的体现，也是用人单位应该尤为注意其行为界限的重要原因。

（三）劳动关系中认定名誉权侵权的标准

基于上述劳动关系中名誉侵权行为的特殊性，我们认定构成侵权责任的标准也应做相应调整。考虑到用人单位相对于劳动者所占据的优势地位以及行为后果的严重性，对于用人单位对劳动者实施名誉权侵权行为的情形应适当做从宽解释，从构成要件上可以做如下考虑：

1. 违法行为。根据《民法通则》[①] 的规定，通常侵犯名誉权的行为方式是"以侮辱、诽谤等方式损害公民、法人的名誉"。当涉及隐私时，可以对上述行为方式做相应的扩大解释。在劳动关系中，也应对上述行为方式做适当的宽泛解释，使劳动者获得充分的保护。在实践中我们发现，有时用人单位会以默示或相对含糊的态度回应对劳动者名誉的重要质询，致使劳动者的社会评价显著

① 2021年1月1日《民法典》施行后，该法废止。

降低，这种行为虽然与我们通常理解的“侮辱、诽谤”存在一定区别，但其主观意图和客观结果均会造成对劳动者名誉的损害，应当被认定为具有违法性。例如，某劳动者从原用人单位离职，拟到新用人单位任特定职位，而该行业的主管部门要求就任该职位的人员提交历任单位关于其职业道德方面的书面证明。原用人单位因不满其离职，拒绝为该劳动者出具证明，并声称“无法判断该劳动者具有与其所任职位相称的职业道德”，在这类特定行业或职位的行业惯例中，用人单位的这种行为实质上就是表达了对劳动者职业道德水准的一种否定态度，因此导致该劳动者求职失败。对于这种用人单位明知其行为会导致劳动者职业声誉受损进而影响其求职的情形，可以认定原用人单位构成对劳动者的名誉侵权。

2. 损害后果。对于侵犯名誉权的行为而言，损害后果大致可以区分为物质损失和精神损失两大类别。在劳动关系中，这两类损失都有体现，一方面，劳动者付出劳动却不能获得应有的评价，无法获得工作带来的精神满足感和成就感，同时用人单位作出的否定评价往往会影响到其他人对劳动者的主观认识和态度，从而导致劳动者整体社会评价的显著降低，用人单位侵权行为给劳动者带来的精神痛苦因此而大幅增加；另一方面，用人单位对劳动者作出的不实评价也会影响劳动者的工资及其他收入。尤其是，用人单位的这种评价行为对于劳动者获得未来的工作机会有着非常明显的影响，这种影响范围深远、性质恶劣，是劳动关系中认定名誉权侵权责任时应予考虑的一个重要因素。

3. 因果关系。在因果关系论证过程中，用人单位对劳动者作出的不实评价与劳动者丧失的工作机会之间是否具有因果关系，是存在争议的一个问题。原因是，劳动者丧失工作机会是一个或然事件，既可能是因为前一用人单位的不实评价影响了后一用人单位的录用判断，也可能是劳动者自身的工作能力、性格、个人品质等其他因素所导致，很难通过证据对因果关系予以证明。尤其应聘单位拒绝录用劳动者时，为了避免给自身增添麻烦或得罪劳动者的原用人单位，往往不会明确告知劳动者其被拒绝的原因在于原用人单位的评价，因此导致劳动者的举证更为艰难。在这个问题上，笔者认为可以采纳相当因果关系说的观点，不必一定证明劳动者丧失工作机会与用人单位的侵权行为有直接联系，只要有证据证明劳动者本身的工作能力与所谋求的职位、工作报酬相应，且用人单位对劳动者作出的不实评价被应聘单位所知晓，即可从宽认定构成因果关系，加强对劳动者名誉权的保护。

4. 主观过错。劳动关系中用人单位对劳动者的侵犯名誉权行为，虽然在行为主体等方面具有一定特殊性，但仍然属于一般侵权行为，应以用人单位具有过错作为归责的前提，不能因为用人单位与劳动者存在一定的管理或隶属关系就对用人单位课以严苛的无过错责任或严格责任，否则有矫枉过正之嫌。但故意和过失均可以成为构成责任的原因。即使用人单位没有侵害劳动者名誉的故意，但只要其作出的评价与劳动者的真实情况存在差异，或者公开了劳动者不应为人所知的隐私，客观上造成了劳动者名誉受损的后果，并且用人单位对这种评价行为的后果可以合理预见，就可以被认定为存在过失。例如，某劳动者因不正当男女关系被公安机关处以治安拘留的处罚，该事件被用人单位知晓后，用人单位即以此为由将该劳动者开除，并且将开除的理由公开通报全公司，致使该事件被广泛传播，严重影响了该劳动者的日常生活，用人单位所作出的公开通报就可以被认定为构成侵犯名誉权的行为。但同一事件中，如果用人单位认为该劳动者因存在上述行为而不具备从事本职工作所应具备的素质，因此将其开除，但并未公开传播事关个人隐私的开除原因，那么即使该劳动者的上述行为被他人知晓而受到损害，用人单位也不应承担侵权责任，因为用人单位的行为不存在过失，要求其承担责任不符合侵权责任要件中的过错归责原则。

二、用人单位侵犯劳动者名誉权的损害赔偿

与其他名誉侵权行为相同，在用人单位侵犯劳动者名誉权时，可能发生的损害既包括精神损害，也包括财产损害。两类损害系由同一侵权行为所导致，但损害性质及损害后果均有所不同，劳动者可就两类损害分别提出赔偿主张。

（一）精神损害赔偿

对于用人单位侵犯劳动者名誉权的行为，目前立法在精神损害的赔偿原则及责任承担方式方面并未做出特殊规定，可以适用《民法通则》第120条[①]及《最高人民法院关于确定民事侵权精神损害赔偿责任若干问题的解释》第10条

---

① 《民法通则》第120条第1款规定："公民的姓名权、肖像权、名誉权、荣誉权受到侵害的，有权要求停止侵害，恢复名誉，消除影响，赔礼道歉，并可以要求赔偿损失。"2021年1月1日《民法典》施行后，该法废止。上述规定的内容精神在《民法典》第995条予以保留。

第1款的规定[①]，结合案件的具体情况由受理案件的人民法院予以裁量。考虑到用人单位与劳动者相比所具有的优势地位，以及司法实践中精神损害赔偿适用范围及赔偿数额相对谨慎的现实情况，笔者认为在适用上述规定时应适当放宽标准，更多考虑侵权行为的手段、方式、场合以及所造成的后果等因素，而非以侵权人的获利情况作为计算赔偿额的主要依据，恰当保护劳动者的合法权益。

（二）财产损害赔偿

与精神损害赔偿相比，用人单位侵犯劳动者名誉权的行为在财产损害赔偿方面具有一定的特殊性。原《侵权责任法》第20条的规定确定了侵犯人身权益造成财产损失的赔偿原则，《民法典》对上述规定的内容精神予以保留，即第1182条规定："侵害他人人身权益造成财产损失的，按照被侵权人因此受到的损失或者侵权人因此获得的利益赔偿；被侵权人因此受到的损失以及侵权人因此获得的利益难以确定，被侵权人和侵权人就赔偿数额协商不一致，向人民法院提起诉讼的，由人民法院根据实际情况确定赔偿数额。"根据上述规定，如果是用人单位对被侵权劳动者直接作出降职、减薪等处罚的，劳动者因此而承受的工资收入减损构成其直接损失，以此确定损失赔偿范围当无疑义。但如果用人单位对劳动者做出开除、强迫离职等处罚，并导致劳动者再次求职发生困难时，劳动者的损失应如何认定？当此情形，劳动者的经济损失是可能获得的劳动收入，但由于其能够获得的工作职位、工资收入均不确定，也并未付出相应的劳动，对其实际发生的财产损失难以作出准确判断。或者，劳动者因用人单位的侵权行为而不能获得与原职位相等同或接近的工作机会，只能寻求更低级别的职位、获得相对较低的工资收入，导致工资收入降低；也可能劳动者从原用人单位离职后，未积极寻找新的工作机会，在一定时间内没有获得工资收入，这些情形是否都应纳入用人单位的侵权赔偿范围也是一个需要考虑的问题。

---

① 《最高人民法院关于确定民事侵权精神损害赔偿责任若干问题的解释》第10条第1款规定："精神损害的赔偿数额根据以下因素确定：（一）侵权人的过错程度，法律另有规定的除外；（二）侵害的手段、场合、行为方式等具体情节；（三）侵权行为所造成的后果；（四）侵权人的获利情况；（五）侵权人承担责任的经济能力；（六）受诉法院所在地平均生活水平。"该解释在2020年12月23日修正，修正后的解释第5条规定："精神损害的赔偿数额根据以下因素确定：（一）侵权人的过错程度，但是法律另有规定的除外；（二）侵权行为的目的、方式、场合等具体情节；（三）侵权行为所造成的后果；（四）侵权人的获利情况；（五）侵权人承担责任的经济能力；（六）受理诉讼法院所在地的平均生活水平。"

对于上述用人单位侵权行为导致劳动者离职后的损失计算问题，笔者认为，原则上应认定劳动者丧失工作机会导致未获得可预期的工资收入属于财产损失的范围，由用人单位承担相应的侵权赔偿责任，这符合以可得利益损失作为赔偿标准的学界通说。但在确定具体的赔偿数额时，可以按照与有过失、损益相抵等原则来进行具体裁量，相应减轻或免除用人单位的部分或全部侵权责任。

1. 与有过失。与有过失是侵权法与合同法共同适用的概念，其意义和作用主要在于确定侵权责任或违约责任的赔偿范围。侵权法上的与有过失，是指“侵权行为所造成的损害结果的发生或扩大，受害人也有过错，受害人的行为和行为人的行为对损害的发生均具有原因力的侵权行为形态。”① 《侵权责任法》② 第 26 条规定：“被侵权人对损害的发生也有过错的，可以减轻侵权人的责任。”《民法典》对上述规定的内容精神进行了保留，即第 1173 条规定：“被侵权人对同一损害的发生或者扩大有过错的，可以减轻侵权人的责任。”在用人单位侵犯劳动者名誉权时，有些情形是用人单位的单方过错，但有些情形下劳动者自身也存在一些不当行为，例如违反劳动纪律、盗窃企业财物、生活作风不检点等。如果用人单位基于劳动者自身的不当行为而做出了过分宣扬劳动者隐私、侮辱其人格的行为，则可以认定用人单位与劳动者在行为过程中均存在一定过错，根据与有过失原则，可以适当减轻用人单位的赔偿责任。再有，劳动者从用人单位离职后，未积极寻找工作机会，导致一段时间内没有收入或收入减少，也可以根据与有过失原则相应减轻用人单位的责任。在具体裁量的过程中，人民法院可依职权采用过失相抵的计算方法比较双方的过错程度和原因力，从而确定在何种程度上减轻用人单位的责任。在判断过错程度方面，通常采用的标准是衡量双方义务的内容与轻重。如前所述，用人单位因其对劳动者所具有的管理职权及评价权利而应承担相对较重的注意义务，因此，法官对于过错程度的认定可以有适度的倾向性。而在原因力方面，用人单位与劳动者对于名誉权项下的损害发生可能具有各自的原因行为，并且不同原因对损害后果的发生各自产生效果，因此法官可以对两个方面的原因分别作出单独判断，再综合作出赔偿责任范围的认定。

2. 损益相抵。“损益相抵，也称‘损益同销’，是指当赔偿请求权人因同一赔偿原因事实而受有利益时，赔偿义务人有权要求将该利益加以扣除，从而

---

① 杨立新：《侵权责任法》，法律出版社 2012 年版，第 200 页。

② 2021 年 1 月 1 日《民法典》施行后，该法废止。

确定损害赔偿之范围的制度。”① 同与有过失类似，损益相抵也是侵权法与合同法中涉及赔偿损失时共同适用的一项原则，其理论基础在于损害赔偿法中的“禁止获利”原则，即损害赔偿自身的补偿功能要求赔偿权利人所获赔偿的目的是弥补损失，不能因该赔偿而获得比损害发生前更有利的地位。例如，劳动者被用人单位辞退后，获得了更好的工作机会和薪资报酬，则虽然用人单位实施了侵权行为，但劳动者就收入减损提出的损害赔偿主张不能获得支持。需要注意的是，由于我国司法实践中对于损失的认定相对较为严格，需要权利人提供充分证据证明其损失的发生及其数额，且通常仅认定已经产生或必然产生的损失，对于可能发生的损失则不予保护，因此对于损益相抵规则的适用要尤为慎重，以免损害被侵权人的合法权益。例如，劳动者自行投保的商业保险在其失业期间给付的资金或者劳动者失业期间领取的最低生活保障收入等，就不应作为因用人单位侵权行为所产生的收益在赔偿损失时予以扣减。

【拓展适用】

一、用人单位侵犯劳动者名誉权与正常管理行为的区别

用人单位与劳动者之间缔结的劳动关系，既是一种合同关系，也是一种管理与被管理、约束与被约束的层级与隶属关系。为了正常行使其管理职能，使劳动者按照用人单位的指示付出劳动、创造价值，用人单位需要制定一系列的规章制度，对劳动者实施相应的奖惩措施，这种正常管理行为不应受到司法行为的干涉。《最高人民法院关于审理名誉权案件若干问题的解释》规定，国家机关、社会团体、企事业单位等部门对其管理的人员作出的结论或者处理决定，当事人以其侵害名誉权向人民法院提起诉讼的，人民法院不予受理。这一规定针对的就是用人单位对劳动者所实施的正常管理行为，这类行为依法不属于民事诉讼案件的受理范围。但对于用人单位超越正常管理界限的行为，例如侮辱、诽谤劳动者或不当宣扬其隐私等，则当然可以作为名誉权纠纷提起诉讼。对于用人单位对于劳动者的正常管理行为与用人单位侵犯劳动者名誉权的行为，可以从以下几个方面做出区分：

（一）行为的性质和目的不同

用人单位对于劳动者的正常管理行为，其着眼点在于“管理”，即通过制定、执行行为规范及相应的奖惩措施来约束劳动者的行为，使其按照要求完成

---

① 程啸：《侵权责任法》，法律出版社2011年版，第582页。

工作任务，目的是在用人单位对劳动者工作管理的职权范围内发挥敦促和监督作用，其行为不涉及与劳动者本职工作无关的其他情况。而侵犯名誉权的行为则恰恰相反，其性质和目的不在于或不仅仅在于管理，而是通过对劳动者做出负面评价的方式导致其名誉的贬损，评价的内容往往不限于劳动者的本职工作，而是涉及劳动者的人格品质或道德水准等，超出了对劳动者工作管理的范畴。

（二）主观过错不同

用人单位遵循工作规程的正常管理行为，不具有主观上的过错；而侵犯名誉权的行为，则意味着用人单位有故意或过失贬损劳动者名誉的主观恶意，具有明显过错。

（三）产生的法律后果不同

用人单位的正常管理行为，即使对劳动者造成了一定的不利益，例如对劳动者违反工作规范的行为处以罚款，但这种不利益是基于劳动者的违规行为而产生的不利后果，具有程序上和实体上的正当性，通常不会对劳动者造成精神上的伤害，也不会产生用人单位的赔偿责任。而侵犯名誉权的行为是以用人单位的主观过错为前提，行为损害了劳动者的合法权益，造成劳动者精神上和财产上的双重损失，用人单位需给予相应赔偿。

基于上述区别，对于用人单位侵害劳动者名誉权的诉讼案件，其诉讼标的指向的并不是用人单位的内部管理行为是否恰当，而是用人单位以管理为名实施的侵权行为及相应责任。但在某些情形下，用人单位的正常管理行为与侵权行为可能从外观上难以区分，例如用人单位以劳动者盗窃为由解除劳动合同并发出公告，公开宣扬该劳动者存在盗窃行为，此时认定用人单位的行为是否构成侵权就需要对劳动者是否实施了盗窃行为这一事实作出实质审查。那么，此时劳动者提起的名誉权诉讼案件是否应予受理呢？笔者认为，为充分保护权利人的诉权，对于这类案件均应予以受理，经审查发现属于用人单位正常管理行为的可以裁定驳回起诉，属于侵犯名誉权的行为则按照普通民事诉讼案件进行审理，并根据侵权行为的相应规则作出实体判决。

二、用人单位侵犯劳动者名誉权的诉讼程序

对于通常的名誉侵权案件，人民法院并未针对案件的受理和审理程序作出特别规定，应当适用普通民事案件的审理程序。但在劳动法律关系中，有一项特别的法律制度，即劳动仲裁前置程序。劳动仲裁是指由劳动争议仲裁委员会根据当事人的申请，对劳动争议的事实和责任居中作出公断与裁决，并对当事

人具有法律约束力的一种劳动争议处理方式。① 根据《劳动法》《最高人民法院关于审理劳动争议案件适用法律若干问题的解释》的相关规定，劳动争议仲裁程序是人民法院受理劳动争议案件的前置程序，当事人必须先向劳动争议仲裁委员会申请仲裁，对仲裁裁决不服的，在收到裁决书后15日内可以向人民法院起诉；未经劳动争议仲裁委员会仲裁的，人民法院不予受理。因此，在用人单位与劳动者之间因名誉侵权行为产生争议时，是否需要适用劳动争议仲裁前置程序就成为一个需要讨论的问题。

对于劳动争议仲裁程序适用的案件范围，《劳动争议调解仲裁法》给出了相对明确的解答。《劳动争议调解仲裁法》第2条规定："中华人民共和国境内的用人单位与劳动者发生的下列劳动争议，适用本法：（一）因确认劳动关系发生的争议；（二）因订立、履行、变更、解除和终止劳动合同发生的争议；（三）因除名、辞退和辞职、离职发生的争议；（四）因工作时间、休息休假、社会保险、福利、培训以及劳动保护发生的争议；（五）因劳动报酬、工伤医疗费、经济补偿或者赔偿金等发生的争议；（六）法律、法规规定的其他劳动争议。"根据上述规定，劳动争议仲裁程序适用的范围应限于劳动争议，即用人单位与劳动者之间因劳动关系的缔结及劳动合同的履行而产生的争议纠纷。用人单位侵犯劳动者名誉权的行为显然不属于劳动争议的范畴，应不适用劳动争议仲裁前置程序，这与目前的主流学术观点和司法实践也是相一致的。但在某些具体情形中，劳动争议与名誉侵权行为可能会难以区分，造成纠纷性质认定上的困难。例如，用人单位以劳动者盗窃财物为由对其作出辞退处理，劳动者认为自己没有实施盗窃行为，对用人单位的辞退行为不能认同，在这种情况下，双方产生的纠纷是劳动争议还是名誉侵权？笔者认为，当用人单位与劳动者之间的纠纷同时涉及侵犯名誉权及劳动争议时，首先要考虑引起纠纷的是同一行为还是两个以上存在联系的不同行为，从而对当事人的诉权作出判断。如果是针对同一行为，例如前述用人单位的辞退行为，劳动者既可以以名誉权被侵犯为由提起侵权诉讼，也可以基于劳动关系而申请劳动仲裁，但两项请求构成请求权的竞合，只能择其一行使。两项权利的行使可能在证明责任、法律后果等方面均存在一定区别，劳动者可以选择对自己相对有利的一种权利行使方式。如果是针对两个以上不同行为，例如用人单位辞退劳动者以后又向其拟应

① 张军辉、马瑞杰：《关于对劳动争议诉讼中程序问题的思考》，载《法制与社会》2012年第3期。

聘的单位通告其盗窃行为，导致劳动者求职困难，则劳动者既可以就用人单位的辞退行为申请劳动仲裁，同时也可以向人民法院提起诉讼，要求用人单位就其通告行为承担侵权赔偿责任，因两项请求系针对不同行为、基于不同诉因，可以并行主张，互不影响。

【典型案例】

徐某诉上海某某冶金建设公司侵犯名誉权纠纷案

原告：徐某。

被告：上海某某冶金建设公司。

法定代表人：陈某，该公司总经理。

〔基本案情〕

原告徐某因与被告上海某某冶金建设公司（以下简称某冶公司）发生侵犯名誉权纠纷，向上海市宝山区人民法院提起诉讼。

原告徐某诉称：原告于1983年8月至被告某冶公司工作，双方签有正式劳动合同。2001年1月4日，原告向被告提交书面辞职报告，被告负责人于同年1月8日在原告的辞职报告上签字同意，原告亦按被告的要求进行了工作交接。原告离开被告处以后，在求职过程中，多次遇到用人单位起初同意录用，但随后又以各种理由拒绝录用的情况。2005年2月，原告到上海晖龙自动化技术有限公司应聘，面试合格后，该公司又以原告曾因违反劳动纪律被原单位解除劳动合同为由，拒绝录用原告。原告此时才知道被告在为原告办理退工手续时，注明原告是因违纪被解除劳动合同。正是被告作出的这种不实记载，致使原告在和被告解除劳动合同后至今未找到工作，长期无法就业。另被告未按规定及时将退工单第三联交给原告，原告至2005年8月才从被告处取得该退工单。原告认为，在双方解除劳动合同后，被告对已不属于其职工的原告再以违反劳动纪律为由作出解除劳动合同的决定，是无效的，且原告事实上也根本没有违反劳动纪律的行为。被告的上述行为侵害了原告的名誉权，并对原告的重新就业、求职造成影响，使原告长期找不到工作，被告理应承担相应的法律责任。请求判令被告停止侵害原告名誉权；向原告书面赔礼道歉，消除影响；赔偿原告经济损失29340元（按每年上海市职工最低工资标准，2001年计算6个月、2002年计算12个月、2003年计算12个月、2004年计算12个月、2005年计算8个月）；赔偿原告精神损害抚慰金2000元。

被告某冶公司辩称：原告徐某的辞职申请应向公司劳动人事部门提出，并由劳动人事部门决定是否与原告解除劳动合同。原告在向其主管领导提出辞职后，被告曾两次发函通知原告前来办理有关手续，但原告未来办理，故被告未与原告解除劳动合同。直到2004年5月，因原告持续旷工，被告才解除了与原告的劳动合同。在解除劳动合同前，被告仍按规定支付了原告工资并为原告缴纳了养老金等。被告认为，原告在递交了辞职报告后，尚未按规定与被告解除劳动合同即不来上班，持续旷工，违反了本公司的劳动纪律，故被告以原告违纪解除劳动合同是正确的，请求驳回原告的诉讼请求。

上海市宝山区人民法院查明：原告徐某自1983年8月1日起进入被告某冶公司工作。1996年12月，原告与被告签订“劳动合同书”，约定：某冶公司机械设备安装工程公司（以下简称机装公司）根据生产需要，录用原告。合同的期限为无固定期限，自1997年1月1日起，若双方约定的解除或终止条件出现，劳动合同即解除或终止。双方在合同中还约定：经双方协商一致，同意解除劳动合同的，双方可以解除劳动合同；原告严重违反公司劳动纪律及规章制度的，被告可解除劳动合同；原告提前30日书面通知被告解除劳动合同，并履行了劳动合同约定的赔偿、违约条款，原告可以随时解除劳动合同。2001年1月4日，原告向被告提交书面辞职报告。同年1月8日，机装公司副经理杨华兴签字同意了原告的辞职申请。当日，原告将工作移交给被告。后原告一直未到被告处上班。2001年5月30日，被告因原告于2001年1月提出辞职后一直未上班，也未办理任何请假手续，解除了与原告的劳动关系。同日，被告开出上海市职工退工通知书，在通知书上写明：因原告违纪解除，于2001年5月30日退工。

上海市宝山区人民法院另查明，在与原告徐某解除劳动合同前，被告某冶公司仍向原告发放了2001年2月、3月、4月的工资。被告于2001年5月30日开出上海市职工退工通知单后，将其中一联给了上海市宝山区月浦镇劳动服务所，但未将上海市职工退工通知单交给原告。2005年2月，原告到上海晖龙自动化技术有限公司应聘，该公司以原告曾因违纪被原单位解除劳动合同为由拒绝录用原告。原告于2005年8月从被告处领取了上海市职工退工通知单。

上海市宝山区人民法院还查明，机装公司系被告某冶公司下属的分支机构。

〔一审裁判要旨〕

上海市宝山区人民法院认为，原告徐某向其所在单位、被告某冶公司下属分支机构机装公司提交了辞职报告，机装公司副经理杨华兴于2001年1月8日签字同意了原告的辞职要求。杨华兴的行为应视为被告的行为，且原告随后也于当日完成了工作移交，故应当认定原告与被告于2001年1月8日协商解除了劳动合同。被告辩称，根据其公司内部规定，原告应向公司劳动人事部门提交辞职报告，杨华兴无权批准原告的辞职申请，故杨华兴的签字不能视为被告同意原告的辞职。法院认为，杨华兴作为被告下属分支机构机装公司的副经理，是否有权同意原告提出的辞职申请，属于被告内部规定公司领导成员分工的事项，原告作为一般员工并不知情。本案中，杨华兴应当知道自己无权批准原告的辞职申请，但杨华兴并未告知原告应向公司劳动人事部门提出辞职要求，而是自行作出批准决定，原告认为杨华兴批准后双方即可解除劳动合同，并无不当，故对被告的上述辩解意见不予采纳。

被告某冶公司在事实上已经与原告徐某解除劳动合同后，又以原告旷工违纪为由，再次单方面解除与原告间的劳动合同关系，并在退工单上写明原告因违纪被解除劳动合同，缺乏事实依据，其行为具有过错。因被告将其中一联退工单交给了上海市宝山区月浦镇劳动服务所，使得原告在求职市场上存在了不良记录，导致包括上海晖龙自动化技术有限公司在内的不特定的用人单位了解到原告“曾因违纪被解除劳动合同”这一不真实的情况。被告的行为损害了原告的名誉，侵犯了原告的名誉权。对原告要求被告停止侵害其名誉权、书面赔礼道歉的请求，应予支持。根据被告侵权的行为方式、手段、场合及所造成的后果，原告要求被告赔偿精神损害抚慰金 2000 元，并无不当，予以支持。原告诉称 2005 年 2 月到上海晖龙自动化技术有限公司应聘时，在面试合格后，该公司以原告曾因违反劳动纪律被原单位解除劳动合同为由拒绝录用原告，有原告提供的上海晖龙自动化技术有限公司的通知单为证，予以采信。对原告因此要求被告按上海市最低工资 690 元标准计算 2005 年 8 个月的损失，计 5520 元的请求，予以支持。原告要求被告按前述标准赔偿 2001 年、2002 年、2003 年、2004 年的损失，但未提供相应的证据予以证明，不予支持。

据此，上海市宝山区人民法院依照《中华人民共和国民法通则》第一百二十条第一款之规定，于 2006 年 8 月 14 日判决：

一、被告某冶公司于本判决生效之日起 10 日内将 2001 年 5 月 30 日开出的上海市职工退工通知单上的退工原因予以更正并向原告徐某书面赔礼道歉（道歉内容应经本院核准）；

二、被告某冶公司于本判决生效之日起 10 日内赔偿原告徐某精神损害抚慰金 2000 元；

三、被告某冶公司于本判决生效之日起 10 日内赔偿原告徐某 2005 年 8 个月的经济损失 5520 元；

四、原告徐某的其余诉讼请求不予支持。

〔当事人上诉及答辩意见〕

某冶公司不服一审判决，向上海市第二中级人民法院提起上诉称：被上诉人徐某的辞职申请应当向公司劳动人事部门提出，且徐某在向其领导提出辞职后，某冶公司曾二次发函通知徐某前来办理有关手续，但徐某始终未来办理，直至 2001 年 5 月某冶公司因徐某持续旷工与其解除劳动合同。故某冶公司并未侵犯徐某的名誉权，请求二审法院依法改判，驳回徐某的诉讼请求。

被上诉人徐某辩称：在上诉人某冶公司与被上诉人解除劳动合同后，被上诉人即不再是上诉人的员工，上诉人却以被上诉人违纪为由再次作出解除劳动合同的决定，并将“违纪”事由写进职工退工通知单，影响被上诉人就业，侵犯了被上诉人的名誉权，应当承担相应的民事责任。请求二审法院维持一审判决。

〔二审查明的事实〕

上海市第二中级人民法院经审理，确认了上海市宝山区人民法院一审认定的事实。

〔二审裁判要旨〕

上海市第二中级人民法院认为：

名誉是指根据公民的观点、行为、作用、表现等所形成的关于公民品德、才干及其他素质的总体社会评价。公民享有名誉权，法律禁止用侮辱、诽谤等方式损害公民的名誉。劳动用工单位有权对劳动者实施管理并对劳动者的劳动、工作情况作出客观、公正的评价，这种评价也是劳动者总体社会评价的重要组成部分。劳动用工单位对劳动者作出不实、不良的评价是否构成对劳动者名誉权的侵犯，应当根据劳动用工单位的行为是否具有过错、劳动者的名誉有无被损害的事实、劳动用工单位的行为与劳动者的名誉受损之间有无因果关系等因素加以认定。

被上诉人徐某原系上诉人某冶公司下属分支机构机装公司的员工。2001 年 1 月 4 日，徐某向机装公司提交辞职报告，经机装公司副经理杨华兴签字同意后，徐某办理了工作移交。某冶公司上诉称杨华兴无权批准徐某辞职，徐某尚未正式办理退工手续即不来上班，属于旷工，某冶公司以徐某违反劳动纪律为由解除劳动合同，并无不当。法院认为，杨华兴是否有权决定批准徐某的辞职申请，涉及某冶公司内部管理问题，徐某作为普通员工对此并不了解。杨华兴在接到徐某的辞职报告后并未指示徐某到公司相关职能部门办理辞职事宜，而是直接在辞职报告上签字同意，徐某因此认为已经与某冶公司解除劳动合同并无不当。一审认定徐某以辞职方式与某冶公司解除劳动合同关系正确，某冶公司的该项上诉理由不能成立。某冶公司在已经与徐某解除劳动合同关系后，又以徐某尚未正式办理退工手续即不来上班，属于违反劳动纪律为由，再次作出解除劳动合同的决定，并在退工通知书中记载“因违纪而解除合同”，致使徐某在求职市场上存在不良记录，其行为缺乏依据并具有过错。

上诉人某冶公司在被上诉人徐某退工通知书中作出的关于徐某“因违纪而解除劳动合同”的不实记载，是对徐某劳动、工作情况的负面评价。该不实记载存在于求职市场，为相关用人单位所知悉，事实上降低了对徐某的社会评价，并对其就业、求职产生了一定的负面影响。一审认定某冶公司的行为构成对徐某名誉权的侵犯，并根据侵权的行为方式、手段、场合及所造成的后果判令某冶公司承担相应的民事责任，并无不当。

据此，上海市第二中级人民法院依照《中华人民共和国民事诉讼法》第一百五十三条第一款第（一）项之规定，于 2006 年 8 月 14 日判决：驳回上诉，维持原判。

规则 12：经营单位的工作人员在无确凿证据的情况下，在公共场所盘问并对消费者实施搜查行为的，构成名誉侵权

——倪培某、王某诉某某国际贸易中心侵害名誉权纠纷案①

【裁判规则】

法律从未赋予市场工作人员盘问和检查消费者财物的权利，因而市场无权张贴要求消费者将自己的提包打开供市场工作人员查看的公告。尽管此公告张贴在市场门口，但由于它没有法律依据，因而是无效的，消费者有权不执行公告的规定。市场工作人员怀疑消费者偷拿市场的货物，本应依照法定程序提交法定机关调查处理；在没有确凿证据的情况下，在公共场所盘问、搜查消费者的物品，其行为侵害了消费者依法享有的名誉权。市场工作人员是在工作岗位上履行市场为其规定的职责时对消费者实施侵权行为的，其侵权民事责任应由市场承担。

【规则理解】

一、学界对于自然人名誉的评说

按照成文法系的传统理论，民事权利体系大致可以分为人格权、物权和债权三个组成部分，名誉权属于其中人格权的范畴，是精神性人格权的一种，是以名誉的维护和安全为内容的人格权。② 对于人格权的保护，并不是民法体系最初关注的重点，尽管从罗马时期就零星存在对于侵犯人格权利进行惩罚的规定③，但显然对于财产权利的保护程度要远远高于人格权。直到进入 20 世纪后半叶，经济发展速度越来越快，伴随着物质生活的富足和对战争的反省，人们对于精神层面的追求更加丰富，对于不尊重人的尊严和人格的行为越来越不能

---

① 《中华人民共和国最高人民法院公报》1993 年第 1 期。

② 人格权可以区分为物质性人格权和精神性人格权，身体权、健康权等与人身直接相关的为物质性人格权，通常仅适用于自然人；而姓名、肖像、隐私、名誉等则属于精神性人格权，精神可以是拟制的，因此某些精神性人格权既可以适用于自然人，也可以适用于法人。

③ 公元前 450 年的《十二表法》第八表第 1b 条规定："如果某人念侮辱人或致人不名誉的歌谣，应处死刑。"这是以刑法手段保护自然人的名誉权的规定。以民法手段对同样的法益进行保护的，有侵辱之诉，其中有保护人格尊严的类型。转引自徐国栋等：《人格权制度历史沿革考》，载《法制与社会发展》2008 年第 1 期。

容忍，于是要求加强对人格权保护的呼声日渐增高。以德国为例，《德国民法典》本来唯一明确承认的人格权就是姓名权，但在司法判例中却认可了“一般人格权”的概念，甚至把对人格权的保护扩大到死者①。各国立法或司法领域纷纷在人格权保护上做出突破，隐私权、肖像权、名誉权等权利都曾经引发广泛讨论，时至今日，对于人格权的保护已经成为侵权法领域的重大研究课题和方向。民法关注和保护的重点从财产权到人格权的过程，也是人类社会从仅能满足人们物质需求过渡到关注精神层面需求的发展历程，是民法体系和社会整体进步的重要体现。

名誉权，是人格权中比较典型的一类权利，其核心就是法律对名誉的保护。因此对于名誉如何理解直接决定了名誉权的外延。学术界对于自然人名誉如何理解主要有以下几种观点：1. 人格尊严说。该观点认为，名誉是指公民的人格尊严，是公民在社会上受到的评价，通常指其人格在社会上得到的尊重。2. 综合说。该观点认为名誉包括两方面的内容：一是内部的名誉，即人格价值本身的评价，如自我的评价；二是外部的名誉，即人格价值的社会评价，如人的名声、品质等的评价。而名誉是个人评价与社会评价的综合。3. 社会评价说。该观点认为，名誉是指社会公众对公民或者法人的品德、情操、才干、声望、信誉和行为等各方面的综合评价。即从社会角度对个人价值作出评价来界定名誉。②

以上三种观点中，第一种观点与《民法通则》第 101 条的表述基本一致③，其实质是将公民的名誉与人格尊严等同起来。名誉可以从人格尊严的角度来理解，但二者外延上并不完全一致，侵害公民名誉权的行为，都会在不同程度上损害公民的人格尊严；但侵害人格尊严的行为，不一定造成名誉的贬损。例如，丈夫在家中对妻子辱骂，没有第三人知道，这种行为未必构成对名誉的损害，但显然侵犯了妻子的人格尊严。从这个意义上说，人格尊严的范围要大于名誉，将二者相等同的观点不可取。第二种观点与第三种观点各有拥趸，二者的共同之处是赞同对公民的社会评价产生名誉，属于名誉权保护的范围；区别之处在

---

① ［德］卡尔·拉伦茨：《德国民法通论（上册）》，王晓晔等译，法律出版社 2003 年版，第 172—173 页。

② 对于名誉的几种学说观点，转引自马莉：《自然人名誉权法律保护问题研究》，郑州大学 2005 年硕士学位论文。

③ 《民法通则》第 101 条：“公民、法人享有名誉权，公民的人格尊严受法律保护，禁止用侮辱、诽谤等方式损害公民、法人的名誉。”

于，对于公民的自我评价是否属于名誉权保护的范围存在争议。仅就理论而言，社会评价说占据更为主流的地位。为什么社会评价会受到如此重视？理由很简单，人是社会的动物，每个人都会关注自身所获得的社会评价，社会评价的高低、好坏，至少会对被评价者产生两方面的影响：1. 被评价者会因评价是否公正和善意而感受到精神上的愉悦或伤害。这种精神层面的影响，虽然不会直接导致被评价者所拥有的物质财富增加或减少，但却会影响人对自身存在价值的认知；2. 社会公众会根据了解到的评价内容对被评价者做出判断，进而使被评价者获得或丧失一定的机会，从而导致经济利益的增加或减少。因此，公民获得的社会评价就是名誉，保障公民的社会评价不会人为地、恶意地被贬损就是对名誉权的保护，这一点毋庸置疑。《民法典》第 1024 条第 1 款保留了《民法通则》第 101 条规定内容精神，同时在第 2 款对名誉作出了界定："名誉是对民事主体的品德、声望、才能、信用等的社会评价。"通常情况下，名誉权所保护的是社会对被评价者所做出的公正、客观评价，而不是被评价者的主观感受。例如，一个人对自身能力评价很高，但公开发表的一篇文章获得了较低的评价，因此而感到精神上受到伤害。如果他得到的评价是客观公正的，不存在刻意侮辱、诽谤等情形，就不能以名誉权受到损害为由要求法律保护。也就是说，公民的自我评价不应属于受保护的"名誉"范畴。然而具体到司法实践中，这种客观评价与主观感受之间的界限时有模糊，自我评价是否应列入"名誉"概念在遇到具体问题时变得不那么容易回答。在很多情况下，尤其是涉及新闻报道、媒体评价时，媒体公布的是基本客观的情况，并没有用侮辱、诽谤等方式降低对公民的社会评价，但被公布的客观情况本身导致社会公众的批评或指责，被评价者的自我评价受到很大影响。例如，网络上曾经盛行"人肉搜索"，王某因婚外情与妻子爆发冲突，妻子愤而跳楼，这一情况盛传于网络，很多人通过网络搜索了解到王某及其情人的真实身份及工作、生活情况，通过批评、指责、向单位举报等方式严重干扰二人的生活。王某因不堪骚扰，向人民法院以名誉权、隐私权受到侵害为由提起诉讼，最终法院认定，将王某的真实姓名、工作单位、家庭住址、与其他女性有"婚外情"的信息在网站中进行披露，对王某的影响已经从网络发展到现实生活中，不仅严重干扰了王某的正常生活，而且使王某的社会评价明显降低，侵犯了王某的隐私权和名誉权。笔者认为，在这个案件中，自我评价和社会评价是不同的概念，网站对王某婚外情的披露并没有降低王某的社会评价，因为其披露的内容是客观、公正的，但这种媒体行为将王某的隐私公之于世，实际侵犯的是王某的隐私权。只是在我国现有的法律体系中，隐私权与名誉权并未完全分离，也因此导致了关于“名誉”概念以及名誉权保护对象的不同观点。①

二、自然人名誉权侵权责任成立的认定

对于名誉权的保护，除了法律规定的宣示型条款，更主要的是以对侵权行为的惩罚表现出来。因侵犯名誉权而承担相应责任，需要从以下几个方面把握②：

（一）注意把握侮辱和诽谤的宽严尺度

根据《民法通则》第101条的规定，侵犯名誉权的行为方式被界定为“以侮辱、诽谤等方式损害公民、法人的名誉”。《民法通则意见》第140条规定：“以书面、口头等形式宣扬他人的隐私，或者捏造事实公然丑化他人人格，以及用侮辱、诽谤等方式损害他人名誉，造成一定影响的，应当认定为侵害公民名誉权的行为。”《民法典》对上述规定的内容精神进行了保留，即第1024条第1款规定：“民事主体享有名誉权。任何组织或者个人不得以侮辱、诽谤等方式侵害他人的名誉权。”同时，《民法典》第1032条对自然人的隐私权保护作出了规定，即“自然人享有隐私权。任何组织或者个人不得以刺探、侵扰、泄露、公开等方式侵害他人的隐私权。隐私是自然人的私人生活安宁和不愿为他人知晓的私密空间、私密活动、私密信息”。司法实践中对于不同案件中认定构成侮辱、诽谤的标准存在一定区别，对于“侮辱”，在涉及公民个人隐私时往往会采取从宽解释，例如前述的“人肉搜索”案件中，即使没有采用侮辱性质的言辞，但网站依然可以被认定为侵权，再比如商场工作人员要求顾客打开提包进行检查，尽管态度客气、措辞文明，同样可以认为构成对人的侮辱；而对于“诽谤”，通常采取较为严格的解释，即使某些评价内容与被评价人的真实情况有所区别，但出于保护言论自由的考虑，也不宜直接认定为诽谤，而是要将评价人的主观恶意及偏离事实的程度结合在一起作出综合判断。再有，侵害名誉权的行为通常是公开进行的，主要的表现形式就是通过公众传媒的方式披露情况或对人作出评价，报纸杂志、网络等都是重要的途径。这是因为向社会公众公开是形成社会评价的必经途径。但在特殊情况下，非公开的方式也可以构成侵犯名誉权，例如持续向公民发送短信或拨打电话进行辱骂、威胁，只要造成的不良影响达到一定程度，也可以构成侵权行为。

---

① 关于名誉权与隐私权关系，详见“拓展适用”部分。

② 为避免讨论范围过分扩张，本处关于侵权责任的分析仅限于自然人名誉侵权。

（二）以事实推定的方式认定损害后果

构成对自然人的名誉侵权，还需要有损害后果的发生，这种损害不一定是物质上、经济上的损失，因侵权行为而导致被侵害人感受到精神上的压力或痛苦同样可以被认定为损害。由于精神损害或者社会评价有所降低这类损害后果客观上很难举证或证明，司法实践中其实采取了一种事实推定的方式认定损害后果，即只要被侵权人提供证据证明对方实施了针对自己的侮辱、诽谤的行为，这种行为已经被第三人所知，并且按照通常判断这种行为会导致被侵权人的精神痛苦，那么就推定发生了损害后果。此外，在判断是否造成损害时，行为及后果的严重程度也是需要考虑的一个重要因素。如果行为本身较为缓和、未造成实质性的后果，虽然相对方也会受到一定的伤害，但有可能未达到构成侵权的程度。例如，同学之间因琐事引发争吵，双方在不理智的情况下相互辱骂，但争吵很快平息、没有造成严重后果的，一般不认为构成侵权；如果矛盾升级，一方不断散播贬损对方人格的言论，致使对方被朋友孤立、遭受很大痛苦，就可以被认定为构成侵权。损害程度的界限无法从理论上明确界定，只能结合具体事实综合进行判断。通常认为，行为未达到影响正常工作、学习、生活或社会交往的程度，可以认定该行为构成侵权，但并不一定判决承担侵权责任。

（三）侵权行为与损害后果之间有的因果关系应从宽认定

在侵权行为的归责过程中，因果关系是一项非常重要的因素。即使侵权人实施了侵害名誉权的违法行为、权利人的名誉权受到了损害，只要违法行为与损害之间没有因果关系，侵权人的侵权责任就不能成立。对于如何认定构成因果关系，学术界有多种观点，直接因果关系说、相当因果关系说、条件说、法规目的说等，从不同角度对是否构成因果关系作出判断，涉及侵权责任法的大量基础理论问题，此处不再一一赘述。[①] 名誉侵权的特殊之处在于，侵权行为通常通过降低社会评价的方式实施，同一行为作用于不同公民可能产生比较大的个体差异，因果关系的链条相对松散，不易认定。例如学校老师采用苛刻批评的方式教育学生，某学生因无法忍受而患上心理疾病，但其他学生没有表现出这样的情况，后来发现患上心理疾病的学生家庭不和睦、父母动辄对他打骂。在这种情况下，老师的批评与该学生患上心理疾病是否有因果关系在认定上就存在一定困难。对于这种情形，司法实践中的通常做法是相对从宽认定因果关

---

① 关于因果关系的不同理论，可参见程啸：《侵权责任法》，法律出版社2011年版，第178—183页。

系，通过调整赔偿责任的范围和大小来限定侵权责任的承担。例如在前述学生患上心理疾病的案例中，可能导致该学生患病的因素包括老师的批评、父母的打骂以及自身性格等多个方面，如果其主张老师的批评构成侵犯名誉权，在符合其他侵权责任构成要件的前提下，法官可以按照各方因素影响的大小判决老师按相应比例承担侵权责任。

（四）公众人物适用侵权责任认定的不同标准

通常情况下，侵权责任适用的是过错责任原则，即侵权人承担责任以主观方面负有过错为前提，无过错则无责任；例外适用严格责任的情形，需要法律的明确规定。名誉权适用普通的过错责任原则，行为人仅就自己的过错行为承担责任。主观上的过错包括故意和过失。通常而言，以侮辱、诽谤等方式侵害他人名誉权的，行为人的主观恶意非常明确，故意的情形居多，这类情形判断承担侵权责任比较简单。但也不排除在特殊情况下，行为人并非故意，而是存在疏忽大意或者过于自信的过失，例如网络媒体对第三方发布的信息审核不严，或者如商场在对顾客产生怀疑时自认为有权利检查顾客的提包。不同的主观过错形态或者程度，对于责任大小及赔偿数额的认定会有所影响，但并不影响侵权责任的成立。需要注意的是，在判断是否存在过失、进而认定侵权责任成立时，有时会产生不同的观点。尤其是对个人隐私信息的披露，如果披露的内容是客观真实的，但却会对被披露信息的人造成较大影响，对于这种行为是否构成过失侵权往往认识不一。例如在前述“人肉搜索”案件中，最早在网络上公布王某真实身份等情况的人是其妻子的朋友张某，张某发表的信息及评价并没有过分偏离事实，但法院最终依然认定张某构成侵权。在这一问题上，美国判例法将公众人物与普通群众区分开来，适用不同的侵权责任认定标准：公众人物的名誉权、隐私权应当受到一定程度的限制，对他们的客观报道和带有一定倾向的主观评价通常无须承担侵权责任；而作为普通群众的自然人，名誉和隐私会受到相对严格的保护。按照美国有些判例的分类，公众人物可以包括三类人：一是在政府机关担任重要公职的人员，例如总统；二是自愿的公众人物，例如歌星、影星；三是非自愿的公众人物，指某些人本身不是公众人物，但因某些事件的发生而偶然卷入其中从而成为“公众人物”。[①] 这三类公众人物中，第一类、第二类比较典型，对于他们名誉权的限制，是基于社会公共利益权衡

① 关于美国判例法上的公众人物及其分类，详见王利明：《公众人物人格权的限制和保护》，载《中州学刊》2005年第2期。

的结果；第三类是法律规则真正的模糊地带，需要法官在具体办案过程中进行衡量。我国是成文法国家，现行立法体系中并没有对公众人物和非公众人物的名誉权侵权责任认定作出区分，但通过查阅实际案例可以发现，法官在裁判案件时对于被侵权人是否属于公众人物是有所考量的，并且通过主观过错的认定来进行区分。对于公共官员的职务行为、生活作风以及明星的私人生活等涉及一定隐私的事实，媒体进行报道及适当评论没有过错，不需要承担侵权责任；但对于普通群众，同样的行为如果造成了对公民的不利影响，则可能被认为存在过错、承担相应责任。对于非自愿成为公众人物的情形，如果为了达到新闻报道或社会公益的目的，需要以一定方式曝光，并且难以预见行为会产生不利影响的，一般不认为存在过错，但如果手段失当、超出合理范围，则可能被认定为过错侵权。例如，在2007年底，《新闻联播》播出了一个关于网络不良视频节目的新闻，接受采访的一个女孩张某说："我上网查资料时突然弹出来一个网页，很黄很暴力……我赶紧把它给关了。"一时间"很黄很暴力"成为网络流行语，张某也因此成为公众人物。《新闻联播》在播出这一新闻时只是为了宣传公益的目的，难以预见，也没有希望对张某造成不好的影响，不应认为构成侵权。但随后有人通过网络大肆传播，并且对张某的学校、生活进行公开，严重影响了张某的正常生活，该种行为就可以认定为存在一定过错。

三、承担侵权责任的方式及赔偿范围

在名誉权受到侵犯时，可能发生的损害既包括精神损害，也包括财产损害。由于名誉权是关乎公民人格尊严的精神性权利，只要认定构成侵犯名誉权，就一定会产生对公民的精神损害，同时由于社会评价的降低可能导致经济利益的损失，即财产损害。对于侵权行为造成的这些损害，《民法通则》第120条规定了五种承担侵权责任的方式①，《民法典》第995条对上述规定的内容精神进行了保留。侵权责任方式大体可以分为两类，详述如下：

（一）非经济补偿方式

侵权责任中的停止侵害、恢复名誉、消除影响、赔礼道歉，均属于非经济补偿方式，即以直接支付金钱以外的方式停止或减少对被侵权人的伤害，弥补

---

① 《民法通则》第120条第1款规定："公民的姓名权、肖像权、名誉权、荣誉权受到侵害的，有权要求停止侵害，恢复名誉，消除影响，赔礼道歉，并可以要求赔偿损失。"2021年1月1日《民法典》施行后，该法废止。该条规定的内容精神，在《民法典》第995条规定中得以保留。

被侵权人的损失。这四种方式中，停止侵害和赔礼道歉是司法实践中比较常采用的责任方式，而恢复名誉、消除影响既可以是责任方式，也可以作为采取措施承担责任的结果。几类责任方式针对的都是侵权人的行为，与金钱赔偿相比存在难以强制执行的问题。为此，根据《民法通则》第 134 条第 3 款的规定，人民法院在侵权人拒绝按上述方式承担责任时，可以予以训诫、责令具结悔过，并可以依法处以罚款、拘留。① 在上述行为可以采取金钱替代方式实施时，人民法院也可以直接强制执行。例如可以直接以侵权人名义在报纸等公共媒体上发表道歉声明，由侵权人承担发布声明的费用。四种非经济补偿方式，都是为了弥补对被侵权人造成的精神损害而采取的，尽管侵权人在实施这些行为时有可能会支出一定的金钱，但行为本身对被侵权人的财产损害不具有任何弥补或赔偿作用。

（二）经济补偿方式

对于已经采取了上述四种非经济补偿方式仍无法弥补被侵权人损失，或者被侵权人的损失无法通过上述方式弥补的，直接赔偿金钱来弥补被侵权人的损失就成为一种必要的责任承担方式。例如顾客被商场要求打开提包、衣扣进行搜查，即使事后商场向顾客赔礼道歉，但并不能充分弥补已经给其造成的精神痛苦，因此可以向顾客支付一定数额的金钱作为经济赔偿。在不考虑侵权行为给被侵权人造成的实际经济损失的前提下，这种赔偿实际上是一种精神损害赔偿。由于精神损害无法量化，损失赔偿额的确定是实践中一个非常难解决的问题。《最高人民法院关于确定民事侵权精神损害赔偿责任若干问题的解释》第 10 条第 1 款②规定："精神损害的赔偿数额根据以下因素确定：（一）侵权人的过错程度，法律另有规定的除外；（二）侵害的手段、场合、行为方式等具体情节；（三）侵权行为所造成的后果；（四）侵权人的获利情况；（五）侵权人承担责任的经济能力；（六）受诉法院所在地平均生活水平。"即使已经规定了这些判断标准，还是需要法官在处理案件时进行具体裁量。总体而言，我国对

---

① 《民法通则》第 134 条第 3 款规定："人民法院审理民事案件，除适用上述规定外，还可以予以训诫、责令具结悔过、收缴进行非法活动的财务和非法所得，并可以依照法律规定处以罚款、拘留。"2021 年 1 月 1 日《民法典》施行后，该法废止。该条规定的内容在《民法典》中未得以保留。侵权人拒不履行人民法院已经发生法律效力的判决、裁定的，根据《民事诉讼法》第 114 条的规定，人民法院可以根据情节轻重予以罚款、拘留，构成犯罪的，依法追究刑事责任。

② 该解释在 2020 年 12 月 23 日修正，该条规定的内容在修正后的解释第 5 条规定中得以保留。

于名誉权侵权精神损害的实际赔偿数额相对较少，这与赔偿标准难以判定是有直接关系的。

对于侵权行为导致被侵权人经济损失的，侵权人也应予以赔偿。赔偿数额应相当于被侵权人的实际损失，或者侵权人的违法所得。

四、为他人设定义务的通知效力

现实生活中，有的购物场所规定其工作人员有权对进入购物场所的顾客带进店内的包、袋进行检查，并将相关规定以公告形式张贴在市场的入口处，并认为进入市场购物的顾客应视为自愿接受该规定。购物场所自行作出的规定，通常只能作为自身的管理规范对企业员工发生效力，前来购物的顾客与购物场所是平等的民事主体，没有义务遵守该规定。如果从合同的角度解释，购物场所将自身规定通知顾客，顾客如果同意，可以视为双方达成契约，应遵守合同义务。但这一规定对顾客的权利作出了限制，不能以默示推定的方式认定达成了契约，即顾客进店购物的行为本身不能视为接受了通知施加的义务。此外，购物场所规定工作人员有权在收银处检查顾客携带的包、袋，其实质是行使了搜查权，侵犯的是顾客的人身权利而非财产权利，人身权利是不能通过协议放弃、转让的，因此，在没有确凿证据情况下，购物场所工作人员强制检查顾客携带的包或身体的行为显然构成侵权，应当由购物场所承担雇主责任。

【拓展适用】

一、名誉权与隐私权关系的把握

按照《民法通则意见》[①] 第140条的规定，我国的隐私权制度规定在名誉权制度的框架之内，二者形成了一种包含关系。但从两种权利的产生和发展过程、权利内涵、侵权责任构成等方面，其实存在一定差别。名誉权作为人格权中比较典型的一种权利，形成和发展都比较早，而隐私权则是近一个世纪以来新出现的一种新型人格权，各国立法基本上均未对隐私权作出明确规定，而是通过判例的形式对这项权利进行保护。正因如此，在原有人格权体系未能涵盖这一权利内容时，才通过扩大解释的方式将其解释为名誉权。我国2010年7月1日开始施行的《侵权责任法》[②] 将隐私权从名誉权中独立出来，二者作为并

---

① 2021年1月1日《民法典》施行后，该法废止。

② 2021年1月1日《民法典》施行后，该法废止。

列的两项人格权利受到同等保护,[①] 是立法技术上的一项重大进步，但是由于没有规定具体的权利内容，实践中对两种权利仍时有混淆。2021 年 1 月 1 日开始施行的《民法典》人格权编对名誉权和隐私权分别作出了明确规定。隐私权与传统意义上的名誉权，至少存在以下不同:

（一）保护的法益不同

名誉权保护的客体是民事主体的人格尊严，是民事主体获得客观、公正的社会评价的权利。名誉本身是正面的、积极的，名誉权保护的法益是民事主体自身的良好品格不因他人侮辱、诽谤性的言语和行为而受到恶意抹黑，通过维护名誉而引导民事主体爱护名声、遵从社会道德的约束。而隐私权保护的客体是自然人不愿向社会公众公布的、与公共利益无关的私人信息。这些信息本身可能是正面的、为社会道德准则所提倡的，也可能是负面的、为社会道德准则所批判的，只要不违反法律禁止性规定、无害社会公共利益，都应受到法律的保护。因此，隐私权保护的法益是自然人个人生活不受到社会群体的过分干扰，尊重个体的差异和自由，保护自然人在法律允许的范围内自由行动的权利。也就是说，名誉权的保护负有道德指引的作用，隐私权则恰恰相反，目的是避免他人按照普遍的道德准则干涉自然人个人生活。

（二）构成侵权的违法行为不同

基于两类权利保护的法益不同，构成侵权的违法行为也存在差别。侵犯名誉权的违法行为是侮辱、诽谤等主观恶意明显的行为，通常具有人为降低民事主体社会评价的目的；而侵犯隐私权的违法行为是未经自然人允许公开宣扬其私人的、与公共利益无关的个人资料，可能只是为了满足猎奇心理或者窥私欲望，并不具有降低自然人社会评价的主观目的，但是客观上对权利人造成了不利影响。在两类违法行为的构成上，主观恶意的内容和程度具有很大差别。

（三）新闻报道允许的尺度不同

对于侵犯名誉权的行为，无论是新闻媒体还是普通的法人和自然人、无论对象是公众人物还是普通群众，行为人都要承担相应的侵权责任。而对于侵犯隐私权的行为，则需要区分行为的主体、对象以及程度，对是否承担侵权责任作出判断。总体说来，新闻和网络媒体在报道和评论公民及相关社会事件上尺

---

① 《侵权责任法》第 2 条规定:“侵害民事权益，应当依照本法承担侵权责任。本法所称民事权益，包括生命权、健康权、姓名权、名誉权、荣誉权、肖像权、隐私权、婚姻自主权、监护权、所有权、用益物权、担保物权、著作权、专利权、商标专用权、发现权、股权、继承权等人身、财产权益。”

度要更宽一些，而司法对于普通群众的隐私保护程度要明显高于公众人物。出现这样的差别，是隐私权所保护的个人自由与基于社会公共利益而受到保护的新闻自由之间相互博弈的结果。隐私权的成立基础是每个人都有在法律允许的范围内按照自身意愿行事的权利，对他人在何种程度上可以介入自己的私生活、对自己是否向他人公开隐私以及公开的范围和程度都具有决定权。[①] 但是在某些特殊情况下，这种个人自由会受到一定的限制，限制的理由主要有两点：1. 为了满足更高层次的公共利益。对隐私权的限制最早出现在涉及公共官员的领域，其直接目的是防范腐败。在美国著名的“纽约时报诉沙利文案”中，首次提出了“公共官员”的概念，认为新闻媒体有权利报道并评论公共官员的个人信息。“高官无隐私”“阳光是最好的防腐剂”，近些年来国内暴露出来的官员腐败案件，很多调查都是源于对官员生活奢侈、包养情妇或子女出国留学等个人隐私情况的揭露，官员的收入与支出不匹配，从而引起对贪污腐败问题的怀疑。由于政府官员的工作直接涉及广大群众的利益，其隐私权在一定程度上就要让位于更高位阶的公共利益。2. 公民自愿成为公众人物，并通过知名度的提升获取经济利益，基于公平原则，也要付出相应的隐私权作为交换。例如影视明星，其职业性质本身就会导致个人信息的披露程度远远高于普通公民，其隐私权的保护程度当然也要相应小于普通公民。以上两个理由共同决定，作为公众人物的隐私权保护范围要小于非公众人物，但需要注意的是，无论何种意义的公众人物，其个人隐私都应受到保护，尤其是纯粹的私人信息，司法实践中应注意把握公共利益与个人隐私的边界。

一方面，名誉权与隐私权存在着以上的显著不同，但另一方面，对这两种权利的侵权行为有时也会存在混同，尤其是与身体相关时，可能同一行为既侵犯了公民的身体隐私，又构成对公民的侮辱。在这种情形下，应当认定同一行为既侵犯了名誉权又侵犯了隐私权，受害人可以依任意权利主张赔偿损失。

二、侵犯名誉权中的多数人侵权的责任承担

（一）多数人侵权的内涵

多数人侵权，是指二人以上对同一受害人实施侵权行为，与之相对应的概念是单独侵权，即由一个加害人实施的侵权行为。理论上对多数人侵权进行细分，可以根据是否有共同侵权的故意区分为有意思联络的多数人侵权和无意思联络的多数人侵权，也可以根据因果关系构成的不同区分为共同加害行为、共

① 张新宝：《隐私权的法律保护》，群众出版社 2004 年版，第 12 页。

同危险行为、教唆帮助行为等。[1]

（二）多数人侵权的责任承担

《侵权责任法》[2] 第 8 条至第 12 条共五个条文对多数人侵权作出了规范，《民法典》第 1168 条至第 1172 条对上述规定的内容精神进行了保留，可见多数人侵权问题在侵权责任理论体系中的重要地位。对于名誉权侵权责任而言，多数人实施侵权行为是非常普遍的现象，因此有必要对多数人侵权的责任承担问题加以分析。在侵犯名誉权的行为中，共同加害行为等数个侵权人共同实施的侵权行为，其责任承担与其他权利的侵权责任没有显著不同。需要特别予以考虑的问题是，对于没有意思联络的数个侵权行为，侵权人应承担连带责任还是按份责任。《侵权责任法》[3] 第 11 条规定："二人以上分别实施侵权行为造成同一损害，每个人的侵权行为都足以造成全部损害的，行为人承担连带责任。"第 12 条规定："二人以上分别实施侵权行为造成同一损害，能够确定责任大小的，各自承担相应的责任；难以确定责任大小的，平均承担赔偿责任。"上述规定的内容分别在《民法典》第 1171 条、第 1172 条得以保留，可见对于二人以上分别实施侵权行为造成同一损害，区分两种情形：每个人的侵权行为都足以造成全部损害的，行为人承担连带责任；能够确定责任大小的，各自承担相应的责任；难以确定责任大小的，平均承担赔偿责任。根据上述规定，对名誉权的多数人侵权，尤其是多个新闻或网络媒体对同一公民进行报道、评价构成侵权的，可以区分各侵权行为的范围和程度、首发还是转载，以此确定责任大小。由于以传媒方式实施的侵权行为其影响力范围与损害后果的严重程度密切相关，多数人侵权的损害是在单独侵权的基础上叠加产生，因此不宜认定每一单独侵权行为都足以造成全部损害，对这类多数人侵权责任通常应作按份责任处理。

【典型案例】

倪培某、王某诉某某国际贸易中心侵害名誉权纠纷案

原告：倪培某。

原告：王某。

被告：某某国际贸易中心。

---

① 程啸：《侵权责任法》，法律出版社 2011 年版，第 238—239 页。

② 2021 年 1 月 1 日《民法典》施行后，该法废止。

③ 2021 年 1 月 1 日《民法典》施行后，该法废止。

法定代表人：孙锁某、董事长。

〔基本案情〕

原告倪培某、王某因被告某某国际贸易中心（以下称某某中心）侵害名誉权纠纷一案，向北京市朝阳区人民法院提起诉讼。

原告倪培某、王某诉称：原告在被告下属的惠某超级市场购物时，被告的两个男服务员怀疑原告偷拿了市场的东西，并迫使原告解开衣扣、打开手提包让其检查。被告工作人员的这种行为，侮辱了原告的人格，严重侵害了原告的名誉。故请求判令被告向原告赔礼道歉，并对给原告造成的精神损害予以赔偿。

被告某某中心辩称：被告下属的惠某超级市场规定，市场工作人员有权在收银处检查顾客带进店内的包、袋，该规定以公告形式张贴在市场的入口处，原告进入市场购物，应视为自愿接受该规定。根据法律规定，侵害名誉权行为的构成要件，只有侵权人当众实施侵害行为，使公众对被侵害人的社会评价降低时，才能认为是构成侵害名誉权的行为。被告的工作人员只是在市场内部查看了二原告的提包，询问是否未付款拿了货物，丝毫没有降低公众对二原告的社会评价，因而不构成对二原告名誉权的侵害。认为名誉权受到侵害，只是二原告的自我感觉，并非本案事实。因此，二原告的诉讼请求不能成立，应予驳回。

北京市朝阳区人民法院经审理查明：被告某某中心下属的惠某超级市场，采用开架售货方式，允许进店的顾客自带包、袋，并在市场门口贴的公告称："收银员受公司指示，对贵客带入铺内之袋（包括胶袋）作必须查看，请将袋打开给收银员过目。"

1991年12月23日下午5时许，原告倪培某、王某进入惠某超级市场购物，在糖果柜台前停留观看后，又到其他货位选购了一个相架，到收银处交款后走出市场大门。二原告走出大门外五、六米处时，被从市场内追出的理货员傅斌和高德勇叫住。傅、高二人问："小姐，你们有没有将没交费的东西带出商场？"二原告答："没拿。"傅、高二人不相信，仍追问："拿没拿？到底拿没拿？"二原告仍答："没拿，就是没拿。"傅、高二人将二原告带到市场门口，指着墙上的公告说："我们有权检查你们的提包"。然后把二原告带进市场办公室。在这里，女职员何静也参加了对二原告的追问。在再三追问下，原告倪培某流下了眼泪，原告王某打开自己的手提包、解开外衣扣和摘下帽子让3名职员查看。3名职员没有查到任何属于市场所有的东西，傅斌只得表示："我是听一位顾客说你们拿了东西，对不起，你们可以走了。"二原告想找市场经理说理，得到的答复是："经理不在。"

〔一审裁判要旨〕

朝阳区人民法院认为：权利，是指法律赋予公民或法人可以行使的一定行为和可以享受的一定利益。公民或法人行使某一行为，如果没有法律的依据或者不符合法律规定，都不能自认为有权利行使这样的行为。法律从未赋予市场工作人员有盘问顾客和检查顾客财物的权利，因而被告无权张贴要求顾客将自己的提包打开供被告工作人员查看的公告。尽管此公告张贴在市场门口，但由于它没有法律依据，因而是无效的，顾客有权不执行公告的规定。

《中华人民共和国民法通则》第一百零一条规定："公民、法人享有名誉权，公民的人格尊严受法律保护，禁止用侮辱、诽谤等方式损害公民、法人的名誉。"所谓名誉，就公民来说，是指人们根据该公民的工作、生活、言论以及其他表现所形成的有关该公民品德、才干、声望、信用等方面的一定社会评价。所谓人格尊严，是指公民个人对于自己的社会地位和社会价值的自我认识和自我评价。法律赋予公民的名誉权，是一种人格权利，它与公民的名誉和人格尊严是密切相关的。被告的工作人员怀疑二原告偷拿了市场的货物，本应依照法定程序提交法定机关调查处理，但却未这样做，而是在没有确凿证据的情况下，在公众场合叫住二原告，问其是否将未交费的货物带出市场。问话虽然是婉转的，但其贬意却是显露的。这问话不仅足以使二原告感到自己的社会地位已遭贬低，而且也实际影响了对二原告品德、声望、信用等方面应有的社会评价。因此，这种问话已使二原告的名誉受到损害。被告的工作人员又根据市场的无效公告，声称有权检查二原告的物品，将二原告带进市场内继续逼问。在此情况下，尽管形式上原告自行打开提包、解开衣扣、摘下帽子让市场工作人员查看，但其实质是市场工作人员对顾客的搜查。这种搜查只有法定机关才有权行使。因此，被告的工作人员的上述行为，已严重侵害了二原告依法享有的名誉权。《民法通则》第一百二十条第一款规定，公民的名誉权受到侵害时，有权要求停止侵害，消除影响，赔礼道歉，并可以要求赔偿损失。二原告的诉讼请求是合法的，应予支持。《民法通则》第四十三条规定："企业法人对它的法定代表人和其他工作人员的经营活动，承担民事责任。"被告的工作人员是在工作岗位上履行被告为其规定的职责时对二原告实施侵权行为的，因此，其侵权民事责任应由被告承担。在朝阳区人民法院查清事实、分清是非后，被告愿向二原告表示歉意，并给付二原告各1000元的经济损失和精神损害补偿，请求原告撤诉。二原告接受了被告给付的补偿费，表示愿意自行和解，并向人民法院提交了撤诉申请。

朝阳区人民法院审查了原告倪培某、王某的撤诉申请后认为，当事人双方已自行和解，此案已无继续审理的必要，原告的撤诉申请符合《中华人民共和国民事诉讼法》第一百三十一条第一款的规定，遂于1992年11月18日裁定：准予原告倪培某、王某撤诉。

第九章 提供劳务（雇佣）关系中的侵权责任

规则 13：提供劳务者（雇主）明知存在安全隐患，却不采取预防措施，致使接受劳务者（雇员）受到损害的，提供劳务者（雇主）应承担由此造成损失的全部责任

——张连某、张国某诉张学某损害赔偿纠纷案①

【裁判规则】

提供劳务者（雇主）对接受劳务者（雇员）理应依法给予劳动保护，提供劳务者（雇主）在招工登记表中注明“工伤概不负责”，违反宪法和有关劳动法规，同时，也严重违反了社会主义公德，属无效民事行为。提供劳务者（雇主）明知存在安全隐患，却不采取预防措施，致使接受劳务者（雇员）受到损害的，提供劳务者（雇主）应承担由此造成损失的全部责任。

【规则理解】

一、提供劳务（雇佣）关系的内涵

所谓提供劳务（雇佣）关系②，可以分为广义提供劳务（雇佣）关系和狭义提供劳务（雇佣）关系两个情形。广义提供劳务（雇佣）关系，是指接受劳务者（雇员）向提供劳务者（雇主）提供劳务、提供劳务者（雇主）支付相应报酬而形成的权利义务关系。这种广义提供劳务（雇佣）关系包含了劳动关系和劳务关系，因此，有学者认为，提供劳务（雇佣）关系是劳动关系的上位概念。狭义提供劳务（雇佣）关系，是指自然人个体之间，或者个体工商户与自然人个体之间形成的接受劳务者（雇员）提供劳务、提供劳务者（雇主）支付相应报酬而形成的权利义务关系。狭义提供劳务（雇佣）关系不包括劳动关

① 《中华人民共和国最高人民法院公报》1989 年第 1 期。

② 《侵权责任法》将雇佣关系修改为提供劳务关系；2021 年 1 月 1 日施行的《民法典》，再次将雇佣关系确定为提供劳务关系。

系，与《侵权责任法》[①] 第35条所称的劳务关系基本一致，主要适用民法而非劳动法调整。之所以会产生广义和狭义的两种提供劳务（雇佣）关系概念，与这一法律关系产生和发展的历史背景有很大关系。雇佣关系产生于商品经济的萌芽阶段，最初的雇佣关系往往发生于自然人个体或私人业主之间，例如个人雇佣的计时工人或小餐馆雇佣的服务员。在雇佣关系中，雇佣人与受雇人之间联系比较松散，双方谈判能力相近，雇佣合同的内容基本上都可以由双方约定。因此在产生之初，雇佣关系被视为“全然自由的对等的人格者之间之契约关系”而受民法的调整，严格适用契约自由、平等协商及等价有偿的民法原则。随着生产力的进步，社会经济逐渐由以个体工商户为主的小商品经济过渡为以大型企业生产为主的工业社会，雇佣者也从自然人或个体工商户转变为以企业经营者为主，受雇人数、管理方式都有了很大变化，尤其是公司制度及法人人格制度的发展，作为法人的企业雇佣作为自然人的劳动者，双方经济实力的巨大差距导致劳动者个人谈判空间的缩小，造成双方关系事实上的不平等。因应这种变化，为使劳资双方能够缔结相对公平的劳动关系，劳动法作为一项单独的部门法出现，强制性施加给用人单位以法定义务，打破了民事法律关系的契约自由原则，劳动关系也从雇佣关系中分离出来，不再属于普通民法的调整范围，劳动法成为单独的部门法。

二、提供劳务（雇佣）关系[②]的判断标准

在司法实践中，由于提供劳务（雇佣）关系与劳动关系、加工承揽关系等近似，法律关系均以一方提供劳务、另一方支付报酬为特征，有时会难以作出准确区分。辨别雇佣关系，可根据以下两项标准进行综合判断：

（一）提供劳务（雇佣）契约标准

在提供劳务（雇佣）关系中，提供劳务者（雇主）与接受劳务者（雇员）之间必然存在提供劳务（雇佣）契约，提供劳务者（雇主）通过订立提供劳务（雇佣）契约设定接受劳务者（雇员）的权利、义务和责任，接受劳务者（雇员）则根据提供劳务（雇佣）契约为提供劳务者（雇主）提供劳务。因此是否存在合同约定，是判断提供劳务（雇佣）关系的基本标准。提供劳务（雇佣）合同的形式没有严格限制，可以是书面的，也可以是口头的；书面形式也十分

---

① 2021年1月1日《民法典》施行后，该法废止。

② 为明确讨论对象，文中所称的雇佣（提供劳务）关系均限定为狭义雇佣（提供劳务）关系，受雇人（接受劳务者）亦称为雇员，雇佣人（提供劳务者）亦称为雇主。

灵活，并不一定表现为合同书，案例中提到的“招工登记表”同样可以作为提供劳务（雇佣）合同存在的依据。合同的意义就在于表明提供劳务者（雇主）与接受劳务者（雇员）之间存在特定的隶属关系以及对具体的权利义务作出分配。提供劳务（雇佣）合同的内容双方可以自由约定，其中关于工作成果、工具和场所以及劳动保障、社会保险等方面的约定都可以作为判断是否成立提供劳务（雇佣）关系的依据。

（二）控制监督标准

除提供劳务（雇佣）契约外，判断是否存在提供劳务（雇佣）关系的一个实质性标准是提供劳务者（雇主）必须对接受劳务者（雇员）实施指示、监督或者控制。侵权法理论认为，用人者与劳动者之间是否存在监督控制关系是确定提供劳务者（雇主）责任的重要标准。

所谓监督控制关系，即用人者对劳动者的行为享有监督和控制的权利，而劳动者也需要依赖于用人者的指令做出行动。① 在具体适用提供劳务者（雇主）责任时，不应局限于传统的提供劳务（雇佣）关系，而应对提供劳务（雇佣）关系作扩大解释，即“不限于有契约关系之存在，亦不限于受有报酬者，凡事实上使用他人为其服劳动者，皆为雇主”。② 而接受劳务者（受雇人）“系指客观的被他人（雇佣人）使用，从事一定劳务，而受其监督，服从其指示之人”③。这种解释是在提供劳务（雇佣）关系“雇佣”和“使用”两个要素中选择了“使用”作为标准，从而使提供劳务（雇主）责任规则摆脱了手段的限制，扩大了适用范围。④ 由此，在提供劳务（雇佣）关系中，提供劳务者（雇主）通常应向接受劳务者（雇员）提供劳动工具、劳动场所和劳动条件，接受劳务者（雇员）按照提供劳务者（雇主）的指示从事某项劳动，并且不以劳动成果作为支付报酬的主要依据。也就是说，接受劳务者（雇员）要严格按照提供劳务者（雇主）的要求、在提供劳务者（雇主）的管理下付出劳务，如果按照提供劳务者（雇主）要求所做的工作并未产生预期效果，提供劳务者（雇主）依然要支付相应的劳动报酬。这种控制监督关系比帮工、加工承揽要严

---

① 张民安：《雇主替代责任在我国未来侵权法中的地位》，载《中国法学》2009 年第 3 期。

② 曾隆兴：《详解损害赔偿法》，中国政法大学出版社 2004 年版，第 100 页。

③ 王泽鉴：《特殊侵权行为——雇佣人侵权责任》，载《民事审判指导与参考》2005 年第 1 辑。

④ 张玲、朱冬：《论劳务派遣中的雇主责任》，载《法学家》2007 年第 4 期。

格，但与劳动关系相较又略显松散。

三、提供劳务（雇佣）关系与类似法律关系辨析

（一）提供劳务（雇佣）关系与劳动关系

劳动关系的产生源于生产力水平和企业制度的发展，是提供劳务（雇佣）关系社会化的产物，因此提供劳务（雇佣）关系与劳动关系本质上应属同一类型的社会关系。但由于分属不同的部门法，二者的法律特征也存在一些区别，具体包括：1. 国家干预的程度不同；2. 构成法律关系的主体不同；3. 责任承担的原则不同。

（二）提供劳务（雇佣）关系与承揽关系

承揽关系是合同双方约定一方为相对方完成特定的工作、由相对方支付相应报酬的法律关系。提供劳务（雇佣）关系与承揽关系的相似之处在于，接受劳务者（雇员）与承揽人都是按照合同相对方的指示从事特定的劳动、取得相应的报酬，但二者也存在一定区别，包括：1. 承揽关系的合同标的并不仅仅包括一方所付出的劳动或工作，还包括劳动或工作所取得的成果。而在提供劳务（雇佣）关系中，接受劳务者（雇员）按照提供劳务者（雇主）要求所从事的劳动是合同的唯一标的，无论劳动是否取得了预期效果，接受劳务者（雇员）都应获得相应的报酬。2. 承揽关系中，承揽人对于自己的工作时间、工作方式甚至工作流程都可以做出灵活安排，其工作具有一定独立性；而提供劳务（雇佣）关系中，接受劳务者（雇员）必须按照提供劳务者（雇主）的指示和要求从事劳动。

在司法实践中，提供劳务（雇佣）关系与承揽关系有时会出现难以区分的情况，可以结合其合同约定、工作性质、工作的场地和设备、工作时间等多方面因素，根据上述两点区别做出判断。例如，个人装修家庭房屋，雇佣工人从事粉刷墙壁工作，约定每日100元劳动报酬，双方达成的是提供劳务（雇佣）关系；与施工队达成整体装修房屋的协议，约定完成装修并且验收合格后支付3万元报酬，则应当属于承揽关系。

（三）提供劳务（雇佣）关系与帮工关系

帮工关系，是指帮工人为了被帮工人的利益，自愿、无偿提供帮助和协助工作而形成的关系。提供劳务（雇佣）关系与帮工关系的相似之处在于，都是一方为另一方的利益而从事劳动，一方的劳动行为要受到另一方的指挥和监督。但二者区别也比较明显：1. 帮工关系是无偿的，而雇佣关系是有偿的；2. 基于自愿、无偿的性质，帮工关系通常具有临时性、人员和工作量均不确定的特征，

即帮工关系比提供劳务（雇佣）关系的联系更为松散。实践中，帮工关系通常发生在邻里、亲属之间，例如结婚宴请宾客，请邻居帮忙等。因为帮工人是为被帮工人的利益而做出行为，因此，如果帮工人的行为对自身或第三人造成了损害，被帮工人通常应承担相应的赔偿责任。但如果帮工人提供帮助的行为事前遭到被帮工人的明示拒绝，被帮工人可以免除相应责任。

四、用工责任概念使用的优势

用工责任，在国外被称为雇主责任或用人者责任，它是指被用工者因执行工作任务或劳务造成他人损害，用工者所应承担的侵权责任。用工责任是随着劳动分工的出现而逐渐产生的，是因使用他人从事一定工作所产生的责任。在现代社会，用工关系是社会生活中一种重要的关系，各种劳务关系是合同法中的重要类型，因而用工责任也是广泛存在的责任形态。在我国，有关职务侵权、外包、劳务派遣、有偿帮工、义务帮工、小时工、家庭保姆等侵权纠纷时有发生，因此，《侵权责任法》[①] 设立数个条文专门调整用工责任，这对于保护受害人的合法权益，维护正常的用工关系，促进社会生活的和谐发展十分必要。

在《侵权责任法》[②] 制定中，关于用工责任的名称曾有不同的看法。最主要的是雇主责任说。此种观点认为，两大法系几乎都采用“雇主责任”的提法，只有使用这一约定俗成的术语，才能准确表达此种责任的含义，而且也有利于国际交流。但此种看法并没有为我国《侵权责任法》所采纳，主要原因在于：一方面，虽然“雇主责任”的名称具有技术性，但是，仍然是与私有制之下的雇佣关系密不可分的。在我国公有制为主体的社会主义国家，仍然采用反映私有制关系的“雇主责任”概念不甚妥当。另一方面，从历史发展的角度来看，在18—19世纪被称为雇佣契约的时代，主要采用劳动关系全面债权化的做法，但自19世纪末以来，雇佣契约关系逐渐进入具有社会色彩的劳动合同时代，在此阶段，雇佣关系也就是劳动关系，许多国家法律要求劳务提供者与劳务接受者双方依法签订劳动合同，且存在一定的依附关系。但是，雇主替代责任的根本原理在于劳务的提供者对劳务行为的危险性具有控制力，并实际享有利益，这些原理在没有形成劳动关系（雇佣关系）的场合同样存在。在实际生活中，使用他人为自己从事特定活动，双方之间不一定存在雇佣关系。所以，

---

① 2021年1月1日《民法典》施行后，该法废止。

② 2021年1月1日《民法典》施行后，该法废止。

采用雇主责任的提法并不能完全反映现实情况。[①] 此外，行为主体的范围也不相同。用工责任中的行为主体的范围较大，既包括用人单位的机关（即法定代表人），也包括用人单位的一般工作人员。而雇主责任中行为主体只限于雇员，不包括法人的机关。《侵权责任法》[②] 第34条使用“用人单位的工作人员”的表述，《民法典》第1191条保留了此种表述，包括了法人的法定代表人和其他法人机关成员，侧重强调劳动者从事“工作”的特征，而“雇员”则重在突出劳动者与用人单位之间的“雇佣关系”。我国侵权责任法采用了用工责任的概念，采用这一概念的主要优点在于：第一，有利于摒弃以往以所有制性质不同而设计不同规则的做法。在《人身损害赔偿司法解释》中，对于雇主责任和法人责任的确定是以区分所有制为基础而设计的不同责任承担制度，[③] 这一做法不利于法律规则的统一实施，与“类似问题类似处理”的法律原则相冲突。随着我国社会政治经济体制改革的不断深化，以区分所有制不同性质而设立不同法律规则的做法已经被摒弃，采用用工责任的提法，回避了上述矛盾，这样可以整合雇主责任和法人责任，符合我国社会发展的大趋势。第二，有利于涵盖各种用工关系中的责任，既包括个人用工责任，也包括单位用工责任。根据我国《侵权责任法》规定，因一方提供劳务、另一方支付劳动报酬而形成的法律关系，主要可分为两类：一是用人单位与工作人员的关系，通常被称为劳动关系；二是个人之间形成的劳动关系，即传统民法上所称的雇佣关系。在上述两类法律关系中，所有用工者对外承担责任的法理并无不同，这就需要以统一的术语来予以涵盖。第三，有利于适应劳动关系发展的趋势。随着传统上雇主、雇员之间关系紧张，对雇员这一相对弱势群体予以特别保护的需求日益突出，各国通过劳动立法，制定独立于传统雇佣关系，且对部分传统的雇佣关系予以特别调整，独立于民法之外的劳动法，确定双方当事人之间为劳动关系。此种关系中的当事人通常也被称为用人单位和工作人员，或被称为用人单位和劳动者。同时，随着劳动力聚集和支配方法的创新，一些新型劳动关系也得以形成，典型的如劳务派遣关系。“用工责任”的概念应运而生也就适应劳动关系发展的趋势。第四，采用“用工责任”的概念，也是我国长期以来立法和司法实践经验的总结。1994年颁布的《劳动法》提出了“用人单位”的概念而摒弃了

---

① 王利明：《侵权责任法研究》（下），中国人民大学出版社2011年版，第70页。

② 2021年1月1日《民法典》施行后，该法废止。

③ 王利明：《人身损害赔偿疑难问题》，中国社会科学出版社2004年版，第381页。麻锦亮：《人身损害赔偿新制度新问题研究》，人民法院出版社2006年版，第454页。

雇佣的概念。2007 年《劳动合同法》仍然采纳了“用人单位”概念，但把用人单位的范围扩大到私营企业、个体经济组织等一切用工主体。自此以后，我国法律放弃了“雇佣人”的概念，而采用了“用人单位”的概念。[①]

五、提供劳务者（雇主）对接受劳务者（雇员）的保护照顾义务

多数国家的民法对雇主的保护照顾义务作了规定，同时也规定了违反义务的赔偿责任。《德国民法典》第 618 条第 1 款规定：“雇佣人应对其为执行劳务而应购置的房屋、设备或工具器械进行适当的设置和维护，并对应在其指示或在其领导下提供的劳务进行适当的安排，以使义务人在劳务提供的性质许可的限度内对生命和健康的危险受到保护。”第 3 款规定：“雇佣人不履行其在义务人的生命和健康方面负担的义务的，对于其损害赔偿义务，准用第 842 条至第 846 条关于侵权行为的规定。”瑞士债法对保护照顾义务也有规定，雇方于劳动关系存续中应重视与保护劳动者之人格，适当照顾劳动者之健康并注意其品德之维护。雇主应当对男女劳动者保护其在职场不受到性骚扰，以及防止因性骚扰而受到任何损害。雇方应采取措施以保护劳动者之生命与健康；其措施系依经验为必要、依技术状况为可行、依营业或经济状况为适当，且斟酌个别之劳动关系以及劳务之性质依公平之原则得期待雇方为之者（《瑞士债法》第 328 条）。加拿大的《魁北克民法典》也明确规定，雇主必须采取所有必要措施，确保雇员的健康、人身安全和人格尊严。而加拿大法院最近则重申，每一雇员合同中都包含着雇主必须尊重和确保雇员的人身安全的义务。《埃塞俄比亚民法典》第 2548 条规定，雇主应采取特殊工作环境要求的措施来保护雇员的生命、身体完整、健康和道德标准。为此，雇主尤其应根据一般做法和技术要求在其企业内安排有关房屋、置备有关设施。我国劳动合同关系主要是由《劳动法》来规定的，劳动法没有直接规定保护照顾义务，只是规定了用人单位必须建立、健全劳动安全卫生制度，严格执行国家劳动安全卫生规程和标准，对劳动者进行安全卫生教育，防止劳动过程中的事故，减少职业危害。可见，各国的法律规定对违反保护照顾义务的，主要承担侵权责任。雇主保护照顾义务的规定对保护劳动者的合法权益具有重要意义，它可以周全地保护在劳动过程中

---

① 2007 年《劳动合同法》第 2 条规定：“中华人民共和国境内的企业、个体经济组织、民办非企业单位等组织（以下称用人单位）与劳动者建立劳动关系，订立、履行、变更、解除或者终止劳动合同，适用本法。”第 4 条规定：“用人单位应当依法建立和完善劳动规章制度，保障劳动者享有劳动权利、履行劳动义务。”

雇员受到的伤害及损失，弥补处于弱势一方的劳动者的损害。应当说，在雇佣关系中，雇主具有对雇员的保护照顾义务，这样，才能更好地保护劳动者的合法权益，维持稳定和谐的劳动关系。雇员在劳动及其相关的过程中受到伤害，构成雇主的侵权责任，这是毫无疑问的。雇主所承担的责任不是因为其违反了雇佣合同所产生的义务，而是基于违反了法律赋予的一切人不得损害他人合法权益的普通义务，违反了劳动合同本身所产生的内在义务。雇主所侵犯的权利客体是雇员的人身权和财产权，而不是雇员的债权。因此，雇员受伤害可以行使侵权请求权。现代社会为了分散工业风险，各国都建立起工伤保险制度，在雇佣过程中雇员受到的身体伤害及职业病一般由工伤保险予以赔付，除此之外，雇主违反其他保护照顾义务的，均应承担侵权责任。①

【拓展适用】

一、提供劳务者（雇主）责任的归责原则

（一）提供劳务者（雇主）责任归责原则的不同学说

对于我国《侵权责任法》第34条第1款、第35条第1款②规定的提供劳务者（雇主）责任采用哪一种归责原则，存在两种不同学说：

第一种为无过错责任原则学说，该学说认为，侵权责任法明确规定了提供劳务者（雇主）责任的无过错责任原则，因为该法没有规定雇主尽到选任、监督义务可以免责。③

第二种为过错推定责任学说，该学说认为，侵权责任法没有明确规定提供劳务者（雇主）责任的归责原则，适用无过错责任法律无明文规定；适用无过错责任原则不利于提供劳务者（雇主）的合法权益和经济发展；因此雇主责任适用过错推定责任。④

（二）提供劳务者（雇主）责任适用无过错责任原则的合理性

我们赞同提供劳务者（雇主）责任适用无过错责任原则，即我国《侵权责

① 曹艳春：《论雇主的保护照顾义务》，载《法学论坛》2006年第3期。

② 2021年1月1日《民法典》施行后，《侵权责任法》被废止，上述规定的内容分别在《民法典》第1191条第1款、第1192条第1款得以保留。

③ 参见梁慧星：《中国民事立法评说——民法典、物权法、侵权责任法》，法律出版社2010年版，第350页。张新宝：《侵权责任法》，中国人民大学出版社2010年版，第154页。王利明主编：《中华人民共和国侵权责任法释义》，中国法制出版社2010年版，第149页。

④ 参见杨立新：《侵权责任法》，法律出版社2010年版，第244—245页。

任法》第 34 条第 1 款、第 35 条第 1 款[①]规定采用了提供劳务者（雇主）责任的无过错责任原则，因为上述两条文均没有规定雇主对雇员的选任、监督、管理尽到合理注意后可以免责，这意味着提供劳务者（雇主）有无过错不影响提供劳务者（雇主）责任的构成。采取无过错责任原则的合理性在于：

第一，强化对受害人的救济。在被用工者造成第三人损害的情况下，受害人证明用工者具有过错通常是非常困难的。毕竟用工者是如何选任、监督被用工者的，如何进行其内部的管理活动以及如何组织其生产经营活动的，这些都是用人者的内部事务，受害人难以判断。因此，从距离证据远近的角度考虑，要求受害人证明用工者的过错十分困难。如果要求受害人举证证明用工者具有过错，就可能因为举证不能而难以获得救济。即使采取过错推定的方式，用工者也可能较为容易地证明其已经尽到了选任、监督的义务而免于承担责任。例如，雇主证明其在选任雇员时已经严格核查了其资质并进行了科学、严格的考试；在雇员上岗前已经进行了必要的培训；建立了严格的工作制度和工作纪律等，从而不存在过错。此时，受害人就必须自行承受损失。德国法的经验已经表明，过错推定的方式是不成功的。即使法律规定了过错推定原则，在实践中法官也难以采用。因此，我国《侵权责任法》采用无过错责任的方式，其目的是最大限度地实现对受害人的救济。更何况，用工者比被用工者具有更强的经济能力，由其承担无过错责任，可以保证受害人获得充分的救济。

第二，预防损害的发生。用工者与被用工者之间存在着支配、控制、监督的关系，要求用工者承担严格责任，可以督促用工者采取措施避免被用工者实施侵权行为（如建立完善的选任、监督制度等），从而预防损害的发生。根据风险控制理论，风险由最有能力预测和控制风险者去防范化解更为有效、成本更低，具有风险控制能力的人因未履行合理预测和控制义务，应当对引发的损害承担赔偿责任。将风险交由最能避免风险的人承担，有利于督促其尽到充分的注意义务，从而避免损害。针对工作过程形成的损害风险，用人单位至少在以下两方面具有风险控制能力：一是其可以对工作场所及其安全设施进行控制，提高工作流程中各环节的安全系数。因为工作单位作为工作过程的直接负责和管理单位，其能够预测工作过程中可能存在的各种风险，并通过事先安排采取相应的风险防范和控制措施，减少对第三人造成损害的可能性。二是部分损害

---

① 2021 年 1 月 1 日《民法典》施行后，《侵权责任法》被废止，上述规定的内容分别在《民法典》第 1191 条第 1 款、第 1192 条第 1 款得以保留。

可能是因为工作人员在工作技能上的欠缺所导致的，对此，用人单位可以通过事先确立劳工标准，选择能够胜任特定工作的劳动者参与工作过程。如果用人单位能够尽到此种选任上的谨慎义务，也在一定程度上减少了工作过程的危险性，从而有利于预防损害的发生。

第三，符合损益同归的报偿原理。用工者从被用工者执行职务的活动中获得了利益，因此，也应当承担与此相关的法律责任。按照“利益之所在，风险之所归”的报偿原理，既然被用工者执行职务行为的利益归属于用工者，用工者就应当承担由此产生的风险。被用工者从事的工作过程本身就存在不同程度的固有风险。此种风险是因为工作任务的安排和执行产生的，没有工作任务也就不会发生相应的损害，也就是说，用人者提出的工作任务及执行过程开启了损害第三人的风险，其作为风险开启者应当承担责任。例如，某公司的保洁工作人员在清理楼窗玻璃过程中，因玻璃破损掉落，砸伤了路边行人。正是因为该公司所安排的清理楼窗玻璃的工作任务，引发了路边行人遭受人身损害的风险。如果没有此种清理作业，路边行人一般也不会因玻璃掉落受到身体上的伤害。因此，行人所遭受的人身损害应由该公司承担。

第四，有利于与责任保险的衔接。用工者承担严格责任，也是考虑到其可以比较便利地实现风险的社会化分担，具体方式包括保险机制等。在现代社会，随着保险制度的发展，用工者越来越倾向于通过责任保险的方式来实现损害的社会分担。要求用工者承担严格责任，也有利于与责任保险的衔接，尤其是只要被用工者造成他人损害，不管用工者是否具有过错，保险公司都要赔付。而如果用工者承担过错责任，在保险理赔之前，保险公司还要认定用工者是否具有过错，这既给保险理赔带来困难，也给受害人的救济带来了不确定性。需要指出的是，我们所说的用工者的严格责任，是就被用工者造成他人损害的责任而言的。也就是说，只要被用工者在执行职务过程中造成他人损害，无论用工者是否具有过错，都应当对第三人承担赔偿责任。如果被用工者造成第三人损害时，其没有过错，也不必承担责任，那么用工者也不可能承担替代责任。就被用工者在工作过程中自身遭受的损害，并不采无过错责任原则，而仍然应当采用一般的过错责任原则。换言之，被用工者遭受了损害，且用工者具有过错时，用工者才对被用工者承担赔偿责任。

二、用工责任与工伤保险制度

（一）工伤保险的内涵

所谓工伤保险，是指劳动者在工作过程中，因意外伤害或患职业病而遭受损害，劳动者或其近亲属从国家获得赔偿的一种社会保险。在我国，职工应当参加工伤保险，但根据《社会保险法》第33条，工伤保险费应由用人单位缴纳，职工无需缴纳工伤保险费。工伤保险采取社会保险的模式，通过相应的国家机关进行管理；而不采商业保险的模式，不由商业性的保险公司进行经营管理。因此，用人单位应当为劳动者购买工伤保险。按照我国《劳动合同法》第17条第1款规定，劳动合同应当包含社会保险的条款。而《社会保险法》第35条规定："用人单位应当按照本单位职工工资总额，根据社会保险经办机构确定的费率缴纳工伤保险费。"从上述规定可知，如果用人单位为其职工购买了工伤保险，那么，在其职工执行职务期间，因工伤事故造成损害（包括第三人侵权），都可以获得工伤保险的赔偿。不过，考虑到我国目前的经济发展水平，工伤保险的保障水平仍然有限，其不能完全覆盖受害人因工伤所遭受的损害。

（二）侵权责任与工伤保险的关系

用人单位的工作人员在工作过程中遭受了损害，用人单位也要依据侵权责任法承担赔偿责任。如何处理用人单位承担的侵权责任和工伤保险的关系，就成为法律上的重要问题。从比较法的角度来看，主要存在如下几种立法模式：第一种是选择模式。在此模式下，当发生工伤事故后，受害人只能在工伤保险赔偿请求权和侵权赔偿请求权之间择一行使，这两种请求权是相互排斥的，受害人不能同时主张，也不能在工伤保险的救济不足时再主张侵权赔偿请求权。英国和其他英联邦国家早期的雇员赔偿法曾一度采纳此种模式，但后来均被废止。[①] 第二种是补充模式。在此模式下，用人单位的工作人员在工作过程中遭受损害之后，受害人首先通过工伤保险制度获得救济，不足的部分再通过侵权责任法救济。日本等国家采取此种模式。第三种是兼得模式。在此模式下，发生工伤事故之后，作为受害人的工作人员可以同时请求工伤保险给付和请求用人单位承担侵权赔偿责任，从而获得双份利益。[②] 采纳此种模式的国家有英国等。第四种是替代模式。替代模式也称为免除模式，在此模式下，受害人只能主张工伤保险的赔偿，不能请求用人单位承担侵权赔偿责任，德国等国家采取此种模式。通过社会保险法、社会保障法获得了救济，受害人就不能再请求侵

① 张新宝：《工伤保险赔偿请求权与普通人身损害赔偿请求权的关系》，载《中国法学》2007年第2期。

② 张新宝：《工伤保险赔偿请求权与普通人身损害赔偿请求权的关系》，载《中国法学》2007年第2期。

权损害赔偿。根据我国《社会保险法》第42条，因第三人侵权造成工伤的情况下，受害人首先应请求侵权人赔偿医疗费用，在侵权人不支付或无法确定侵权人时，才应由工伤保险基金先行支付。但该法并没有规定支付工伤保险后，受害人可否请求侵权赔偿。①

针对雇主责任，《人身损害赔偿司法解释》第11条规定："属于《工伤保险条例》调整的劳动关系和工伤保险范围的，不适用本条规定。"第12条第1款规定；"依法应当参加工伤保险统筹的用人单位的劳动者，因工伤事故遭受人身损害，劳动者或者其近亲属向人民法院起诉请求用人单位承担民事赔偿责任的，告知其按《工伤保险条例》的规定处理。"② 该解释虽然注意到了工伤保险和用人单位的侵权赔偿责任的关系，但是，没有确立处理两者之间关系的规则。因此，法律上没有清晰界定两者之间的关系。正是因为这一原因，在我国司法实践中，法院处理两者之间关系的做法并不统一。考虑到这一问题的复杂性，以及学者对此问题的争议较大，《民法典》对此也尚未明确。

笔者认为，上述几种模式虽然都不无道理，但是，比较而言，补充模式更为合理。这主要是因为：第一，它符合救济受害人的目的。在补充模式下，受害人首先主张工伤保险，对于不足部分，可以请求用人单位承担侵权赔偿责任。这一模式可以实现对受害人损害的完全救济。工伤保险制度的设计，就是要实现对受害人的有效救济，由于工伤保险可以按照法律规定提供相应的赔偿，不存在支付能力不足的问题。但是，我国目前的工伤保险的保障水平较低，如果不允许受害人就其没有受到救济的部分提出请求，就难以实现对受害人的全面救济。第二，它符合我国工伤保险制度的现状。在我国，工伤保险的保障水平有限，并不能对受害人所遭受的全部损害提供救济，如果不允许受害人就工伤保险无法保障的部分继续向用人单位请求，就不利于受害人的救济，也无法实现预防损害发生的目的。因此采取补充模式，有利于建立符合我国国情的损害综合补偿体系，有利于构建和谐社会的劳资关系。

---

① 王利明：《侵权责任法研究》（下），中国人民大学出版社2011年版，第79页。

② 该解释在2022年2月15日第二次修正，修正后的解释删除了上述第11条规定，上述第12条规定的内容在修正后解释第3条得以保留："依法应当参加工伤保险统筹的用人单位的劳动者，因工伤事故遭受人身损害，劳动者或者其近亲属向人民法院起诉请求用人单位承担民事赔偿责任的，告知其按《工伤保险条例》的规定处理。因用人单位以外的第三人侵权造成劳动者人身损害，赔偿权利人请求第三人承担民事赔偿责任的，人民法院应予支持。"

【典型案例】

张连某、张国某诉张学某损害赔偿纠纷案

原告：张连某。

委托代理人：刘某。

原告：张国某（张连某之女）。

被告：张学某。

委托代理人：徐广某（被告张学某之夫）。

委托代理人：杨金某。

〔基本案情〕

原告张连某、张国某诉被告张学某损害赔偿纠纷案，经天津市塘沽区人民法院审理，查明：

天津市塘沽区生产服务管理局建筑工程公司第七施工队承包的天津碱厂除钙塔厂房拆除工程，于1986年10月转包给本案被告、个体工商户业主张学某组织领导的工人新村青年合作服务站，并签订了承包合同。1986年11月17日，由服务站经营活动全权代理人、被告张学某之夫徐广某组织、指挥施工，并亲自带领雇佣的临时工张国某等人，拆除混凝土大梁。大拆除1至4根大梁时，起吊后梁身出现裂缝；起吊第五根时，梁身中间折裂（塌腰）。对此，并未引起徐广某的重视。当拆除第6根时，梁身从中折断，站在大梁上的徐广某和原告张连某之子张国某（均未系安全带）滑落坠地，张国某受伤，急送天津碱厂医院检查，左下踝关节内侧血肿压痛，活动障碍，湿片未见骨折。经医院治疗后，开具证明：左踝关节挫伤，休息两天。11月21日，张国某住进港口医院，治疗无效，于12月7日死亡。经天津市法医鉴定，结论是：张国某系左内踝外伤后，引起局部组织感染、坏死，致脓毒败血症死亡。后又经塘沽区医疗事故鉴定委员会鉴定认为：张国某系外伤所致脓毒败血病，感染性休克，多脏器衰竭死亡，医院治疗无误。张国某的死亡与其他因素无关。

张国某工伤后，服务站及时送往医院检查、治疗，死后出资给予殡葬。除此，原告为给张国某治病借支医疗费用、误工工资等费用共损失17600.40元。

张国某死亡后，由谁承担因此而造成的经济损失，双方共同要求塘沽区劳动局予以裁决。劳动局经过调查，提出如下处理意见，一是张国某住院期间的医疗费用，由服务站负担；服务站一次性付给张国某家属抚恤金2000元，不再承担其他义务或责任。张连某、张国某接受上述意见，张学某拒绝。随后，张连某、张国某向塘沽区人民法院提起诉讼，请求被告赔偿全部经济损失，并解决原告张国某的住房问题。

被告辩称：原告张连某之子张国某入站签写登记表时，同意"工伤概不负责"的说明；张国某死因不明。据此，无法满足原告的要求，只能根据实际情况，给予张国某家属一定的生活补助；解决张国某住房问题，服务站无此义务。

〔一审裁判要旨〕

塘沽区人民法院审理认为，被告张学某的经营活动债权代理人徐广某在组织、指挥施工中，不仅不按操作规程办事，带领工人违章作业，而且在发现事故隐患后，不采取预防措施，具有知道或者应当知道可能发生事故而忽视或者轻信能够避免发生事故的心理特征。因此，这起事故，是过失责任事故。经鉴定，张国某死亡是工伤后引起的死亡，与其他因素无关。我国宪法明文规定，对劳动者实行劳动保护。这是劳动者所享有的权利，受国家法律保护，任何个人和组织都不得任意侵犯。被告张学某身为雇主，对雇员理应依法给予劳动保护。但她却在招工登记表中注明："工伤概不负责"。这是违反宪法和有关劳动法规的，也严重违反了社会主义公德，属无效民事行为。依照《中华人民共和国民法通则》第一百零六条第二款的规定，被告由于过错侵害了张国某的人身安全，应当承担民事责任。依照《民法通则》第一百一十九条的规定，被告应承担赔偿张国某死亡前的医疗费、家属误工减少的收入和死者生前抚养的人的生活费等费用。

在查明事实，分清是非、责任的基础上，塘沽区人民法院依照《中华人民共和国民事诉讼法（试行）》第九十七条的规定，于1988年12月24日主持双方当事人进行调解，达成如下协议：

一、被告张学某赔偿原告张连某、张国某18000元，从1989年1月至1989年12月10日，分6次付清，每次付给3000元。

二、鉴定费120元，由被告承担。

本案受理费170元，由被告负担。

规则14：接受劳务者（雇员）在提供劳务（受雇佣）期间为了提供劳务者（雇主）的利益而受伤，提供劳务者（雇主）应当承担民事责任

——陈维某诉赖国某雇佣合同纠纷案①

【裁判规则】

提供劳务者（雇主）为接受劳务者（雇员）提供劳务并给付其劳动报酬，双方形成的是提供劳务（雇佣）合同关系，而非劳动法律关系，不受劳动法调整。接受劳务者（雇员）在提供劳务（受雇佣）期间，为了提供劳务者（雇主）的利益而受伤，提供劳务者（雇主）应当承担民事责任。

【规则理解】

一、提供劳务（雇佣）关系与劳动关系的认定

（一）提供劳务②（雇佣）关系的内涵及法律特征

所谓提供劳务（雇佣）关系是指接受劳务者（雇员）与提供劳务者（雇主）约定，由接受劳务者（雇员）为提供劳务者（雇主）提供劳务，提供劳务者（雇员）支付报酬而发生的社会关系。实际生活中常见的雇佣形式有：家庭雇佣保姆，私人之间的雇佣（如车主雇人开车），雇请钟点工，聘用离退休人员，不具有招工资格的单位（如法人内部机构）招用临时工，等等。提供劳务（雇佣）关系的法律特征主要包括：第一，不以提供劳动成果为目的。提供劳务（雇佣）关系是以提供活劳动为目的，而不是劳动成果为目的，并且这一关系主要是在劳动过程中而非流通领域中产生的。第二，劳动力的所有权与使用权相分离。雇员与雇主是劳动力使用权的让渡者和受让者之间的关系，也就是说雇员使用雇主提供的生产资料来实现劳动的过程，这时的劳动力所有权与使用权是相分离的。第三，具有财产属性与人身属性。雇员与雇主之间，雇员一方出卖劳动力商品，雇主一方支付劳动力价格（工资），两者形成对价关系，其具有一定的财产属性；同时，劳动行为的提供与受让为专属行为，其又具有

---

① 《中华人民共和国最高人民法院公报》2001年第1期。

② 2021年1月1日《民法典》施行后，过去的雇佣关系变更为提供劳务关系。

一定人身属性。第四，具有平等属性与隶属属性。雇员与雇主之间为劳动力使用权自由出让与受让平等协商，达成协议，具有平等性；提供劳务（雇佣）关系成立后，雇主与雇员之间遂建立起一种指挥与服从的内部管理关系，具有隶属性。

（二）劳动关系的内涵及法律特征

从历史角度观察，“劳动关系的前身就是雇佣关系，雇佣关系只不过是进行到以社会为出发点而对劳动关系调整的原形。”① 在19世纪，雇佣合同被视为“全然自由的对等的人格间之契约关系”，② 受民法的调整，严格按照契约自由、意思自治及等价有偿的民法原则。③ 但随着社会的发展，特别是工业革命带来经济的迅速发展，这种观念受到动摇和挑战，资本家占据着资本与经济绝对强势地位，劳动者则处于完全的弱势地位，两者的地位差距越来越大。劳动力的供给远远大于资本所提供的工作岗位数量，劳动者生存的需要也远远大于资本对于劳动力的需要，这使得劳动者和用人单位在整体上形成了不平等的格局。而旨在保护平等主体之间的民法显然难以调整资本家和劳动者之间实质不平等的关系。此外，劳动关系一旦建立，劳动者即成为用人单位的成员，双方形成隶属关系，用人单位对劳动者具有管理权，这种具体劳动关系的从属性，加剧了劳动者与用人单位之间的不平等，从而使劳动关系脱离了民事关系，受到劳动法的干预。因此，劳动法“从正面承认了雇主与劳动者之间在经济、社会方面的不平等，并企图纠正从那些不平等产生出的不正当的结果”④，完成了其“私法公法化”的过程。受劳动法调整的这部分雇佣关系，被称为劳动关系。因此，劳动合同源于雇佣合同，但又超越雇佣合同，而非一般的雇佣合同。时至今日，劳动法正逐渐演变为一个独立的法律部门，突出了其社会性的本质。

劳动关系是维系人类社会存在的最基本的社会关系，我国广大的劳动者在用人单位的劳动过程中所发生的关系，就是这些单位中的社会劳动关系。这种

---

① 杨晓蓉：《劳动关系与雇佣关系的界定及实务问题探讨》，载《中国劳动》2005年第8期。

② 黄越钦：《劳动法新论》，中国政法大学出版社2003年版，第5页。

③ 资本主义发展早期，受亚当·斯密的市场万能、自由竞争思想影响，各国均将雇佣关系作为与其他契约关系同样的自由平等的关系，以传统民事法律或普通法进行调整，表现为将雇佣合同的当事人双方作为完全平等的主体，将劳动作为买卖关系中的商品，进而将雇佣契约规定于民法典中或以普通法进行调整。

④ ［日］星野英一：《私法中的人》，王闯译，中国法制出版社2004年版，转引自梁慧星主编：《民商法论丛》（第8卷），法律出版社1997年版，第184页。

社会劳动关系又可以分为两种：一种是劳动者之间的关系，即劳动者在单位的劳动过程中与其他劳动者之间的关系；另一种是劳动者与劳动使用者之间的关系，即劳动者与他所在单位之间的关系。我国学者对劳动法调整对象的劳动关系的概念的看法基本上是一致的，认为并不包括前一种关系，而是仅限于后一种关系，就是指劳动力所有者（劳动者）与劳动力使用者（用人单位）之间，为实现劳动过程而发生的一方有偿提供劳动力由另一方用于同其生产资料相结合的社会关系。

劳动关系的法律特征包括：第一，劳动关系是在实现劳动过程中所发生的关系，与劳动有着直接的联系。基于劳动关系的这一特征，我们要注意区分流通领域发生的关系与实现劳动过程中发生的关系，可以将其与某些和劳动有关，但并不是在实现劳动过程中所发生的关系相区分。如某人将自己的著作交由出版社出版的出版关系等，这是在流通领域中发生的关系，因而这种关系是一种由民法调整的民事关系，而不是由劳动法调整的劳动关系。第二，劳动关系的内容是以劳动力所有权与使用权相分离为核心。基于劳动关系这一特征，我们可以将其与某些和劳动有关联，但并非与用人单位提供的生产资料相结合所产生的关系相区分。如个体劳动者的个人劳动或与其家庭成员共同参加的劳动之间的关系不是属于由劳动法调整的劳动关系。第三，劳动关系是人身关系属性和财产关系属性结合的社会关系。因为劳动力的存在和支出与劳动者人身具有不可分离性，劳动者向用人单位提供劳动力，其实质上就是劳动者将其自身的人身权利在一定限度内交由用人单位支配，从这一意义上说，劳动关系是一种人身关系。同时，由于劳动者通过让渡劳动力使用权进而换取生活资料，用人单位根据劳动者的劳动向其支付工资等物质待遇，这体现了商品等价物交换原则下的等量劳动交换。从这一意义而言，劳动关系又是一种财产关系。第四，劳动关系是平等性与隶属性兼有的社会关系。劳动者与用人单位之间通过相互选择和平等协商，以合同形式确立劳动关系，并可以通过协议来续延、变更、暂停、终止劳动关系。从这一意义上说，劳动关系是一种平等关系，即平等主体间的合同关系。同时，如劳动关系一经缔结，其中劳动者一方就要成为用人单位一方的成员，作为单位团队的成员就必须遵守单位的内部规则，两者之间具有隶属性。基于劳动关系的这一特征，我们可以将其与某些和劳动有关，但劳动者并非另一方用人单位成员的关系相区分，如承揽关系。在承揽关系中，承揽人并不加入到定作人单位中成为其成员；承揽人只是按照自己的意见，独立地安排自己的劳动或工作，承揽人向定作人交付的是劳动成果，而不是提供自己的活劳动。

（三）提供劳务（雇佣）关系与劳动关系的区别

就提供劳务（雇佣）关系和劳动关系之间的关系，存在不同的观点。有学者认为，提供劳务（雇佣）合同与劳动合同有着本质的不同。“劳动合同已不是一种完全意义上的合同，而是一种在契约自由原则基础上渗透了国家公权力必要干预的、以社会利益为本位的合同。这种干预是国家基于社会公共管理者的身份，在对劳动关系双方当事人的实力对比和各自社会地位、身份等情形经过具体考察后，在劳动法的劳动者权利本位、用人单位义务本位的思想指导下所实施的其目的是实现劳动关系的具体平等、结果平等和实质平等，使双方的利益格局符合社会公共利益的要求。”① 也有学者认为，提供劳务（雇佣）关系与劳动关系二者在本质是相同的，这其中又分两种观点：第一种观点认为，提供劳务（雇佣）合同与劳动合同并无实质差别。史尚宽先生认为，劳动合同是“特种之雇佣契约”，劳动合同的当事人之间存在“特殊的从属关系”，劳动者的行为“在于高度服从雇佣方之情形行之”，同时，劳动者“系提供其职业上之劳动力”。不过，“今日大部分之雇佣契约，均属于劳动法意义之劳动关系”。“从劳动法的发展历史和劳动关系的本质特征看，劳动法当属公私兼顾，以私法为主的法律，劳动关系自主化、合同化是私法性质的主要体现，制定劳动基准和强行规范则是公法性质的集中展现，尽管公法规范和私法规范在劳动立法中相互交融，有时很难进行截然明确的划分，但就整体而言，合同化是第一位的，公法规范对合同关系的渗透程度必须以维护合同双方真实意思表示的法律效力为前提，只有当这种合意行为有可能损害到双方利益关系的均衡格局或危害国家利益、社会公共利益时，法律才通过预设劳动基准和强行规范进行必要的干预。”② 第二种观点认为，提供劳务（雇佣）关系不是民事关系，而是与劳动关系同质的社会关系，因此，并列说不成立，民法学者所主张的包容说，从上述分析可以得知，提供劳务（雇佣）关系隶属性特征无法为民事关系的一般内涵所包容。此外，从劳动法的发展历史来看，劳动法已经从民法中分离出来成为与民法不同本位的社会法，民法学者的“包容说”只不过是大民法观念的一种体现而已。所以，提供劳务（雇佣）关系只是劳动关系的一种特殊形态。③

---

① 王全兴主编：《劳动法学》，高等教育出版社 2004 年版，第 139 页。

② 许建宇：《关于劳动法若干基本理论问题的探讨》，载《法商研究》2000 年第 3 期。

③ 秦文献：《〈劳动法〉调整雇佣关系探析》，载《郑州航空工业管理学院学报》（社会科学版）2006 年 2 期。

事实上，雇佣关系与劳动关系在原生状态上性质是相同的，它们都源于一种劳动与报酬的交换关系，两者只是从不同的视角进行观察。雇佣关系或劳动关系的成立，首先依赖于双方当事人在劳动力市场上的自由意志选择，即其发端于流通领域；而雇佣关系或劳动关系的实现则要依靠劳动的付出，即其产生在劳动过程中，实现在生产领域。因此，两种关系在原生状态下实质上是相同的关系。①

在社会化的进程中，在法律的不同调整机制下，二者开始出现了区别。现代劳动问题的产生，当自工业革命之后存在许多借出卖劳动力为生的工人之后，才日益受到重视。近现代社会中的雇佣关系领域，有相当大的比例出自产业发展过程中，如 1964 年瑞士颁行的《工商实业劳工法》，从其名称上即可分析得出劳工之雇佣关系出自工业和商业领域。随着社会的发展，传统产业之外所缔造的第三产业在社会发展中体现其存在的价值，各国劳动法大多将第三产业中的雇佣关系纳入其调整的范畴。非产业领域的雇佣关系则不一定受劳动法规制，如 1951 年以前农业、渔业、园艺业纳入其调整的范畴。同时，这类雇佣契约适用债法，而家庭雇佣是否适用劳工法则依受雇方是否是职业者而定。职业性是雇佣契约与劳动合同区别的又一标志。自工人产生后，职业受雇者或以被雇佣为生者为职业雇佣，因此，衡量雇佣契约与劳动合同的又一标志是受雇佣者是否是以被雇佣为生的工人或劳动者。此时，雇佣关系和劳动关系开始有了区别。

在我国，由于法律并没有对雇佣关系和劳动关系作出理论上总括性的规定，而《劳动法》列举式的规定又必然出现挂一漏万的情况，② 因而实践中被《劳动法》和《劳动合同法》所“遗漏”的那部分雇工与雇主间因提供劳动力与给付报酬所发生的关系仍然难以解决。实际生活中常见的这类雇佣形式有：家庭雇佣保姆，私人之间的雇佣（如车主雇人开车），雇请钟点工，私人保镖，聘用离退休人员，不具有招工资格的单位（如法人内部机构）招用临时工等。对

---

① 钱斐、董保华：《论雇佣关系与劳动关系》，载董保华主编：《劳动合同研究》，中国劳动社会保障出版社 2005 年版，第 10—12 页。

② 《劳动法》第 2 条对《劳动法》的适用范围作了规定。按照《劳动法》和相关规定，“用人单位”限定于企业、个体经济组织、国家机关、事业组织、社会团体等五种组织，这就使理论上的调整对象范围在实践中受到了极大的限制，由此也留下了法律调整的空白区域。特别是随着市场经济的发展，劳动关系呈现多样化，《劳动法》的调整范围已不适应劳动关系客观发展的需要，因此，《劳动合同法》在《劳动法》的基础上，扩大了适用范围，增加了民办非企业单位等组织作为用人单位，并且将事业单位聘用制工作人员也纳入《劳动合同法》的调整范围。此外，还根据现实劳动关系的需要，对非全日制用工做了专门规定。

于雇佣关系与劳动关系的不同，大多数民法学者的观点可以归结为：雇佣关系的特征不同于《劳动法》所调整的劳动关系，故其不属于劳动关系而属于民事关系范畴，应由民法予以规范。以雇佣合同和劳动合同为例，关于二者的区别，主要有如下五点：1. 二者的历史不同；2. 二者受国家干预的程度不同；3. 合同订立的主体不同；4. 我国雇佣合同的雇佣人主要为自然人，劳动合同不然；5. 合同纠纷的处理方式不同。此外，一般而言，劳动合同是要式合同须以书面形式订立。

二、个人用工责任与委托合同中委托人责任的区别

一般认为，如果委托合同中受托人完全是基于自己的意志独立地处理受托事务，不受委托人的指导和监督，由此造成的损害，就应当由受托人自己承担责任。这就有必要区别一般的劳务关系中提供劳务一方致人损害与委托合同中受托人致人损害的责任。两者的主要区别在于：

第一，两者之间是否存在依附关系。在大陆法上，雇佣不仅产生了合同关系，而且产生了人格性的结合关系。而委托合同中的当事人并未形成此种关系，这就决定了一方对另一方所负的责任不同。例如，某人聘请一名保姆，该保姆在为主人家买菜时，造成超市的货物损害，由于主人和保姆之间已经形成了劳务关系，因此应当认定为用工关系，并应适用《侵权责任法》第35条①的规定。但是，如果某人委托邻居去买菜，该邻居在买菜时与菜市场的工作人员发生口角，此时，不能认为，委托人与邻居之间已经形成了个人用工关系。

第二，委托合同一般会发生代理，受托人常常以代理人的身份与第三人之间发生关系；而雇佣合同的内容往往是从事事实行为，所以，一般不会产生代理的问题。因为代理的对象是法律行为和准法律行为，如果代理人实施了侵权行为，则应当由其自身负责，而不应当由被代理人负责。而在劳务关系中，通常不形成代理关系，所以，提供劳务的一方因劳务造成他人损害，仍然应当由接受劳务的一方承担责任。

第三，在委托合同中，受托人自身遭受损害，委托人承担的责任是严格责任。例如，原《合同法》第407条②规定，"受托人处理委托事务时，因不可归

---

① 2021年1月1日《民法典》施行后，《侵权责任法》被废止。该条规定的内容精神在《民法典》第1191条中得以保留。

② 2021年1月1日《民法典》施行后，《合同法》被废止。该条规定的内容精神在《民法典》第930条中得以保留。

责于自己的事由受到损失的，可以向委托人要求赔偿损失。”这就是说，委托人承担责任并不以其具有过错为前提。而在劳务关系中，提供劳务的一方自身遭受损害，接受劳务者承担责任，必须以接受劳务者具有过错为前提，属于过错责任。

三、接受劳务者（雇员）自己受伤责任的承担

原《侵权责任法》第35条规定，个人之间形成劳务关系，提供劳务一方因劳务造成他人损害的，由接受劳务一方承担侵权责任。提供劳务一方因劳务自己受到损害的，双方各自的过错承担相应的责任。可见，提供劳务一方因劳务致使自己受到伤害的，适用过错责任，即根据提供劳务一方和接受劳务一方各自的过错大小承担相应的责任。提供劳务一方在提供劳务过程中遭受人身损害，自身存在过错的，应由提供劳务一方担负一定的责任，如果完全由接受劳务一方承担责任，将可能显失公平。对此问题，我们可以从相关规定来认识，如原《民法通则》第131条规定，“受害人对于损害的发生也有过错的，可以减轻侵害人的民事责任。”2003年《人身损害赔偿司法解释》[①] 第2条规定：“受害人对同一损害的发生或者扩大有故意、过失的，依照民法通则第一百三十一条的规定，可以减轻或者免除赔偿义务人的赔偿责任。但侵权人因故意或者重大过失致人损害，受害人只有一般过失的，不减轻赔偿义务人的赔偿责任。适用民法通则第一百零六条第三款规定确定赔偿义务人的赔偿责任时，受害人有重大过失的，可以减轻赔偿义务人的赔偿责任。”原《侵权责任法》第26条也规定：“被侵权人对损害的发生也有过错的，可以减轻侵权人的责任。”该法第27条规定：“损害是因受害人故意造成的，行为人不承担责任。”值得注意的是，《人身损害赔偿司法解释》在2022年2月15日第二次修正，修正后的解释删除了前述第2条规定。原《民法通则》《侵权责任法》亦自2021年1月1日《民法典》实行后，已被废止。《民法典》对上述规定的内容精神进行了保留，即第1192条规定：“个人之间形成劳务关系，提供劳务一方因劳务造成他人损害的，由接受劳务一方承担侵权责任。接受劳务一方承担侵权责任后，可以向有故意或者重大过失的提供劳务一方追偿。提供劳务一方因劳务受到损害的，根据双方各自的过错承担相应的责任。提供劳务期间，因第三人的行为造成提供劳务一方损害的，提供劳务一方有权请求第三人承担侵权责任，也有权请求接受劳务一方给予补偿。接受劳务一方补偿后，可以向第三人追偿。”根

① 该司法解释现已修改，以下不另作提示。

据上述规定，如果提供劳务一方因劳务受到损害的，根据双方各自的过错承担相应的责任。

【拓展适用】

一、义务帮工的责任主体认定

义务帮工是我国法上较有特色的术语，在比较法上无例可寻，人们将其理解为个人之间无偿性提供劳务。从传统的雇佣关系来看，雇主责任主要是基于有偿的雇佣关系而产生的责任，而在现代社会，雇主责任日益扩大到各类劳务关系，包括在被帮工人监督指导下的无偿帮工关系。无论是长期的帮工，还是临时的义务帮工，都可以适用雇主责任。2003 年《人身损害赔偿司法解释》第 13 条规定："为他人无偿提供劳务的帮工人，在从事帮工活动中致人损害的，被帮工人应当承担赔偿责任。被帮工人明确拒绝帮工的，不承担赔偿责任。帮工人存在故意或者重大过失，赔偿权利人请求帮工人和被帮工人承担连带责任的，人民法院应予支持。"该条款确立了无偿帮工的责任承担规则。在原《侵权责任法》颁布之前，存在用人者责任与被帮工人责任的二分法，但《侵权责任法》没有明确规定无偿帮工关系，义务帮工是否包括在雇佣关系之中。针对《侵权责任法》第 35 条所规定的个人之间的用工关系是否包括无偿帮工，存在不同解释。一种观点认为，该条款既可包括有偿也可包括无偿帮工；另一种观点认为，第 35 条中的个人提供劳务，仅限于有偿的劳务关系，而不包括义务帮工。我们认为，从《侵权责任法》第 35 条的规定来看，其并没有明确将义务帮工排除在其适用范围之外，其是否包括义务帮工，属于法律解释的问题。从实践来看，义务帮工的行为在实践中经常发生。如果将其排除在外，会导致对受害人的救济缺乏法律依据。因为：第一，如果适用公平责任，无法对受害人提供充分的救济。可以认为义务帮工责任不适用《侵权责任法》第 24 条有关公平责任的规定。第二，《侵权责任法》第 23 条关于见义勇为的规定也难以适用于此类情形，因为帮工人的行为很难被认定为"防止、制止他人民事权益被侵害"。第三，立法者没有明确规定义务帮工，可以理解为立法者是有意沉默，也可以理解为《侵权责任法》第 35 条中虽然没有明确规定义务帮工，但可以"类推"适用。当然，从总体上讲，《侵权责任法》第 35 条主要调整有偿的用 202 最高人民法院指导性案例裁判规则理解与适用·侵权赔偿卷二工关系。[①] 值

---

① 王利明：《侵权责任法研究》(下)，中国人民大学出版社 2011 年版，第 113 页。

得注意的是，2021年1月1日《民法典》实行后，原《侵权责任法》已被废止。《人身损害赔偿司法解释》在2022年2月15日第二次修正，修正后的解释对帮工责任做了调整，该解释第4条："无偿提供劳务的帮工人，在从事帮工活动中致人损害的，被帮工人应当承担赔偿责任。被帮工人承担赔偿责任后向有故意或者重大过失的帮工人追偿的，人民法院应予支持。被帮工人明确拒绝帮工的，不承担赔偿责任。"第5条规定："无偿提供劳务的帮工人因帮工活动遭受人身损害的，根据帮工人和被帮工人各自的过错承担相应的责任；被帮工人明确拒绝帮工的，被帮工人不承担赔偿责任，但可以在受益范围内予以适当补偿。帮工人在帮工活动中因第三人的行为遭受人身损害的，有权请求第三人承担赔偿责任，也有权请求被帮工人予以适当补偿。被帮工人补偿后，可以向第三人追偿。"

二、提供劳务者单独承担责任的认定

（一）提供劳务者承担责任的不同学说

对于被用工者因故意或者重大过失致人损害的，用工者是否应当对被用工者的行为承担责任的问题，存在不同的认识，主要有以下几种不同学说。第一种是追偿责任说。该种学说认为，被用工者的责任仅限于用工者向受害人承担责任之后，基于被用工者本身的主观状态向被用工者追偿，一般只有在被用工者具有故意或者重大过失的情况下，用工者才能够向被用工者追偿。第二种是独立责任说。该种学说认为，为了充分保护受害人的利益，要求用工者和被用工者对损害赔偿承担不真正连带责任，受害人既可以要求用工者承担责任，也可以要求被用工者承担责任，但仅能够实现其一，这样既可以避免因为被用工者没有责任能力导致受害人无法获得充分赔偿的情况，也能够给予受害人以选择权，最大限度地体现意思自治。第三种是连带责任说，该种学说认为，在被用工者具有故意或重大过失时，被用工者与用工者对受害人承担连带责任。2003年《人身损害赔偿司法解释》第9条规定："雇员在从事雇佣活动中致人损害的，雇主应当承担赔偿责任；雇员因故意或者重大过失致人损害的，应当与雇主承担连带赔偿责任。雇主承担连带赔偿责任的，可以向雇员追偿。前款所称'从事雇佣活动'，是指从事雇主授权或者指示范围内的生产经营活动或者其他劳务活动。雇员的行为超出授权范围，但其表现形式是履行职务或者与履行职务有内在联系的，应当认定为'从事雇佣活动'。"显然，该规定采纳该观点。[①]《人身损害赔偿司法解释》在2022年2月15日第二次修正，修正后的解释删除了上述规定。2021年1月1日施行的《民法典》第1191条规定："用人单位的工作人员因执行工作任务造成他人损害的，由用人单位承担侵权责任。用人单位承担侵权责任后，可以向有故意或者重大过失的工作人员追偿。劳务派遣期间，被派遣的工作人员因执行工作任务造成他人损害的，由接受劳务派遣的用工单位承担侵权责任；劳务派遣单位有过错的，承担相应的责任。"

（二）提供劳务者单独承担责任的把握

就被用工者单独承担责任的观点，我们认为是值得商榷的，主要理由是：第一，被用工者的行为是基于用工者的指示实施的，是为了实现用工者的利益，从一定意义上来说，是对用工者行为的一种延伸。即便被用工者存在重大过失，也不能够将被用工者的行为视为其自身的单独行为，而将该行为认定为依据用工者的指示所为的行为，属于用工者行为的一种较为合理。第二，按照报偿理论，被用工者的行为是为了用工者的利益而为，用工者因被用工者行为而获得利益，也就应当承担因被用工者的行为带来的风险。第三，通常情况下，用工者都要比被用工者有着更强的经济负担能力，因为用工者可以通过价格或者保险等形式分散风险。但也应该看到，在特殊情况下用工者的偿付能力可能不如被用工者。例如，某个百万富翁临时为其好友驾车，引发交通事故，就其个人来说，承担责任的能力要比用工者更强。这种情况相对较少，出现此类情况，也可以通过公平责任原则来合理分担损失。第四，从保护弱势群体的角度，对于被用工者因故意或者重大过失致人损害的，由用工者与被用工者共同承担责任，有利于受害人得到救济。因此，原则上不由被用工者单独承担责任。但是，在例外情况下，也可以由其承担责任。具体包括：一是被用工者具有故意。此时可构成不真正连带责任，受害人既可以依据一般侵权向被用工者主张赔偿，也可以依照替代责任向用人者主张赔偿。二是用人者不具有清偿能力而被用工者可能具有清偿能力。如张三独自开设咨询公司，张三是该咨询公司的董事长，后来，受害人要求该咨询公司承担责任，但是，该咨询公司的经营能力较弱，不足以清偿债务，而张三作为被用工者，却具有清偿能力，这时可以要求张三承担责任。三是在用工者因为合伙企业破产、合伙解散等原因已经不复存在的情况下，可以考虑要求被用工者承担一定的责任。如个人合伙企业破产后，如果受害人的损失未能获得补救，受害人可以要求合伙人个人承担赔偿责任。

---

① 王利明：《侵权责任法研究》（下），中国人民大学出版社2011年版，第114页。

三、雇员致人损伤的责任承担

原《侵权责任法》第35条规定："个人之间形成劳务关系，提供劳务一方因劳务造成他人损害的，由接受劳务一方承担侵权责任。提供劳务一方因劳务自己受到损害的，根据双方各自的过错承担相应的责任。"《民法典》对上述规定的内容精神进行了保留，即第1192条第1款规定："个人之间形成劳务关系，提供劳务一方因劳务造成他人损害的，由接受劳务一方承担侵权责任。接受劳务一方承担侵权责任后，可以向有故意或者重大过失的提供劳务一方追偿。提供劳务一方因劳务受到损害的，根据双方各自的过错承担相应的责任。"可见，提供劳务一方因劳务造成他人损害的，由接受劳务一方承担无过错责任，规定了对用人者替代责任采取无过错责任原则。其责任构成要件有三：一是违法行为，二是损害事实，三是违法行为与损害事实具有因果关系。只要具备以上三个要件，无论接受劳务一方是否存在过错，接受劳务一方都要承担责任。在司法实践中，对于无过错归责原则适用应当注意：一是所谓过错的不考虑是对用人者是否存在过错的不考虑，而不是对劳动者是否存在过错的不考虑。因用人者并非直接侵权人，其所承担的替代责任具有从属于直接侵权行为的特性，其承担责任的基础在于劳动者侵权行为的可归咎性，也就是说，用人者替代责任成立与否，与劳动者的致害行为是否构成侵权行为具有直接关系。而在大多数情况下，劳动者的致害行为属于一般侵权行为范畴，是否具有过错，是其侵权责任能否成立的重要构成要件之一，因此不能因为最终是由用人者承担替代责任就对劳动者的过错不予考虑，用人者仍然可以以劳动者无过错为由进行抗辩。当然，如果劳动者的致害行为属于特殊侵权行为，从而适用无过错责任原则的话，那么用人者将不能以法定免责事由以外的任何理由进行抗辩。二是除了应考虑劳动者的致害行为是否存在过错以外，还应考虑受害人本身是否存在过错。对于在无过错责任原则中，是否应考虑受害人的过错，我国学界存在一定争论，如王利明教授所主张的无过错责任，就是"不仅不考虑加害人的过失，而且也不考虑受害人的过失"。[①] 但是学界主流观点认为，无过错责任仅为不考虑加害人是否有过错，而受害人是否具有过错，在大多数情况下对侵权责任是否成立以及损害赔偿的范围的确定仍具有重要作用。这一点在原《侵权责任法》第26条、第27条中也得到了体现，《民法典》第1173条、第1174条对此规定进行了保留。因此，在判断用人者替代责任是否成立及其赔偿范围时，法官还应结

---

① 王利明：《侵权行为法研究》（上卷），中国人民大学出版社2004年版，第316页。

合受害人是否存在故意或者具有过失，若存在上述情况，用人者的替代责任将得到免除或减轻。[①] ①三是对于工作人员造成他人损害的赔偿责任。只有工作人员在执行工作任务时对他人造成损害的，用人单位才承担侵权责任，即用人单位承担侵权责任是以工作人员的行为构成侵权为前提，并非是对工作人员的所有行为都承担责任。

四、职务行为宽松化的认定

在雇主责任属严格责任的国家，雇主的唯一免责事由就是证明雇员的过失行为已经“超出了雇佣的范围”或“超出了雇员的职责”。但从发展趋势来看，对于执行职务的认定有逐渐宽松化的趋势。过去，执行职务的认定比较严格，较多地考虑雇主利益和受害人利益的平衡。例如，雇员利用工作之便从事了盗窃等行为，往往被认定为不属于执行职务。但是，随着受害人保护意识的不断强化，各国基本上都倾向于对职务行为作更为宽松化的认定。我国《侵权责任法》第34条和第35条分别规定了两种情况，《民法典》第1191条、第1192条第1款在保留上述规定内容精神的基础上做了调整，表述上采用了不同的形式：

（一）执行工作任务的理解

在单位用工时采用“执行工作任务”的提法。简单地讲，执行工作任务，就是指被用工者按照用工者的要求从事一定的工作。对于如何理解“执行职务”，存在不同的观点：第一种是用工者意志说。该种学说认为，执行职务的认定，应当以用工者的意志为标准。凡是用工者希望被用工者实施的行为都是执行职务。第二种是被用工者意志说。该种学说认为，执行职务的认定应当以被用工者的意志为依据，也就是说，只要被用工者主观上认为，其行为是为了用工者的利益，就属于执行职务。第三种是外观说或称客观说。该种学说认为，如果被用工者和用工者形成了一种雇佣关系的外观，对于受害人基于此种信赖而从事交往遭受的损害，应当由雇主承担责任。国外通说一般采“客观说”，凡雇员的行为外观上可以认定为执行职务的，即为职务行为。也就是说，如果从被用工者的行为来看，社会一般人会将其理解为执行职务的行为，就认为其满足了执行职务的要件。[②] 我们认为，尽管侵权责任法及民法典均没有明确如何认定执行职务，但是，从有利于保护受害人考虑，采外观说较为合理。只要

---

① 梅夏英、武兴伟：《劳务派遣中的用人者替代责任》，载《广东社会科学》2011年第1期。

② 王利明：《侵权责任法研究》（下），中国人民大学出版社2011年版，第94—95页。

形成了执行职务的外观，就可以认定用人者应当承担责任。一是从比较法的发展趋势来看，在执行职务的判断方面，为了保护受害人，解释上有越来越宽松的趋势。二是我国司法实践历来也采外观说。如2003年《人身损害赔偿司法解释》第9条第2款规定："前款所称'从事雇佣活动'，是指从事雇主授权或者指示范围内的生产经营活动或者其他劳务活动。雇员的行为超出授权范围，但其表现形式是履行职务或者与履行职务有内在联系的，应当认定为'从事雇佣活动'。"此处所说的"表现形式"就是指被用工者行为的外观。因此，不管用工者和被用工者是否签订了正式的劳动合同，也不管其是上班还是下班，只要雇员造成了他人的损害，且第三人认为其是在执行职务，就认定为因执行职务而致害。例如，甲在周末驾驶单位的公车带上单位的其他工作人员出去旅游，途中撞伤受害人，是否属于执行职务？我们认为，从社会一般人的角度来看，既然是驾驶单位的公车，就可以认为，其行为与自己的工作任务之间存在内在联系，且车上乘坐的都是单位的工作人员，与执行职务具有关联性。在其处理时，对于受害者而言，应当由其所在单位承担责任。雇员的行为必须与职务有关联。一是纯属执行职务的行为，尤其是按照用工者的意思来实施某种行为，造成他人损害的。例如，在送货途中，因货物坠落而砸伤他人，因送货本身是执行用工者的意愿，所以，属于执行职务。二是与执行职务具有关联性。此种关联性，往往要求其具有密切关联性。这就是说，雇员的行为虽然不是执行职务，但是，它是执行职务所必要的行为。例如，在上下班途中，因为开车不慎而撞伤他人，是否属于执行职务的行为？对此，在实践中存在争议。笔者认为，上下班虽然不是执行职务，但是属于执行职务履行职责的必要条件，且具有密切联系，应当认定属于执行职务造成的损害。另外，在比较法上，许多国家的判例学说都区分了"执行职务"与"利用雇佣所提供的机会"造成他人损害。例如，一些国家的判例学说认为，雇员在工作期间从事强奸等犯罪行为，尽管是在工作期间实施的，但只是利用了雇佣所提供的机会，而不是执行职务的结果，所以，雇主不应当负责。笔者认为，区分"执行职务"与"利用雇佣所提供的机会"造成他人损害的关键在于，被用工者的行为是否与执行职务具有关联性，凡是不具有关联性的行为就属于"利用雇佣所提供的机会"造成他人损害，用工者不应承担责任。问题在于，在上班期间，雇员的故意致他人损害的行为，是否属于因执行职务致害。例如，搬家公司的员工在搬家过程中，与客户发生口角，该员工一拳将客户打伤。再如，劳务派遣公司派到私人家里的保姆，偷窃了主人的财物以及他人的财物，这种情况是否属于执行职务？对此，存在不同的观点：一是否认说。此种观点认为，雇员实施故意行为，只不过是利用了其执行职务的时机而已，不属于因执行职务而致害。二是肯定说。此种观点认为，雇员实施故意行为，只要与执行职务具有内在的关联性，就认定是因执行职务而致害，雇主也要承担责任。我们认为，只要雇员的故意侵权行为具有执行职务的外观，或者与工作任务具有内在关联性，就应当被认定为执行职务。主要理由是：第一，被用工者的故意侵权具有执行职务的外观，或者与执行职务具有内在的关联性，就表明用工活动本身在一定程度上增加了损害发生的可能性。第二，从受害人救济考虑，肯定说显然更有利于对受害人的救济，而否定说则使得此种情形被排除在雇主责任之外，不利于受害人的救济。第三，从事故防范的角度来看，用工者更能够采取有效措施避免此类事故的发生，而受害人相较于用工者，几乎无法避免该类事故的发生。

（二）提供劳务的理解

在个人劳务关系中采用“提供劳务”的提法。在个人之间形成劳务关系时，被用工者因提供劳务而造成他人损害，用工者也要承担责任。这里所说的提供“劳务”，其范围非常宽泛，可以是法律行为，也可以是事实行为，被用工者所从事的活动都可以作为提供劳务来对待。考虑到在个人之间形成的劳务关系中，提供劳务者并不具有一定的职务，也没有相应的岗位职责，因此，原《侵权责任法》及《民法典》采用“提供劳务”的提法。从解释上来说，“提供劳务”只不过是“执行职务”的另一种表达，在认定“提供劳务”时也应当采外观说。而且，较之于单位用工，个人用工中执行职务的认定应当采更为宽泛的标准。只要提供劳务者实施的行为与其“劳务”之间有关联性，就应认定为“提供劳务”。①

【典型案例】

陈维某诉赖国某雇佣合同纠纷案

原告：陈维某。

委托代理人：范某。

被告：赖国某。

委托代理人：蒋培某，赖国某之妻。

委托代理人：唐某。

① 王利明：《侵权责任法研究》（下），中国人民大学出版社2011年版，第97页。

〔基本案情〕

原告陈维某因与被告赖国某发生雇佣合同纠纷，向四川省广汉市人民法院提起诉讼。

原告诉称：我在受雇为被告赖国某看管运沙车期间，被汽车摔下夹断左腿，经鉴定为五级伤残。请求判令被告给我赔偿因工致伤的医疗费 3944.20 元、住院费 2800 元、住院生活补助费 900 元、护理费 2000 元、一次性伤残抚恤金 70560 元、一次性伤残补助金 8960 元、一次性医疗补助费 7840 元、残疾人轮椅费 12800 元以及律师费、差旅费 2000 元，合计 111760.20 元，并承担本案诉讼费。

被告辩称：本案是劳动争议，依法应先进行劳动争议仲裁。此次损害的发生，是因原告严重违反操作程序所致，过错在原告方。况且被告已对原告进行了及时救助，双方还对善后处理达成协议，由被告给原告一次性补偿 1000 元后，不再承担其他责任。该协议履行后，原告又由于自己的原因加重了伤情，不应由被告承担责任。

广汉市人民法院经审理查明：

原告陈维某从 1996 年 8 月起受雇为被告赖国某工作，主要工作是跟随赖国某经营的运沙车，为汽车换轮胎、在倒车时给主车连接拖车的转动三脚架上插插销固定方向、提醒驾驶员注意安全等。双方口头约定，赖国某每月付给陈维某工资 300 元，负责吃、住。同年 10 月 7 日晚，运沙车在成都某地卸沙需要倒车，此时上下插销孔错位，必须等车辆在运动中将插销孔正位后才能完成插插销的动作，陈维某便跳上主车、拖车之间的三脚架，准备在车辆运行中插插销。主车倒车时，陈维某在三角架上未站稳，左脚滑进三脚架内，被正在转正的三脚架将左腿夹断。

原告陈维某当日被送华西医科大学附属第一医院住院治疗。住院期间，陈维某之父因生活所迫，与被告赖国某达成由赖负担此次住院期间的一切开支，并再支付 1000 元继续治疗费用，今后不再承担其他责任的善后处理协议。据此协议，陈维某于 1996 年 10 月 21 日出院，出院的诊断结论为：左胫骨开放性骨折，左小腿及皮肤撕脱伤；患者及家属要求出院；出院后注意加强营养、及时换药，回当地医院继续治疗。赖国某支付了此次住院期间的全部医疗费。

原告陈维某回家后，在中江县龙台中心卫生院继续住院治疗，后因家庭经济困难无力治疗而出院，共用去医疗费 2643.20 元。出院后，陈维某多次请求广汉市连山镇法律服务所协助解决要求被告赖国某赔偿损失一事未果，遂在四川省德阳市法律援助中心提供的法律援助下提起诉讼。1999 年 7 月 23 日，陈维某的伤情经德阳市中级人民法院临床法医学鉴定，为五级伤残。

另查明：1995 年 1 月 13 日，被告赖国某同广汉市连山运输社达成协议，约定由赖国某自己购车加入运输社，车辆由赖国某自己经营，运输社负责管理及协调各种关系并收取一定费用。涉案汽车（车牌号为川 F30491）就是赖国某根据这项协议购置的，车辆行驶证和其他相关手续均登记为广汉市连山运输社。

〔一审裁判要旨〕

广汉市人民法院认为：原告陈维某和被告赖国某达成口头协议，由陈维某为赖国某提供劳务，赖国某给付陈维某报酬，属雇佣合同。该合同符合《中华人民共和国民法通则》规定的民事法律行为成立和有效的全部要件，应受法律保护。根据最高人民法院1988年10月14日《关于雇工合同应当严格执行劳动保护法规问题的批复》的规定，陈维某在受雇佣期间，依法应得到劳动保护。其在工作期间因职务行为而受伤，应当由雇主赖国某承担民事责任。赖国某无证据证实此次事故的发生与陈维某的故意或重大过失有关，应当承担事故的全部赔偿责任。具体赔偿标准，参照劳动部《企业职工工伤保险试行办法》和四川省劳动厅的规范性文件确定。根据最高人民法院、司法部《关于民事法律援助工作若干问题的联合通知》第十条的规定，赖国某还应承担法律援助中心援助人员在为陈维某办案中的必要开支。故陈维某请求赖国某赔偿经济损失并承担本案的诉讼费，应予支持。

《中华人民共和国劳动法》第二条规定："在中华人民共和国境内的企业、个体经济组织（以下统称用人单位）和与之形成劳动关系的劳动者，适用本法。"劳动部《关于贯彻执行〈中华人民共和国劳动法〉若干问题的意见》第一条解释："劳动法第二条中的'个体经济组织'是指一般雇工在七人以下的个体工商户。"被告赖国某没有工商行政管理部门颁发的个体工商户营业执照，不是依法成立的个体工商户，故不能作为劳动法律关系的主体。本案不是劳动法律关系，而是雇佣法律关系，属人民法院主管范围，劳动仲裁不是本案的必经程序。赖国某以本案应属劳动法律关系为由，主张本案应先进行劳动仲裁，人民法院无权受理的理由不能成立，不予支持。

原告陈维某受伤住院后，其父同被告赖国某达成的善后处理协议，非陈维某本人的真实意思表示，应为无效。赖国某辩称在雇佣关系终止后，陈维某由于自己的原因加重了伤情，无证据证实，不予采信。据此，广汉市人民法院判决：

一、被告赖国某于本判决生效后10日内，一次性付给原告陈维某医疗费2634.20元，伤残抚恤金71442元，医疗补助费7938元，合计82023.20元。

二、被告赖国某于本判决生效后10日内，一次性付给法律援助人员在援助原告陈维某中开支的办案必要费用2000元。

三、驳回原告陈维某的其他诉讼请求。

案件受理费50元，其他诉讼费100元，均由被告赖国某负担。

〔当事人上诉及答辩意见〕

赖国某不服一审判决，向四川省德阳市中级人民法院提起上诉称：上诉人是事实上的个体工商户，与被上诉人之间形成的是劳动用工关系，应当受劳动法调整。上诉人在被上诉人住院期间与被上诉人之父达成的善后处理协议，其中的事故处理费1000元已由被上诉人之父领取，并承诺以后费用由陈家自负。该协议已经履行应为有效，被上诉人无权再提起诉讼。请求二审改判。

被上诉人陈维某服从一审判决。

〔二审裁判要旨〕

德阳市中级人民法院经审理认为，上诉人赖国某雇佣被上诉人陈维某干活并给付其劳动报酬，双方形成的是雇佣合同关系。陈维某在受雇佣期间，为了赖国某的利益而受伤，赖国某应当承担民事责任。因赖国某无证据证实陈维某的受伤是其故意或重大过失造成，为此一审判决赖国某承担全部责任，是正确的。赖国某未经工商部门依法核准登记，故不具有个体工商户的法律地位，更不属法律规定的个体经济组织。赖国某上诉称“本案应适用劳动法及相关法律调整”的理由，与法律规定相悖，不予支持。赖国某上诉称“陈维某之父已收其对事故处理费 1000 元，并承诺以后费用由陈家自负，故上诉人不应再赔”，因陈维某是具有完全民事行为能力的人，其民事权利的处分应由其本人或经其委托人行使，故这一上诉理由也不成立。一审判决认定事实清楚，适用法律正确，判决适当，审判程序合法。据此，德阳市中级人民法院依照《中华人民共和国民事诉讼法》第一百五十三条第一款第（一）项的规定，于 2000 年 3 月 15 日判决：

驳回上诉，维持原判。

二审案件受理费 50 元，其他诉讼费 100 元，均由上诉人赖国某负担。

第十章　定作人侵权责任

规则 15：承揽关系不属于雇佣关系，定作人对承揽人在履行承揽合同过程中的人身损害不承担赔偿责任，但可依公平原则给予适当补偿

——周开某等诉宜昌县建设局人身损害赔偿案[①]

【裁判规则】

承揽人虽为定作人完成预先约定的工作，但不是受雇于定作人，双方之间形成的是加工承揽法律关系，不形成雇佣法律关系。承揽人在履行承揽合同义务过程中，由于意外原因导致其身亡。对死亡结果的发生，承揽人和定作人均无过错。根据《民法通则》[②] 第 132 条规定，定作人可依公平原则给予适当补偿。

【规则理解】

一、承揽合同的内涵及法律特征

（一）承揽合同的内涵

根据《合同法》第 251 条[③]的规定，承揽合同是承揽人按照定作人的要求完成工作，交付工作成果，定作人给付报酬的合同。其中，完成工作并交付工作成果的一方当事人为承揽人，接受工作成果并给付报酬的一方当事人为定作人。承揽属于以特定的工具和技能完成一定工作任务的典型交易形式，因此，合同法对于承揽合同所设置的法律规则，对于建设工程合同具有直接适用的效力，对于运输合同具有参照适用效力。[④] 承揽合同的内容主要包括承揽的标的、

① 《中华人民共和国最高人民法院公报》2001 年第 4 期。

② 2021 年 1 月 1 日《民法典》施行后，该法废止。

③ 2021 年 1 月 1 日《民法典》实行后，《合同法》废止，该条规定内容被《民法典》第 770 条予以保留。

④ 王利明、房绍坤、王轶：《合同法》，中国人民大学出版社 2009 年版，第 360 页。

数量、质量、报酬、承揽方式、材料的提供、履行期限、验收标准和方法等。

（二）承揽合同的法律特征

1. 以完成一定工作为目的。在承揽合同中，承揽人应当按照与定作人约定的标准和要求完成工作，定作人主要目的是取得承揽人完成的工作成果。承揽合同的这一特点决定了其标的只能是作为义务，否则定作人将无法实现其合同目的。

2. 承揽人完成工作的独立性。定作人一般是建立在对承揽人的能力、条件等信任的基础上，才与承揽人之间订立承揽合同；只有承揽人自己完成工作才符合定作人的要求。承揽人如将其主要义务交由其他人来完成，属于债务不履行，应承担违约责任。①

3. 定作物具有特定性。承揽合同通常属于个别商定的合同，定作物往往具有一定的特定性。无论定作物的最终成果以何种形式体现，其都必须符合定作人提出的特别要求，否则，交付的工作成果就不合格，属于承揽人违反约定。

4. 承揽合同为诺成、有偿合同。双方当事人意思表示一致，承揽合同即可成立，故为诺成合同。定作人取得承揽人完成的工作成果，要向承揽人支付约定的报酬。因此，承揽合同为有偿合同。

二、承揽合同中定作人的义务

根据我国《民法典》的规定，定作人负有如下主要义务：

（一）支付价款的义务

定作人获得承揽人的工作成果，应当及时向承揽人支付价款。这里的“价款”包括承揽人的工作报酬、承揽人提供材料时的材料费、定作人提供材料时或其迟延接收时承揽人的保管费用等。这是定作人最主要的合同义务。

由于定作人支付报酬与承揽人的实施工作并非同时进行，而是后于承揽人的工作，因而关于承揽合同中承揽人报酬债权是否与合同成立同时发生，学者有肯定说与否定说两种意见，但以肯定说为通说。

定作人应当按照约定的期限支付报酬。对支付报酬的期限没有约定或者约定不明确的，合同的双方当事人可以协议补充，不能达成补充协议的，按照合同有关条款或者交易习惯确定。仍不能确定的，定作人应当在承揽人交付工作成果时支付；工作成果部分交付的，定作人应当相应支付。

报酬的数额一般应于合同中明确约定。如合同中有明确约定的，则定作人

---

① 崔建远：《合同法》，法律出版社 2007 年版，第 425 页。

应依约给付。如无约定的，则应依一般交易的标准来判断，即以该工作成果交付时当地同种类工作的一般报酬为准。如承揽人的工作缺少可资参考的标准的，则以其过去同类工作的报酬为标准。不过，报酬不以货币为限，只要当事人同意，以其他物代替亦无不可。[①]

定作人迟延支付报酬的，应向承揽人支付迟延期间的利息。定作人拒不支付报酬的，承揽人对定作人享有所有权的工作成果可以行使留置权，通过留置权担保其报酬请求权的实现。

（二）协助义务

承揽工作需要定作人协助的，定作人有协助的义务。按照承揽合同的特点，需要定作人负协助义务的主要有如下几种情况：

1. 依合同性质应由定作人提供材料的，定作人应当及时提供。如标的物为不动产的，定作人应使该不动产处于可供工作的状态。

2. 定作人自己提供设计图纸、技术要求或技术资料的，或者定作人提供样品的，定作人均应及时、合理提供。

3. 依承揽人的通知，定作人应履行的某些协助义务，如及时更换、补齐有瑕疵的材料或技术资料、图表设计等。

定作人不履行协助义务的，构成违约行为，承揽人可以确定合理期限催促其履行。如其逾期仍不履行的，承揽人不必再履行合同，可以解除合同并不承担因此而造成承揽工作无法完成的责任。

（三）受领工作成果

定作人是否有受领承揽人所完成的工作成果的义务，有不同的观点。我国学者多认为定作人有受领义务。定作人在受领工作成果的同时，有义务对工作成果进行验收。但是验收本身并不能作为承揽人免除承担责任的理由。如工作成果依其性质在短期内难以发现瑕疵，或者是工作成果存在隐蔽瑕疵的，定作人仍可于验收后的相当期限内请求承揽人承担责任。受领不能被认为是对于责任追究的放弃。

定作人如无正当理由受领迟延的，承揽人可请求其受领并支付相应的报酬和费用，包括违约金、保管费用等。定作人并应承担因其受领迟延而发生的工作成果的风险。

---

① 崔建远：《合同法》，法律出版社2007年版，第431页。

三、承揽关系中的侵权责任与个人用工责任的比较

承揽合同是承揽人按照定作人的要求完成工作，交付工作成果，定作人给付报酬的合同。承揽包括加工、定作、修理、复制、测试、检验等工作。而雇佣合同，在我国法律上并没有明确的定义，学理上的定义一般指双方当事人约定，在确定或不确定期间内，一方向他方提供劳务，他方给付报酬的合同。《民法典》第1192条仅仅提到了"劳务关系"，其是否包括"承揽合同关系"呢？笔者认为，二者之间存在明显差异，具体表现在：

（一）两者之间的目的不同。承揽合同以完成特定的工作成果为目的，定作人并不仅仅是为了获得承揽人提供劳务的过程本身，提供劳务是完成工作成果的手段，承揽人提供的是工作成果而非单纯的劳务。与此相反，劳务关系合同（雇佣合同）以劳动者提供的劳务过程为标的，至于此种劳务过程的实现是否一定导致相应定作成果的完成，尚不确定，此项内容也不属于合同的内容。因此，两者属于不同性质的合同关系，劳务合同并不属于承揽合同。

（二）合同义务的内容不同。劳务关系和承揽合同关系中，义务人是否要保证某种结果完全是不同的。在劳务关系中，提供劳务的一方只是提供一定的劳务，并不保证特定的结果出现，因此，其属于方式性义务；而在承揽合同中，承揽人要完成特定的工作成果，属于结果性义务。[①]

（三）人身依附关系不同。在比较法上，在判断是否成立雇佣关系时，法国判例确立了如下标准：在雇佣关系中，雇员并不享有决定工作方式的自由，也不享有对其劳务进行定价的权利。而承揽人享有决定其工作方式的自由，也享有对其劳务进行定价的权利，因此其不是雇员。此种经验值得借鉴。在我国的劳务合同关系中，雇主与雇工之间具有特定的人身关系，雇工受雇主支配，须听从雇主的安排、指挥并在其监督下为雇主提供劳务，因此用工者也应承担被用工者因劳务活动产生的相应风险。而承揽合同中，承揽人在完成工作中具有独立性，与定作人一般不存在管理关系，定作人通常只关注最终成果的完成，并不关注完成成果的过程，也缺乏对完成该成果的劳务活动控制力。因此，《民法典》第1192条之所以要求劳务接受者对劳动者的侵权行为承担严格责任，就是因为其对此种劳务活动及其风险的控制力，因此，《民法典》第1192条所称的"劳务关系"并不包括承揽合同关系。

（四）两者之间的风险不同。雇佣中风险是由雇主承担，雇主对雇工选任

---

① 王利明：《侵权责任法研究》（下），中国人民大学出版社2011年版，第109页。

不当、疏于监督管理等要担责，对雇工在从事雇佣活动中遭受人身损害的要承担赔偿责任。虽然定作人不应按照《民法典》第1192条的规定承担基于“劳务关系”的责任，但并不是说定作人就一定不会因为承揽人的侵权行为承担赔偿责任。尤其是在确定责任时应当考虑承揽人作出此种决定，究竟是基于定作人的意旨，还是自身作出的决定。如果承揽合同是基于定作人的意旨履行的，尤其是定作人“对定作、指示或者选任有过失的”，则应当承担相应的赔偿责任。当然，此种责任已经不再属于传统的基于劳务关系的责任，而属于一般过错责任的范畴。对此，2003年《人身损害赔偿司法解释》第10条对此作出了规定，《民法典》对其规定的内容精神进行了保留，即第1193条规定：“承揽人在完成工作过程中造成第三人损害或者自己损害的，定作人不承担侵权责任。但是，定作人对定作、指示或者选任有过错的，应当承担相应的责任”。

因此，承揽合同履行中的风险由完成工作成果的承揽人承担，承揽人在完成工作过程中造成自身损害的，定作人不承担赔偿责任，定作人只在定作、指示或者选任有过失时，承担相应的责任。

【拓展适用】

一、定作人侵权责任的特征与性质

（一）定作人侵权责任的法律特征

定作人的侵权责任，是指承揽人依据承揽合同在执行承揽事务过程中，因执行定作人的有过失内容的定作或指示而不法侵害第三人的权利，造成第三人人身伤害或财产损失的，应由定作人承担损害赔偿责任。① 定作人侵权责任的法律特征表现在以下几个方面：

1. 定作人与承揽人之间存在承揽合同关系，这是定作人承担侵权责任的前提。承揽合同就是承揽人按照定作人的要求完成工作，交付工作成果，定作人给付报酬的合同。基于此种关系，从公平正义和利益衡量的考虑，要求定作人对承揽人给第三人所造成的损害承担赔偿责任。

2. 侵权行为发生在承揽人执行承揽事务过程中。在执行承揽事务过程中造成损害的行为，属于完成承揽事项的行为，已超出承揽事项范围的行为，定作人不承担责任。如承揽事项已完成，并已将工作成果交付给定作人，此时因工作成果的原因导致第三人损害的，应由定作人承担侵权责任，不属于本文所指

① 敖斌：《论定作人侵权责任》，载《法治研究》2012年第7期。

的侵权责任，而属于一般的侵权责任问题。

3. 主张侵权损害是承揽合同以外第三人的民事权利，而不是承揽人或定作人自己的权利。如果因承揽人的行为导致承揽人或定作人的人身或财产损害的，应依一般侵权责任或违约责任确定相应的赔偿责任，定作人对此不承担侵权责任。

4. 行为者与责任者分离。在执行承揽事项中承揽人以自己的行为造成第三人的损害，直接行为人是承揽人而不是定作人，但侵权责任的承担者是定作人，定作人对有过失的定作、指示或者选任所造成的损害后果承担相应的赔偿责任。

（二）定作人侵权责任的法律性质①

关于定作人侵权责任的法律性质，需要从以下几个方面着手进行讨论：

1. 定作人的侵权责任是属于特殊的侵权责任，还是一般侵权责任？多数学者认为，定作人的责任属于特殊侵权责任，主要表现在：一是各国法律对此有特别规定；二是此种责任在本质上是一种替代责任，也就是说，本应属于承揽人的行为所致的损害，却由定作人为之承担赔偿责任。所以，有的学者将之归类为准侵权行为，也有的学者直接将其纳入特殊侵权行为类型中。但日本的学者大多认为定作人的责任并非是一种特殊侵权责任，而是一种一般侵权责任。还有的学者则将其区别情况，分类定性，认为定作人有两重责任，一是就自己的过失行为负责者，为一般侵权行为责任；二是就承揽人因执行定作人有过失之承揽事项，而因承揽人之过失所加于他人之损害者，负特殊侵权行为之代理责任（替代责任）。我们对此予以认同。

2. 定作人的侵权责任是属于自己责任，还是替代责任？侵权责任依照是否是对自己的侵权行为承担责任，可分为自己责任和替代责任两种。所谓自己责任，即是对自己实施的侵权行为所造成的损害承担的赔偿责任，此种责任在侵权法理论上称为“对自己加害行为的侵权责任”，大多数的侵权行为属于此种情形；所谓替代责任是指对他人实施的侵权行为所造成的损害承担的赔偿责任，最为典型的替代责任就是雇主对雇员因执行职务给第三人造成损害而承担的损害赔偿责任。定作人的侵权责任属于上述哪一种？笔者认为，不能一概而论，应当根据不同的情形分别确定责任。总的来说，定作人承担侵权责任的情形有两种：一是承揽人执行承揽事务的行为造成他人损害时，定作人对此有过失的，定作人所承担的责任就是对自己的过失行为承担责任，属于自己责任。如定作

① 汪渊智：《论定作人的侵权责任》，载《法学杂志》2007年第3期。

人的指示不明、定作人选择承揽人存在过失或者根据工作的性质应随时提请承揽人注意而没有提请注意等，由此定作人承担的责任，是对自己过错行为承担责任，而不是对承揽人的过错承担责任。二是承揽人执行承揽事务的行为造成他人损害时，定作人没有过失，定作人对受害人承担的损害赔偿责任属于替代责任。主要有以下情形：第一，承揽工作具有高度的危险性，即使定作人不存在任何过失，定作人也应对由此发生的损害向第三人承担责任；第二，定作人对受害人负有法定的保护义务（或不得转移的义务），如承运人对旅客所承担的安全运输的义务、铁路部门将其铁轨适当地加以封围的义务、市政府保持其街道得到维修的义务、确保交叉路口安全的义务、不堵塞高速公路的义务、确保房地产安全而不损害商业来访者人身健康的义务、根据契约予以维修的义务等，这些义务可以由自己亲自履行，也可以通过契约交由其他人履行，但如其他人未履行此种义务给他人造成损害的，仍然由定作人承担赔偿责任。

3. 定作人的侵权责任是属于过错责任，还是无过错责任？由于定作人的侵权责任有自己责任和替代责任两种，如果属于自己责任，是一般侵权行为，应适用过错责任原则。问题是，当定作人的责任属于替代责任时，应适用过错责任原则，还是无过错责任原则？关于替代责任的归责原则，各国的立法、判例不尽相同。英美法倾向于严格责任，认为是一种“严格的非代理责任”。德国的立法采取过错推定责任，法国在理论上将雇主的替代责任分为两个方面，即过错责任（或过错推定责任）和危险责任。笔者认为，当定作人的责任属于替代责任时，应适用无过错责任或严格责任原则，原因在于：一是替代责任是指为他人侵权行为代负责任，而非对自己的行为负责，就其性质而言，属于无过错责任；二是当定作人承担替代责任时，适用严格责任原则较为合理。虽然理论上对此有不同的认识，存在“控制与监督”“公共政策”“注意义务”等学说主张，其实“替代责任理论并非源于任何极其清楚的、具有严密逻辑的法律原则，它实际上源于社会的安排和便利以及朴素的正义”。三是我国有学者认为，替代责任采取严格责任理论与雇员的过错责任难以协调，即当雇员的行为造成第三人损害时，如果雇员证明自己没有过错而免除自己的责任时，雇主因为承担严格责任而仍然要对受害人承担侵权责任，这是不符合侵权法的基本原则的。笔者认为此种认识存在误区，因为替代责任是对他人的侵权行为负责，如果他人的行为不存在过错或者说不构成侵权行为，替代责任人当然也无须对他人的侵权行为负责，应当不存在雇员没有责任，却要求雇主代他受过的问题。

二、定作人侵权责任的构成要件

定作人侵权责任既具有侵权责任的一般共性，又具有其自身的一些特性。因而，定作人侵权责任的构成除满足侵权责任的一般要件外，还表现出自身的某些特点。[①]

（一）承揽法律关系必须存在

承揽法律关系的存在是构成定作人侵权责任的前提条件。如果当事人之间不存在承揽法律关系，而是其他民事法律关系，如劳动法律关系、委托法律关系、雇佣法律关系、行纪法律关系等，则当事人之间产生的侵权法律责任，应该按照与之相对应的法律关系来处理。在承揽法律关系中，因承揽人的工作造成其自身或第三人人身或财产损害的，且定作人存在过错的，其所承担的赔偿责任才称为定作人侵权责任。承揽法律关系的存在，不仅是定作人侵权责任区别于其他侵权责任形式的基本条件，也是定作人侵权责任区别于其他侵权责任形式的显著特点之一。

（二）定作人必须具有过失

在定作人侵权责任中，定作人的过失包括定作过失、指示过失、选任过失三种情形。

1. 定作过失。定作过失是指定作工作本身存在缺陷，即定作事项、事务或项目自身的性质处于法律禁止或限制生产加工的状态。如定作人委托承揽人加工生产枪支，因枪支是法律明确禁止私人加工生产的，因此定作事项明显违法。如定作人要求承揽人生产加工烟草，烟草是法律限制生产加工的物品。承揽人在上述生产制作过程中产生的侵权后果应由定作人承担赔偿责任。

2. 指示过失。在承揽法律关系中，一般情况下，承揽人应依靠自身技术独立完成承揽事务，但也不排除定作人为准确达到自己的经济目的，而对承揽人的行为提出相关的意见或建议。如定作人提出的指导方法或意见存在错误或违法，则应认为定作人有指示过失。承揽人在定作人有过失的指示下所实施的行为造成自身或他人人身或财产损害，定作人应承担指示过失所相应的侵权责任。[②] 如定作人对安全防护不充分，却要求承揽人进行高空作业，承揽人不慎摔下造成自身身体损害的，定作人应对指示过失承担相应的侵权责任。应当注意的是，虽然定作人指示有过失，但承揽人完成承揽事务所造成的损害，并不

---

① 敖斌：《论定作人侵权责任》，载《法治研究》2012 年第 7 期。

② 汪渊智：《论定作人的侵权责任》，载《法学杂志》2007 年第 3 期。

是基于定作人的过失或错误指示所致，而是基于其他因素所致，因定作人的指示过失与承揽人造成的损害之间并无因果关系。对此，定作人不承担指示过错的侵权责任。

3. 选任过失。所谓选任过失是指定作人对承揽人在选任上存在过失。定作人选任过失的情况较复杂，主要表现为：一是选择没有资质的承揽人从事需要资质的工作；二是让低资质的承揽人从事需要高资质的工作。在司法实践中存在两类较为突出的问题：第一，承揽人的资质属于假冒，在此情形下，如果承揽人于完成工作时造成损害，定作人是否承担相应的侵权责任？笔者认为，对于定作人是否要承担侵权责任，可从定作人对承揽人的假冒资质是否明知来确定。如果定作人明知承揽人的资质是假冒的，定作人属于选任上的过失，其应按选任过失所造成的侵权责任处理；如果定作人并不知承揽人的资质是假冒的，且尽了相当的注意义务，则不能认为定作人具有选任过失，定作人亦不承担选任过失的侵权责任。第二，法律法规对某些工种或行业的从业主体资质没有要求和限制，而其从业主体造成他人损害，应如何处理？例如，承揽人在街头或马路旁摆设自行车修理摊，在试车的过程中撞伤第三人，责任由谁承担？又如，承揽人在为定作人复印资料时，由于复印机漏电致使第三人受伤，定作人是否需要承担责任？这些承揽修车、复印的承揽人可能有营业执照，但一般都没有相应的资质证书。司法实务中，定作人要求承揽人从事这些承揽事务，能否认定定作人存在选任过失？笔者认为，从法理上讲，法律法规没有禁止的，就应该视为允许。若法律对这类承揽人没有资质的要求，则定作人对其选择就不能认为具有过失。因此，不能按定作人具有过失承担相应的责任。可根据其他侵权规定处理。

（三）须有损害的事实

在该构成要件中，应注意的是，损害的事实仅限于第三人与承揽人的人身或财产损害，不包括定作人。如果承揽人在承揽工作中造成定作人损害，定作人存在定作、选任、指示过失的，则可以减轻承揽人的赔偿责任。

（四）具有因果关系

定作人对于定作或指示虽有过失，但承揽人执行承揽事项未依其定作或指示的，执行承揽事项所造成的损害是其他因素所致，与定作人的定作或指示无因果关系，定作人对侵权责任不承担过失责任。

三、定作人侵权责任的承担[①]

2003年《人身损害赔偿司法解释》规定，定作人对定作、指示或者选任有过失的，应当承担相应的赔偿责任。而“相应的赔偿责任”是指定作人承担替代责任，还是与承揽人一起承担连带责任，《人身损害赔偿司法解释》的规定并不明确。《民法典》第1193条除对文字作了调整外，继续沿用了上述规定。

有学者认为，2003年《人身损害赔偿司法解释》对定作人责任的规定，系借鉴日本的规定，而日本学说上一般认为，构成定作人责任的，应参照雇主责任的规定，即由雇主和雇员承担连带责任，因此，构成定作人责任时，应由定作人和承揽人承担连带责任。鉴于2003年《人身损害赔偿司法解释》对雇主责任进行了创新规定，即通常情况下，责任由雇主承担，如雇员因故意或重大过失致人损害的，则雇员应当与雇主承担连带赔偿责任。依此原理，定作人责任中，原则上应由定作人承担责任，在承揽人存在故意或重大过失的，则由二者承担连带责任。定作人承担连带责任后，可向承揽人追偿。笔者认为，该观点确有其合理性，但亦有值得商榷之处。在承揽合同中，定作人承担替代责任应无疑义，但定作人承担的替代责任与雇主承担的替代责任有所不同，承揽人并非仅在存有故意或重大过失时，才与定作人一起承担连带责任，而是承揽人存有过错时，就应与定作人一起承担连带责任。

（一）定作人的替代责任

承揽人在执行承揽工作过程中造成第三人损害，若承揽人的侵权行为属于“没有过错，但法律规定应当承担民事责任的，应当承担民事责任”的情形，那么，承揽人侵权行为的成立就不考虑承揽人主观上是否有过错，只要有第三人损害后果的存在、承揽人的行为与第三人的损害后果之间存在因果关系，就涉及对第三人责任的承担问题。若承揽人主观上无过错，虽承揽人的行为致第三人损害，但因其是按照定作人的定作或指示执行承揽工作，那么，定作人就应对其定作、指示或者选任过失的后果承担责任，即由定作人对第三人的损害承担替代责任。定作人承担责任后，因承揽人无过错，定作人亦不能向承揽人追偿，为不可追偿的替代责任。

定作人替代责任的承担，须由受损害的第三人负举证责任，证明定作人定作、指示或者选任有过失。如果受损害的第三人证明不了定作人定作、指示或者选任有过失，则只能要求承揽人承担责任。承揽人如果认为定作人有过失，

---

① 参见杨丽珍：《论定作人责任》，载《西北大学学报》（哲学社会科学版）2010年第1期。

为免除自己的责任，也可以举证证明定作人过失。当然，定作人若能举证证明自己无过失，亦可免除自己责任的承担。

定作人替代责任不同于雇主的替代责任，表现在：第一，定作人替代责任属于过错归责范畴，即定作人须主观存有过失。雇主替代责任属于无过错归责范畴，不问雇主有无过错，均应对雇员执行职务中的侵权行为承担责任；第二，在定作人替代责任中，定作人只有在例外的情况下才承担替代责任，原则上定作人不对承揽人执行承揽工作中的侵权行为承担责任。在雇主替代责任中，雇主承担替代责任是原则，只有在例外的情况下不负责任。第三，定作人替代责任，须由受到损害的第三人举证证明定作人过失。雇主替代责任，须由雇主就自己例外地不负责任，即对存在法定的免责事由承担举证责任。

（二）定作人的连带责任

承揽人在执行承揽工作过程中造成第三人损害，若承揽人有过错，定作人亦存在定作、指示、选任过失，即使定作人与承揽人对第三人损害结果的发生存在不同的认识与理解，但就第三人损害后果的发生，定作人与承揽人还是有所认识的，或者是具有共同的可预见性的，应按照共同侵权的规则承担连带责任。例如，定作人或者承揽人明知或应知定作的事项违法，或者定作事项显然有引起侵害他人权利的盖然性而定作或承揽，或者定作人指示过失而承揽人亦明知或应知该指示过失有可能造成第三人损害的，或者定作人与承揽人明知或应知承揽人不具备完成承揽工作的资格及能力而选任或承揽的，定作人与承揽人对因此造成的第三人损害就具有共同的过失，应按照共同侵权的规则承担连带责任。

定作人的连带责任不同于雇主的连带责任。2003 年《人身损害赔偿司法解释》第 9 条①对雇主连带责任的承担作出了限制，即限制在雇员对损害的发生主观恶性较大，也就是雇员故意或者重大过失致人损害的情形下，雇主才与雇员承担连带责任。而定作人连带责任的承担，则没有该限制性的条件，只要定作人与承揽人主观存有过错，定作人与承揽人即构成共同侵权，定作人与承揽人就应承担连带责任。同时应当注意的是，定作人与承揽人连带责任的承担，须由受损害的第三人负举证责任，证明定作人与承揽人共同侵权。如果受损害的第三人证明不了定作人与承揽人共同侵权，就只能由承揽人承担责任。

---

① 《人身损害赔偿司法解释》在 2022 年 2 月 15 日第二次修正，修正后的解释删除了该条规定。

【典型案例】

周开某等诉宜昌县建设局人身损害赔偿案

原告：周开某。

原告：何某。

法定代理人：周开某，何某之母。

原告：孔凡某。

三原告委托代理人：刘锦某。

被告：湖北省宜昌县建设局。

法定代表人：刘宪某，该局局长。

委托代理人：陈守某。

委托代理人：邓可某。

被告：何丽某。

委托代理人：冯发某，何丽某之夫。

〔基本案情〕

原告周开某、何某、孔凡某因与被告湖北省宜昌县建设局（以下简称建设局）发生人身损害赔偿纠纷，向湖北省宜昌县人民法院提起诉讼。法院认为何丽某与本案有利害关系，追加其为本案被告。

三原告称：何甲是原告周开某之夫、何某之父、孔凡某之子。1999 年 2 月 19 日，何甲受雇为被告建设局悬挂标语。由于作业中没有建设局的人给予帮助，使何甲因不了解真实情况而踩破三楼平台采光玻璃坠楼身亡。建设局与何甲之间存在着雇佣关系，建设局对何甲的死亡有过错，依法应承担雇主的责任。请求判令建设局给三原告赔偿死亡补偿费、丧葬费、被抚养人生活费、救护费、专家会诊费、交通费等合计 72953.50 元。

被告建设局辩称：是被告何丽某从县委宣传部承揽后又雇请何甲去完成了印制悬挂标语的工作。何甲不慎坠落死亡，应当由雇主何丽某承担责任，本局不应承担任何法律责任。

被告何丽某辩称：我既没有承揽印制、悬挂标语的工作，更没有雇请何甲去从事这项工作，只是在何甲死亡后帮助三原告从被告建设局处结过账，与本案的纠纷没有任何法律上的利害关系。

湖北省宜昌县人民法院经审理查明：

1999 年 1 月，中共宜昌县县委决定召开“四级”干部会议，要求各单位在会议期间悬挂标语。被告何丽某的丈夫冯发某得知后找到县委宣传部，要求将制作、悬挂标语的工作交给何丽某及其弟何甲去完成。县委宣传部同意由他们自己去与各单位联系，费用也由他们自己去结算。何甲便以“大民工艺装饰公司”（该公司未履行工商登记，也没有固定人员）总经理的名义，手持县委宣传部发布的《关于认真做好全县四级干部会议宣传标语悬挂工作的通知》，到各单位商谈印制悬挂标语事宜。经与被告建设局商谈，建设局同意由何甲按文件要求印制一幅新标语，并负责将包括另一幅旧标语在内的二幅标语悬挂起来，价格800元。

1999年2月19日上午，何甲及其聘请的程某新、程某明拿着制作的一幅新标语前往被告建设局处，经该局值班人员李志某、张建某的许可进入办公楼。李志某陪同何甲等三人到十二楼，找到放在此处的旧标语。何甲等三人将两幅标语的上端固定在楼顶后，将标语往下扔，左边一幅标语下端的木杆落在三楼平台上被卡住，何甲和程某新便下到三楼。三楼平台由采光玻璃铺成，其上积存了过多的灰尘。何甲在三楼过道观察了平台情况，以为平台是水泥板制作的，便从女厕所窗户向平台跳出。由于踩破平台采光玻璃，何甲坠到一楼摔成重伤，经送医院抢救无效身亡。何甲死亡后，被告何丽某用其个体经营的丽萍商店发票在被告建设局处结账800元，交给三原告。

1999年7月14日，何甲之妻周开某、之子何某、之母孔凡某起诉，要求被告建设局赔偿死亡补偿金32850元、丧葬费5280元、被抚养人何某的生活费32850元、救护费673.50元、专家会诊费200元、交通费1100元，合计72953.50元。

以上事实，有“2·19”死亡事故调查报告、对证人程某新、程某明、李志某、席代政、张建某、刘欣的询问笔录、医疗费单据、宜县宣文（1999）4号文件、个体工商户申请开业登记表、印制布标语发票1份以及证人席代政、李志某法庭证言和各当事人当庭陈述并质证，足以认定。

〔一审裁判要旨〕

湖北省宜昌县人民法院认为：

何甲自称经营者与被告建设局就印制悬挂标语一事达成口头协议，双方之间形成了加工承揽的法律关系。建设局是定作人，何甲是承揽人。承揽人虽为定作人完成预先约定的工作，但不是受雇于定作人，因此不能形成雇佣的法律关系。何甲印制及悬挂标语，是其作为承揽人应尽的义务。在悬挂过程中，由于何甲将积满灰尘的采光玻璃按照一般常识判断为水泥平台，以致发生了坠落身亡的事故。对死亡结果的发生，何甲和建设局都没有过错。《中华人民共和国民法通则》第一百三十二条规定：“当事人对造成损害都没有过错的，可以根据实际情况，由当事人分担民事责任。”何甲是在为建设局提供服务过程中遭受损害，建设局可依公平原则给予一定补偿。三原告认为何甲与建设局之间形成雇佣关系，何甲在劳动中遭受的损害应当由雇主建设局承担赔偿责任的理由，依法不能成立。

被告何丽某并未参加何甲自称的“大民工艺装饰公司”的经营，也未雇佣何甲进行经营，只是在何甲死亡后开具了丽萍商店的发票为原告结账，故何丽某在本案不应承担民事责任。被告建设局认为是被告何丽某从县委宣传部承揽了印制悬挂标语的工作，何丽某又雇请了何甲具体实施，因此何甲的死亡，应当由雇主何丽某承担赔偿责任的理由，与事实不符，其诉辩主张不予支持。据此，宜昌县人民法院于2000年3月10日判决：

由被告建设局给付原告周开某、何某、孔凡某经济损失29182.80元。

诉讼费3844元，由被告建设局负担1922元，原告周开某、何某、孔凡某负担1922元。

第一审宣判后，双方当事人均没有上诉，判决已经发生法律效力。

第十一章　承包合同中的风险责任

规则 16：承包合同中约定将应由企业承担的风险转给能力有限的劳动者承担，该约定损害劳动者的合法权益，对劳动者不产生约束力

——刘某诉铁道部第二十工程局二处某某工程公司、罗友某工伤赔偿案①；龙建某诉某某建筑工程公司、姜建某、某某县交通局损害赔偿纠纷案②

【裁判规则】

施工企业在有条件采用危险性较小的工作方法进行劳动施工的情况下，为了降低费用而将该项工程发包给个人，采用人工安装，增加了劳动者的安全风险。公司在与个人签订的承包合同中约定“施工中发生伤、亡、残事故，由承包人负责”，把只有企业才有能力承担的安全风险，推给能力有限的自然人承担，该条款损害了劳动者的合法权益，对劳动者不产生约束力。施工企业对劳动者的工伤事故，依法应当承担法律责任。

【规则理解】

一、劳动者的合法权益需要得到侧重保护

保护劳动者的合法权益，在我国《宪法》《劳动法》等法律中都有明确规定。《宪法》中规定劳动权是公民的基本权利，第 42 条第 2 款规定“国家通过各种途径，创造劳动就业条件，加强劳动保护，改善劳动条件，并在发展生产的基础上，提高劳动报酬和福利待遇”，第 43 条规定了劳动者的休息权。《劳动法》第 1 条明确将“保护劳动者的合法权益”规定为该法的立法目的之一，第 3 条第 1 款规定了劳动者的诸项权利。

在平等保护双方当事人利益的基础上，偏重保护劳动者的合法权益，是劳

① 《中华人民共和国最高人民法院公报》1999 年第 5 期。
② 《中华人民共和国最高人民法院公报》2001 年第 1 期。

动法区别于其他法律的根本标志，也是劳动法从民法中分离出来的根本原因。这是因为在劳动关系中，相对于用人单位，劳动者居于弱势地位。在劳动关系中，劳动力拥有者与劳动力使用者分离，劳动者必须通过提供劳动才能实现生存权，而资本追逐利益最大化的本性使资本具有优势地位，二者之间存在天然的不平等。用人单位的经济优位、劳动力市场的供求不平衡以及信息的不对称使劳动者处于弱势地位，劳动关系所特有的人身属性又使劳动者在人格和经济上都从属于用人单位，“强资本、弱劳动”的局面长期存在。因此，劳动法在尊重劳动关系当事人意思自治的基础上进行公法的介入，实行国家干预，通过矫正劳动关系中的不平等地位，以达到实质平等。正是在这层意义上，劳动法具有社会法属性，保护劳动者的劳动权以实现维护社会公平正义，是劳动法的社会法属性使然。①

二、劳动者的基本权利

劳动权是劳动者的基本权利，具有生存权和发展权的属性。在我国，劳动权的涵盖面很广，是多项具体权利的集合，具体包括平等就业和选择职业的权利、取得劳动报酬的权利、休息休假的权利、获得劳动安全卫生保护的权利、接受职业技能培训的权利、享受社会保险和福利的权利、提请劳动争议处理的权利以及法律规定的其他劳动权利。

与劳动者对应的概念为用人单位，法律对用人单位的范围有特别规定。依据《劳动法》和《劳动合同法》相关规定，我国境内的企业、个体经济组织、民办非企业单位等组织、会计师事务所、律师事务所等合伙组织和基金会、国家机关、事业单位、社会团体均可成为用人单位。②

三、劳动合同中约定的排除劳动者权利的免责条款无效

劳动者享有的诸项权利，是法定的权利，其他人无权剥夺。用人单位在和劳动者签订劳动合同时，应尊重和保障劳动者的权利。依据《劳动合同法》第3条规定，订立劳动合同，应当遵循合法、公平、平等自愿、协商一致、诚实信用的原则；第17条规定，劳动合同应当具备休息休假、劳动报酬、社会保险、劳动保护、劳动条件和职业危害防护等条款。这些规定，都是为了保障劳动者权利的实现。

---

① 林嘉、邓娟：《论我国劳动法范式的转变》，载《政治与法律》2009年第7期。

② 见《劳动法》第2条、《劳动合同法》第2条和《劳动合同法实施条例》第3条规定。

若用人单位没有遵循以上规定，在劳动合同中免除自己的责任、排除劳动者权利的，依据《劳动合同法》第26条的规定，劳动合同无效或者部分无效。在具体理解上，若具体约定的效力影响到整个劳动合同的效力，则整个劳动合同无效；若不影响其他部分效力的，则只是具体约定无效，其他部分仍然有效。这种具体约定常常以免责条款的形式表现出来，如约定“工作中出现伤、亡、残事故，由劳动者自行负责，用人单位不负任何责任”等。这种免责条款，表面上看是劳动者和用人单位协商一致的结果，实际上是劳动者由于“强资本、弱劳动”的弱势，为谋求工作而不得不签订，有违平等自愿、公平的原则。将这种免责条款规定为无效，可防止用人单位通过看似平等的合同形式规避法律对劳动者权利的保护，是国家公权力为了保护劳动者而进行的公法介入。

这种对免责条款的效力规定，在民法中也有体现。《合同法》[①] 第53条规定：“合同中的下列免责条款无效：（一）造成对方人身伤害的；（二）因故意或者重大过失造成对方财产损失的。”《民法典》第506条对上述规定的精神进行了保留。在不能成立劳动合同的情形，比如雇主为个人的雇佣关系中，若雇主和雇员签订了这种免责条款，雇员即可依据该条规定主张免责条款无效。

应注意的是，发包人和承包人之间所做“施工中发生伤、亡、残事故，由承包人负责”的条款，其实是就劳动者的责任主体所做的约定，不是就发包人或承包人的人身伤害或财产损失所做的约定，也不是在劳动合同中对劳动者所做的约定，故不适用《劳动合同法》第26条和《合同法》第53条[②]规定。

四、建设工程施工过程中用工责任主体的认定

（一）建设工程的特点

由于建筑产品是涉及公共安全的特殊产品，为保障建筑产品的质量，法律、法规对建筑市场主体规定了较为严格的准入条件，对承包人的主体资格做出了严格限制。《建筑法》第26条规定，承包建筑工程的单位应当持有依法取得的资质证书，并在其资质等级许可的业务范围内承揽工程。禁止建筑施工企业超越本企业资质等级许可的业务范围或者以任何形式用其他建筑施工企业的名义承揽工程。禁止建筑施工企业以任何形式允许其他单位或者个人使用本企业的资质证书、营业执照，以本企业的名义承揽工程；第28条规定，禁止承包单位将其承包的全部建筑工程转包给他人，禁止承包单位将其承包的全部建筑工程

---

① 2021年1月1日《民法典》施行后，该法废止。
② 2021年1月1日《民法典》施行后，该法废止。

肢解以后以分包的名义分别转包给他人；第 29 条第 3 款规定，禁止总承包单位将工程分包给不具备相应资质条件的单位。禁止分包单位将其承包的工程再分包。因此，建设工程的特殊性主要体现为法律对承包人的主体资格、转包、分包都有着强制性规定，其中承包人必须有依法取得的资质，并且只能在其资质等级许可的业务范围内承揽工程为规定的核心。

从建筑市场的现状来看，房地产业的快速发展，导致建筑业市场繁荣，建筑业市场需求的扩大及高额的利润回报，吸引大量的企业投入建筑行业。但建筑法对建筑施工企业的从业资格做了严格的限制。一些没有资质或资质等级不够的单位或个人被利润所吸引，通过各种方法借用他人资质来承揽工程，也有一些建筑企业为承揽更多工程，在作为总承包单位承包工程后就直接转包或分包给无资质的单位和个人施工。这些现象直接造成了建筑市场的混乱，更给建筑工程质量带来隐患。

（二）建设工程施工合同无效的几种主要情形

依据《民法典》第 153 条规定，违反法律、行政法规的强制性规定的合同无效。关于建设工程，《建筑法》《招标投标法》等法律中都有很多强制性规定，违反这些强制性规定的合同应为无效。

2004 年，为给建筑业的规范发展提供更加明确、有力的法律保障，最高人民法院出台了《关于审理建设工程施工合同纠纷案件适用法律问题的解释》（法释〔2004〕14 号）[①]。2021 年 1 月 1 日起施行的《最高人民法院关于审理建设工程施工合同纠纷案件适用法律问题的解释（一）》（法释〔2020〕25 号）第 1 条和第 4 条对主要的建设工程施工合同无效情形做了列举，主要包括承包人未取得建筑施工企业资质或者超越资质等级的、没有资质的实际施工人借用有资质的建筑施工企业名义的、承包人非法转包、违法分包建设工程的、建设工程必须进行招标而未招标或者中标无效的等情形。

（三）自然人作为实际承包人时用工责任主体的认定

建设工程施工过程中涉及众多的法律关系，比如发包方和承包方的关系、承包方和工程材料供应商的债权债务关系、承包方和分包方的关系等。其中，因建设工程具体施工需要大量建筑工人，就建筑工人的招聘和管理会产生劳动关系。如何认定劳动关系的当事人？建筑工人作为劳动者对应的用工责任主体

---

① 2021 年 1 月 1 日《最高人民法院关于废止部分司法解释及相关规范性文件的决定》实行后，该解释已失效。

是谁？建筑工人人身受损时，由谁承担赔偿责任？在不同情形下有不同认定。

在建设工程施工合同有效的情形下，承包人和分包人都是具有相应资质条件的企业单位，依据《劳动合同法》的规定，都具有用人单位主体资格，所以谁与劳动者签订了劳动合同（包括形成事实劳动合同关系），谁就是用人单位，与劳动者发生的劳动纠纷应由其自行承担。

在建设工程施工合同无效的情形下，要区分无效的原因做具体分析。本文只分析其中一种情形：自然人为实际承包人的情形。当自然人通过转包、分包、挂靠等形式成为工程的实际承包人时，由于自然人不具有建筑施工资质，依据《建筑法》规定，属于非法转包、违法分包或借用他人资质的行为，相应转包、分包、施工合同应为无效。在自然人和建筑工人的关系认定上，由于自然人不是《劳动法》《劳动合同法》规定的用人单位，其和所招用的建筑工人之间就不能成立劳动合同关系。但是与民法相比，劳动法对劳动者合法权益的保护更为充分，因此为保护建筑工人的合法权益，应赋予其通过劳动法寻求司法救济的途径。据此，《劳动和社会保障部[①]关于确立劳动关系有关事项的通知》（劳社部发［2005］12号）第4条规定，“建筑施工、矿山企业等用人单位将工程（业务）或经营权发包给不具备用工主体资格的组织或自然人，对该组织或自然人招用的劳动者，由具备用工主体资格的发包方承担用工主体责任。”

（四）内部承包情形下用工责任主体的认定

转包、分包一般是指建筑企业将所承包的工程转包、分包给本企业之外的组织或个人，实践中，还大量存在建筑企业直接将所承包的工程交由本企业职工具体承包施工的情形，此种情形一般称为“内部承包”。关于内部承包合同的效力，存在不同观点。一种观点认为，内部承包属于无资质施工人变相借用具有法定资质施工企业资质对外承揽工程的一种形式，应为无效；另一种观点认为，内部承包合同是企业内部进行管理的协议，对内有约束效力。各地法院对内部承包合同的理解也不尽相同。[②] 笔者认为，判断内部承包合同的效力，要看承包合同的具体内容。如果内部承包合同只是约定由内部承包人负责具体施工的形式，企业仍要负责管理、技术、财物等事项，则该内部承包并非完全将工程项目转给他人，只是建筑公司内部运营的一种更便于资源调配的操作模

---

① 2008年3月，中华人民共和国劳动和社会保障部撤销，以下不另作提示。

② 叶跃：《建设工程内部承包合同司法适用问题探究——以审判实践的冲突为样本》，载《宁波大学学报》（人文科学版）2012年第3期。

式，可认定为有效，当然，这种内部承包合同仅具有内部约束效力，不能对抗第三人。如果内部承包合同约定建筑公司不对具体施工进行管理，完全交由承包人负责，则应视为实质的转包或分包关系，应为无效。

在名为内部承包、实为转包或分包的形式下，用工责任主体的认定上文已经有所表述。在规范的内部承包形式下，本质上仍是建筑企业自身的施工行为。内部承包人作为建筑企业的职工，对内要接受相应的行政管理，对外应以建筑企业的名义开展经济活动，内部承包人在内部承包合同范围内的活动和行为，对外代表的是所属的建筑企业，所以，若内部承包人与所招用的建筑工人产生纠纷，应由所属的建筑企业对外承担民事责任。

五、用工责任主体对因工负伤的劳动者承担工伤赔偿责任

工伤保险制度，是由用人单位缴纳工伤保险费，对劳动者因工作原因遭受意外伤害或患职业病，从而造成死亡、丧失劳动能力时，给予劳动者及其相关人员工伤保险待遇的一项强制性的社会保险制度。依据《劳动法》规定，用人单位应当为劳动者缴纳社会保险费。依据《工伤保险条例》第 2 条的规定："中华人民共和国境内的企业、事业单位、社会团体、民办非企业单位、基金会、律师事务所、会计师事务所等组织和有雇工的个体工商户（以下称用人单位）应当依照本条例规定参加工伤保险，为本单位全部职工或者雇工（以下称职工）缴纳工伤保险费。"

依据《工伤保险条例》的规定，职工或雇工因工负伤时，有权依据该条例申请认定工伤并享受工伤保险待遇。即使用人单位未参加工伤保险，依据该条例第 62 条第 2 款的规定，用人单位应按照该条例规定的工伤保险待遇项目和标准支付费用。

将建筑企业认定为用工责任主体后，其应承担劳动法上规定的用人单位的义务和责任，为劳动者缴纳保险费用，若未参加工伤保险，在劳动者所受损害认定为工伤后，应按照工伤保险待遇项目和标准向劳动者承担赔偿责任。

六、建筑企业和自然人关于用工责任的约定对劳动者不产生效力

实践中，建筑企业往往会在转包、分包、内部承包合同中约定用工责任由实际承包人承担，与建筑企业无关。该种约定对劳动者不产生效力，原因在于：

1. 在非法转包、违法分包的情形下，转包合同、分包合同因违反《建筑法》的强制性规定而无效，作为合同条款，关于用工责任的约定自然也归于无效。

2. 在内部承包合同有效时，建筑企业和实际承包人之间为内部承包合同关系，和劳动者之间为劳动合同关系，内部承包合同关系受《合同法》① 等法律的调整，劳动合同关系受《劳动合同法》等法律的调整，两者属于不同的法律范畴。② 依据合同法的一般理论，合同双方所作对第三人不利的约定不能约束第三人，实际承包人作为自然人，与建筑企业相比，承担安全风险的能力有限，若将其作为责任主体，会损害劳动者的合法权益，故建筑企业和实际承包人之间关于用工责任的分担不能对抗作为第三人的劳动者。

【拓展适用】

一、劳动合同、劳务合同、劳务分包合同及劳务关系之间的区别

劳动合同是《劳动法》上的概念，是劳动者和用人单位确立劳动关系、明确双方权利义务的协议。劳动合同的签订表示用人单位与劳动者之间劳动关系的建立。按照《劳动法》规定，用人单位主要是指企业、个体经济组织和民办非企业单位等组织，不包括个人。

劳务合同是建设工程施工领域的概念，是项目经理部与企业内部劳务分公司之间的合同。项目经理部是现场施工的管理机构，劳务作业承包队通过内部劳务市场实行劳务供需双方直接见面，相互选择，由劳务市场向施工现场输出劳务力量，按劳务合同的职责和分工组织施工。③

劳务分包合同从性质上说属于建设工程施工合同，是基于建设工程施工合同派生出来的合同关系，与建设工程分包合同、专业分包合同一样，都是建设工程施工合同的一部分。

劳务关系，是劳动法规定的用人单位之外的各种主体与劳动者之间形成的劳动关系，包括农村承包经营户、自然人等。在合同内容上，劳务关系与劳动合同指向的劳动关系没有本质的差别，其主要区别在于受国家干预的程度不同。劳动合同的自由协商度是受到一定限制的，合同必须以国家法定的劳动条件、劳动保护为基本条款。在法律适用上，劳务关系一般属民法调整，劳动合同由劳动法调整。

---

① 2021 年 1 月 1 日《民法典》施行后，该法废止。

② 姜奎平：《浅议施工总承包企业在分包中的用工法律风险及防范》，载《新西部》2011 年第 3 期。

③ 最高人民法院民事审判第一庭编著：《最高人民法院建设工程施工合同司法解释的理解与适用》，人民法院出版社 2004 年版，第 79 页。

二、作为自然人的实际承包人和受害人之间成立劳务关系和雇佣关系

实际承包人为自然人时，不具有《劳动法》规定的用工主体资格，不能成立劳动合同。但如果受害人由其招用，其和受害人之间可能成立劳务关系，实际承包人为接受劳务一方，受害人为提供劳务一方；同时成立雇佣关系，实际承包人为雇主，受害人为雇员。在劳务关系（雇佣关系）中，提供劳务一方（雇员）因工负伤时，本着利益和风险相一致、风险和责任相一致的原则，应由接受劳务一方（雇主）承担赔偿责任。如2003年《人身损害赔偿司法解释》第11条第1款规定："雇员在从事雇佣活动中遭受人身损害，雇主应当承担赔偿责任。"随着《侵权责任法》的实施，关于雇主责任的归责原则发生了变化，《侵权责任法》第35条规定："个人之间形成劳务关系……提供劳务一方因劳务自己受到损害的，根据双方各自的过错承担相应的责任"，《民法典》第1192条对上述规定的内容精神进行了保留。即对接受劳务一方（雇主）实行过错责任原则，责任与过错程度相对应。虽然归责原则有所变化，但接受劳务一方（雇主）对提供劳务一方（雇员）的损害承担侵权责任的精神未变。

三、受害人对救济路径的选择

若受害人是由实际承包人招用，则建筑企业对受害人是独立承担责任还是与实际承包人一起承担连带责任？实践中对此有不同做法，理论上也有不同观点：

一种观点认为，《劳动和社会保障部关于确立劳动关系有关事项的通知》（劳社部发［2005］12号）第4条明确规定由建筑施工企业等承担用工主体责任。因实际承包人不具有用工主体资格，所以本通知的含义是由建筑施工企业独立对受害人承担责任，而非连带责任。

另一种观点认为，依据2003年《人身损害赔偿司法解释》第11条第2款规定"雇员在从事雇佣活动中因安全生产事故遭受人身损害，发包人、分包人知道或者应当知道接受发包或者分包业务的雇主没有相应资质或者安全生产条件的，应当与雇主承担连带赔偿责任"以及《劳动合同法》第94条规定"个人承包经营违反本法规定招用劳动者，给劳动者造成损害的，发包的组织与个人承包经营者承担连带赔偿责任"，建筑企业和实际承包人应承担连带责任。并且二者承担连带责任，更有利于保障受害人合法权益的实现。

笔者认为，由于实际承包人和建筑企业对受害人承担责任的法律依据不同，即实际承包人和受害人之间为劳务关系（雇佣关系），建筑企业和受害人之间

为劳动关系，按照哪种法律关系认定责任，取决于受害人诉讼时的选择，可以选择雇主赔偿的救济路径，亦可选择工伤赔偿的救济路径。①

四、建筑企业对实际承包人的内部追偿权

无论建筑企业对受害人承担用工主体责任还是雇主赔偿责任的连带责任，都属于对外的责任承担。在建筑企业和实际承包人之间，还存在内部的责任承担问题。

在建筑企业承担雇主赔偿责任的连带责任情形下，因连带责任是基于实际承包人的雇主责任产生，因此，建筑企业在向受害人承担了赔偿责任后，有权向实际承包人追偿。在建筑企业承担工伤赔偿责任的情形下，若建筑企业和实际承包人对用工责任有明确约定，虽然这种约定不能对抗劳动者，但属于建筑企业和实际承包人基于意思自治而进行的权利义务分担，体现了对自己权利的处分，法律对此应予以尊重，故在这种约定有效的情形下，建筑企业在向受害人承担了赔偿责任后，也有权向实际承包人追偿。

【典型案例一】

刘某诉铁道部第二十工程局二处某某工程公司、罗友某工伤赔偿案

原告：刘某。

被告：铁道部第二十工程局第二工程处某某工程公司。

法定代表人：邵怀某，经理。

委托代理人：朱忠某，铁道部第二十工程局第二工程处某某工程公司工程科科长。

被告：罗友某，铁道部第二十工程局第二工程处某某工程公司职工。

委托代理人：詹崇某。

〔基本案情〕

原告刘某因与被告铁道部第二十工程局第二工程处某某工程公司（以下简称某某工程公司）、罗友某发生工伤赔偿纠纷，向四川省眉山县人民法院提起诉讼。

原告诉称：我在两被告的工地上做工，因工伤事故致左手残废。请求判令两被告共同给我赔偿误工费6000元、住院生活补助费250元、鉴定费450元、交通费1500元、残疾人生活补助费1.2万元和再次医疗的费用；诉讼费由被告承担。

两被告辩称：原告违反安全操作规定造成工伤，不同意赔偿。

眉山县人民法院经审理查明：

---

① 王勇：《违法分包情形下实际施工人的受伤雇员之权利救济》，载《人民司法》2012年第12期。

1998年8月27日，被告某某工程公司的眉山106线项目部与本公司职工、被告罗友某签订工程承包合同，约定由罗友某承包眉山106线西来堰大桥行车道板的架设安装，工程总价款26万余元，费用包干。该合同还约定，施工中发生伤、亡、残事故，由罗友某负责。合同签订后，罗友某即组织民工进行安装。

同年9月2日，原告刘某经人介绍至被告罗友某处打工。为防止工伤事故，罗友某曾召集民工开会强调安全问题，要求民工在安放道板下的胶垫时必须使用铁钩，防止道板坠落伤人。10月6日下午6时许，刘某在安放道板下的胶垫时未使用铁钩，直接用手放置。由于支撑道板的千斤顶滑落，重达10多吨的道板坠下，将刘某的左手砸伤。罗友某立即送刘某到医疗住院治疗21天后出院。刘某住院期间的医疗费、护理费、交通费、伙食费，以及出院后的治疗费用总计5308.91元，已由罗友某全部承担。

1999年3月5日，四川省乐山市中级人民法院法医技术室对刘某的伤情进行鉴定，结论是：刘某左手第三、四掌骨骨折，食指、中指近节指骨粉碎性骨折，食指掌指关节脱位，进行左手食指近侧指间关节截指术及左手二、三掌骨钢针内固定手术后，左手中指屈伸活动功能完全丧失，伤残等级为工伤七级。

四川省眉山地区1998年职工年平均工资为5014元。

另查明，眉山106线西来堰大桥行车道板的架设安装工程，无论从现场环境还是从施工单位的技术与设备看，都允许使用吊车直接起吊道板进行安装。采用人工安装，虽然开支费用能减少，但是安全隐患增多。

【一审裁判要旨】

眉山县人民法院认为：《中华人民共和国宪法》第四十二条第二款规定："国家通过各种途径，创造劳动就业条件，加强劳动保护，改善劳动条件，并在发展生产的基础上，提高劳动报酬和福利待遇。"《中华人民共和国劳动法》第三条规定，劳动者有获得劳动安全卫生保护的权利。第四条规定："用人单位应当依法建立和完善规章制度，保障劳动者享有劳动权利和履行劳动义务。"被告罗友某是眉山106线西来堰大桥道板架设安装工程的承包人，招收原告刘某在该工程工作后，双方形成了劳动合同关系。罗友某作为工程承包人和雇主，依法对民工的劳动保护承担责任。采用人工安装桥梁行车道板本身具有较高的危险性，对此，罗友某应采取相应的安全措施，并临场加以监督和指导，而罗友某仅在作业前口头予以强调，疏于注意，以致刘某发生安全事故。虽然刘某在施工中也有违反安全操作规则的过失，但其并非铁道建设专业人员、且违章情节较轻，故不能免除罗友某应负的民事责任。

我国历来重视加强劳动保护工作。被告某某工程公司作为眉山106线西来堰大桥的施工企业，在有条件采用危险性较小的工作方法进行行车道板架设安装的情况下，为了降低费用而将该项工程发包给个人，采用人工安装，增加了劳动者的安全风险。该公司在与被告罗友某签订的承包合同约定"施工中发生伤、亡、残事故，由罗友某负责”，把只有企业才有能力承担的安全风险，推给能力有限的自然人承担，该条款损害了劳动者的合法权益，违反了我国宪法和劳动法前述有关规定，依照《中华人民共和国民法通则》第五十八条第一款（五）项的规定，该约定应当属于无效条款，不受法律保护。第八公司对原告刘某的工伤事故，依法应当承担连带责任。

《民法通则》第九十八条规定：“公民享有生命健康权。”原告刘某因工伤事故致左手残废后，请求判令两被告共同赔偿误工费、住院生活补助费、残疾人生活补助费，符合《民法通则》第一百一十九条的规定，应予支持。刘某请求两被告给付再医费，因再医的事实尚未发生，该费用处于不确定状态，本案现不作处理；待再医事实发生后，原告另行提出。

综上，眉山县人民法院于1999年3月18日判决：

一、被告罗友某在本判决生效后5日内付给原告刘某医疗、误工、住院生活补助、护理、交通、伤残补助金、伤残就业补助金，共计18679.56元（已付5308.15元，执行时予以扣除）。

二、被告铁道部第二十工程局第二工程处某某工程公司对上列费用承担连带责任。

案件受理费757.18元，鉴定费450元，由罗友某负担。

〔当事人上诉请求〕

第一审宣判后，原告刘某不服，以原判没有解决再次医疗问题，其他赔偿项目也不足为由提起上诉，要求改判增加再医费、误工费等，并补发拖欠的工资。

〔二审查明的事实〕

四川省眉山地区中级人民法院二审期间，除认定一审关于工伤经过的事实外，还查明：刘某住院21天期间，被上诉人罗友某为其支付医疗费、住院费、交通费及其他费用等共计6457.71元。刘某因工伤受到的损失，除罗友某已支付的外，尚有出院后的误工费1500元、再医费2000元（含住院医药费、误工费、营养费、护理费等）、伤残补助金5014元、伤残就业补助金6254元以及其他损失2443元未付。此外，被上诉人第八公司尚欠刘某1998年9月份的工资1033元。

〔二审裁判要旨〕

眉山地区中级人民法院认为，上诉人刘某因工伤致残，两被上诉人应当承担赔偿责任。据此，眉山地区中级人民法院依照《中华人民共和国民事诉讼法》第一百五十五条的规定主持调解，双方当事人于1999年5月17日自愿达成如下协议：

除被上诉人罗友某已支付的6457.71元以外，再由被上诉人某某工程公司于1999年5月30日前，一次性付给上诉人刘某出院后的误工费、伤残补助金、伤残就业补助金、再医费、其他损失费用和所欠工资等，共计18244元。

一审案件受理费 757.18 元、鉴定费 450 元，二审案件受理费 757.18 元，共计 1964.36 元，由某某工程公司负担。

【典型案例二】

龙建某诉某某建筑工程公司、姜建某、某某县交通局损害赔偿纠纷案

原告：龙建某。

委托代理人：何占某。

委托代理人：李永某。

被告：云南省永胜县某某建筑工程公司。

法定代表人：李某，该公司经理。

委托代理人：吴绍某。

被告：姜建某。

被告：云南省某某县交通局。

法定代表人：杜亚某，该局局长。

委托代理人：严某，云南省某某县交通局工作人员。

〔基本案情〕

原告龙建某因与被告云南省永胜县某某建筑工程公司（以下简称某某公司）、姜建某、云南省某某县交通局（以下简称交通局）发生损害赔偿纠纷，向云南省永胜县人民法院提起诉讼。

原告龙建某诉称：被告某某公司向被告交通局承包了祥宁线永胜城东过境灵源箐风景区北大沟渠道下砼挡墙及边坡网格工程（以下简称过境线工程），被告姜建某是工程具体负责人。1998 年 11 月，原告应聘为钢筋工，在该工地上劳动。1999 年 1 月 16 日，原告被该工地竖立的钢筋架在倒下时砸伤，致腰椎压缩性骨折，现已瘫痪残废，完全丧失了生活自理能力。为此，请求判令各被告给原告赔偿经济损失及伤残补助、继续治疗费等共计 271306.08 元。

被告某某公司辩称：（1）过境线工程是被告姜建某借用本公司名义，向被告交通局所属的公路指挥部承包的。姜建某名为挂靠本公司，实为个人承包，因此施工中发生的一切工伤事故应当由姜建某全权负责。（2）原告与本公司之间不存在雇佣关系，因而本公司对原告的工伤事故依法不承担赔偿责任。（3）原告人身伤害事故的发生完全是由于自身操作不当，忽视安全，违章作业引发。

被告姜建某辩称：在事故发生前，我已将固定钢筋架的材料拉到工地并投入使用，还对龙建某说过在安装钢筋时要注意施工安全，边扎钢筋要边固定等常识。此次事故是由于原告本人及其弟龙建生在操作中不力所造成。所以，龙建某应负一定责任。另外，龙建某提出的请求费用标准过高，不符合当地农民生活水平及实际收入情况，请求依法作出合理解决。

被告交通局辩称：本局在施工过程中已尽了监督管理之责。本局与原告从未订立过任何形式的劳动合同，没有形成劳动关系，因此没有为原告提供劳动保护的责任。原告受伤是由于其忽视自身安全和龙建生的重大过失造成，与本局无关。本局对此次事故的发生无任何过错，不应承担任何责任。原告遭受的损害后果应由被告某某公司、姜建某以及龙建生和原告本人按各自过错责任分担。

云南省永胜县人民法院经审理查明：1998 年 11 月 8 日，被告某某公司以其名义，向被告交通局承包了过境线工程，双方签订了书面合同。11 月 25 日，某某公司又与被告姜建某签订施工合同，将此工程交姜建某具体负责施工管理。随后，姜建某便组织人员对该工程进行施工，并将所需工程材料运往工地。在施工过程中，姜建某雇了原告龙建某为该工程制作和安装钢筋。该工程施工至 1999 年 1 月 16 日，姜建某发现龙建某制作安装的钢筋架不符合规定，便要求返工及校正。返工时，龙建某的弟弟龙建生在东边用手锤把撬钢筋架的底盘钢筋，龙建某在西边捆扎钢筋。由于竖立的钢筋架无任何安全保护设施，在龙建生撬底盘钢筋时发生向西倾倒。龙建某见钢筋架向自己方向倒来，即用双手去撑倾倒的钢筋架。因钢筋架过重，龙建某未能撑住，致使龙建某被倒下的钢筋架砸伤，造成腰椎压缩性骨折并截瘫。经永胜县公安局刑事科学技术鉴定，龙建某的伤情被评定为二级伤残，完全丧失劳动能力。龙建某在成都军区昆明总医院及昆明国防医院等单位住院治疗 149 天，共用去医药费 16988.8 元，交通费 1500 元。期间，姜建某支付 20240 元。龙建某为此提起诉讼。

上述事实，有原告龙建某提交的永胜县人民医院转院证明、成都军区昆明总医院诊断证明及出院通知书、成都军区昆明国防医院出院通知书、成都军区昆明总医院 C4、M2I 检查报告单、X 光照片报告单、永胜县公安局刑事科学技术鉴定书、医药费和鉴定费收据、交通费和包车送伤员单据，以及证人龙建雄、龙建生的当庭证言；有被告某某公司提交的《建设工程承包合同》、《建设工程施工合同》各一份；有被告姜建某提交的《建设工程施工合同》、“情况说明”、收条、医药费开支记录和证人谭志雄、谭继显的证言等证据证实。以上证据经当庭质证，能够作为认定事实的根据。

〔一审裁判要旨〕

云南省永胜县人民法院认为：《中华人民共和国宪法》第四十二条第四款规定：“国家对就业前的公民进行必要的劳动就业训练。”《中华人民共和国劳动法》第二条规定：“在中华人民共和国境内的企业、个体经济组织（以下统称用人单位）和与之形成劳动关系的劳动者，适用本法。”第三条规定：“劳动者享有平等就业和选择职业的权利、取得劳动报酬的权利、休息休假的权利、获得劳动安全卫生保护的权利、接受职业技能培训的权利、享受社会保险和福利的权利、提请劳动争议处理的权利以及法律规定的其他劳动权利。”第四条规定：“用人单位应当依法建立和完善规章制度，保障劳动者享有劳动权利和履行劳动义务。”《中华人民共和国民法通则》第一百零六条第二款规定："公民、法人由于过错侵害国家的、集体的财产，侵害他人财产、人身的，应当承担民事责任。"第一百三十条规定："二人以上共同侵权造成他人损害的，应当承担连带责任。"

被告某某公司是经国家批准有资格承包建设工程的企业，在用人时应当承担宪法和劳动法规定的提供劳动保护、对劳动者进行劳动就业训练等义务。某某公司通过签订《建设工程承包合同》，向被告交通局承包了过境线工程。作为该工程的直接承包者和劳动法规定的用人单位，某某公司在将该工程转交给被告姜建某具体负责施工后，没有履行宪法和劳动法规定的上述义务，也未对姜建某的工作情况进行监督管理，因而引起工伤事故的发生。对此，某某公司应承担民事赔偿责任。

被告姜建某通过与被告某某公司签订《建设工程施工合同》，与某某公司形成了内部承包关系，代表某某公司直接对过境线工程的具体施工和用人负责，因此也应当代表某某公司履行宪法和劳动法给用人企业规定的提供劳动保护、对劳动者进行劳动就业训练等义务。但是姜建某在聘用了劳动者以后，只给劳动者泛泛地讲些劳动时的注意事项，并未认真进行劳动就业训练就让劳动者上岗。在劳动过程中，姜建某也只是提供了搭架用的材料，并不督促和指导工人采取有效的安全防护措施。特别是在看到钢筋架没有安全保护措施的情况下，姜建某还指挥工人返工，这种不顾劳动安全的违章行为是导致此次事故发生的直接原因。因此，姜建某对此次事故应承担相应的民事责任。由于某某公司是过境线工程的承包人，姜建某与某某公司是内部承包关系，所以姜建某不能在本案中直接承担民事责任。

被告某某公司是有资质承包建设工程的企业，这个资格不仅是指其有实力完成一定标准的工程建设，还包括其有实力对在施工过程中发生的事故进行处理、挽救和承担赔偿责任。某某公司在与被告姜建某签订的内部承包合同中约定："如发生一切大小工伤事故，应由姜建某负全部责任"，把只有企业才能承担的风险转给实力有限的自然人承担。该约定损害劳动者合法权益，违反了宪法和劳动法的规定，是无效约定，不受法律保护。鉴于此次事故是由姜建某的违章行为导致的，某某公司在对原告龙建某承担了民事责任后，可另行追究姜建某应当承担的责任。

被告交通局是过境线指挥部工程的发包方，既不是劳动合同中的用人单位，也不是雇佣合同中的雇主，与原告龙建某不存在直接的法律关系，且对龙建某所受工伤无过错，故不应在本案中承担民事责任。

原告龙建某和其弟龙建生是按照被告姜建某的违章命令返工，本身无故意或过失，在本案中不应当承担民事责任。龙建某因工伤致残，有权利请求赔偿。《民法通则》第一百一十九条规定："侵害公民身体造成伤害的，应当赔偿医疗费、因误工减少的收入、残废者生活补助费等费用。"鉴于工伤损害赔偿目前尚无统一的赔偿标准，故参照《中华人民共和国道路交通事故处理办法》及云南省规定的标准执行。龙建某的部分诉讼请求超出了当地农业人口中劳动力人均年纯收入和平均生活费标准，明显过高，对此超出部分不予支持。据此，永胜县人民法院于2000年4月11日判决：

被告某某公司赔偿原告龙建某医疗费16988.8元，误工费20元/天×149天=2980元，住院护理费13元/每人天×2人×149天=3874元，伤残生活补助费2927元/年×90%×20年=52686元，继续治疗费2万元，被抚养人生活费2171元/年×13年3个月=29670.33元，交通费1500元，鉴定费100元，残疾者今后护理费150元/每人月×1人×20年=3.6万元。以上合计163799.33元，扣除姜建某已支付的20240元，剩余143559.13元，限于本判决发生法律效力后一个月内偿付。

一审宣判后，双方当事人均未上诉，一审判决发生法律效力，并已执行完毕。

第十二章 金融机构侵权责任

规则 17：银行在解付“留行待取”汇款时，审查不严导致汇款被他人冒领的，应当承担赔偿责任

——某某县塑料制品厂诉中国某某银行咸阳市支行营业部侵权赔偿纠纷再审案①

【裁判规则】

银行在解付“留行待取”汇款时，除应当审查办理解付手续人的个人身份证明外，还应当索验取款人是否受汇款单位委派办理解付手续的证明；不严格审查取款人应持有的证件，导致汇款被他人冒领的，应当承担赔偿责任。

【规则理解】

一、银行和汇款人之间法律关系的性质

银行作为金融机构，其主营业务为储蓄业务和贷款业务，除此之外，还有中间业务。所谓银行中间业务，是指介于资产、负债业务之间，与资产负债密切相关的中介性经济金融活动，即商业银行接受客户的委托而提供的资金收付、外汇买卖、信息咨询、资信评估、财产保管、信用担保、汇兑结算、资产租赁，以及代理发行和买卖有价证券等服务性业务，也就是《巴塞尔协议》中规定的资产负债表外业务。②

汇兑是支付结算的一种方式。所谓支付结算，是指单位、个人在社会经济活动中使用票据、信用卡和汇兑、托收承付、委托收款等结算方式进行货币给付及其资金结算的行为。③ 所谓汇兑，是指汇款人委托银行将其款项支付给收

---

① 《中华人民共和国最高人民法院公报》1992 年第 1 期。

② 何丽贞、张志伟、武龙：《对我国商业银行开展中间业务的探索和思考》，载《广东金融》1996 年第 8 期。

③ 见《支付结算办法》第 3 条规定。

款人的结算方式。[①] 汇兑分信汇、电汇两种，其中有一种特殊的方式为“留行待取”，即汇款单位派人到汇入银行领取汇款的一种方式。

从法律关系的性质上看，汇兑业务中，汇款人和银行之间成立委托合同关系。依据《合同法》第396条[②]规定，委托合同是委托人和受托人约定，由受托人处理委托人事务的合同。在汇兑业务中，汇款人是委托人，银行是受托人，具体委托事项是银行提供金融服务，将款项支付给汇款人指定的收款人。其中，委托合同就是银行提供的汇兑凭证。[③] 汇款人将自身的信息、所委托事项的内容等记载于汇兑凭证之上，银行会对汇兑凭证的格式予以要求，如依据《支付结算办法》第171条规定，签发汇兑凭证必须记载某些事项。所以汇兑业务中的委托合同是格式化的合同。

在学理上，银行和汇款人之间成立的委托合同属于服务合同，银行为提供服务者，汇款人为接受服务者，服务的类型为金融服务。服务的具体内容决定于委托合同的具体约定，银行提供的金融服务是否存在瑕疵决定银行的履约情况。

二、汇兑当事人的主要权利义务

（一）汇款人的主要权利义务

依据合同法关于委托合同的规定，委托人可以特别委托受托人处理一项或者数项事务，也可以概括委托受托人处理一切事务。在有偿委托中，委托人应当向完成委托事务的受托人支付报酬。具体到汇兑业务，汇款人的主要权利就是要求银行将特定款项交付给特定的收款人（即汇款人在委托合同中指定的收款人），属于特别委托；主要义务是向银行支付报酬，也就是汇款手续费。

（二）银行的主要权利义务

受托人应当按照委托人的指示处理委托事务。受托人因自己的行为给委托人造成损失时，受托人的责任区分有偿委托和无偿委托而有所区别。依据《合同法》第406条[④]的规定，有偿的委托合同，因受托人的过错给委托人造成损

---

① 见《支付结算方式》第168条规定。

② 2021年1月1日《民法典》施行后，《合同法》废止。该条规定的内容被《民法典》第919条保留。

③ 依据已于1990年被废止的《中国人民银行结算办法》规定，当时汇兑业务的委托合同称为汇款委托书。

④ 2021年1月1日《民法典》施行后，《合同法》废止。该条规定的内容被《民法典》第929条保留。

失的，委托人可以要求赔偿损失；无偿的委托合同，因受托人的故意或者重大过失给委托人造成损失的，委托人可以要求赔偿损失。即有偿委托中，受托人承担的注意义务比无偿委托的受托人要高，只要是存有过错并造成委托人损失，就要承担赔偿责任，学理上将这种注意义务称为善良管理人之注意义务，即高于与处理自己事务相同的注意，而以有相当思虑经验之人为标准实施行为[①]。

银行办理汇兑业务，是要收取费用的，因此，属于有偿委托。银行作为受托人，承担的善意管理人之注意义务主要表现在三个方面：一是审查取款人的身份，确保把款项交付给了正确的收款人，不要因自己的过失导致款项被冒领；二是确保交付给收款人数额正确的款项；三是履行通知、保密等附随义务。

在不同历史时期下，银行办理汇兑业务承担的善良管理人之注意义务的具体内容有所区别。计划经济时期，国家对单位资金的用途管理严格，根据国家规定，各单位之间的经济往来，除按照现金管理办法规定可以使用现金的以外，都必须通过银行办理转账结算。[②] 并且单位的采购也受指标限制，因而单位办理汇款，必须注明汇款用途，且银行要对汇款用途负责审查，必要时可向单位索取有关汇款用途的证明资料。付款单位自提、自运的商品，向收款单位汇出货款时，必须向银行提供合同。市场经济时期，为加速资金周转，促进社会主义市场经济的发展，单位和个人各种款项的结算，均可使用汇兑结算方式，对汇款用途也不做要求，故银行不必对汇款用途进行审查。

对于不同汇兑业务类型，银行承担的善良管理人之注意义务的具体内容也有所不同，如对于“留行待取”的汇款，其含义为“汇款单位派人到汇入银行领取汇款”，[③] 对于这种类型的汇款，汇款人要在汇款委托书上注明“留行待取”字样，银行对办理领取（解付）手续的人不仅要审查个人身份证明，更要索验取款人是否受汇款单位的委派办理领取手续。

三、银行的责任

银行未尽善良管理人之注意义务给汇款人造成损失时，应承担损害赔偿责任。损害赔偿责任的依据可能是违约责任，也可能是侵权责任，两者同时成立时，属于两种责任的竞合，当事人可以选择行使赔偿请求权的路径。

---

① 武之歌、玄玉宝：《违约赔偿责任的构成及不真正连带责任的份额化处理》，载《人民司法》2011 年第 2 期。

② 见已经被废止的《中国人民银行结算办法》（［77］银会字第 82 号）第 2 条规定。

③ 见已经被废止的《中国人民银行结算办法》（［77］银会字第 82 号）第 10 条规定。

（一）违约责任

银行和汇款人之间成立委托合同，遵循合同法理论，银行未能按照合同约定履行义务时，构成违约责任。

银行承担违约责任的要件为：1. 银行有违约行为。违约是指一方当事人不履行合同义务或者履行合同义务不符合约定。判断银行是否有违约行为，前提是要确定合同中约定了哪些内容，再根据银行在履行过程中的所为是否偏离了合同约定来认定其提供的金融服务是否存在瑕疵。如委托合同（汇款委托书）上注明了“留行待取”，即约定了银行应把汇款交付汇款人委派的收款人，如果银行把款项支付给了非汇款人委派的人，就形成了违约的客观事实。2. 银行有过错。从一般性规定来看，违约方的过错并非构成违约责任的必备要件，但从《合同法》关于委托合同的规定来看，受托人的主观过错为其承担赔偿责任的必要要件。汇兑业务中，银行提供的是有偿委托，只有在其自身存有过错时，才承担赔偿责任。过错包括故意和过失，判断银行是否有过错，可从其对合同约定的具体内容是否应了解、对造成的后果是否应有预见等方面判断。因银行是专业的金融机构，对业务流程和规则理应熟悉，故在其提供的服务存有瑕疵时，一般可以认定其存有过错。

违约责任的承担主要有继续履行、采取补救措施、赔偿损失、支付违约金等方式。其中赔偿损失的适用，除了上述两个要件外，还要求汇款人因银行的违约行为遭受损失。具体包含两方面的内容：其一是汇款人受到损害；其二是汇款人所受损害与银行违约行为之间存在因果关系。实践中，汇款人受到损害比较容易认定，比较难以认定的是因果关系是否存在。认定因果关系，要具体分析导致汇款人受损结果的各方面原因，并根据各方面原因所起的作用大小作出准确认定。

（二）侵权责任

银行提供的金融服务存有瑕疵，给汇款人造成损失时，构成对汇款人合法权益的侵犯，同时成立侵权责任。

在民法理论上，货币所有权随占有而转移，也就是说，汇款人将货币交付给银行后，货币的所有权已从汇款人转移到了银行，汇款人因委托合同关系的成立从原来对货币的所有权转化为对银行的债权，即要求银行向其指定的收款人交付同等数额的款项的权利。从这个意义上讲，第三人冒领存款，直接骗取的是银行的资金，而非存款人本人所有的财产，至于银行是否应对汇款人承担法律责任，取决于银行对汇款人是否构成违约。但在实践中，为更好地保护汇款人的权益，也为便于理解和适用，在认定汇款人的财产范围时比较灵活。如汇兑业务中，汇款人将款项暂时交付银行，目的是委托银行将同等数额的款项交与指定的收款人，银行未严格审查将款项交付错误，致使汇款人指定的收款人没能领取，属于对汇款人合法权益的侵犯，应承担相应的侵权责任。这种精神也体现于现行法规定中，如《商业银行法》第 6 条规定："商业银行应当保障存款人的合法权益不受任何单位和个人的侵犯。"第 71 条第 2 款规定："商业银行破产清算时，在支付清算费用、所欠职工工资和劳动保险费用后，应当优先支付个人储蓄存款的本金和利息。"

银行承担侵权责任的要件为：1. 银行实施了侵权行为。银行作为金融服务的提供者，其侵权行为主要表现为拒绝提供金融服务、没有及时提供金融服务或者提供的金融服务不合格。如汇兑业务中，银行的侵权行为主要表现为拒绝向汇款人指定的收款人交付款项、交付款项的金额错误或者交付对象错误等。2. 银行存有过错。依据《侵权责任法》第 6 条第 1 款①的规定，在法律无特别规定的情形下，过错是一般侵权行为的构成要件。银行过错的具体认定可参照上述违约责任中过错的认定。

依据《侵权责任法》第 15 条②的规定，侵权责任的承担主要有停止侵害、排除妨碍、赔偿损失等方式。其中，赔偿损失的适用要求银行的侵权行为给汇款人造成损失。具体包括汇款人遭受损失以及侵权行为和损失之间存在因果关系两个方面。具体认定可参照上述违约责任中因果关系的认定。

四、银行赔偿责任的免责事由

按照我国合同法的规定，违约责任的免责事由仅限于不可抗力、当事人约定的免责条款、因债权人的过错导致合同不能履行。③ 按照《侵权责任法》的规定，侵权人"不承担责任和减轻责任的情形"包括被侵权人对损害的发生也有过错、受害人故意造成、因第三人造成、不可抗力、正当防卫、紧急避险。当事人可以在法律规定的范围内作出免责约定，但依据《合同法》第 53 条④的

---

① 2021 年 1 月 1 日《民法典》施行后，《侵权责任法》废止。该条规定的内容被《民法典》第 1165 条保留。

② 2021 年 1 月 1 日《民法典》施行后，《侵权责任法》废止。该条规定的内容被《民法典》第 179 条保留。

③ 宋建立：《冒领存款纠纷案件的处理及责任认定》，载《法律适用》2007 年第 4 期。

④ 2021 年 1 月 1 日《民法典》施行后，《合同法》废止。该条规定的内容被《民法典》第 506 条保留。

规定："合同中的下列免责条款无效：（一）造成对方人身伤害的；（二）因故意或者重大过失造成对方财产损失的。"

债权人或被侵权人的过错成为免责事由，其适用的理论依据为过失相抵规则，即合同责任中，若债务人的违约行为是由于债权人的原因导致，则视债权人的过错程度而免除或部分免除债务人的违约责任；侵权责任中，若被侵权人损害的发生是由于其自身的原因导致，则视被侵权人的过错程度而免除或部分免除侵权人的侵权责任。债权人或被侵权人的过错程度，要根据其过错行为对造成损害后果的影响力来判断。比如储户应对存款关系凭证、密码、身份证件等重要取款资料严格保密并妥善保管，若由于这些资料的丢失、出借、泄露等导致存款被冒领，银行将被免除或部分免除赔偿责任。汇兑业务中，汇款人的过错通常体现为对收款人指定不明、滥发单位介绍信、泄露汇款信息等。

【拓展适用】

一、银行责任与第三人责任之间的关系

在适用违约责任时，根据合同的相对性，只要当事人一方有违约行为，不论该行为是否由第三人引起，均不能影响其违约责任的承担。汇兑业务中，第三人的冒领行为虽然导致了银行交付汇款错误，但不影响汇款人依据委托合同向银行追究违约责任。银行可依据另外的法律关系再向第三人追究法律责任。

在适用侵权责任时，若第三人的行为和银行的行为共同作用，导致汇款人遭受损失时，按照共同侵权理论，汇款人可要求第三人和银行承担连带责任。银行可在承担赔偿责任后，再向第三人追偿。诉讼中，汇款人可以选择以第三人或银行单独作为被告，也可以将二者作为共同被告。

二、诉讼中的举证责任

对于合同责任，为保护非违约方的利益，减轻其举证责任的负担，一般采取严格责任，即非违约方仅对违约的事实举证，违约方承担证明自己已经履行了合同约定义务的举证责任。对于侵权责任，若法律无特别规定，被侵权人应举证证明侵权行为的存在、自己的合法权益遭受了侵害、二者之间的因果关系以及侵权人的过错，侵权人若认为自己对损害的发生没有过错，需举证证明。

对于冒领存款或汇款案件，银行应对其拒付的正当性承担举证责任。即当储户或汇款人持有真实的存单、存折、银行卡、汇款凭证或者其他证明存款关系或汇款关系的凭证等向银行主张权利时，银行应当履行兑付责任。若银行以存款或汇款已兑付为由拒绝支付的，银行应当举证证明其已经发生的兑付行为符合法律、法规以及合同约定的义务，否则应承担兑付责任或赔偿由此造成的损失。

三、对金融消费者的保护

随着金融混业经营，金融服务界线日益模糊，使原先针对不同服务对象（如存款人、投资人等）的保护制度趋向融合，一些国家正式提出了金融消费者保护的概念与制度。根据我国《消费者权益保护法》的规定，消费者是指为生活消费需要购买、使用商品或者接受服务的人。金融消费者是消费者的一种类型，是消费者概念在金融领域的延伸。援引对消费者的定义，可以将金融消费者界定为为了满足个人或家庭的生活需要而购买、使用金融机构提供的商品或接受金融机构提供的服务的个人投资者。美国 1999 年《金融服务现代化法》给“金融消费者”的定义为“为个人、家庭成员或家务目的而从金融机构得到金融产品或服务的个人”。①

一方面，由于信息的不对称，消费者与经营者存在着天生的不对等，这种实质的不平等在金融市场上表现尤为突出。金融机构具有雄厚的经济实力、庞大的组织机构和各类专业人才，交易双方的实力不均衡；金融机构多利用格式条款、免责条款免除自己的责任、转嫁风险，消费者对此通常只能选择接受或拒绝，无谈判的空间。另外，随着金融创新，金融产品和服务的种类极大丰富，结构日趋复杂，资产证券化，期权期货产品等复杂的金融衍生品也开始出现，金融机构对产品结构、收益、风险以及具体投资方向等与消费者关系密切的要素不进行充分披露，消费者盲目购买，利益受损情况层出不穷。

另一方面，现行法对金融消费者提供法律保护的力度较弱。目前我国金融消费者保护的法律基础是《中国人民银行法》《商业银行法》《银行业监督管理法》《证券法》《保险法》，以及由中国人民银行、证监会等监管机构制定的规章制度。这些法规主要规范的是金融机构正常稳定的运行秩序，对金融消费者保护方面鲜有涉及，消费者权益保护的目标不明确，操作性不强，因而有必要整合现有的立法、司法、执法资源，加大对金融消费者的保护力度，将金融消费者纳入消费者权益保护法的范畴，为金融消费者提供一个跨银行、保险、证券等金融行业的全面保护的法律。

---

① 吴弘、徐振：《金融消费者保护的法理探析》，载《东方法学》2009 年第 5 期。

【典型案例】

某某县塑料制品厂诉中国某某银行咸阳市支行营业部侵权赔偿纠纷再审案

申诉人：陕西省某某县塑料制品厂。

法定代表人：田海某，厂长。

被申诉人：中国某某银行陕西省咸阳市支行营业部。

法定代表人：伍鼎某，主任。

〔基本案情〕

申诉人陕西省某某县塑料制品厂因侵权赔偿纠纷一案，不服陕西省咸阳市中级人民法院的终审判决，向陕西省高级人民法院提出申诉。陕西省高级人民法院审查认为，终审判决确有错误，于1991年2月27日裁定提审。

陕西省高级人民法院再审查明：1988年3月，某某县塑料制品厂（简称塑料厂）向一自称是陕西省轻化公司派来检查工作、名叫“张建某”的人提出协助购买聚丙烯的要求，“张建某”同意。3月23日，“张建某”持伪造的物资调拨通知单及证明信来到塑料厂，称其可以从陕西省轻化公司分配给陕西省咸阳市杨陵区塑料制品厂的聚丙烯中调拨10吨给塑料厂，货款4.8万元，要求从速汇款提货。塑料厂担心杨陵区塑料制品厂无货，汇款被骗，与“张建某”共同到中国某某银行某某县支行询问汇款办法后，决定采用“留行待取”的方式汇款。3月25日，塑料厂填写4.8万元的汇款凭证，汇款单位填为陕西省某某县塑料厂，收款单位填为刘占某（留交），汇款用途是购货款。中国某某银行某某县支行据此凭证，给中国某某银行陕西省咸阳市支行营业部（简称咸支营业部）电汇4.8万元。电文是：“留交刘占某48000塑料厂货款”。咸支营业部收到汇款后，即入帐。3月30日，一个持“咸阳市杨陵区塑料制品厂刘占某”工作证和“刘占某”私章的人，到咸支营业部要求提取现金。咸支营业部核对了工作证和私章后，按其要求支付现金2000元。31日，咸支营业部又按“刘占某”的要求除支付现金3000元外，并将余款4.3万元以“刘占某”私款的名义，转入该行下属的人民路第一储蓄所个人储蓄户。4月1日，“刘占某”从储蓄所将余款全部提走。4月6日，塑料厂的刘占某去咸支营业部取款时，方知汇款已被他人冒领。塑料厂遂向陕西省咸阳市秦都区人民法院提起诉讼。

塑料厂诉称：咸支营业部未严格审查取款人的证件，致使本厂公款被他人冒领，应当承担赔偿责任。咸支营业部辩称：由于汇款电文上的取款人是刘占某，既未限定是塑料厂的刘占某，又未注明此款是公款，更没有其他特殊要求，所以按照个人汇款的取款规定，在查验了取款人的证件及私章姓名后予以付款，没有过错，不应承担赔偿责任。造成汇款被他人冒领的原因是塑料厂警惕性不高，把汇款的具体情况早已泄露给他人所致。塑料厂是有过错的，损失应当自负。

〔一审裁判要旨〕

秦都区人民法院审理认为：1977 年 11 月 6 日颁布的《中国人民银行结算办法》（简称结算办法）第十条第二项规定："汇款单位派人到汇入银行领取汇款的，可在汇款委托书上注明'留行待取'字样。"第六项规定："汇入银行对汇入的采购资金，必须凭当地有关部门同意采购的证明，以汇出单位名义开立采购帐户，由银行按当地市场管理的有关规定监督支付……除采购员旅差费可支取少量现金外，一律转帐。"塑料厂的汇款电文中已明确 4.8 万元是塑料厂货款，并要求按"留行待取"的方式，由汇款单位派出的刘占某提取。咸支营业部在收到汇款后，给取款人办理了单位存折，并让取款人在每次取款时填写单位支款凭证，该凭证用途栏内还填有"购料款"字样，这些情节均证实，咸支营业部以不知此款是公款，所以按照个人汇款的取款规定予以付款，没有过错的辩解理由不能成立。咸支营业部违反结算办法的规定，在取款人既无汇款单位的委派证件，又无任何购货证明的情况下，仅凭取款人所持的"杨陵区塑料制品厂刘占某"工作证，便让其两次提取现金 5000 元，并将余款以个人名义转入储蓄帐户，给取款人将余款提出现金骗走创造了条件，致使塑料厂遭受损失，是有过错的。依照《中华人民共和国民法通则》第一百零六条第二款的规定，咸支营业部对由于自己的过错而给塑料厂造成的经济损失，应当承担民事责任。据此，该院于 1988 年 8 月 12 日判决：中国某某银行咸阳市支行营业部赔偿某某县塑料厂货款 4.8 万元；塑料厂货款利息损失自己承担。

〔当事人上诉及答辩意见〕

第一审宣判后，咸支营业部不服，以原答辩理由向陕西省咸阳市中级人民法院提出上诉，并提交了中国人民银行会计司就结算办法第十条第二项关于"留行待取"的规定所作的解释。解释称："留行待取"系指汇款单位派本单位的人员直接到汇入银行办理解付汇款手续，也系指汇款单位委派汇入地的人员到汇入银行办理解付汇款手续。汇入银行在解付汇款时，应查验证明收款人身份的证件。如汇款人在汇款凭证"收款人栏"内注明收款人单位的，汇入银行要查验注明收款人单位名称的证件，然后办理解付手续。

〔二审裁判要旨〕

咸阳市中级人民法院审理认为：塑料厂在汇款时对留交的刘占某未限定单位，致使咸支营业部无法核实取款人的证件与限定单位是否相符。咸支营业部在解付此笔汇款时，向取款人询问了有关情况，验对了取款人所持的身份证件，在银行帐页上加注了证件号码，并让取款人签名盖章，确认取款人所使用的姓名与电文中的留交人姓名相符后，才解付汇款；根据储蓄所的业务范围和取款人的要求将余款转存，整个解付汇款过程符合程序。咸支营业部无过错。造成汇款被他人冒领的责任在塑料厂。据此，该院于 1989 年 6 月 9 日第二审判决：一、撤销第一审判决；二、驳回塑料厂的诉讼请求。

〔申诉理由〕

第二审宣判后，塑料厂不服，向陕西省高级人民法院提出申诉。

〔再审法院裁判〕

陕西省高级人民法院认为：咸支营业部在解付塑料厂的购货汇款时，不严格审查取款人应持的证件，违反了结算办法的有关规定，致使汇款被他人冒领，应当承担赔偿责任。理由是：1. 根据结算办法第十条第二项的规定及中国人民银行对该规定的解释，“留行待取”汇款既系指汇款单位派本单位的人员直接到汇入银行办理解付手续，也系指汇款单位委派汇入地的人员到汇入银行办理解付手续。两种情况，均是指取款人受汇款单位的委派才能解付汇款。咸支营业部在解付“留行待取”汇款时，除应当审查办理解付手续人的个人身份证明外，还应当索验取款人是否受汇款单位委派办理解付手续的证明。可是，咸支营业部仅查验了取款人所持的工作证，且工作证的制发单位是“杨陵区塑料制品厂”，既非汇款单位，亦非汇款单位委托的收款单位。咸支营业部在无法证明取款人是受汇款单位的委派办理解付汇款手续的情况下，即予以解付汇款，是不妥当的。2. 申诉人汇款时，已声明此款用途是“购货”，咸支营业部未按结算办法第十条第六项关于汇往外地购货的款项“除采购员旅差费可以支取少量现金外，一律转帐”的规定办理，而大量解付现金，是造成汇款被他人冒领的主要原因。3. 中国人民银行1982年规定，国营、集体企业单位的公款不得以任何名义存入储蓄。咸支营业部对申诉人电汇的公款，不经审查批准便转入个人储蓄户，给冒名取款造成可乘之机，其责任不可推卸。塑料厂由于工作疏忽，也有一定责任。依照《民法通则》第一百零六条第二款关于“公民、法人由于过错侵害国家的、集体的财产，应当承担民事责任”的规定，咸支营业部应承担主要责任，塑料厂承担一定责任。据此，陕西省高级人民法院于1991年3月30日判决：

一、撤销咸阳市中级人民法院的第二审判决。

二、维持秦都区人民法院的第一审判决。

第十三章　专家侵权责任

规则 18：律师不当执业行为致使委托人遭受损害的，应当承担损害赔偿责任

——王保某诉某信律师所财产损害赔偿纠纷案①

【裁判规则】

委托人委托律师所办理遗嘱见证事宜，其目的是通过熟悉法律事务的专业人员提供法律服务，使其所立遗嘱具有法律效力。作为专门从事法律服务的机构律师所应当明知双方这一签约目的，有义务为委托人提供完善的法律服务，以维护委托人的合法权益。经律师见证的遗嘱因不符合法律规定的形式要件被确认无效，致使遗嘱受益人蒙受经济损失的，律师所在的律师事务所应当承担过错赔偿责任。

【规则理解】

一、律师责任的内涵

（一）专家责任

学界一致认为律师责任属于专家责任的一种。所谓专家，一般是指取得资格证书或职业许可，依靠专门的知识或技能向他人提供服务的人，包括律师、建筑师、医生、会计师等。杰克逊和鲍威尔在所著的《专家的过失》一书中列举了专家和专门职业有四个特征：其一，工作性质具有高度的专门性，其中心不是体力工作而是精神的、判断的工作；其二，重视高度的职业道德与顾客的信赖关系；其三，大多要求一定的资格，并由专家集团维持一定的业务水平；其四，具有较高的社会地位。②

① 《中华人民共和国最高人民法院公报》2005 年第 10 期。

② ［日］能见善久：《论专家的民事责任——其理论架构的建议》，梁慧星译，载《外国法译评》1996 年第 2 期。

一般情形下，专家与委托人（顾客）之间，存在由专家向委托人提供专业服务的契约关系，专家依据专业知识和技能为委托人提供服务并获得报酬，委托人支付报酬获得专家服务或基于对专家意见的信赖作出决策。专家在此过程中，若因其执业不当给委托人造成损害，应当承担相应的民事责任，此为传统民法学上的专家责任。随着现代社会信息迅速、便捷的传播，非直接的合同当事人可能知晓专家意见并且基于信赖作出决策，当他们遭受损害时，能否对专家提起诉讼不无疑问。这一现实状况导致对于专家责任关注的热点发生了转变：从具有合同关系的当事人之间的责任转变为专家作为信息提供者导致无合同关系的第三人遭受损害所应当承担的责任的问题。① 从英美法系和大陆法系的发展来看，专家对第三人的责任制度相继确立，专家责任不再限于专家与委托人之间。②

（二）律师责任

比照专家责任的含义，所谓律师责任，是指律师在为客户提供法律服务过程中，就其不当执业行为给客户或第三人造成的损害所应承担的民事责任。所谓律师，依据《律师法》第 2 条第 1 款规定："是指依法取得律师执业证书，接受委托或者指定，为当事人提供法律服务的执业人员。"《律师法》第 54 条规定："律师违法执业或者因过错给当事人造成损失的，由其所在的律师事务所承担赔偿责任。律师事务所赔偿后，可以向有故意或者重大过失行为的律师追偿。"该条确立了我国的律师责任赔偿制度。

二、律师责任的性质

（一）英美法系和大陆法系关于专家责任性质的演变

关于专家责任的性质，大陆法系和英美法系都经历了从合同责任到侵权责任的演变过程：

1. 英美法系

英美法系最初以合同法规范专家与委托人之间的权利义务。在委托合同难以对专家的某些义务一一作出明确约定的情形下，法官往往认为，专家应以合理的谨慎履行义务，并将之作为合同的默示条款。但自从 1898 年特纳诉斯塔利

---

① 李建华、董彪：《专家对第三人承担民事责任的理论基础——兼论德国新债法对我国民事立法的启示》，载《社会科学战线》2005 年第 5 期。

② 因而本文所述专家责任，不仅包括专家因其执业不当行为造成委托人损失应承担的民事责任，也包括给第三人造成损失应承担的民事责任。

布拉斯（Turner V. Stallibrass）一案确立了在没有合同存在的情况下，专家仍需对相对方负合理的谨慎义务，侵权法就逐渐进入该领域并不断扩张其范围。[①]

专家对第三人责任制度的发展，又极大地刺激了侵权法在专家责任领域内的扩张。著名的 White v. Jones 案中，律师因疏忽使客户的遗嘱因违反法定程序而无效，使遗嘱的受益人遭受损失。如果因循合同路径，遗嘱受益人作为第三人无合同上的请求权，面对此情形，法官们开始反思合同规则的局限性，最终确立了律师对遗嘱的受益人负有侵权法上的注意义务。20 世纪 60 年代以来，英美国家会计职业蓬勃发展，会计师以出具审计报告或其他报告为工作内容，这种报告作为资本市场上的重要信息常常为委托人之外的第三人使用，故产生了会计师应该为多大范围内的第三人承担赔偿责任的问题。此后，第三人范围的标准一直在变。现在在美国，无论是对第三人还是对委托人，无论是否存在委托合同，专家都应当承担侵权法责任。在英国，侵权法也已经成为专家责任的主要规则。

2. 德国法

德国合同法发达，专家服务合同可以直接适用《德国民法典》关于雇佣契约的规定。在专家与委托人之间不存在合同的情形下，德国往往借助“默示契约”理论来解释实质合同的存在。[②] 在医疗损害领域，德国民法将缔约过失责任广泛适用于医疗合同，强调医生对患者的身体和生命负有保护义务，并采用保护第三人效力的契约理论保护第三人，如初生婴儿就被视为第三人而受到保护。

侵权领域，《德国民法典》规定的侵权行为仅有三类：一为侵犯他人的绝对权利；二为违反以保护他人为目的的法律；三为故意以悖于善良风俗的方法加害于他人。德国法院创设一般安全注意义务制度，确立了行为人在契约领域之外保护他人的积极义务，成为填补《德国民法典》之不足的重要工具。德国法院于 1921 年作出的兽医案确立了职业上的一般安全注意义务，即“从事任何特殊职业活动并提供服务于公众者，承担一种责任，即当行使职务时，应担保一个事务有序进行”。故专家对委托人及第三人所负的义务即为此一般安全注意义务。

---

① 蒋云蔚：《从合同到侵权：专家民事责任的性质》，载《甘肃政法学院学报》2008 年第 7 期。

② ［德］克雷斯蒂安·冯·巴尔：《欧洲比较侵权行为法（上）》，焦美华译，法律出版社 2004 年版，第 605 页。

3. 法国法

法国法创设了第三条道路：职业责任。该理论认为职业责任是基于职业的义务不履行而产生的责任，独立于合同责任和侵权责任，无须考虑当事人之间是否存在合同关系。

（二）我国学界对专家责任性质的讨论

基于对专家责任的性质的讨论，我国学术界对律师责任的性质也存在违约责任说、侵权责任说、违约责任与侵权责任的竞合说、独立责任说、区分责任说等不同观点。其中，违约责任说是以专家和委托人之间的委托合同为基础；侵权责任说是以侵权责任的构成要件为出发点；违约责任与侵权责任的竞合说认为专家执业不当的行为既构成对委托合同的违反，又侵害了委托人的权益，构成两种责任的竞合；独立责任说认为专家责任是独立于合同责任和侵权责任之外的一种职业责任；区分责任说则认为专家和委托人之间适用合同责任，专家和第三人之间适用侵权责任，要区分对待。

笔者认为，合同责任与侵权责任相比，各有优劣。比如合同责任基于意思自治，可以对专家责任的具体内容、标准、履行期限、报酬等作出明确约定，而侵权责任作为一种法定义务，只能抽象出一般规则，对每一次服务的个性化内容，不可能作出规定；合同责任的损害赔偿遵循可预见原则，可对纯粹经济上损失提供救济，而适用侵权责任则比较困难。但另一方面，合同虽然赋予当事人自由协商的权利，但由于专家工作内容的高度专门化，双方信息严重不对称，委托人很难就专家应负的职业义务与之协商；侵权责任还包括了精神损害赔偿和惩罚性赔偿，比合同责任的损害赔偿范围广；在受害人为第三人的时候，适用侵权责任比适用附保护第三人作用的契约制度更为方便。但无论采用哪种制度，所追求的价值是一样的，即保护公众的利益，同时不能阻碍专业知识的发展，即追求专家与委托人之间利益的平衡。故笔者认为，在明确此价值目标的基础上，在立法没有明确规定之前，对律师责任的性质可在现行法规定范围内予以认定：律师业务的展开，以委托合同为基础，故对委托人而言，可以违约为由提出请求；若同时构成违约责任与侵权责任，属于请求权竞合，应赋予委托人选择权。对第三人而言，其不是委托合同的缔约人，只能以侵权为由提出请求。

三、律师责任的构成要件

（一）承担责任的主体

关于律师责任的承担主体，值得讨论的问题是由律师个人还是律师事务所承担责任？两者之间如何划分？

依据《律师法》第 54 条规定，律师违法执业或者因过错给当事人造成损失的，由其所在的律师事务所承担赔偿责任，律师事务所赔偿后，可以向有故意或者重大过失行为的律师追偿。该条实际上把律师赔偿责任分解为两个阶段：第一阶段，是由律师事务所而不是律师个人向当事人承担赔偿责任；第二阶段，若执业律师有故意或重大过失行为的，存在律师事务所向律师的追偿问题。

之所以如此规定，首先是因为按照我国《律师法》的规定，律师执业必须依托于律师事务所，律师承办业务，要由律师事务所统一接受委托，与委托人签订书面委托合同。因此，从合同缔结的角度讲，律师事务所才是合同当事人，律师只是接受律师事务所委派履行合同具体内容。其次，由律师事务所对外承担责任，也有利于保护受害人的利益。律师是个人，律师事务所是组织，相比较而言，律师事务所承担责任的经济能力要更强一些。最后，从侵权责任的角度讲，律师对外执业属于职务行为，因职务行为造成他人损害的，由所在单位对外承担侵权责任也符合我国《侵权责任法》的规定。

（二）律师有执业不当的行为

律师实施了执业不当的行为，是成立律师责任的客观要件。判断是否执业不当，先要对律师承担的民事义务进行分析，律师违反了该义务，即可视为执业不当。律师承担的民事义务，主要有两个来源：其一是律师和委托人之间委托合同的约定；其二是法律的规定。由于律师工作内容的高度专门化，律师处于信息优势和知识权威的地位，而委托人对于律师的服务过程知之甚少，很难就律师的职业义务与之充分协商，因而双方信息严重不对称。在这种情形下，为了有效维护委托人的利益，即使在委托合同没有将法定义务纳入合同条款的情形下，律师仍然承担法律规定的义务，这可以视为合同的默示条款。

律师的法定义务，来源于委托人对律师两种意义上的信赖：其一，信赖律师具备基本的职业能力。其二，信赖律师将为了委托人的利益而提供专业服务。这两种信赖要求律师应以诚信之心态为委托人服务，主要包括两种义务：其一是注意义务；其二是忠实义务。

1. 注意义务。注意义务是一种积极义务，它要求律师在从事委托事项活动时，应依法运用自己的才能、技能、知识、判断和经验为当事人提供服务，合理履行职能，尽到其应有的谨慎、勤勉和注意，并确信其当时采取的措施在当时的情况下最有利于其委托人。[①] 对于律师应尽到的注意水平，其负有与异于一般人的专门知识、技能相应的“高度注意义务”，但在律师行业内部，此项义务是按照平均的律师水准予以认定，即应是一名具备律师行业通常的法律水平、认知能力、判断与执业经验的中等水平的律师在同样情况下所应尽到的谨慎、技能与能力。但是如果委托合同对律师的注意义务作出更高程度的约定的，应以合同约定为准。

判断注意义务，实体法的规定可作为依据，如依据我国《律师法》规定，律师承担的注意义务包括但不限于受托后及时采取法律措施、按照法律程序参加诉讼活动、针对案件的具体情况提出适当的诉讼请求、采取保全、申请强制执行等恰当的措施维护委托人的利益、妥善保管委托人的资料、正确制作法律文书、提供准确的法律意见等等，这些可以作为确定律师是否违反了注意义务的一个参考。此外，在具体分析律师是否违反了注意义务时，还需结合律师与当事人之间的委托合同进行判断，其中对于合同条款的解释，要结合文本书面含义、法律规定及当事人缔约目的进行。实践中，常见的违反注意义务的行为有遗失、损坏主要证据，未在法定举证期间内提交证据，未在诉讼时效期间内提起诉讼，在非诉讼业务中提供错误的法律意见书等。

2. 忠实义务。忠实义务是一种消极义务，是道德义务的法律化，是指律师在履行其职务时，必须忠诚地为其委托人服务，不得利用其受托人的身份和职权为自己谋取利益，当其委托人利益与自身利益相冲突时，应当将委托人的利益置于自身利益之上。依据我国《律师法》的规定，律师的忠实义务主要有以下几种表现形式：（1）律师不得因自己的身份受益；（2）律师不得接受对方当事人的财物或者其他利益，与对方当事人或者第三人恶意串通，侵害委托人的权益；（3）律师不得利用提供法律服务的便利牟取当事人争议的权益等。违反忠实义务的判断标准是客观的，只要律师与委托人存在法律所不允许的利益冲突，则可认为律师违反了忠实义务。实践中，常见的违反忠实义务的行为有律师无正当理由不出庭参加诉讼，律师在同一案件或同一非诉讼业务中同时代理双方当事人，泄露当事人的商业秘密、隐私，超越委托权限进行代理，侵占、挪用委托保管的财物等。[②]

---

① 徐棣枫、沈晖：《论律师对委托人的赔偿责任》，载《南京大学法律评论》2004年第2期。

② 陈业业：《我国律师民事责任浅析——兼谈我国专家责任立法》，载《法制与经济》2008年第7期。

（三）律师主观上存有过错

民法理论上责任认定的核心要素是过错。依据《合同法》第406条[①]规定，有偿的委托合同，因受托人的过错给委托人造成损失的，委托人可以要求赔偿损失。律师接受委托，绝大多数是有偿受托，且律师费不菲，故律师的违约责任以过错为成立要件。对于律师的侵权责任，在法律对其归责原则无特别规定的情形下，适用一般侵权归责原则，即过错责任原则。

过错，分为故意和过失。故意分为直接故意和间接故意，直接故意即律师追求损害委托人利益的结果的发生；间接故意即放任损害委托人利益的结果的发生。律师执业过错主要表现为对注意义务的违反和对忠实义务的违反。

（四）委托人或第三人遭受损失

有客观存在的损失事实，这是构成律师赔偿责任的基本条件，律师即使有违法执业或过错，如果没有给当事人造成损失，也不构成律师赔偿责任。

所谓损失，包括人身权益损害和财产损失，律师执业不当造成的损失多是委托人的财产损失。其中，财产损失又可分为有形的、现实的财产损失和无形的、潜在的财产损失，对于后者，学理上又称为“纯粹经济上损失”，即是指受害人遭受的经济上的不利益，不同于因人身或财产受侵害所导致的经济上损失。[②] 律师执业不当导致的损害后果，以纯粹经济上损失为常态，以有形损害为例外，比如因为遗嘱无效而使得当事人不能得到本应得到的遗产，就属于纯粹经济上损失。

应当注意，败诉和客观损失是两个不同的概念。其一，败诉并不等于当事人的合法权益受到损害，通常情况下，败诉是因为当事人主张的请求得不到人民法院的支持，与当事人基于诉讼所造成的损失之间并无必然的因果关系；其二，判决最终系人民法院根据案件的事实和法律的规定作出，与律师在法庭上辩论意见的好坏、强弱无必然因果关系。故只有律师违法执业或者过错导致当事人败诉并造成当事人损失的，才能构成律师赔偿责任。[③]

（五）律师执业不当行为和委托人、第三人遭受的损失之间存在因果关系

律师违法执业或过错行为与客观损失之间具有内在的因果关系，是构成律

---

① 2021年1月1日《民法典》施行后，《合同法》废止。该条规定的内容被《民法典》第929条保留。

② 蒋云蔚：《从合同到侵权：专家民事责任的性质》，载《甘肃政法学院学报》2008年第7期。

③ 李桂英：《律师执业赔偿制度的几个问题》，载《中国法学》2000年第2期。

师执业赔偿的必要条件。由于因果关系具有复杂性和多样性，如一因多果、多因一果、多因多果等，如果损失是由多种原因造成的，应当由相关主体按照各自过错承担相应的赔偿责任。如果律师的执业违法或者过错是造成损失结果的唯一原因，则应由律师所在的律师事务所承担相应的赔偿责任。

【拓展适用】

一、律师责任所涉及第三人范围的确定

（一）第三人的界定

第三人的范围问题是律师民事责任的核心问题，第三人的界定是明确律师对第三人民事责任的前提，第三人范围的大小关系到律师的民事责任赔偿范围，更直接关系到律师职业的社会定位，集中且明显地蕴含着公平与效率、公众利益与职业利益价值取向之间的衡量。

所谓第三人，是指虽然没有参与签订委托协议，却与委托事项有利害关系的人。从英美法系来看，20 世纪以来，随着侵权法的蓬勃发展，法官不断地拓宽侵权人应负注意义务的对象范围。英国提出了邻居规则、特别关系说、两步法等不同学说，调整侵权法所保护之对象的范围。在美国，主要受益人标准、侵权法重述标准以及可预见说等不同原则相继出台。与之相对应，律师专家责任中涉及的第三人的范围也在不断地调整，主要有如下几种标准："合同主要受益人"理论（只有在合同中载明的第三者并不是要约人或承诺人才被视为受益第三者，当律师仅有一般过失时，只应对受益第三者承担民事责任）、"已知第三人"或已经预见的第三人标准（是指不实陈述人对其已经知道会依赖其陈述的第三人负注意义务）和"可预见第三人"（指范围比较广大而又无法识别的，在今后可能与专家的客户发生关系的人，如潜在的投资人、雇员、债权人、经济分析师等）。

（二）第三人范围的确定

笔者认为，律师责任中所涉及的第三人范围的确定，要结合律师执业活动的性质来认定：

1. 在一般性法律事务委托活动中，律师第三人责任的类型主要有遗嘱事件型、信托事件型、与委托人恶意串通损害第三人的利益型、不实陈述型以及泄露第三人隐私、秘密型等。如遗嘱继承案件中，虽是被继承人与律师签订了见证遗嘱的委托合同，但继承人的利益直接受到遗嘱是否有效的影响，继承人即为利害关系人；再如信托案件中，律师受委托人委托对信托财产进行管理，若

管理不善，遭受利益损失的为受益人，故受益人为存在利害关系的第三人。这些案件中的第三人有一个共同特点：律师在接受受托事项时，已知或应知其行为会影响到第三人的利益，所以律师对第三人应当承担相同于对委托人的注意义务。

2. 在特殊性法律事务委托活动中，第三人的范围则有所不同。在虚假陈述证券民事赔偿案件中，若律师事务所是虚假陈述行为人，有权对其提起民事赔偿诉讼的“投资人”是指“在证券市场上从事证券认购和交易的自然人、法人或者其他组织”。

综上所述，我国对于第三人没有提出统一标准，现状下，有现行法特别规定的，应依特别规定；没有规定的，可结合“利害关系人”的标准进行判断。

二、律师责任诉讼中举证责任的分配

举证责任的分配是证明制度的核心，举证责任关系到各方利益之得失。就普通的侵权之诉而言，原告应就侵权责任的所有构成要件承担举证责任，但就律师责任而言，由于律师与委托人之间信息不对称，委托人不具备专业知识，对律师的工作过程无从得知，对律师的注意义务的范围无法准确把握，故其举证证明律师在执业过程中存在过错非常困难。相比较而言，作为专家的律师距离证据更近，其举证能力更强，如果实行举证责任倒置，将证明自己在执业过程中无过错的举证责任分配给律师，对其也并非难事。因此，在律师责任诉讼中，在受害人能够证明委托人和律师之间有委托合同、律师的执业行为致其遭受损失的情形下，对律师的执业不当及律师的过错实行举证责任倒置，由律师证明自己无过错，更有利于实现律师与委托人、第三人之间的利益平衡，也与举证责任分配理论相契合。关于虚假陈述证券民事赔偿案件的司法解释也体现了这一点。①

三、律师赔偿责任与会计师赔偿责任的区别

虚假陈述证券民事赔偿案件中，律师和注册会计师对第三人责任的认定有所不同。

（一）律师和注册会计师的工作性质不同

一般而言，律师主要是通过审查委托人所提供的各项文件的合法性，而对委托人的行为的合法性作出评价，但律师不对文件本身的真实性负责。而注册会计师主要是对委托人的财务会计资料的公允性、合法性、一贯性发表意见，这要求注册会计师以其职业谨慎对会计资料的真实性作出判断，这在某种程度上意味着注册会计师对于其所出具的审计报告等文件应承担更大的责任。

（二）律师和注册会计师所出具的意见不同

注册会计师可以出具标准无保留意见的审计报告，也可出具带解释或说明段的无保留意见的审计报告，还可出具保留意见的审计报告，也可拒绝表示意见。注册会计师还可要求委托人对其会计资料进行调整。但律师却无法要求委托人调整相应的相关法律文件，它只能出具肯定（合法）意见或否定（不合法）的意见。

目前最高人民法院已有《关于审理涉及会计师事务所在审计业务活动中民

---

① 《最高人民法院关于审理证券市场因虚假陈述引发的民事赔偿案件的若干规定》（法释〔2003〕2号）第24条规定，“专业中介服务机构及其直接责任人违反证券法第一百六十一条和第二百零二条的规定虚假陈述，给投资人造成损失的，就其负有责任的部分承担赔偿责任。但有证据证明无过错的，应予免责。”2022年1月22日《最高人民法院关于审理证券市场虚假陈述侵权民事赔偿案件的若干规定》施行后，该解释已废止。《最高人民法院关于审理证券市场虚假陈述侵权民事赔偿案件的若干规定》（法释〔2022〕2号）第18条规定：“会计师事务所、律师事务所、资信评级机构、资产评估机构、财务顾问等证券服务机构制作、出具的文件存在虚假陈述的，人民法院应当按照法律、行政法规、监管部门制定的规章和规范性文件，参考行业执业规范规定的工作范围和程序要求等内容，结合其核查、验证工作底稿等相关证据，认定其是否存在过错。证券服务机构的责任限于其工作范围和专业领域。证券服务机构依赖保荐机构或者其他证券服务机构的基础工作或者专业意见致使其出具的专业意见存在虚假陈述，能够证明其对所依赖的基础工作或者专业意见经过审慎核查和必要的调查、复核，排除了职业怀疑并形成合理信赖的，人民法院应当认定其没有过错。”第19条规定：“会计师事务所能够证明下列情形之一的，人民法院应当认定其没有过错：（一）按照执业准则、规则确定的工作程序和核查手段并保持必要的职业谨慎，仍未发现被审计的会计资料存在错误的；（二）审计业务必须依赖的金融机构、发行人的供应商、客户等相关单位提供不实证明文件，会计师事务所保持了必要的职业谨慎仍未发现的；（三）已对发行人的舞弊迹象提出警告并在审计业务报告中发表了审慎审计意见的；（四）能够证明没有过错的其他情形。”

事侵权赔偿案件的若干规定》（法释〔2007〕12号），对会计师事务所在审计业务活动中的民事责任做了详细规定，这对于认定律师的民事责任有借鉴意义，但由于二者之间存在区别，在认定律师的民事责任时更应充分考虑律师行业的特点，并不能完全按会计师事务所在审计业务活动中民事侵权赔偿案件的要求处理。

【典型案例】

王保某诉某信律师所财产损害赔偿纠纷案

原告：王保某。

被告：北京市某信律师事务所。

负责人：刘某，该事务所主任。

〔基本案情〕

原告王保某因与被告北京市某信律师事务所（以下简称某信律师所）发生财产损害赔偿纠纷，向北京市朝阳区人民法院提起诉讼。

原告诉称：经被告见证的原告父亲王守某生前所立的遗嘱，由于缺少两个以上见证人这一法定形式要件，在继承诉讼中被法院认定无效。原告作为继承诉讼中的败诉方，不仅不能按遗嘱继承得到父亲的遗产，还得按法定继承向其他继承人付出继承房屋的折价款。被告在见证原告父亲立遗嘱的过程中有过错，侵害了原告的遗嘱继承权利，给原告造成了财产损失，应当赔偿。请求判令被告赔偿房屋折价款、遗嘱见证代理费、两审继承诉讼的代理费、诉讼费等损失共计134893.75元。

被告辩称：王守某委托被告代理的事项是见证签字，不是见证代书遗嘱。被告是根据王守某的委托，才指派了一名律师去见证王守某签字，已经履行了自己的义务，且在见证过程中没有过错。至于经被告见证签字的遗嘱，其内容和形式是否符合法律规定，被告没有提示义务。王守某所立的遗嘱，是因代书人未签字而被认定无效。被告不是该遗嘱的代书人，不应该承担代书人的法律责任。综上，不同意原告的诉讼请求。

北京市朝阳区人民法院经审理查明：2001年，原告王保某之父王守某与被告某信律师所签订了《非诉讼委托代理协议》书一份，约定：某信律师所接受王守某的委托，指派张合律师作为王守某的代理人；代理事项及权限为：代为见证；律师代理费用为6000元；支付方式为现金；支付时间为2001年8月28日；协议上还有双方约定的其他权利义务。王守某在该协议书上签字，某信律师所在该协议书上加盖了公章，但该协议书未标注日期。同年9月10日，王守某又与某信律师所指派的律师张合签订了一份《代理非诉讼委托书》，内容为：因见证事由，需经律师协助办理，特委托某信律师所律师张合为代理人，代理权限为：代为见证。9月17日，某信律师所出具一份《见证书》，附王守某的遗嘱和某信律师所的见证各一份。王守某遗嘱的第一项为：将位于北京市海淀区北太平庄××××公司宿舍11门1141号单元楼房中我的个人部分和我继承我妻遗产部分给我大儿子王保某继承。见证的内容为：兹有北京市海淀区北太平庄××××公司宿舍3楼4门2号的王守某老人于我们面前在前面的遗嘱上亲自签字，该签字系其真实意思表示，根据《中华人民共和国民法通则》第五十五条的规定其签字行为真实有效。落款处有见证律师张合的签字和某信律师所的盖章。王守某于9月19日收到该《见证书》。

2002年12月9日，王守某去世。原告王保某于2003年1月起诉至北京市海淀区人民法院，要求按照王守某的遗嘱继承遗产。2003年6月30日，北京市第一中级人民法院的终审判决认定：王守某所立遗嘱虽有本人、张合律师签字且加盖北京市某信律师事务所单位印章，但该遗嘱的形式与继承法律规定的自书、代书遗嘱必备条件不符，确认王守某所立遗嘱不符合遗嘱继承法定形式要件，判决王守某的遗产按法定继承处理。王保某因此提起本案诉讼，要求某信律师所赔偿经济损失。

经核实确认，按法定继承，原告王保某所得遗产比按遗嘱继承少114318.45元。

上述事实，有双方当事人陈述、《非诉讼委托代理协议》、《代理非诉讼委托书》、《见证书》、某信律师所接待笔录、(2003)海民初字第3229号民事判决书、(2003)一中民终字第5122号民事判决书等证据证实。

〔一审裁判要旨〕

北京市朝阳区人民法院认为，律师事务所是依靠聘请律师去为委托人提供服务，从而获取相应对价的机构。继承法律规定，代书遗嘱应当有两个以上见证人在场见证，由其中一人代书，注明年、月、日，并由代书人、其他见证人和遗嘱人签名。律师与普通公民都有权利作代书遗嘱的见证人，但与普通公民相比，由律师作为见证人，律师就能以自己掌握的法律知识为立遗嘱人服务，使所立遗嘱符合法律要求，这正是立遗嘱人付出对价委托律师作为见证人的愿望所在。原告王保某的父亲王守某与被告某信律师所签订代理协议，其目的是通过律师提供法律服务，使自己所立的遗嘱产生法律效力。某信律师所明知王守某这一委托目的，应当指派两名以上的律师作为王守某立遗嘱时的见证人，或者向王守某告知仍需他人作为见证人，其所立遗嘱方能生效。但在双方签订的《非诉讼委托代理协议》书上，某信律师所仅注明委托事项及权限是“代为见证”。某信律师所不能以证据证明在签订协议时其已向王守某告知，代为见证的含义是指仅对王守某的签字行为负责，故应认定本案的代为见证含义是见证王守某所立的遗嘱。某信律师所称其只是为王守某的签字进行见证的抗辩理由，因证据不足，不能采纳。《非诉讼委托代理协议》的签约主体，是王守某和某信律师所，只有某信律师所才有权决定该所应当如何履行其与王守某签订的协议。张合只是某信律师所指派的律师，只能根据该所的指令办事，无权决定该所如何行动。某信律师所辩解，关于指派张合一人去作见证人的决定，是根据王守某对张合的委托作出的，这一抗辩理由不能成立。

《中华人民共和国民法通则》第一百零六条第二款规定：“公民、法人由于过错侵害国家的、集体的财产，侵害他人财产、人身的，应当承担民事责任。”被告某信律师所在履行与王守某签订的《非诉讼委托代理协议》书时，未尽代理人应尽的职责，给委托人及遗嘱受益人造成损失，应当承担赔偿责任，但赔偿范围仅限于原告王保某因遗嘱无效而被减少的继承份额。虽然某信律师所在履行协议过程中有过错，但考虑到王保某在本案选择的是侵权之诉而非合同之诉，况且王守某的继承人并非只有王保某一人，故对王保某关于某信律师所应当退还王守某向其交付的代理费之诉讼请求，不予支持。某信律师所在代为见证王守某所立遗嘱过程中的过错，不必然导致王保某提起并坚持进行了两审继承诉讼，故对王保某关于某信律师所应当赔偿其在两审继承诉讼中付出的代理费和诉讼费之诉讼请求，亦不予支持。

据此，北京市朝阳区人民法院于 2004 年 5 月判决：

一、被告某信律师所于判决生效后 7 日内赔偿原告王保某经济损失 114318.45 元。

二、驳回原告王保某的其他诉讼请求。

案件受理费 4208 元，由原告王保某负担 412 元，由被告某信律师所负担 3796 元。

〔当事人上诉及答辩意见〕

判决后，某信律师所不服，向北京市第二中级人民法院提出上诉，理由是：根据王守某与我所签订的协议书，我所只是为王守某在遗嘱上的签字提供见证，不是为王守某立遗嘱的行为见证，遗嘱早就由他人代王守某写好。在履行这一《非诉讼委托代理协议》书的过程中，王守某没有财产损失，不享有违约赔偿请求权。王守某所立的遗嘱，由于不具备法定形式要件而被法院认定无效，这与我所见证其签字的行为无关。《民法通则》第五十八条第二款规定，无效的民事行为，从行为开始起就没有法律约束力。这就是说，从立遗嘱时起，被上诉人王保某就没有获得过依王守某的遗嘱继承财产的权利。现法院认定王保某按照法定继承获得王守某的遗产，这才是其应当享有的权利。王保某根本没有遭受过侵权损失，也就不享有侵权赔偿请求权。原审认定事实不清，适用法律错误，请求二审撤销原审判决第一项，改判驳回王保某的全部诉讼请求。

被上诉人王保某同意原判。

〔二审查明的事实〕

北京市第二中级人民法院经审理，确认了一审查明的事实。

〔二审裁判要旨〕

本案争议焦点为：1. 某信律师所“代为见证”的，究竟是王守某在遗嘱上签字的行为，还是王守某立遗嘱的行为？2. 某信律师所的见证行为是否侵犯王保某的民事权利，应否承担赔偿责任？

北京市第二中级人民法院认为，《中华人民共和国律师法》第二条规定：“本法所称的律师，是指依法取得律师执业证书，为社会提供法律服务的执业人员。”第十五条第一款规定："律师事务所是律师的执业机构。"第二十七条规定："律师担任诉讼法律事务代理人或者非诉讼法律事务代理人的，应当在受委托的权限内，维护委托人的合法权益。"公民在不具有法律专业知识，又想使自己的行为符合法律要求时，通常向律师求助。律师是熟悉法律事务，为社会提供法律服务的专业人员。律师在担任非诉讼法律事务代理人时，应当在受委托的权限内，维护委托人的合法权益。被上诉人王保某的父亲王守某委托上诉人某信律师所办理见证事宜，目的是通过熟悉法律事务的专业人员提供法律服务，使其所立遗嘱具有法律效力。作为专门从事法律服务的机构，某信律师所应当明知王守某的这一签约目的，有义务为王守某提供完善的法律服务，以维护委托人的合法权益。某信律师所不能以证据证明其与王守某约定的"代为见证"，只是见证签字者的身份和签字行为的真实性；也不能以证据证明在签约时，该所已向王守某明确告知其仅是对签字见证而非对遗嘱见证，故应当承担举证不能的不利后果。某信律师所上诉主张其仅为王守某签字行为的真实性提供见证，没有证据支持，不予采信。

《中华人民共和国律师法》第四十九条第一款规定："律师违法执业或者因过错给当事人造成损失的，由其所在的律师事务所承担赔偿责任。律师事务所赔偿后，可以向有故意或者重大过失行为的律师追偿。"王守某立遗嘱行为的本意，是要将遗嘱中所指的财产交由被上诉人王保某继承。由于上诉人某信律师所接受王守某的委托后，在"代为见证"王守某立遗嘱的过程中，没有给王守某提供完善的法律服务，以至王守某所立的遗嘱被人民法院生效判决确认为无效，王守某的遗愿不能实现。无效的民事行为自然是从行为开始时起就没有法律约束力，但这只是说王保某不能依法获得遗嘱继承的权利，不是说王守某从来不想或者不能通过立遗嘱把自己的财产交由王保某继承，更不是说王保某根本就不能通过遗嘱继承的途径来取得王守某遗产。王保某现在不能按遗嘱来继承王守某遗产的根本原因，是某信律师所没有给王守某提供完善的法律服务，以至王守某立下了无效遗嘱。某信律师所履行自己职责中的过错，侵害了王保某依遗嘱继承王守某遗产的权利，由此给王保某造成损失，应当承担赔偿责任。

综上，原审认定事实清楚，依照《中华人民共和国民法通则》第一百零六条第二款的规定判决上诉人某信律师所赔偿被上诉人王保某因不能按遗嘱继承而遭受的财产损失，适用法律正确，处理并无不当，应当维持。某信律师所的上诉理由均不能成立，应当驳回。据此，北京市第二中级人民法院依照《中华人民共和国民事诉讼法》第一百五十三条第一款第（一）项的规定，于2004年12月1日判决：

驳回上诉，维持原判。

一审案件受理费按一审判决执行；二审案件受理费4208元，由上诉人某信律师所负担。

本判决为终审判决。

第十四章　工作物致害责任

规则 19：物件所有人或者管理人怠于履行管理和注意义务致人损害的，应承担民事侵权责任

——范茂某、纪美某、何素某、范轩某诉××电信分公司××区电信局××乡电信分局、××电信分公司××区电信局、××市××区公路管理站人身损害赔偿纠纷案①

【裁判规则】

所有人或者管理人应及时、主动地关注自身所有或管理之物的变化状况及其对他人权利的影响，并对因违反管理和注意义务致人损害的后果应当承担民事侵权责任，除非其能够证明自己对损害的发生没有过错。

【规则理解】

一、物件致人损害的侵权责任

物件，指建筑物、构筑物等土地上的工作物或者责任人管理、使用、支配下的任何财产。② 物件致人损害是人身或财产损害发生的一项重要原因。责任人为自己管领下的物件致害而承担的侵权责任，称为物件致害责任，也称物件损害责任。物件致害责任产生于物的侵权行为，区别于人实施的侵权行为，如果人使用物件或者以自己的意志支配物件致害他人，物件只是行为人实施侵权的工具或手段，则属于人实施的侵权行为而非物的侵权行为。责任人就自己管领的物件承担责任的理论依据在于物件为其带来利益，本着谁收益谁负责的原则，由其对物件所造成的损害承担法律后果。

罗马法中已经可以看到物的侵权行为的萌芽。罗马法学家乌尔比安说：

---

① 《中华人民共和国最高人民法院公报》2011 年第 11 期。

② 陈现杰：《〈最高人民法院关于审理人身损害赔偿案件适用法律若干问题的解释〉的若干理论与实务问题解析》，载《法律适用》2004 年第 2 期。

“如果许多人居住在从中抛出物的同一所房子里，这一诉权被授予对抗其中的任何一人。”① 也就是说，当房屋之中的抛出物引起损害时，受害者不必证明该物是谁抛出的，其责任人是由法律预先设定的。1804 年《法国民法典》第 1384 条第 1 款规定：任何人不仅对因自己的行为造成的损害负赔偿责任，而且对应由其照管之物造成的损害负赔偿责任。此处规定的物包括了所有的物，既包括不动产，也包括动产在内。例如，煤气罐爆炸，高尔夫球击伤人，水库中储存的水决堤，一棵树倒下妨碍了交通，手术之后将手术器械遗留在病人的体内，以及工厂的烟气或酸性物质对邻近居民造成损害，等等，都被视为由物造成的损害。因此，在法国法中，对物的侵权行为的适用被扩展到了最广义的程度。② 1900 年《德国民法典》第 836 条第 1 款规定：建筑物或其他与土地相连的工作物的倒塌或部分脱落引起损害的，如其设置或维持有缺陷，土地占有人应负赔偿责任，但其为免除危险已尽必要之注意的例外。即《德国民法典》将其限定为建筑物或其他工作物，而不是《法国民法典》规定的一切物。《日本民法典》第 717 条和德国的上述条款相似，仅仅将其中的“倒塌或部分脱落”的限定去掉了。我国立法没有就物件致人损害作概括规定，而是在原《民法通则》中分别规定了产品责任、动物损害责任、建筑物损害责任等，原《侵权责任法》继续采用了这一分类列举式立法体例，分别规定了产品责任、机动车交通事故责任、高度危险责任、饲养动物损害责任，并于第 11 章（原《侵权责任法》实体内容的最后一章）规定了物件损害责任。从原《侵权责任法》的体例看，对于物件损害责任是采取了狭义的概念，即不包括前面已经专门规定的对于物的责任，主要是指建筑物致人损害这一物件致人损害的特殊类型。这一规定主要是继承了《民法通则》第 126 条和 2003 年《人身损害赔偿司法解释》第 16 条的规定，但不是完全吸收。《民法典》第 7 编第 10 章除将名称修改为“建筑物和物件损害责任”外，具体条文设置上基本沿用了原《侵权责任法》第 11 章的规定内容。在认定物件损害责任时，还需要结合上述法律和司法解释做体系性解释。

---

① 转引自［意］桑德罗·斯奇巴尼选编：《民法大全选译——债·私犯之债（Ⅱ）和犯罪》，徐国栋译，中国政法大学出版社 1998 年版，第 45 页。

② 王军：《侵权法上“物的行为”研究》，载《河北法学》2006 年第 5 期。

二、物件损害责任的构成要件

（一）物件致人损害

1. 物件的类型

《侵权责任法》第11章[①]列举规定的责任客体包括建筑物、构筑物、其他设施、搁置物、悬挂物、建筑物中抛掷物品、建筑物上坠落的物品、堆放物、妨碍公路通行之物、林木、挖坑、地下设施等。建筑物，是指具有覆盖墙垣，足以蔽风雨、供出入，可达经济上使用目的的建筑，是否油漆粉刷，是否装妥门窗，均非所问。此处的建筑物，也不限于合法建筑，即便违章建筑，也应纳入规范范围。[②] 构筑物，是特种工程结构的通称。“其他设施”无明确定义，学理上一般将构筑物和“其他设施”放在一起予以解释。立法机构对此条所作释义表明，“构筑物或者其他设施”，是指人工建造的、固定在土地上、建筑物以外的某些设施，例如道路、桥梁、隧道、城墙、堤坝等。[③]“其他设施”这个概念在《民法通则》第126条便已使用，“构筑物”这个概念在2003年《人身损害赔偿司法解释》第16条第1项中首次出现。[④] 电线杆为与土地相连之地上物，虽不是建筑物，但可归入构筑物或其他设施。

2. 致害行为

对于致害行为的范围，各国规定不一。从比较法来看，有些立法例规定了“设置、保存的瑕疵”作为要件（比如德国民法、日本民法），“瑕疵”的内涵非常广泛。[⑤]《侵权责任法》第11章没有采用比较法上的“设置、保存的瑕疵”之类概括力较强的措辞，而是用数个条文具体列举了脱落、坠落、倒塌、抛掷、堆放、倾倒、遗撒、林木折断、挖坑、修缮安装等几种致害形态，虽然相比较于《民法通则》第126条规定的倒塌、脱落、坠落三种致害形态已经拓展了很多，但较2003年《人身损害赔偿司法解释》第16条引入的“维护、管理瑕疵”要件，规范范围有所收缩，不能囊括实践中的情形，很可能产生规范漏洞，例

---

① 2021年1月1日《民法典》施行后，《侵权责任法》废止，该章内容被《民法典》第7编第10章予以保留。

② 韩世远：《建筑物责任的解释论——以〈侵权责任法〉第85条为中心》，载《清华法学》2011年第5期。

③ 王胜明主编：《中华人民共和国侵权责任法释义》，法律出版社2010年版，第415页。

④ 该条规定：“道路、桥梁、隧道等人工建造的构筑物因维护、管理瑕疵致人损害的，适用《民法通则》第126条的规定。”

⑤ 韩世远：《建筑物责任的解释论——以〈侵权责任法〉第85条为中心》，载《清华法学》2011年第5期。

如电信局作为产权人将电线杆立于公路、公路用地范围内，违反《公路法》的禁止性规定，存在安全隐患，电信局明知此情形而不及时迁移造成他人损害，认定其存在“维护、管理瑕疵”并无问题，但电线杆不属于《民法通则》及《侵权责任法》规定的脱落、坠落、倒塌等致害形态，故《侵权责任法》能否完全取代《民法通则》第126条及2003年《人身损害赔偿司法解释》第16条[①]之规定尚有疑问。有学者提出，在认定物件损害责任时，可以考虑将《民法通则》第126条之规定作为一般规定，将《侵权责任法》第11章作为特别规定，并且在司法解释与立法规定不相矛盾的前提下，保留司法解释中的相关规则。[②] 值得注意的是，2021年1月1日《民法典》实行后，上述规定均已废止。

（二）他人遭受损害

此处的损害不仅包括财产损害，也包括人身损害。不仅包括现实损害，如身体残疾、财产减少等，也包括造成损害的危险，如房屋倾斜，如对其不采取防范措施，会有随时倒塌损害他人人身、财产安全的可能性。

（三）物件的致害行为和损害结果之间存在因果关系

损害的发生与物件的脱落、坠落等致害行为之间应有因果关系。此处的因果关系，不必是唯一的因果关系，在有多种原因共同作用（原因竞合）的场合，可根据原因力的大小，确定责任人应承担的责任。此种因果关系既包括物与受害人发生物理接触而成立的直接的因果关系，如受害人骑车撞上道路中的堆放物而受损，也包括物品与受害人没有发生物理上的接触的间接因果关系，如汽车驾驶人为避让堆放物撞到路边护栏而受损。

三、赔偿义务主体

物件损害责任的责任主体一般是所有人和管理人，但对于不同类型的物件，法律可能会有特别规定，如《侵权责任法》第11章[③]还规定了使用人、施工单位、堆放人、有关单位或个人、施工人等。本文中主要介绍所有人和管理人。

（一）所有者

所有人，是指对物件拥有所有权的人。在建筑物或者构筑物等不动产场合，可以借助不动产登记对所有人作形式上的认定，对于未经登记的不动产，可借

① 《人身损害赔偿司法解释》在2022年2月15日第二次修正，修正后的解释删除了该条规定。

② 韩世远：《物件损害责任的体系位置》，载《法商研究》2010年第6期。

③ 2021年1月1日《民法典》施行后，《侵权责任法》废止，该章内容被《民法典》第7编第10章予以保留。

助其他的证明方法认定所有人，比如对于新建房屋或者农村地区的房屋，可以通过不动产所在地的基层行政机构认定其所有人。损害发生时不管所有人是否直接现实地占有物件，也不管其成为所有人的时间长短，均不妨碍由所有人承担责任。即使损害发生于出借、保管、出典等期间，所有人并未实际占有所有物，但仍由所有人承担责任，其他实际占有人（如借用人、承租人、典权人）并不直接对受害人承担责任。[①]

（二）管理者

管理人，是指对物件负有管理、维护义务的人。《民法通则》[②] 第126条规定的管理人是指依照法律法规或行政命令对我国建筑物或其他设施享有固定的带有永久性的经营管理权的人。如国有的建筑物或其他设施授予国营企业、事业单位或机关团体进行管理，被授权的单位享有占有、使用、收益甚至处分的权利，这种享有管理权的人就是"管理人"。[③] 管理人的概念为《侵权责任法》及《民法典》所沿用，考虑今天的社会实情和裁判实务的发展，管理人还应包括依当事人的合同对特定财产进行管理的特定主体，如物业管理公司。

所有人和管理人承担责任的理论依据在于：第一，报偿理论。上述主体从对物的占有、使用、收益或处分中获得利益，自然应承担相应的风险。第二，危险控制与损害预防理论。建筑物为危险之源，上述主体能够直接支配和控制物，使其承担责任，有利于控制危险的扩大，预防损害的发生。

四、过错推定归责原则和举证责任倒置

（一）过错推定归责原则

综观各国立法及判例学说，建筑物或其他设施造成损害的归责原则可分为三种基本类型：[④] 一是建立于责任推定基础上的严格责任。依此种责任理论，建筑物的致害责任具备两项要件，建筑物的建造或管理有瑕疵；建筑物的致害由瑕疵引起。只要受害人能够证明这些条件，即推定建筑物的所有人承担责任。法国、比利时等国家多采用这种责任形式。二是基于过错推定的责任。依这种责任理论，建筑物有瑕疵而造成损害时，推定占有人具有过错，如果占有人能够证明对于防止损害的发生已尽到必要和合理的注意时可以免责。这种责任属

---

① 孔祥俊：《建筑物或其他设施造成损害的民事责任》，载《法律科学》1992年第5期。
② 2021年1月1日《民法典》施行后，该法废止。
③ 孔祥俊：《建筑物或其他设施造成损害的民事责任》，载《法律科学》1992年第5期。
④ 孔祥俊：《建筑物或其他设施造成损害的民事责任》，载《法律科学》1992年第5期。

于中间责任，占有人除证明自己没有过错外，还可以不可抗力、受害者的过错为由提出抗辩。德国等多采此种理论。三是基于妨碍行为理论的严格责任与过错责任。英美法采用此种责任形式。英美法将建筑损害分为两类：1. 对建筑物之内的人身或财产的致害；2. 对建筑物之外的其他人的财产或人身的致害。依据英美法，对于建筑物之内的人身或财产的致害实行过错责任，对于建筑物之外的人身或财产的致害归于妨碍行为之列，实行严格责任，占有人不可以不可抗力、受害人自愿冒险及政府授权等作为抗辩。

我国《民法通则》第126条采用了过错推定原则。[①]《侵权责任法》第11章规定的情形要复杂一些，如第86条第1款规定的“建设单位与施工单位承担连带责任”，有学者认为该责任属于无过错责任[②]；第87条规定的免责要件为“证明自己不是侵权人”，而非证明自己无过错；第91条第1款是直接将“没有设置明确标志和采取安全措施”作为责任构成要件，但这一要件本身可视为过错的客观表征；第85条、第88条、第90条、第91条第2款明确规定了过错推定。《民法典》第7编第10章对上述规定的内容精神进行了保留。综合上述规定来看，建筑物和物件损害责任是以过错推定为一般规则，但不乏特殊性规定。

（二）举证责任倒置

实体法上的过错推定在程序法上往往表现为举证责任倒置。按照举证责任的通常分配原则，请求权利方需对权利成立的法律要件事实负举证责任，但对于过错推定，法律把本属于受害人举证范围的过错倒置给对方承担。因而，过错推定在实践中的具体适用规则为：1. 受害人请求赔偿时，不需要举证证明所有人、管理人对物的致害行为的发生存有过错，只要证明致害行为发生、损害事实发生、因果关系的存在以及上述主体对物的支配即可。法律直接推定所有人、管理人具有过错。2. 所有人、管理人若主张自己没有过错，应举证证明，不能证明的，在符合其他构成要件的情形下，应承担侵权责任。3. 若所有人、管理人能够证明自己没有过错，则不承担侵权责任，这一点与无过错责任、严格责任存在区别。

---

① 《民法通则》第126条规定：“建筑物或者其他设施以及建筑物上的搁置物、悬挂物发生倒塌、脱落、坠落造成他人损害的，它的所有人或者管理人应当承担民事责任，但能够证明自己没有过错的除外。”

② 韩世远：《物件损害责任的体系位置》，载《法商研究》2010年第6期。

五、抗辩事由

实践中，物件所有人、管理人通常提出以下几个抗辩事由，具体分析如下：

（一）所有人、管理人没有过错

过错推定，仍属于过错责任的范畴，如果所有人、管理人能够证明自身对致害行为的发生没有过错，则不需要承担侵权责任。判断其有无过错，主要看其是否尽到了相应的注意义务。这种注意义务体现为对物件进行维护、管理，使其处于完全、完备和安全状态，最大程度地防止发生物伤人事件。是否完全履行这种注意义务，应按照一个一般理性人的标准来判断。比如对于建筑物，不仅要保障其建成时的质量，在此后若干年内直至推倒之前都要保障其不会因倒塌、脱落等原因致人损害；不仅要保障物本身的完好状态，还要注意物摆放的位置，比如对于电线杆，不仅要注意维护维修防止漏电，还要注意不能立于妨碍通行的位置；不仅要保障物一时的完好状态，还要积极主动地关注物的相对变化状况及其对他人权利的影响，比如对于建成的建筑物或其他设施要定期检查，对于部分已损坏的建筑物或其他设施要及时修复或拆除，暴风雨后对自己管理之房屋的窗户应予以修缮、对风刮折的树枝应予以清理等。

未尽到相应注意义务的，即视为存在维护、管理瑕疵，所有人或管理人存有过错。判断标准一般采用客观说，即从客观实际进行判断，只要不具备应有之安全性，不管其产生的具体原因如何，都认定存在维护、管理瑕疵。部门法律法规、规章规范是否遵循、如何遵行，并不能作为其证明自身没有过错的当然有效的抗辩理由。

（二）不可抗力

既然适用过错推定，如果建筑物致害行为的发生完全是由不可抗力造成，则可以认为所有人、管理人没有过错，可免责。在此要严格区分不可抗力与一般自然力作用的区别，比如建筑物上的搁置物、悬挂物若是因为大风吹落致伤他人，一般不应免责，但如果是台风等原因所致，应可以免责。

若不可抗力不是致害行为发生的唯一原因，所有人、管理人对致害行为的发生也有过错，则所有人、管理人只能免除与不可抗力的作用相对应的部分责任而非全部责任。

（三）第三人的过错

第三人的过错致使建筑物致害行为发生时，所有人、管理人能否免责，学界有不同观点。《侵权责任法》第 85 条规定，所有人、管理人或者使用人赔偿后，有其他责任人的，有权向其他责任人追偿。《民法典》第 1252 条沿用了这一规定。这在《民法通则》第126条以及2003年《人身损害赔偿司法解释》中均是没有的。就该条的规定，需要说明以下几点：[①] 1. 即使为第三人的过错，在外部关系上，所有人、管理人或使用人仍须负赔偿责任，以保护受害人。也就是说，所有人、管理人或使用人不能将第三人的过错作为对抗受害人的理由。2. 在内部关系上，所有人、管理人或者使用人有权追偿，以资平衡。3. 依据本条规定，承担了赔偿责任的所有人、管理人或者使用人，有权向其他责任人追偿。而对其他责任人所承担责任的构成要件，本条未作规定，其实际的请求权基础是其他法律规定。

（四）受害人的过错

若受害人对致害行为的发生自身有过错的，应承担相应的责任。若致害行为完全是由受害人的过错造成的，所有人、管理人可免除责任；若是由双方的过错共同造成的，则依混合过错原则实行过失相抵。

【拓展适用】

一、物件损害责任与公共道路妨碍通行损害责任

《侵权责任法》第89条规定，"在公共道路上堆放、倾倒、遗撒妨碍通行的物品造成他人损害的，有关单位或者个人应当承担侵权责任"，《民法典》对上述规定的内容精神进行了保留，即第1256条规定："在公共道路上堆放、倾倒、遗撒妨碍通行的物品造成他人损害的，由行为人承担侵权责任。公共道路管理人不能证明已经尽到清理、防护、警示等义务的，应当承担相应的责任。"这一条所规定的责任称为公共道路妨碍通行损害责任。这一条虽然规定在《侵权责任法》第11章"物件损害责任"、《民法典》第7编第10章"建筑物和物

---

① 韩世远：《建筑物责任的解释论——以〈侵权责任法〉第85条为中心》，载《清华法学》2011年第5期。

件损害责任”之下，但实际上包含了两种性质的责任[①]：

（一）物件损害责任

所谓物件损害责任，是指公共道路上堆放、倾倒、遗撒的物品若妨碍通行、致人损害，实施堆放、倾倒、遗撒行为的人（通常也是物品的所有人、管理人）对受害人应承担侵权责任。

（二）道路管理瑕疵责任

所谓道路管理瑕疵责任，是指公共道路的管理部门负有保障道路完好、安全、通畅的义务，若公共道路上有堆放、倾倒、遗撒的妨碍通行的物品，管理部门应及时清扫和排除，否则应对受害人承担侵权责任。

因此，《侵权责任法》第89条规定的“有关单位和个人”，其实可以理解为包括“堆放、倾倒、遗撒行为人”和“道路管理者”这两类主体。两类主体承担的责任性质不同，责任构成要件也不同。《民法典》第1256条进一步明确了“行为人”和“公共道路管理人”两类主体。前者的责任即物件损害责任，其构成要件如本文所述，后者的责任即道路管理瑕疵责任，其构成要件则主要看道路管理者有没有按照法律、法规、规章、国家标准、行业标准或地方标准尽到清理、防护和警示义务。对受害人而言，两类主体承担与各自过错程度和原因力相适应的按份责任。

二、物件损害责任与安全保障义务

发端于德国的交往安全义务（安全保障义务）理论，已被我国的民事立法、司法及理论所接受。2003年《人身损害赔偿司法解释》第6条规定了安全保障义务，《侵权责任法》第37条正式以立法形式确立了安全保障义务，规定承担安全保障义务的主体为“宾馆、商场、银行、车站、娱乐场所等公共场所的管理人或者群众性活动的组织者”，而在第11章规定了物件损害责任。《民

---

① 《最高人民法院关于审理道路交通事故损害赔偿案件适用法律若干问题的解释》实际上已对此问题予以明确。其第10条规定：“因在道路上堆放、倾倒、遗撒物品等妨碍通行的行为，导致交通事故造成损害，当事人请求行为人承担赔偿责任的，人民法院应予支持。道路管理者不能证明已按照法律、法规、规章、国家标准、行业标准或者地方标准尽到清理、防护、警示等义务的，应当承担相应的赔偿责任。”2020年12月23日，该解释被修正。修正后的解释第7条规定：“因道路管理维护缺陷导致机动车发生交通事故造成损害，当事人请求道路管理者承担相应赔偿责任的，人民法院应予支持。但道路管理者能够证明已经依照法律、法规、规章的规定，或者按照国家标准、行业标准、地方标准的要求尽到安全防护、警示等管理维护义务的除依法不得进入高速公路的车辆、行人，进入高速公路发生交通事故造成自身损害，当事人请求高速公路管理者承担赔偿责任的，适用民法典第一千二百四十三条的规定。”

法典》第1198条保留了《侵权责任法》第37条关于安全保障义务的一般规定，并在第7编第10章规定了建筑物和物件损害责任。立法机关似乎意图使物件损害责任与安全保障义务分开，适用各自的规范。此种情形下，以建筑物责任为中心的物件损害责任，在解释论上是否与安全保障义务统一构造，值得思考。①

我国安全保障义务的主要内容包括两个方面：第一，对“物”的保管、维护及配备义务；第二，对相关人员提供预防外界及第三人侵害的保障，包括警告、指示说明、通知和保护义务。若义务人没有尽到“物”之方面的安全保障义务而致人损害的，就会发生与物件损害责任的竞合问题。二者适用的法律规范不同，在责任构成要件上也会有区别，如何适用，需要明确。笔者认为，在案件审理中，一般应由原告方予以选择，原告方未明确的，人民法院可通过释明权使其明确请求权基础。

三、物件损害责任与国家赔偿责任

对于国有公共设施的设置和管理，如道路管理瑕疵，有学者认为属于国家赔偿范畴。②《国家赔偿法》制定之前，曾有学者撰文呼吁将国有公共设施设置和管理欠缺致害责任纳入国家赔偿范围，③ 其理由是：1. 责任性质不同。国有公共设施的设置和管理为行政行为，由此产生的责任应为国家赔偿责任，而建筑物损害责任为民事责任。2. 责任主体不同。建筑物损害责任的主体为建筑物的所有人或管理人，国有公共设施设置和管理欠缺致害责任主体为国家行政机关。但《国家赔偿法》并未采纳此建议，依旧维持了行政赔偿与刑事赔偿的二元格局，《侵权责任法》第11章也没有将国有公共设施设置和管理欠缺致害责任排除在外，《民法典》沿袭了《侵权责任法》的相关规定。因此，国有公共设施设置和管理欠缺致害责任仍然属于民事侵权责任，适用《民法典》关于物件损害责任的相关规定。

【典型案例】

范茂某、纪美某、何素某、范轩某诉××电信分公司××区电信局××乡电信分局、××电信分公司××区电信局、××市××区公路管理站人身损害赔偿纠纷案

原告：范茂某。

原告：纪美某。

---

① 韩世远：《物件损害责任的体系位置》，载《法商研究》2010年第6期。

② 梁慧星：《道路管理瑕疵的赔偿责任》，载《法学研究》1991年第5期。

③ 杨立新：《民法判解研究与适用》，中国检察出版社1994年版，第323页。

原告：何素某。

原告：范轩某。

被告：××电信分公司××区电信局××乡电信分局。

被告：××电信分公司××区电信局。

法定代表人：朱宁某，该局局长。

被告：××市××区公路管理站。

法定代表人：王宝某，该站站长。

〔**基本案情**〕

原告范茂某、纪美某、何素某、范轩某因与被告××电信分公司××区电信局××乡电信分局（以下简称××乡电信分局）、被告××电信分公司××区电信局（以下简称电信局）、被告××市××区公路管理站（以下简称公路站）发生人身损害赔偿纠纷，向江苏省淮安市淮阴区人民法院提起诉讼。

四原告诉称：原告范茂某、纪美某是死者范玉某的父母，原告何素某是死者范玉某之妻，原告范轩某是死者范玉某之子。2007 年 12 月 16 日，范玉某驾驶苏 H73717 号二轮摩托车沿林蒋路由东向西行驶至林蒋路 2 公里+500 米处，撞上了路中的电线杆，致范玉某死亡。造成范玉某死亡的主要责任在被告电信局和公路站，故要求两被告赔偿范轩某的生活费 41520. 6 元、胎儿的生活费 43128 元、死亡赔偿金 327560 元、精神抚慰金 50000 元以及丧葬费 11874 元计 474092. 6 元的 70% 即 331864. 8 元。

被告电信局辩称：范玉某不是撞在电线杆上死亡的，而是因醉酒驾车死亡。所谓被撞的电线杆，是在 15 年前按标准于路边埋设的。2004 年道路扩建后致电杆相对位移于路基之内，电信局并没有收到要求电杆迁移的通知，如果有关部门及时通知电信局，电信局一定会按相关通知进行整改。范玉某应在此事故中承担全部责任，电信局无责任，应驳回原告对电信局的诉讼请求。

被告公路站辩称：（1）电杆的所有人是被告电信局，公路站不应是被告。2004 年，淮阴区政府改扩建道路，将原为 7 米宽的路面，扩建成 9 米宽。（2）电杆是在 10 多年前埋设的，历史形成的早已架设的电杆不是公路站的管理范围，公路站在公路管理上不存在瑕疵。何况我国《公路法》是从 1998 年 1 月 1 日起施行的，故涉案电杆的管理不适用《公路法》的规定。（3）该起事故是由范玉某酒后驾车造成的，应当由范玉某承担全部责任，法院应驳回原告对公路站的诉讼请求。

淮安市淮阴区人民法院一审查明，2004 年 3 月中共淮安市淮阴区委下发淮委（2004）103 号文件，要求对全区范围内道路进行拓宽，县道的路面宽度不少于 9 米，路基宽度不少于 12 米，县道由区交通局组织实施，路基拓宽范围内的供电、邮电、广电杆线迁移分别由供电、电信、广电部门负责。为此，淮阴区人民政府还召开区长办公会议并形成纪要，被告电信局和被告公路站的有关人员参加了该会议。林蒋路路面的拓宽，导致电杆位于路面仅 35 厘米的路基上，且路面与路基基本持平。2007 年 12 月 16 日 20 时 20 分许，范玉某酒后驾驶苏 H73717 号二轮摩托车沿林蒋路由东向西行驶至林蒋路 2 公里+500 米时，车辆驶入道路北侧，撞上路边电杆，造成范玉某受伤经医院抢救无效死亡。路人报警后，淮安市公安局淮阴分局交巡警大队赶到现场，经现场勘查，范玉某确为撞到电杆而受伤，后经医院抢救无效死亡。

另查明，电杆的产权单位为被告电信局，该路段的管理单位是被告公路站，该路段属县道，路面宽为 9 米。范玉某生前是从事建筑装潢业的，可按城镇居民收入标准计算相关赔偿费用。2007 年度江苏省城镇居民人均可支配收入为 16378 元，农村居民人均生活消费支出为 4792 元。

上述事实，有双方当事人的陈述、淮安市公安局淮阴分局交巡警大队证明、法院调取的交通事故现场图、交通事故认定书、询问笔录、现场照片、淮委（2004）103 号淮阴区委文件 1 份和淮政（14）71 号区长办公会议纪要、法院收集的现场照片和现场勘验笔录、淮安市地方税务局在范玉某死亡前的现金完税证明、基金专用收据、统一发票及证人证言等予以证实。

〔一审裁判要旨〕

淮安市淮阴区人民法院一审认为，根据有关规定，在公路、公路用地范围内禁止设置电杆及其他有碍通行的设施。公路因社会发展需求拓宽后相对位移于路面的电杆必须及时移开。被告电信局作为涉案电杆的产权单位，知道也应该知道涉案电杆位于公路用地范围内，存在安全隐患，本应及时迁移，但电信局并未迁移，应承担未尽管理和注意义务而产生的相应赔偿责任。对于电信局关于 15 年前埋设电杆符合标准而公路拓宽电杆发生相对位移后未接到移杆通知、其已经依法对涉案电杆加以管理维护的辩解，法院认为，拓宽道路符合社会发展和人民利益的要求，公路管理等部门为了公路的通畅固然应当通知，但反观本案，电信局对此已然知晓，即使不知也不能就此推脱责任，因为物的所有人和管理人必须也应当关注、察知自身所有或管理之物的相对变化状况以及对他人权利的影响，并对因维护管理瑕疵致人损害的后果承担赔偿责任。其自身是否及如何遵循部门法律法规规章对电杆进行管理维护，不能对外部权利人形成有效抗辩，故对该抗辩不予采纳。电信局的其他抗辩已为事实所否定，故亦不予采纳。被告公路站虽然作为涉案路段的管理单位，负有管理和保护公路畅通的责任，但公路站对电信局没有管理的权能，各自的管理规范亦多有冲突，此种情形下，二被告特别是电杆所有人电信局无论如何当以民众权利的有效维护作为首要考虑去积极解决权利冲突的问题。况且，2004 年淮阴区委区政府召开公路建设有关会议确定拓宽该公路并明确各自的责任，而电信局明知却怠于履行义务，故其未及时迁移电杆而造成的损害赔偿责任，公路站虽未再行通知也可不再承担。范玉某酒后驾车，直接导致本案损害后果的发生，对此应承担主要责任。四原告所主张的因范玉某死亡而造成的各项损失中，范轩某生活费 41520.6 元、死亡赔偿金281680元、丧葬费11874元，计380954.6元，符合法律规定，应予认可，但应按过错责任原则由电信局适当赔偿。因原告何素某腹中的胎儿尚未出生，其生活费亦尚未发生，对此诉讼请求暂不支持，可待胎儿出生后另行主张。

据此，淮安市淮阴区人民法院依照《中华人民共和国民法通则》第一百零六条第一款，《中华人民共和国公路法》第五十六条第一款、第七十条，《最高人民法院关于审理人身损害赔偿案件适用法律若干问题的解释》第二条第一款、第十一条第一款、第二款、第十七条第一款、第二款，《最高人民法院关于确定民事侵权精神损害赔偿责任若干问题的解释》第八条第（二）项的规定，于2008年6月20日作出判决：

原告范茂某、纪美某、何素某、范轩某的损失380954.6元，由被告电信局赔偿40%，计152881.84元，并由电信局赔偿其精神损害抚慰金10000元，两项合计162881.84元，于判决生效后十日内给付；驳回四原告的其他诉讼请求。

〔当事人上诉及答辩意见〕

四原告及被告电信局均不服一审判决，向江苏省淮安市中级人民法院提出上诉。

四原告认为：一审查明事实清楚，但判令上诉人电信局承担40%的赔偿责任和赔偿10000元精神抚慰金数额偏低，请求二审改判电信局承担50%的赔偿责任和40000元的精神抚慰金。另外，被上诉人公路站怠于履行义务，亦应承担赔偿责任。

上诉人电信局上诉认为：一审判决电信局承担责任的证据不足，认定事实错误。本案是一起交通事故，经交警部门认定，受害人酒后驾车造成死亡，与电杆位置之间无因果关系；淮阴区委、区政府文件因与电信法律法规相矛盾，不能作为定案依据；受害人是农民，仅是农闲时出外做点零工，无单位和从业资格证书，一审按城镇居民标准赔偿，无事实和法律依据；一审适用法律错误。故请求二审撤销原判，改判上诉人不承担赔偿责任。

被上诉人公路站答辩称，一审判决正确，请求维持。

〔二审查明的事实〕

江苏省淮安市中级人民法院经二审，确认了一审查明的事实。

〔二审裁判要旨〕

江苏省淮安市中级人民法院二审认为，本案中，上诉人范茂某、纪美某、何素某、范轩某的亲属范玉某晚上醉酒后驾车，车辆驶入道路北侧，撞上路边电杆，经医院抢救无效死亡。范玉某本人未能在确保安全的原则下通行，是造成此事故的直接和主要原因，对损害后果应当承担主要责任。根据有关规定，在公路、公路用地范围内禁止设置电杆及其他类似设施。上诉人电信局作为涉案电杆的产权单位，在区委、区政府召开公路建设的有关会议上，确定将12米路基范围的供电、邮电、广电杆线由供电、邮电、广电部门各自负责迁移，该责任界分符合谁所有、谁管理、谁收益、谁负责的精神，符合权利义务相一致和公平的法律原则，故而不论与其管理规范是否矛盾，均能够作为判定本案的事实依据；且在公路通车后，电信局明知该涉案电杆位于公路用地范围内，应及时迁移而未迁移存在危害人民利益的安全隐患，却怠于履行义务，这无疑也是造成范玉某死亡的原因，其应当承担相应的民事赔偿责任。原审依据查明的案件事实，结合过错程度及原因力大小，确定双方的民事责任并无不当。四上诉人一审中举出范玉某死亡前的淮安市地方税务局的现金完税证明1份、基金专用收据1份、统一发票1份，并申请两名证人出庭作证，旨在证明范玉某生前从事建筑装潢业，主要收入来源于城镇。对上述证据，电信局虽有异议，但未提供证据予以否定，故原审对四上诉人主张的应按城镇居民计算相关赔偿费用的请求予以支持，不违背法律的精神。因四上诉人的亲属即本案死者范玉某应对本案承担主要民事责任，原审酌情判决电信局赔偿10000元精神损害抚慰金，亦符合法律规定。上诉人主张被上诉人公路站承担本案的损害赔偿责任，无事实和法律依据。

综上所述，各上诉人的上诉理由均不能成立，原审判决正确，应予维持。江苏省淮安市中级人民法院遂依照《中华人民共和国民事诉讼法》第一百五十三条第一款第（一）项的规定，于2008年9月8日作出判决：

驳回上诉，维持原判。

本判决为终审判决。

第十五章　医疗损害赔偿责任

规则 20：医务人员在征得患者及其亲属同意后实施有风险的医疗行为的，如医务人员尽到了谨慎义务，风险责任应由患者及其亲属承担

——方金某诉××医院医疗损害赔偿纠纷案①

【裁判规则】

有风险的医疗行为，医院在征求患者及其亲属的同意后，小心、谨慎地予以实施，其治疗措施、步骤、方法均符合医疗规范要求的，风险责任应由患者及其亲属承担。法律只追究医务人员因医疗过错行为应承担的责任，医院在诊治过程中没有医疗过错，不应承担赔偿责任。

【规则理解】

一、医疗损害赔偿责任的概念和特点

（一）医疗损害赔偿责任的概念

所谓医疗损害，是指在诊疗护理过程中医疗行为对患者所产生的不利事实。从一般的意义上说，医疗损害直接表现为患者的死亡、残疾、组织器官的损伤以及健康状况相对诊疗前有所恶化等情形。所谓医疗损害赔偿责任，是指在医疗行为过程中医疗机构及其医务人员，因违反医疗卫生管理法律法规，造成患者人身损害时，在当事人之间产生请求赔偿权利和给付赔偿义务的债权债务关系，当债务人不自觉履行赔偿义务时，该种债务即转化为损害赔偿责任。我国《侵权责任法》对医疗损害赔偿责任作出了明确的规定，该法第 54 条规定："患者在诊疗活动中受到损害，医疗机构及其医务人员有过错的，由医疗机构承担赔偿责任。"《民法典》对上述规定的内容精神进行了保留，即第 1218 条规定："患者在诊疗活动中受到损害，医疗机构或者其医务人员有过错的，由

① 《中华人民共和国最高人民法院公报》2004 年第 2 期。

医疗机构承担赔偿责任。”

（二）医疗损害赔偿责任的特点

和其他类型的侵权责任如饲养动物损害责任、环境污染侵权责任等相比，医疗损害赔偿责任有其自身的特点，其主要特点有：

1. 医疗损害赔偿责任发生在医疗过程中，或者由医疗行为导致

医疗损害赔偿责任专属发生于医疗活动中，在其他场合不会发生医疗损害赔偿责任。有学者认为，对医疗活动应当准确理解，并不是只有医疗才是医疗活动，例如，在医院进行的身体检查，在医院进行的医疗器械的植入，对患者的观察、诊断、治疗、护理、康复等，也都是医疗活动，不能认为身体检查、身体康复等不进行治疗，就不是医疗活动。医疗机构进行的影像、病理、超声、心电图等诊断性活动也是医疗活动。[①] 甚至有些和医疗相关的美容活动，只要是涉及运用手术、药物、医疗器械以及其他具有创伤性或者侵入性的医学技术方法，对人的容貌和人体各部位形态进行的修复与再塑，也属于医疗活动。当然，医疗活动具有时间性，有的医疗活动可能已经结束，但是由于医护人员的过失所造成的损害后果一时间还没有发生，必须等待一定的时间经过，损害才能为人所察觉。例如，医生在外科手术中将一块纱布遗忘在病人的腹腔中，病人康复后出院，但是两年后发现腹部隐痛难忍，检查后发现腹中有纱布。因此，医疗损害赔偿责任发生于医疗活动中，或者由于医疗活动导致，在医疗活动结束后产生损害。

2. 医疗损害赔偿责任的基本形态是替代责任

替代责任也称为间接责任、转承责任、延伸责任，是指责任人为他人的行为和为他人的行为以外的自己管领下的物件所致损害承担赔偿责任的侵权责任形态。[②] 替代责任的最基本特征，是责任人与行为人相分离。行为人实施侵权行为，责任人承担侵权责任。医疗损害责任就是替代责任。造成患者人身损害的行为人是医务人员，但其并不直接承担赔偿责任，而是由造成损害的医务人员系属的医疗机构承担赔偿责任。[③] 从这一层意义上来说，医疗损害赔偿责任是典型的替代责任。当然，在医疗机构对遭受损害的患者进行了赔偿之后，也有权对有过失的医护人员进行追偿。

---

① 杨立新：《医疗损害责任概念研究》，载《政治与法律》2009 年第 3 期。

② 杨立新主编：《中华人民共和国侵权责任法建议稿及说明》，法律出版社 2007 年版，第 7 页。

③ 杨立新：《医疗损害责任概念研究》，载《政治与法律》2009 年第 3 期。

3. 医疗损害赔偿责任基于过失而发生

过失是指行为人对自己行为的结果，应当预见而没有预见，或虽然预见了却轻信此种结果可以避免的心理状态。过失包括疏忽和懈怠。行为人对自己行为的结果，应当预见或者能够预见而没有预见，为疏忽；行为人对自己行为的结果虽然预见了却轻信能够避免，为懈怠。因此，民法上的过失就是行为人对受害人应负注意义务的疏忽或懈怠。其注意义务通常包含结果预见义务和结果回避义务，即行为人对其行为将产生的损害后果有预见义务以及采取有效措施避免这种损害后果的义务。[①] 医疗行为的特殊性决定了医疗行为既可以维护和增进医疗服务接受者的健康，也可能对其健康产生损害。如果医师违反注意义务而导致损害结果的发生，则认为医疗行为人有过失。医疗行为中所产生的损害，都是医疗机构和医护人员所不愿看到的，这是因为，医疗机构和医护人员工作的目的是消解患者的病痛，促进患者康复，虽然医护人员可能已经预见到了某种损害可能发生，但是医疗损害的发生往往是由于医护人员专业水准不高，或者轻信能够避免而导致的。换言之，医疗损害均是由于过失而导致的，故意这种主观状态在医疗损害中是不存在的，因为这违背了基本的医疗伦理和常识。

4. 医疗损害赔偿责任的损害赔偿范围以经济赔偿为主

对于造成患者人身实质性损害应当适用《侵权责任法》第 16 条[②]确定赔偿责任；对于造成患者精神性权利的损害应当适用第 22 条[③]确定赔偿责任。医疗损害赔偿责任无论是对于人身实质性损害（主要是残疾生活补助费）、财产损害（包括医疗费、住院伙食补助费、残疾用具费、交通费、住宿费、丧葬费、陪护费、误工费、被抚养人生活费等）还是精神损害的赔偿均以经济赔偿为主。

二、医疗损害赔偿责任的构成要件

构成医疗损害赔偿责任，须具备医疗违法行为、损害事实、因果关系和医疗过错四个基本要件。

（一）存在医疗违法行为

违法行为是自然人或法人违反法律规定、违反法定义务的作为或者不作为。

---

① 龚赛红：《医疗损害赔偿立法研究》，法律出版社 2001 年版，第 164 页。

② 2021 年 1 月 1 日《民法典》施行后，《侵权责任法》废止，该条规定由《民法典》第 1179 条保留。

③ 该条规定的内容精神由《民法典》第 1183 条保留。

违反告知义务就是违反了法律的规定，所以违反告知义务的行为也属于违法行为。有些医疗机构不把治疗方案及治疗风险告知患者或者不完全告知患者，或者由于某种原因错误地告知患者，或者迟延告知转诊情况等延误患者病情，或履行了告知义务但是没有经过患者的同意就进行治疗的都属于侵权行为。

（二）具有医疗损害

医疗损害在医疗损害侵权的案件中往往是一个最终确定赔偿额的客观标准，它是指医疗过错行为作用于患者人身、财产等合法权益造成财产利益和非财产利益减少或灭失的不利后果的客观事实，医务人员违反告知义务造成的损害事实。具体包括直接损害和间接损害，直接损害包括人身损害、财产损害和精神损害等。比如医务人员未经过患者同意对其进行手术，对患者身体造成的损害，对手术费用等财产的损害，还有患者精神上遭受的痛苦。间接损害是指损害患者的期待利益，主要是耽误患者最佳的治疗时机和最好的治疗方案造成的损害。由于医务人员的疏忽或者怠于履行告知义务，造成患者错过最佳的治疗方案，或者本可以转诊而没有转诊耽误了最佳的治疗时机，造成患者身体上更大的伤害、额外的治疗费用和不必要的精神痛苦等损害。

（三）行为与损害结果之间有因果关系

因果关系是社会与自然现象之间存在的一种必然的联系，一种现象的出现总是会引起另一种现象，前一种现象就是原因，后一种现象就是结果，二者之间就存在因果关系。因果关系是侵权行为法中一个非常重要的构成要件，指侵权人的违法行为或者其所有或占有物的肇事事实，与损害结果之间存在的引起与被引起的客观联系。[①] 在医疗侵权中，造成患者损害的原因有许多，有些损害是在治疗过程中由于当时的医疗水平有限，无法预知后果或者患者自身病情异常或者延误诊治原因造成的，并非跟医务人员未履行告知义务有关，即违反说明义务的行为与损害后果之间不存在因果关系则不能由医方承担侵权责任。医疗告知因果关系主要是患者做出的决定和医师说明义务的履行有重要的关系，若医师的说明并不能改变患者的决定，那么就不存在行为与后果之间的因果关系。如果医师履行了告知义务，患者会考虑放弃治疗，损害后果就不会发生，这就说明医生的义务与损害结果之间存在着因果关系。

（四）存在医疗过错

医疗过错，是指医疗机构及其医务人员在医疗过程中违反相关法律法规、

---

① 李显冬主编：《侵权责任法经典案例释论》，法律出版社2007年版，第273页。

规章、诊疗规范和常规，没有尽到医师的注意义务，从而引起患者损害的一种行为意志状态。医方存在过失就是医方应该履行义务却因为疏忽或者其他原因没有履行，或者履行不够充分，即认为医方存在过错，应当承担相应的责任。医方应本着忠实原则，诚信告知医疗信息，不得过度告知或者告知不充分，告知应通俗易懂，不得含混不清或者使患者存在疑问。

三、医疗损害赔偿责任的归责原则

归责原则体现了《侵权责任法》对行为人自由的保护和受害人权利的保护基本价值之间倾向于何者。根据医疗损害不同的责任类型，《侵权责任法》对医疗损害责任的归责原则进行了差异性规定。《民法典》基本沿用了《侵权责任法》关于医疗损害责任的相关规定。对于医疗技术损害责任，原则上采取过错责任原则；对于医疗伦理损害责任，则采取过错推定责任原则；而对于医疗产品损害责任，则适用无过错责任原则。因此，我国的医疗损害责任并非适用单一的归责原则，而是形成了一个由过错责任原则、过错推定责任原则和无过错责任原则所构成的归责原则体系。我国医疗损害责任的归责体系虽然形成了一个由一系列归责原则所组成的体系化架构，但是值得指出的是，我国侵权责任法仍是以过错责任原则作为医疗损害责任的主要和基础性的归责原则，只有在法律明确规定适用过错推定责任原则和无过错责任原则时，才能在医疗损害责任中适用这两类归责原则。况且，过错推定责任原则乃是过错责任原则之一种形式，因此可以说医疗损害赔偿责任的归责原则是以过错责任原则为中心展开的。

（一）过错责任原则的适用范围

根据《侵权责任法》第 54 条[①]规定可知，由于医疗机构及其医务人员的过错，致使患者在诊疗活动中受到损害的，医疗机构应当承担医疗损害责任，特别是因医疗技术过失而导致患者受到损害的医疗损害责任案件，应当适用过错责任原则进行责任判定。因此，对于医疗技术损害责任，其成立必须符合侵权责任的一般构成要件，即必须存在医疗过失行为、损害事实、因果关系和医疗过错。《侵权责任法》第 54 条为医疗损害责任的一般条款，该规定对医疗损害责任的判定具有基础性的作用，在医疗损害责任案件中，如果法律没有规定适

---

① 2021 年 1 月 1 日《民法典》施行后，《侵权责任法》废止。该条规定由《民法典》第 1218 条保留并做了文字调整，即："患者在诊疗活动中受到损害，医疗机构或者其医务人员有过错的，由医疗机构承担赔偿责任。"以下不再另作提示。

用过错推定责任原则和无过错责任原则的，就应当适用该条款所规定的过错责任原则。此外，对于在医疗机构中由于第三人的过错造成患者损害的，在过错责任原则条件下，医疗损害赔偿责任亦秉持“行为人对自己的过错负责”的理念，医疗机构并不承担医疗损害责任，仅可能承担一般侵权责任中的补充责任。

（二）过错推定责任原则的适用范围

对于医疗损害赔偿责任，侵权责任法虽然以过错责任原则为基础性的归责原则，但是作为例外规定的过错推定责任原则也有其重要的适用余地。我国《侵权责任法》第 58 条明确了过错推定责任原则的适用范围，《民法典》第 1222 条沿用了上述规定的内容精神，即在下列情况下应当适用过错推定责任原则，推定医疗机构存在医疗过失：第一，医疗机构及其医务人员违反法律、行政法规、规章以及其他有关诊疗规范的规定而实施医疗行为的；第二，医疗机构及其医务人员隐匿或者拒绝提供与纠纷有关的病历资料的；第三，医疗机构或其医务人员遗失、伪造、篡改或者违法销毁病历资料的。在出现上述情况时，法律就直接做出医疗机构或其医务人员具有过失的推定，除非医疗机构或其医务人员能够举证证明其没有过错，从而推翻法律的上述推定，否则在医疗损害责任的其他构成要件成立的情况下，医疗机构就应该承担医疗损害责任。

（三）无过错责任原则的适用范围

我国《侵权责任法》第 59 条对无过错责任原则进行了具体的规定，《民法典》第 1223 条沿用了上述规定的内容精神，将无过错责任原则的适用范围定位在医疗产品损害责任之中。对于因医疗产品而给患者造成损害的，其责任的承担不要求医疗机构及其医务人员主观上具有过错，只要损害结果和医疗行为与损害结果之因果关系得到了证明，行为人就要承担相应的赔偿责任。在我国《产品质量法》中，对于因产品瑕疵所造成的损害所适用的是无过错责任归责原则，侵权责任法中关于医疗产品损害责任的规定，亦对医疗产品损害责任规定了无过错责任。

【拓展适用】

一、医疗过错的认定标准

《侵权责任法》第七章规定了三种类型的医疗损害责任，《民法典》第 7 编第 6 章沿用了相关规定，即医疗技术损害责任、医疗伦理损害责任、医疗产品损害责任。虽然医疗损害责任类型不同，但认定医疗过失的客观标准都是医疗机构及其医务人员的注意义务。所以，医疗过失的核心问题即是界定其应尽的注意义务的内容。如法律明确赋予了医务人员的注意义务，医务人员的过失因为有了法律的具体判断标准，所以会比较容易判定。如果没有法定注意义务的医疗行为造成了患者的伤亡，则需要判断该医疗行为的注意义务的基准问题，即判断医疗过失的抽象标准。所以，在司法实践中，医疗过失的判断标准主要分为抽象标准和具体标准。

（一）抽象标准

在医疗过失抽象标准上起着重要作用的是医疗水准。所谓医疗水准，即医师及医务人员在进行医疗行为时，其技术、学识、注意程度以及态度应符合具有一般医疗专业水准的医师于同一情况下所应遵循的标准。① 我国《侵权责任法》第 57 条也肯定了医疗水准理论在认定医疗过错中的作用，《民法典》第 1221 条沿用了上述规定的内容精神，即第 1221 条规定："医务人员在诊疗活动中未尽到与当时的医疗水平相应的诊疗义务，造成患者损害的，医疗机构应当承担赔偿责任。"此处提到的"当时的医疗水平"，是指医师实施医疗行为时所表现出的其在专业知识、注意义务以及态度应符合当时具有一般医疗专业水准的医师于同一情况下专业知识及医疗技术等所应遵循的标准，即医疗水准。

（二）具体标准

具体标准是指法律、法规、规章等明文规定的医疗行为所应尽的注意义务，其包括医疗行为人的一般注意义务和特殊注意义务。一般注意义务是指在由多个具体医疗行为构成的整个医疗过程当中，依不同的医疗行为类型可分为诊断、治疗、注射、麻醉、抽血输血、手术、调剂投药、放射线治疗、护理等过程中的注意义务。在《执业医师法》等卫生管理法规中，也专门规定了医务人员在特定情况下或紧急情况下应当负有的特别注意义务和注意程度。② 特殊注意义务包括转诊义务、问诊义务、说明义务。这些注意义务是法律、法规、规章以及其他有关诊疗规范中对医疗行为操作过程的规定，审判实践可以依据这些规定对注意义务进行对照确定。

我国《侵权责任法》第 55 条对说明义务有明确规定，《民法典》第 1219 条沿用了上述规定的内容精神："医务人员在诊疗活动中应当向患者说明病情和医疗措施。需要实施手术、特殊检查、特殊治疗的，医务人员应当及时向患者具体说明医疗风险、替代医疗方案等情况，并取得其明确同意；不能或者不

---

① 关淑芳：《论医疗过错的认定》，载《清华大学学报》2002 年第 5 期。
② 李国强、郑天骄：《医疗损害责任中过错的判定》，载《博士论坛》2009 年第 8 期。

宜向患者说明的，应当向患者的近亲属说明，并取得其明确同意。医务人员未尽到前款义务，造成患者损害的，医疗机构应当承担赔偿责任。”其直接将对违反说明义务这项医师注意义务的行为作为医疗过错认定。但也要注意影响说明义务的状况，如在紧急情况下，对说明义务的要求不能过于苛刻；要考虑说明后的危险性；此外，在患者已经了解或患者放弃说明的情况下，医方的说明义务程度会有所降低。当患者所患疾病超出该医疗机构医务人员专业领域或者病情发展已经超出其诊疗能力的情况下，医疗机构及其医务人员应做出转诊指示并协助患者安全及时地转至有诊疗能力的医疗机构或其他机构，此为转诊义务，这在我国相关的卫生法规中也有明文规定。此外，在诊治过程中，医务人员应充分且适当地询问病患的疾病症状、既往病史、家族遗传病史及药物过敏等情况，医务人员作为专业人士应当知晓哪些信息对于诊疗过程具有价值或存在影响，应主动询问之，此为问诊义务。

（三）判断医疗过错时需补充考虑的几方面因素

1. 医疗水平。《侵权责任法》第60条第3项规定，如限于当时的医疗水平难以诊疗，患者有损害的，医疗机构不承担赔偿责任。医疗水平是损害发生当时临床所能够达到的医疗技术水平。[①]《民法典》第1224条第1款第3项保留了上述规定的内容精神。限于当时的医疗水平难以诊疗包括以下的情形，如患者为特异性病体，在治疗前知道或治疗后发现，但目前医疗技术尚难以解决而出现不良后果的；在基础麻醉或推管阻滞麻醉时，使用规定的剂量麻药，仍导致呼吸抑制，血压下降经积极抢救仍不能防止不良后果的；诊断及手术适应症明确，操作无误，而在术中或术后发生并发症导致不良后果的；等等。

现代医学虽然发展迅速，但是人们在医学领域对许多疾病原理尚未完全认识，现有的诊疗技术有其自然性和规律性，医疗水平是相对的，而软硬件条件较差的医疗机构其医务人员注意能力、设备、技术、人才等方面都与综合性大医院相差甚远，其治疗能力和技术水平相差悬殊，因此，在认定过失时必须考虑到医疗条件有限对治疗行为产生的影响，但注意义务并不因此而降低，同时还需注意医方在不能提供有效治疗时是否履行其告知义务和转医义务。[②]

2. 患者的不配合。《侵权责任法》第60条第1项规定了患者或者其近亲属

---

① 杨立新：《〈侵权责任法〉改革医疗损害责任制度的成功与不足》，载《中国人民大学学报》2010年第4期。

② 邱聪智：《民法研究》（一），中国人民大学出版社2002年版，第311页。

不配合医疗机构进行符合诊疗规范的诊疗，患者有损害的，医疗机构不承担赔偿责任。《民法典》第1224条第1款第1项保留了上述规定的内容精神。医疗机构及其医务人员也有过错的，应当承担相应的赔偿责任。从实践来看，可以把下列情形视为患者的不配合：因患者的原因延误诊疗；不按医嘱服药或私自服药；不真实反映病状；不接受医护人员的合理治疗措施，过早地参与运动；手术后过早进餐，私自外出；等等。患者不遵医嘱不配合进行符合规范的治疗，而导致诊疗效果不明显甚至出现医疗损害的，如医方能有证据证明，则医疗机构不承担赔偿责任。

3. 医疗的紧急性。《侵权责任法》第60条第2项规定了医务人员在抢救生命垂危的患者等紧急情况下已经尽到合理诊疗义务的，医疗机构对患者损害不承担赔偿责任。《民法典》第1224条第1款第2项保留了上述规定的内容精神。即法律对在紧急情况下的医疗行为比通常情况下医疗行为的注意义务的要求标准较低。医疗紧急情况主要体现在急症救治过程中难以预见或即使预见到也无法克服的紧急态势。在紧急情况下，医生的思维能力、判断能力和预见能力低于正常情形，只能尽可能凭借自身专业技术经验抢救患者的生命。[①] 此时如果对其要求仍然与普通标准一样，医务人员进行防护医疗，从而导致不利于患者的后果发生，虽然形式上无过失却最终损害患者的利益。

二、医疗告知义务

（一）医疗告知义务的概念

医疗告知义务是指医生在进行手术时，必须首先向患者说明手术的原因、手术的成功率及手术存在的危险，经过患者的同意才可以进行。医疗告知义务是医生对医疗行为的内容、性质、风险等的说明义务，在此基础上取得患者的理解和支持，以患者自主决定权为中心。医疗告知义务与医生自由裁量权之间是此消彼长的关系，医师的自由裁量权强调的是医生的决定权，是医生处理医疗事务，选择医疗方案的权利，二者要平衡处理，不可过分强调一方。不受限制的自由裁量会导致医师权利的滥用，会损害患者知情权，而医疗告知义务过于扩大也会限制医务人员的积极性，降低医疗效率，对患者也是一种损害。

（二）医疗告知义务的主体

根据《侵权责任法》[②]《执业医师法》《医疗事故处理条例》等法律法规的

---

① 艾尔肯：《论医疗过失的判断标准》，载《辽宁师范大学学报》2007年第3期。

② 2021年1月1日《民法典》施行后，该法废止。

规定，医疗告知义务的主体就是医疗机构及其医务人员。医疗机构通过公示告知的方式向前来就诊的患者告知医院的一些基本情况，并通过其医务人员履行向特定患者的具体告知义务。医务人员隶属医疗机构，是履行医疗告知的最重要的主体，由于在现代诊疗过程中，不仅包括主治医生对治疗方案进行说明告知与沟通，还包括化验师、药剂师、麻醉师等辅助人员进行相关事项的告知，以及其他工作人员提供的说明或解释，因此多个医疗行为的负责医护人员和医院其他工作人员，对所实施的行为均承担告知义务，大家各负其责共同完成。

（三）医疗告知义务的对象

告知义务的目的在于促使患者能够真正对诊疗行为做出同意或拒绝同意的意思表示。对需要实施手术、特殊检查等重大医疗行为的同意是属人性很强的一种意思表示。[①]《侵权责任法》第 55 条规定："医务人员在诊疗活动中应当向患者说明病情和医疗措施。需要实施手术、特殊检查、特殊治疗的，医务人员应当及时向患者说明医疗风险、替代医疗方案等情况，并取得其书面同意；不宜向患者说明的，应当向患者的近亲属说明，并取得其书面同意。"《民法典》第 1219 条沿用了上述规定的内容精神："医务人员在诊疗活动中应当向患者说明病情和医疗措施。需要实施手术、特殊检查、特殊治疗的，医务人员应当及时向患者具体说明医疗风险、替代医疗方案等情况，并取得其明确同意；不能或者不宜向患者说明的，应当向患者的近亲属说明，并取得其明确同意。医务人员未尽到前款义务，造成患者损害的，医疗机构应当承担赔偿责任。"因此，医疗告知义务的对象应当是患者本人，让患者有自主决定权充分了解病情及医疗情况。特殊情况下不能获得患者本人同意的，如患者属于无行为能力人或者限制行为能力人，意识不清楚不能自主决定其行为的，可以告知其近亲属由其近亲属代为同意。在现实生活中，有些病人在知道病情后无法接受以至于懈怠治疗，例如患有癌症的一些患者，承受不了打击而耽误了治疗，在这种情况下从有利于患者的角度出发，可以告知近亲属。

（四）医疗告知义务的方式

治疗人员在履行医疗告知义务手续时，可以选择告知的方式如口头或书面告知。

口头告知是在医治的方法简单，无并发症或并发症发生率低，病情允许的情况下进行，医疗机构在征得患者同意准备充分的时候，可以不进行书面同意

① 赵西巨：《谈患者的知情同意权》，载《医学与社会》2003 年第 2 期。

手续，如常规肌肉注射等。芬兰法律规定，如果医患双方的目的都很明确并且不存在复杂的治疗方法，如感冒病人到诊所打针，就不涉及患者的知情同意权问题。[①]

书面告知手续是医疗告知义务履行的重要方式，对于医患纠纷的解决起着关键性的作用。书面告知是在医疗行为操作复杂，会引发或很可能会引发并发症以及治疗结果难以准确确定的检查或治疗时，必须采用的一种形式。包括：实施各类手术、有创检查、治疗或进行麻醉；注入血液或血液制品；急诊或病情危重，在抢救时家属要求转院转诊的。根据《病历书写基本规范》的规定，手术、麻醉、输血治疗、特殊检查和特殊治疗、病危（重）告知，必须采用书面告知的形式。特殊检查和特殊治疗是指《医疗机构管理条例实施细则》第 88 条明确界定的：有一定危险性，可能产生不良后果的检查和治疗；由于患者体质特殊或者病情危笃，可能对患者产生不良后果和危险的检查和治疗；临床实验性检查和治疗；收费可能对患者造成经济负担的检查和治疗。[②]

三、审理医疗损害赔偿纠纷案件应注意的两个问题

尽管《侵权责任法》以十一个条文来规定医疗损害责任，《民法典》第 7 编第 6 章基本沿用了相关规定，使得医疗损害责任一章成为特殊侵权行为规定中条文最多的一章。但审判实践中仍然存在诸多分歧，医疗损害赔偿案件仍然被公认为侵权损害赔偿案件中的难点，集中体现为两个二元化的问题。

（一）医疗损害赔偿纠纷案件的鉴定二元化及其应对

医学的专业性使得医疗损害赔偿纠纷案件中所有的事实认定均需借助专业化的医学知识，而法官一般不具有相应的专业能力，使得医疗鉴定几乎成为医疗纠纷案件审理中的必经程序，在某种意义上，甚至可以说鉴定结论决定了判决结果。

但医疗损害赔偿纠纷案件中的鉴定问题几成乱象，是否鉴定、由谁鉴定、应否重新鉴定等问题多为争议焦点。原因主要在于以下两个方面：一是鉴定的二元化体制，即实践中既存在由卫生行政部门指导的各级医学会组织进行的医疗事故技术鉴定，也存在由统一在司法行政部门登记注册的司法鉴定机构组织进行的医疗损害过错鉴定。前者虽在医疗事故鉴定科学性、专业性上能得到更

---

① 杨立新、袁雪石：《论医疗机构违反告知义务的医疗侵权责任》，载《河北法学》2006 年第 12 期。

② 戴晓支：《浅议医患关系及医患冲突》，载《中华世界综合医学杂志》2008 年第 8 期。

多的认同，但医院、卫生行政部门和医学会之间的特殊关系，导致鉴定技术人员的中立性和鉴定结论的公正性均存在不同程度的可疑性。后者虽较为中立，但专业性上难以认同。二是鉴定采信难。医疗事故鉴定主体仅有权利并无义务，鉴定专家难以按照证据规则要求出庭接受询问。尤其医疗纠纷中的因果关系鉴定，多是医学专家或法医根据双方提供的材料结合自身知识作出的判断，欠缺统一标准，导致很多案件不同的鉴定机构会得出不同甚至相反的鉴定结论，给案件审理带来不确定性和困难。遗憾的是，对此问题，《侵权责任法》并未或者不宜作出相应规定。笔者认为，医疗损害赔偿纠纷案件中鉴定难题的解决，有赖于统一医疗过错鉴定体制的建立、医疗过错鉴定程序的规范、鉴定人出庭作证义务的明确和鉴定结论质证程序的完善。就现阶段而言，因医疗事故责任不再是医疗损害责任的形态之一，在医疗损害赔偿纠纷案件中无进行专门的医疗事故技术鉴定之必要。医疗损害责任鉴定的具体主体，则可由当事人或人民法院根据相关规定选择确定。但鉴定结论的效力，不因鉴定主体的不同而不同，且除符合法定重新鉴定条件外，原则上只能鉴定一次。

（二）医疗损害赔偿标准上法律适用的二元化及其应对

关于医疗损害赔偿标准，《医疗事故处理条例》《人身损害赔偿司法解释》和《民法典》都有规定，应如何适用？或者说，在确定医疗损害赔偿责任时法院是否还需要参照《医疗事故处理条例》的相关规定？对此，实务界仍有不同的认识。这也是医疗损害赔偿案件审理中面临的另一个二元化问题——法律适用的二元化。

根据《医疗事故处理条例》的规定，构成医疗事故的医疗赔偿纠纷，适用条例的规定确定损害赔偿标准；不构成医疗事故，但医院存在过错的，适用《人身损害赔偿司法解释》确定损害赔偿标准，赔偿标准的双轨制导致医疗损害赔偿纠纷处理的复杂化。《民法典》亦未明确规定医疗损害赔偿的范围和标准，使得《医疗事故处理条例》的适用与否更加模糊起来。对此，笔者认为，可予以反向解读，即未作特别规定表明医疗损害赔偿应与其他侵权类型一样，统一适用《民法典》及其司法解释关于赔偿范围和标准的各项规定，以消除赔偿标准上不必要的双轨制，确保法律适用的权威性和严肃性。

【典型案例】

方金某诉××医院医疗损害赔偿纠纷案

原告：方金某。

被告：福建省厦门市××区医院。

法定代表人：刘恭某，该院院长。

〔基本案情〕

原告方金某因与被告福建省厦门市××区医院（以下简称××医院）发生医疗损害赔偿纠纷，向福建省厦门市同安区人民法院提起诉讼。

原告诉称：我因左小腿被搅拌机绞伤，到被告的外科一区住院治疗。由于被告的医生在手术中不按常规操作，未能将伤口内的泥沙清洗干净和消毒，引起伤口感染，造成骨髓炎和骨头坏死。后被告又在给我施行骨头移植手术时，造成左腿比右腿短4厘米，使我终生残疾。被告在给我治疗的过程中存在过错，依法应承担赔偿责任。请求判令被告给我赔偿误工费48374元、医疗费19915.38元、残疾生活补助费33834元、精神抚慰金5639元，共计107762.38元。

原告方金某提交中国人民解放军海军同安某海医院（以下简称某海医院）的病例、手术记录和厦门市中级人民法院司法技术鉴定处出具的（2002）厦中法法医字第148号法医临床学鉴定书，用以证明××医院施行手术后其伤口内仍留有煤泥沙，现其左下肢短缩3.3厘米，伤残等级为9级附加10级。

被告辩称：原告到我院求医时，左小腿下端开放性粉碎性骨折，创口附着大量煤渣、泥沙等污染物。根据其伤情，如果要彻底避免手术后发生感染，最好的办法是截肢，但那样做肯定会使原告终生残疾。为了减少原告的损失，我院决定采用清洗创口以及钢板内固定、石膏外固定的手术，以求保住这条腿。但这样做，就要冒伤口感染和并发骨髓炎的风险。这个后果，我院是十分清楚的，因此术前将手术风险告知给原告及其亲属，经原告的亲属签字同意才开始手术。手术中，虽经医护人员用500毫升双氧水3瓶、500毫升外用生理盐水15瓶冲洗伤口，但原告的伤情决定了医院无法通过一次手术就把创口清理干净。第一次手术后，原告不再配合治疗，手术风险期还未过就要求出院。两个月后，原告因左小腿重度开放性复合伤并感染、左胫腓骨骨折并骨髓炎，第二次住进我院。我院为其施行扩开创口将骨折复位并固定以及植骨等手术，术后采用抗炎等综合治疗和引流，使伤口愈合出院。又一个多月后，原告第三次住院。这次查体，见原告左小腿的外固定架松动了，左小腿向内成角畸形，说明原告出院后有过过度的运动以至再次骨折。这一次，我院给原告采用了抗炎、输液治疗，把外固定改成石膏管型固定后伤口好转。由于原告并发骨髓炎、骨头坏死，使骨折处的骨头重叠了3厘米左右，手术植入的新骨只能加固，无法撑开重叠部分，终使其左腿不可避免地短于右腿。我院对原告的一系列诊疗均符合常规，没有违反规则的操作。原告的残疾是被搅拌机绞伤造成的，并非诊疗行为导致。经区、市两级医疗事故鉴定委员会鉴定，原告的残疾不属于医疗事故。其诉讼请求缺乏依据，应当驳回。

被告××医院提交了原告方金某三次住院的病例和第三次住院时的X光片，用以证明第一次手术前已向方金某及其亲属交代过手术风险；方金某到其他医院做过手术后，其伤口内仍有去除不掉的污染物；××医院给方金某的伤口清创、治疗，都符合操作规程；方金某在第二次手术后的恢复期内进行了激烈活动，导致再次骨折。

厦门市同安区人民法院经审理查明：

1998年7月24日12时15分，原告方金某因左小腿被搅拌机绞伤，入住被告××医院的外科一区治疗。经诊断，方金某的左胫腓骨开放性骨折，左小腿软组织严重挫裂伤。同日下午1时许，经方金某的亲属签字同意，××医院为方金某施行“清创术十左胫骨钢板内固定术”及“左小腿石膏后托外固定术”。8月1日，方金某要求出院，经劝阻无效，在方金某的亲属立下“自动出院，后果自负”的字据后，××医院给其办理了离院手续。

1998年8月1日上午10时25分，原告方金某入住某海医院的外科治疗。8月13日，某海医院为方金某行植皮术，10月5日行扩创、病灶清除、去除钢板、石膏托外固定术，术中发现方金某的伤口内留有煤砂泥。

1998年10月13日，原告方金某从某海医院出院后，再次入住被告××医院的外科治疗。经诊断，方金某的左小腿重度开放性复合伤并感染、左胫腓骨骨折并骨髓炎。10月21日，××医院为方金某施行“扩创、骨折复位加外固定术、植骨术”中，见一约5×3×0.3厘米的死骨。术后，××医院为方金某施行抗炎、引流等综合治疗，使伤口愈合，方金某于12月24日出院。

1999年2月11日，原告方金某因左小腿疼痛，再次入住被告××医院治疗。查体见方金某的左小腿向内成角畸形，有“假关节”活动，外固定架松动，左小腿内侧凸出部有0.2×0.2厘米渗液，触痛，纵轴叩击痛阳性，左小腿比右小腿短缩约2.5厘米。经抗炎、输液治疗，去除外固定，改石膏管型固定，伤口换药后症状体征好转。方金某于2001年11月6日自行离院。

1999年4月28日，经原告方金某申请，厦门市同安区医疗事故鉴定委员会作出“不属于医疗事故”的鉴定结论。方金某不服，又向厦门市医疗事故技术鉴定委员会申请再次鉴定。2002年5月14日，厦门市医疗事故技术鉴定委员会鉴定后认为：该患者急诊入院时，左小腿外伤严重，伤口严重污染，软组织绞裂，骨折端外露，髓腔有大量泥沙等污物，属Ⅲ型A类开放性骨折，易发生术后感染，治疗其骨折应以外固定架方式为适当。结论是：不属于医疗事故。

经被告××医院申请，法院委托厦门市中级人民法院司法技术鉴定处对原告方金某的医疗过程进行鉴定。该处出具的（2002）厦中法法医字第154号法医学文证审查意见书认为：方金某左小腿外伤创面较大，局部肌肉组织毁损污染严重，胫腓骨开放性粉碎性骨折，断端髓腔泥沙填塞，是造成并发伤口感染及骨髓炎的内在因素，虽经医院清创内固定手术等治疗，但并发症仍不可避免地发生。第二次行清创植骨术后骨髓炎消失，但由于骨折断端融合使左下肢短缩，踝关节部分功能障碍。方金某的伤残后果系损伤及损伤后的并发症所致，与医疗行为之间无直接因果关系。方金某伤后出现的并发症，与其伤口污染严重有直接关系，即使当时对伤口清创更彻底些，也难以保证不并发感染和骨髓炎。××医院对方金某伤后采取的治疗措施、治疗原则、治疗方式，符合医疗规范。

庭审中，经被告××医院申请，法院准许骨科专家杨立民作为专家证人出庭作证。杨立民专家的意见是：原告方金某的伤情是Ⅲ型A类开放性骨折，属于较重的骨折类型，客观上不可能彻底清创，发生骨髓炎并发症难以避免；导致方金某伤残的原因，是骨髓炎引发骨头坏死，且方金某在第二次手术后又过度运动造成再次骨折，骨折处的骨头重叠了3厘米左右，手术植入的新骨只能加固，无法撑开重叠部分，所以不能恢复原有长度。

原告方金某、被告××医院对上述证据材料的真实性、合法性没有异议，但方金某对证据的关联性有异议，认为其创口并非客观上无法清洗干净，而是××医院在清创时未尽到职责才引发骨髓感染，但方金某未能举出相应证据支持这个主张。

经厦门市中级人民法院司法技术鉴定处鉴定，原告方金某左下肢短缩3.3厘米，伤残等级为9级附加10级。

〔一审裁判要旨〕

厦门市同安区人民法院认为，本案的争议焦点有两个：1. 伤口感染并发骨髓炎，究竟是伤口内的污染物客观上无法彻底清除造成的，还是××医院因主观上的过失而没有彻底清创造成的？2. 植骨术与腿短缩之间有无直接因果关系？

关于第一点。第一次手术后，原告方金某的伤口内仍留有部分污染物，并且由于这些污染物的存在，使伤口感染并发骨髓炎、骨头坏死，这是不争的事实。方金某认为，自己因开放性骨折而住院，伤口是开放的，治疗重点就应该放在及时、彻底清洗伤口，避免感染。被告××医院经清创手术后仍把部分污染物留在伤口内，以至伤口感染并发骨髓炎、骨头坏死，说明清创不认真、不彻底，自然应当承担医疗事故责任。××医院认为，方金某的伤情决定了不可能通过一次手术就将污染物彻底清除干净；方金某到其他医院进行第二次清创后，伤口内仍有去除不掉的煤渣等污染物，就足以证明这个观点；本院明知一次手术不可能将污染物彻底清除干净，因此在手术前将术后可能发生的风险，其中包括术后感染、骨髓炎等，告知给方金某及其亲属，并在征得他们同意的情况下才进行手术；医院的手术过程完全符合规范，结果也在预想之中，因此不存在医疗事故一说。

综合双方当事人提交的证据以及各自观点，结合骨科专家根据多年临床经验并结合本案事实发表的分析意见，以及法医的文证审查意见，应当认定：原告方金某左小腿是Ⅲ型A类开放性骨折，属于较重的骨折类型，而且外伤面积较大，局部肌肉组织毁损污染严重，胫腓骨骨折断端的髓腔有泥沙填塞，客观上不可能彻底清创，这是造成术后感染并发骨髓炎的直接原因。被告××医院对方金某伤后采取的治疗措施、治疗原则、治疗方式，是符合医疗规范的，不存在医疗过错。

关于第二点。原告方金某认为，被告××医院为其治疗骨折中实施植骨术，然而该手术却使其左下肢短缩3.3厘米，超过了医学允许的短缩上限，造成其残疾。因此，××医院应当对该手术给患者造成的残疾结果负责。××医院认为，由于方金某在治疗期间并发伤口感染、骨髓炎、骨头坏死，骨折断端发生融合，加之其第二次出院后患肢活动过早过激致再次骨折成角畸形，因此左下肢才短缩。左下肢短缩与植骨术不存在因果关系，医院不应当对方金某的左下肢短缩承担责任。

根据专家意见和法医学文证审查意见，应当认定：原告方金某左下肢短缩的原因，是其术后感染、骨髓炎和断端融合，以及其在患肢尚未完全康复的情况下活动过早过激致使再次骨折成角畸形等因素，使骨折处的骨头重叠造成的，与被告××医院的植骨术无关。手术植入的新骨，只能加固骨折处的愈合，无法撑开骨折处的重叠。

综上所述，原告方金某因左小腿被搅拌机绞伤而到被告××医院求医，双方建立了医疗服务关系。入院时，方金某的左小腿不仅是Ⅲ型A类较重的开放性骨折，而且外伤面积较大，局部肌肉组织毁损污染严重，胫腓骨骨折断端的髓腔内有泥沙填塞。根据医学原理，面对这样的伤情，××医院可以选择的医疗方案有三种：一是截肢，这样做能彻底清除污染物，避免术后感染带来的风险，但无疑会造成患者终生残疾。二是大面积切除被污染以及可能被污染的软组织，这样做可以清除污染物，最大限度地避免术后感染带来的医疗风险，但会损伤患者的神经及血管，不利患者日后康复。三是在尽量不破坏骨骼和软组织的情况下清创，这样做就要冒伤口感染并发骨髓炎的风险，但是一旦成功，则有利于患者康复；即使失败，也还可以考虑以截肢或者大面积切除软组织的方式补救。从为患者负责的角度出发，××医院在征求患者及其亲属的同意后，选择了对医务人员来说风险最大的第三种方案，并小心、谨慎地予以实施，其治疗措施、步骤、方法均符合医疗规范的要求。第一次手术后的感染，与伤情复杂有直接关系。方金某又在术后极易感染期间立下“自动出院，后果自负”的字据出院，增加了感染的机会，以至因并发骨髓炎、骨头坏死第二次入院。骨髓炎、骨头坏死、骨折断端的融合，以及第二次手术后过早过激活动造成的再度骨折，是方金某左小腿短缩的直接原因，与××医院的植骨术无关。法律只追究医务人员因医疗过错行为应承担的责任。医疗是有一定风险的事业。对医生为患者利益考虑实施的风险医疗行为，法律持宽容的态度。有风险的医疗行为如果是在征得患者及其亲属同意后实施的，风险责任应由患者及其亲属承担。以这样的原则解决医患纠纷，有利于医务人员救死扶伤，有利于医务人员提高医疗技术，最终有利于患者的健康，有利于社会的进步。××医院在诊治方金某腿伤的过程中没有医疗过错，不应承担赔偿责任。方金某起诉请求××医院给其赔偿误工费、医疗费、残疾生活补助费以及精神抚慰金，该请求缺乏事实根据，不予支持。

据此，厦门市同安区人民法院依照《中华人民共和国民事诉讼法》第六十四条第一款的规定，于2002年10月15日判决：

驳回原告方金某的诉讼请求。

案件受理费3727元，由原告方金某负担。

〔当事人上诉及答辩意见〕

宣判后，方金某不服，向福建省厦门市中级人民法院提出上诉。上诉理由除坚持清创不彻底与伤腿感染和并发骨髓炎之间有直接因果关系，植骨术后造成上诉人左下肢短缩超过了医学允许的上限，因此被上诉人存在医疗过错，应当承担医疗事故责任的意见外，还提出：被上诉人在一审一直无法提供充分的证据证明自己的医疗行为与上诉人的损害结果之间不存在因果关系，根据举证责任倒置的原则，应当由被上诉人承担败诉责任，一审却认定被上诉人不存在医疗过错，是适用法律错误。请求二审撤销原判，改判满足上诉人的诉讼请求。

被上诉人××医院答辩称：一审判决有充分的事实根据，适用法律正确，应当维持。上诉人的上诉无理，应当驳回。

二审期间，上诉人方金某又递交《司法鉴定申请书》，提出：在术后的X光片中未发现新植入的活骨。请求切开上诉人的左腿骨折处进行鉴定，查验被上诉人是否给上诉人施行过植骨术。

〔二审查明的事实〕

厦门市中级人民法院经审理，除确认了一审查明认定的事实外，还查明：在一审卷宗保存的××医院1998年10月21日手术记录中记载："……其髓腔内仍有黑色尘埃样物附着，将此骨片取出，以刮匙刀片刮也无法将附着物刮洗干净，置75%酒精浸泡后仍无法清除污物，考虑此骨片已严重污染且已有坏死现象，决定将其取出（骨片以10%福尔马林液浸泡备今后查用），将两骨折端髓腔刮通，未见有肉芽存留，直视下试行复位，估计骨缺损约5×3×0.8厘米。在左髂部重新消毒铺巾后，沿髂骨翼行局麻后切开，取出约6×4×1.5厘米的髂骨块，取骨区以骨蜡涂上后，查无活动性渗血缝闭切口。取出的髂骨块修剪成与骨缺损区相仿嵌入后，查骨折基本完全复位后，维持此位，以单臂外固定架将骨折远、近端固定后，试行左下肢被动活动，见骨折固定牢固，对位对线佳，过氧化氢消毒液及生理盐水反复冲洗，置入青霉素钠160万单位于骨折处，将剩余的髂骨块嵌入骨折端间，查无活动性渗血，缝闭切口……"

〔二审裁判要旨〕

厦门市中级人民法院认为：

第一次手术中清创不彻底与伤口感染并发骨髓炎之间存在因果关系，这是显而易见的事实。判断××医院应否对此承担责任，不仅要看二者之间的因果关系，更要看导致××医院不能履行彻底清创职责的原因是什么。正如多名医学专家分析的，方金某的伤情决定了如果要保住这条腿，客观上难以一次彻底清创。“两害相权取其轻、两利相权取其重”，是人们面临两难问题时理智的选择。保住这条腿，既是医院更是患者的共同期望，因此当××医院预告手术后可能出现的并发症时，方金某及其亲属仍签字同意手术。当预料的风险出现后，方金某闭口不谈自己事先愿意承担这个风险，只一再强调彻底清创是医院的职责为由追究医院的责任，这样的诉讼理由是不正当的。

从以上引述的手术记录可以看到，被上诉人××医院对上诉人方金某行植骨术时，除手术医师外，还有正副助手各一名、护士一名、麻醉人员一名，记录的手术全过程流畅、真实，符合操作规范，并无不当。方金某没有任何其他根据，仅以其在术后 X 光片中未发现植入新骨为由怀疑××医院的植骨术，申请切开活体进行探查，这样的鉴定没有必要，该申请不予采纳。正如专家所言，骨髓炎并发骨头坏死以及手术后过度运动造成的再次骨折，是使方金某左下肢因骨头重叠而短缩的原因。植骨术植入的新骨，只能加固骨折处的愈合，无法撑开骨折处的重叠。植骨术与腿短缩之间不存在因果关系，××医院不能因此承担医疗事故责任。

综上，当上诉人方金某提起本案医疗损害赔偿的诉讼后，被上诉人××医院已经以充分的证据证明了事实真相，完成了举证责任。一审认定的事实清楚，适用法律正确，判处适当，应当维持。方金某的上诉理由不能成立，应予驳回。

据此，厦门市中级人民法院依照《中华人民共和国民事诉讼法》第一百五十三条第一款第（一）项的规定，于 2002 年 12 月 10 日判决：

驳回上诉人方金某的上诉，维持原判。

二审案件受理费 3272 元，由上诉人方金某负担。

第十六章 产品责任

规则 21：产品责任为无过错责任，因产品存在缺陷造成受害人人身伤害的，生产者应承担侵权责任

——陈梅某、林德某诉日本某某汽车工业株式会社损害赔偿纠纷案①

【裁判规则】

通常情况下，产品缺陷在产品生产过程中就已经存在。而在产品生产过程中，生产者一直处于主动、积极的地位，只有生产者才能及时认识到产品存在的缺陷并能设法避免。大多数消费者由于缺乏专业知识和对整个生产过程的了解，不可能及时发现产品的缺陷并以自己的行为防止危险的发生，产品责任应当为无过错责任。产品存在缺陷造成受害人人身伤害的，生产者应承担举证责任。

【规则理解】

一、产品责任的内涵

产品责任，是指产品的生产者和销售者由于其生产或销售的缺陷产品造成他人损害或危及他人人身、财产安全而应当向受害人承担的民事责任。产品责任要和产品的合同责任以及生产、销售缺陷产品所产生的行政责任、刑事责任相区分。产品责任是一种侵权责任，而在产品买卖关系中，如果卖方提供的产品不符合合同的约定或者法定的标准，卖方的行为构成违约，其应当向买方承担违约责任，这是一种合同责任。生产、销售缺陷产品致人损害，除了产生民事责任外，还有可能产生行政责任和刑事责任，如《刑法》第 3 章第 1 节的规定。行政责任和刑事责任不属于本文中所讨论的产品责任。

关于产品责任之法律规定，《产品质量法》主要体现于第 41 条和第 42 条，即“因产品存在缺陷造成人身、缺陷产品以外的其他财产（以下简称他人财

---

① 《中华人民共和国最高人民法院公报》2001 年第 2 期。

产）损害的，生产者应当承担赔偿责任”“由于销售者的过错使产品存在缺陷，造成人身、他人财产损害的，销售者应当承担赔偿责任”。《侵权责任法》主要体现于第五章“产品责任”，如第41条规定“因产品存在缺陷造成他人损害的，生产者应当承担侵权责任”，第42条规定“因销售者的过错使产品存在缺陷，造成他人损害的，销售者应当承担侵权责任”。《民法典》对上述规定的内容精神进行了保留，即第1202条规定“因产品存在缺陷造成他人损害的，生产者应当承担侵权责任”，第1203条规定“因销售者的过错使产品存在缺陷的，生产者赔偿后，有权向销售者追偿”。

二、产品责任法的立法体例

产品责任法是调整产品责任关系的法律规范总体，是20世纪以来在各主要发达国家新兴的法律部门。[①] 随着生产力的发展，产品种类增多，复杂性增强，消费者仅凭一般经验和知识难以作出恰当的选择，而经营者为利润最大化，违反诚信原则，以次充好、以假乱真，产品因具有缺陷而造成人身或财产损害的事例层出不穷。为保护消费者的利益，有效解决由此带来的严重的社会问题，各国相继开始制定专门的产品责任法，如美国1979年《统一产品责任示范法》，1987年英国的《消费者保护法》，1989年联邦德国的《产品责任法》等。

我国的产品责任立法起步较晚。1986年，国务院发布《工业产品质量责任体例》，但主要规定的是行政责任，产品也只限于工业产品。1993年通过的《产品质量法》包含了产品责任的主要内容，但这是一部综合型的法律规范，内容主要是行政法律规范，如行政机关对产品的生产、销售的监督管理制度，如企业质量体系认证制度、产品认证制度、工业品生产许可制度、产品质量的抽查、检查制度，以及违反这些制度的罚则等。我国有关产品责任的规定还散见于《民法通则》《产品质量法》《消费者权益保护法》《食品安全法》等法律，但《民法通则》对产品责任规定非常简单，而其他法律与《产品质量法》类似，也是公私不分，民事责任与行政责任、刑事责任揉在一起，并非专门意义上的产品责任法。

2010年7月1日起施行的《侵权责任法》作为我国规定侵权行为及其法律责任的总体法律规范，对侵权责任的构成和责任方式作了一般性规定，并于第5章共7个条文专门规定了产品责任，同时于第5条规定：“其他法律对侵权责任另有特别规定的，依照其规定”，所以，在《侵权责任法》施行后，产品责

---

① 张伟：《产品责任法相关问题比较及我国立法的完善》，载《当代法学》2000年第6期。

任的认定主要适用该法第5章的规定。2021年1月1日起施行的《民法典》基本沿用了《侵权责任法》关于产品责任的相关规定，于第7编第4章共6个条文规定了产品责任。故该章未作规定的，适用《民法典》一般性规定；《产品质量法》《消费者权益保护法》《食品安全法》等特别法有特别规定的，适用特别法。

三、产品责任的构成要件

（一）责任主体

按照《产品质量法》和《侵权责任法》的规定，承担产品责任的主体是产品的生产者和销售者。虽然二者承担责任的要件有所区别，但为了最大限度地保护受害人的利益，《产品质量法》和《侵权责任法》都规定受害人既可以向生产者请求赔偿，也可以向销售者请求赔偿。若产品缺陷是由生产者造成的，销售者赔偿后，有权向生产者追偿；因销售者的过错使产品存在缺陷的，生产者赔偿后，有权向销售者追偿。《民法典》第1203条沿用了上述规定。有学者认为，此种责任形态属于不真正连带责任。[①] 另外，《侵权责任法》还规定了因产品运输者、仓储者等第三人的过错使产品存在缺陷造成他人损害的情形下第三人的责任，但只是规定生产者、销售者向第三人的追偿权，并未赋予受害人直接向第三人请求赔偿的权利，《民法典》第1204条沿用了上述规定。所以运输者、仓储者等第三人不是产品责任的主体。

（二）产品存在缺陷

何为产品？依据《产品质量法》第2条的规定，“本法所称产品是指经过加工、制作，用于销售的产品。建设工程不适用本法规定；但是，建设工程使用的建筑材料、建筑构配件和设备，属于前款规定的产品范围的，适用本法规定”。根据此规定，产品应具备以下几个条件：1. 通过一定的生产程序制造出来。包括制造、加工拣选、提炼等，纯粹的天然物质不属于产品。2. 用于销售。自用或科学实验的物品不属于产品。3. 建设工程不适用《产品质量法》。

何为缺陷？依据《产品质量法》第46条的规定，“本法所称缺陷，是指产品存在危及人身、他人财产安全的不合理的危险；产品有保障人体健康和人身、财产安全的国家标准、行业标准的，是指不符合该标准”。依据此规定，认定产品缺陷有两个标准：一是产品存在不合理危险，危及人身、他人财产安全。

---

① 王胜明、王利明等：《〈侵权责任法〉实施疑难问题专家学者纵横谈》，载《法律适用》2011年第10期。

合理的危险不属于缺陷，不会危及人身、他人财产安全的危险也不属于缺陷。比如产品瑕疵，如果只是影响产品的使用功能，而没有影响到产品的安全性，则不属于缺陷。二是产品不符合法定标准。产品有保障人体健康和人身、财产安全的国家标准、行业标准的，必须达到该标准，否则即构成产品缺陷。

产品缺陷大体上分为三类：产品质量缺陷、产品设计缺陷、产品警示缺陷。把产品缺陷分为三大类型并分别规定其责任，始自美国产品责任理论，至今，这种学理上的类型划分已为各国产品责任法理论接纳。①

（三）有损害事实的发生或危及他人人身、财产安全的情形

在产品责任的构成要件中，损害事实至关重要。对受害人而言，只有发生了损害事实，才可以从程序上提起损害赔偿请求权，再者，损害事实的发生也是认定生产者或销售者承担赔偿责任的前提和基础。

遭受损害的主体，可以是购买者，也可以是使用产品的第三人。产品缺陷造成的他人损害，包括人身损害和财产损害。人身损害，是指对他人人身权益的损害。侵权法上的人身权益分为人格权益和身份权益两大类，主要包括生命权、健康权、姓名权、名誉权、荣誉权、肖像权、隐私权、婚姻自主权、监护权等，产品责任中的人身损害主要是生命权和健康权。财产损害所指的财产是指缺陷产品之外的他人财产，至于缺陷产品自身的损害，购买者可以根据合同关系要求销售者承担违约责任。

产品缺陷尚未造成他人损害，但危及他人人身、财产安全的，依据《侵权责任法》第45条规定，生产者、销售者要承担排除妨碍、消除危险等侵权责任。《民法典》第1206条在保留上述规定的内容精神的基础上进行了调整，生产者、销售者要承担停止侵害、排除妨碍、消除危险等侵权责任。

（四）产品缺陷和他人损害之间有因果关系

实践中，因果关系的认定通常是案件审理的难点，存有必然因果关系说和相当因果关系说等不同观点。必然因果关系说认为，只有当危害行为合乎规律地产生了结果时，行为与结果之间才是必然的因果关系。相当因果关系说认为，根据社会一般人生活上的经验，在通常情况下，某种行为产生某种结果被认为是相当的场合，就认为该行为与该结果具有因果关系。目前在侵权法领域，大陆法系国家以“相当因果关系说”为通说，《最高人民法院关于民事诉讼证据的若干规定》第73条所规定的高度盖然性证明标准也体现了此学说。值得注意

---

① 赵相林、曹俊：《国际产品责任法》，中国政法大学出版社2000年版，第127页。

的是,《最高人民法院关于民事诉讼证据的若干规定》于 2019 年 10 月 14 日修正,修正后的解释删除了该条规定,但相关内容可见《最高人民法院关于适用〈中华人民共和国民事诉讼法〉的解释》第 108 条。所以,在缺陷产品侵权案件中,法官只需要按照当时一般人的知识经验和认识水平,判明产品缺陷有引起损害结果发生的可能性,并且在实际上该缺陷又确实引起了该损害结果,即可认定该缺陷与该损害之间存在因果关系,不需要对每一个案件都去确认缺陷与损害之间是否存在内在的、直接的、必然的联系。

四、产品责任的归责原则

归责原则是确定产品责任的标准或依据,是产品责任的灵魂。“在法律规范原理上,使遭受损害的权益,与促使损害发生之原因者结合,将损害因而转嫁由原因者承担之法律价值判断因素,即为‘归责’意义之核心。”[①] 各国(地区)产品责任大抵经历了从合同责任到侵权责任,从过错责任到无过错(严格)责任的演变,英美法系和大陆法系的产品归责原则虽然在内容和发展轨迹上有所区别,但发展趋势是相同的,即产品责任的归责原则越来越趋于严格化和多元化,其中严格责任居于主要地位。[②] 产品责任归责原则的演变隐藏着深刻的经济和社会原因,体现了充分保护消费者的合法权益、实现对缺陷产品的市场抑制目标、简化确定责任所需的证明过程、降低包括运行事故修复系统的成本在内的交易成本的公共政策目标。[③] 我国的产品责任归责原则也体现了这一变化趋势。依据《侵权责任法》和《产品质量法》的规定,产品生产者和销售者向受害人承担无过错责任(也有观点认为属于英美法上的严格责任原则)。

依据《产品质量法》第 41 条和《民法典》第 1202 条的规定,只要具备上文所述的构成要件,生产者就要承担侵权责任,无论其对于缺陷的产生是否存有过错。《产品质量法》第 41 条规定,生产者只有在具备下列情形时,才可以免责:1. 未将产品投入流通的;2. 产品投入流通时,引起损害的缺陷尚不存在的;3. 将产品投入流通时的科学技术水平尚不能发现缺陷存在的。

对销售者而言,依据《产品质量法》第 42 条和《民法典》第 1203 条的规

---

① 邱聪智:《民法研究》(一),中国人民大学出版社 2005 年版,第 84 页。

② 方明:《论严格责任原则在产品责任中的适用与完善——三鹿奶粉事件的启示》,载《江苏社会科学》2009 年第 2 期。

③ 杨立新:《〈中华人民共和国侵权责任法〉条文释解与司法适用》,人民法院出版社 2010 年版,第 259 页。

定，除了上述责任构成要件，还要有“因销售者的过错使产品存在缺陷”这一要件，销售者才承担最终产品责任。但为了保护受害人的利益，法律又特别规定：其一，销售者不能指明缺陷产品的生产者也不能指明供货者的，销售者应当承担侵权责任。其二，受害人既可以向生产者请求赔偿，也可以向销售者请求赔偿。也就是说，对于受害人而言，受害人向生产者或销售者请求赔偿的产品责任性质均属于无过错责任，只要有产品缺陷致人损害的事实发生，生产者或销售者就要对受害人承担侵权责任（法律规定有减轻或免责事由的除外）。二者在向受害人赔偿后，可向对方追偿，但销售者只有在因自己的过错使产品存在缺陷时，才能成为最终责任人。

五、缺陷产品侵权诉讼中的举证责任分配

首先，产品责任作为一种侵权责任，作为原告的受害人要对侵权责任的构成要件，即侵权行为的发生、受损害事实的发生及侵权行为与损害事实之间的因果关系负举证责任，也就是说，受害人要对其使用了缺陷产品、自己人身或财产受损以及缺陷产品和受损之间的因果关系承担举证责任。其中，由于生产者和销售者承担无过错责任，所以受害人不需要证明二者对产品缺陷的造成有过错。相对应地，作为被告的生产者和销售者如果要对抗受害人的请求，比如提出有法律规定的免责事由，则需要承担相应的举证责任。

其次，在每一个法律要件的举证过程中，要确定各方当事人的举证程度。实践中争议比较大的是由谁证明产品存在缺陷？第一种观点认为，既然生产者和销售者对受害人承担无过错责任，就应对产品不存在缺陷承担举证责任，若其不能证明，则视为产品有缺陷。第二种观点认为，现行法并未规定举证责任倒置，所以产品存在缺陷的举证责任应由原告承担。笔者认为，归责原则和举证责任是两个不同的问题，无过错责任不能必然推出举证责任倒置，故第一种观点的理由不能成立。第二种观点从理论上是成立的，但忽视了产品责任的特殊性。产品是否存有缺陷，包含于侵权行为是否发生这个要件，故理论上应由受害人举证证明，但鉴于产品制造工序的复杂性、构造的技术性及质量标准的专业性，生产者、销售者对产品的构造、性能理应比消费者更为熟悉，故就产品质量方面的举证来讲，生产者和销售者距离证据更近，举证能力也明显处于优势地位。从立法上看，《消费者权益保护法》和《产品质量法》都体现出对消费者权益的特殊保护。综合上述因素，在产品缺陷的认定上应当实行举证责任倒置，即受害人对产品存在缺陷举出初步证据后就视为产品有缺陷，如果生产者或销售者要推翻这种初步证据，必须举出产品不存有缺陷的证据。而通常情形下，受害人若能够证明自己所遭受的损害是因正常使用产品导致，而非其他因素导致，就完成了初步举证的责任。

【拓展适用】

一、认定产品缺陷的两个标准之间的关系

《产品质量法》第 46 条将产品缺陷规定为“产品存在危及人身、他人财产安全的不合理的危险；产品有保障人体健康和人身、财产安全的国家标准、行业标准的，是指不符合该标准”。即认定产品缺陷有两个标准：第一个标准是产品存在不合理危险。第二个标准是产品不符合保障人体健康和人身、财产安全的国家标准、行业标准。这两个标准之间是什么关系？是满足一个标准即可认定为存在缺陷，还是两个标准都要满足才可认定，还是在不同情形下各自适用不同标准来认定？如果产品符合保障人体健康和人身、财产安全的国家标准、行业标准，但仍然存在不合理危险，是否为缺陷产品？

有观点认为，此种情形下不宜认定为缺陷产品。理由是标准由国家制定，因标准制定不妥造成受害人受损时，不应由企业承担，受害人可以通过产品责任以外的途径寻求救济。笔者认为该种观点不妥。理由是：

1. 以安全性认定产品缺陷是世界很多国家采用的标准。如《欧洲共同市场产品责任法草案》第 4 条规定，“当产品不能提供人们所期待的身体或财产上安全时，产品有缺陷”；英国《1987 年消费者保护法》第 3 条（1）规定，“依本条下述规定，为本章目的，如果产品不具有人们有权期待的安全性，该产品即存在缺陷……”德国《产品责任法》第 3 条规定，考虑到下列所有情况，产品不能提供人们有权期待的安全性，就是存在缺陷的产品。世界各国关于产品缺陷的定义表述虽然不尽相同，但都与产品的“不安全性”或“危险性”相关。

2. 首先，国家标准、行业标准是政府或管理者为便于管理而制定的统一标准，体现的是政府或管理者和市场主体之间的管理与被管理的关系，而产品责任是一种民事责任，两者调整的领域并不相同。其次，国家标准、行业标准在制定的过程中，生产商们往往拥有很大的发言权，而消费者未能参与意见，生产者们更加容易制定有利于自己的标准。再次，国家标准、行业标准是人为制定的，存在一个发现、调查、总结的过程，与科技日新月异的发展相比，存在相对滞后性，在实践中可能出现符合国家标准、行业标准的产品却造成人身、他人财产损害的情形，此种情形下，若以产品符合国家标准、行业标准为由不

对受害人进行救济，则势必存在对受害人救济的一个真空地带，对受害人来讲有失公平。

总之，认定产品缺陷需要综合考虑多方面因素，特别是注意运用“不合理危险”标准，具体问题具体对待。

二、产品责任的特别承担方式

产品责任是一种侵权责任，理论上，《侵权责任法》第15条[①]规定的承担侵权责任的方式均可适用。其中，赔偿损失是最常见也是最主要的一种责任承担方式。关于产品责任的赔偿范围，依据《产品质量法》第44条第1款规定，缺陷产品造成他人人身伤害的，侵害人应当赔偿医疗费、护理费、误工费、残疾赔偿金、死亡赔偿金、被扶养人生活费等。而《侵权责任法》第16条规定在表述上与《产品质量法》有所不同。《侵权责任法》出台在后，之前法律与其不一致之处，应以《侵权责任法》为准。《民法典》实行后，《侵权责任法》废止，相关规定可见《民法典》。缺陷产品造成他人财产损失的，依据《产品质量法》第44条第2款规定，侵害人应当恢复原状或者折价赔偿，并赔偿其他重大损失。《民法典》第1184条规定了财产损失“按照损失发生时的市场价格或者其他合理方式计算”的计算方法，人民法院应综合两法规定予以认定。

除此之外，侵权责任法对以下几种责任方式也作了特别规定：

（一）排除妨碍、消除危险

依据《民法典》第1205条规定，因产品缺陷导致他人人身、财产安全可能发生危险时，权利人有权要求生产者、销售者停止侵害、排除妨碍、消除危险。即给予权利人预防性法律保护，防止损害的实际发生。对于已经造成的损害，不适用本条规定。

（二）停止销售、警示、召回等补救措施

依据《民法典》第1206条规定，产品投入流通后发现存在缺陷的，生产者、销售者应当及时采取停止销售、警示、召回等补救措施；未及时采取补救措施或者补救措施不力造成损害扩大的，对扩大的损害也应当承担侵权责任。停止销售、警示、召回等责任方式的确立，有利于维护消费者权益、规范经营者行为，从而维护市场秩序。

---

① 2021年1月1日《民法典》施行后，《侵权责任法》废止，该条规定的内容精神由《民法典》第179条保留。

（三）惩罚性赔偿

所谓惩罚性赔偿，是指行为人恶意实施某种行为，或者对该行为有重大过失时，法院在判令行为人支付通常赔偿金的同时，还判令其支付高于实际损失的赔偿金。惩罚性赔偿发源于英国，广泛运用于美国，我国首次引入该制度是在《消费者权益保护法》第 55 条①，其后，《最高人民法院关于审理商品房买卖合同纠纷案件适用法律若干问题的解释》第 8 条和第 9 条②关于双倍房款赔偿的规定及《食品安全法》第 96 条第 2 款③关于十倍赔偿金的规定都体现了这一制度。

侵权领域能否适用惩罚性赔偿金，一直存有不同意见：反对方观点认为，惩罚性赔偿违反侵权责任的补偿功能，混淆了公法与私法的划分，影响经济效率。赞成方观点认为，侵权责任的功能不仅包括补偿，也包括制裁和预防；对一些故意侵权行为要威慑、阻止和预防；惩罚性赔偿金有助于缓解大规模侵权行为的负面影响，促进社会资源的优化配置，推动社会公平正义的实现。侵权责任法制定时，对此问题也有过激烈的争论，最终《侵权责任法》采纳了赞成论的观点，引入了惩罚性赔偿制度。《民法典》对产品责任领域的惩罚性赔偿规定进行了保留，即第 1207 条规定："明知产品存在缺陷仍然生产、销售，或者没有依据前条规定采取有效补救措施，造成他人死亡或者健康严重损害的，被侵权人有权请求相应的惩罚性赔偿。"但为了防止失控危险，对其规定了严格的适用条件：

---

① 《消费者权益保护法》第 55 条规定："经营者提供商品或者服务有欺诈行为的，应当按照消费者的要求增加赔偿其受到的损失，增加赔偿的金额为消费者购买商品的价款或者接受服务的费用的三倍。"

② 《最高人民法院关于审理商品房买卖合同纠纷案件适用法律若干问题的解释》第 8 条规定："具有下列情形之一，导致商品房买卖合同目的不能实现的，无法取得房屋的买受人可以请求解除合同、返还已付购房款及利息、赔偿损失，并可以请求出卖人承担不超过已付购房款一倍的赔偿责任：（一）商品房买卖合同订立后，出卖人未告知买受人又将该房屋抵押给第三人；（二）商品房买卖合同订立后，出卖人又将该房屋出卖给第三人。"第 9 条规定："出卖人订立商品房买卖合同时，具有下列情形之一，导致合同无效或者被撤销、解除的，买受人可以请求返还已付购房款及利息、赔偿损失，并可以请求出卖人承担不超过已付购房款一倍的赔偿责任：（一）故意隐瞒没有取得商品房预售许可证明的事实或者提供虚假商品房预售许可证明；（二）故意隐瞒所售房屋已经抵押的事实；（三）故意隐瞒所售房屋已经出卖给第三人或者为拆迁补偿安置房屋的事实。"

③ 《食品安全法》第 96 条第 2 款规定："生产不符合食品安全标准的食品或者销售明知是不符合食品安全标准的食品，消费者除要求赔偿损失外，还可以向生产者或者销售者要求支付价款十倍的赔偿金。"

1. 惩罚性赔偿适用于产品责任案件。因为产品直接关系到消费者的人身安全，产品责任案件对惩罚性赔偿金具有的威慑、惩罚、制裁功能具有最为迫切的需要。

2. 以侵权人明知产品存在缺陷为前提。惩罚性赔偿具有惩罚性质，属于损害补偿原则的例外，必须以侵权人的故意（包括直接故意和间接故意）为主观要件。

3. 以造成了他人死亡或者健康严重受损的后果为前提。惩罚性赔偿仅适用于人身损害，而不适用于财产损害。即使对于人身损害，也非全部适用，而仅适用于受害人生命、健康受损，且是造成死亡或健康严重受损的情形。

三、缺陷产品侵权赔偿的诉讼主体

产品责任属于侵权责任，在确定缺陷产品致人损害案件被告时，法律赋予受害人以选择权。即依据《产品质量法》第 43 条和《民法典》第 1203 条的规定，受害人可以向产品的生产者请求赔偿，也可以向产品的销售者请求赔偿。这种既可以向缺陷产品的制造者索赔，又可以向产品的任何一个销售者索赔的制度，在法理上称作消费者的“直接诉权”，此制度为法国首创，改变了原来消费者只能向其直接卖主索赔的处理办法，有利于对最终买主的法律保护。① 诉讼中，受害人既可以将生产者作为被告，也可以将销售者作为被告，或者将二者作为共同被告。

运输者、仓储者等第三人虽不是产品责任的责任主体，但在诉讼中，若产品缺陷是由运输者、仓储者等第三人的过错造成的，受害人可以选择将运输者、仓储者等第三人列为被告，要求其赔偿损失；若只将生产者、销售者列为被告的，生产者、销售者可在向受害人赔偿后，依据《民法典》第 1204 条规定向运输者、仓储者等第三人追偿。

四、确定举证责任的方法

依据《民事诉讼法》及《最高人民法院关于民事诉讼证据的若干规定》，当事人对自己提出的诉讼请求所依据的事实或者反驳对方诉讼请求所依据的事实有责任提供证据加以证明，没有证据或证据不足的，要承担不利后果，即“负有举证责任”。举证责任的分配原则从古罗马法以来，就其方法论而言有三类：1. 以当事人在诉讼中所处的地位来确定举证责任的归属；2. 以案件事实自

① 冯健：《缺陷产品侵权赔偿案件的几个问题》，载《人民司法》1997 年第 1 期。

身的性质为标准来决定举证责任之归属；3. 以要件事实的法律效果为标准。[①]而所谓举证责任倒置，在德国法上属于“反方向行使”，是指“应由此方当事人承担的证明责任被免除，由彼方当事人对本来的证明责任对象从相反的方向承担证明责任”。[②] 举证责任倒置和举证责任分配原则都是通过举证责任的配置达到查明案件事实、实现诉讼公平、追求诉讼效率与经济等诉讼价值。导致举证责任倒置的因素主要有：1. 证据距离。即在有可能负担举证责任的双方当事人之间，哪一方距离证据的源泉更近一些。2. 举证能力的强弱。是指收集调查证据、利用证据的能力。3. 实体法上的特别立法政策考虑。如对弱势群体的法律保障。4. 盖然性标准。5. 举证妨碍，指一方当事人因故意或者过失行为将诉讼中存在的唯一证据灭失或无法提出，以致证明不能，对其应采取相应的制裁措施。[③] 人民法院在案件审理中，可综合上述因素确定举证责任的承担。

缺陷产品侵权诉讼中对于原告、被告举证责任的分配，就是运用了当事人在诉讼中所处的地位、案件事实自身的性质及法律要件这几个标准，同时，在每一个法律要件的举证过程中，又根据公平原则和诚实信用原则，确定各方当事人的举证程度。比如对于产品缺陷举证责任的倒置，就是考虑到了证据距离、举证能力的强弱、实体法上的特别立法政策考虑、盖然性标准、举证妨碍等因素。

【典型案例】

陈梅某、林德某诉日本某某汽车工业株式会社损害赔偿纠纷案

原告：陈梅某。

原告：林德某。

法定代理人：陈梅某，林德某之母。

二原告委托代理人：李万某。

被告：日本某某汽车工业株式会社。

法定代表人：河添某某，取缔役社长。

委托代理人：胡蓉某、郑家某。

---

① 汤维建：《论民事诉讼中的举证责任倒置》，载《法律适用：国家法官学院学报》2002年第6期。

② 陈刚：《证明责任研究》，中国人民大学出版社2000年版，第247页。

③ 汤维建：《论民事诉讼中的举证责任倒置》，载《法律适用：国家法官学院学报》2002年第6期。

〔基本案情〕

原告陈梅某、林德某因与被告日本某某汽车工业株式会社（以下简称某某公司）发生损害赔偿纠纷，向某某公司驻中华人民共和国北京办事处所在地的北京市朝阳区人民法院提起诉讼。

原告诉称：原告的亲属林志甲在乘坐被告生产的日本某某吉普车时，因前挡风玻璃在行驶途中突然爆裂而被震伤致猝死。我国法律规定，生产者应当对其生产的产品负责，经营者应当保证其提供的商品或者服务符合保障人身、财产安全的要求。据此请求判令被告对林志甲之死承担责任，给原告赔偿丧葬费、误工费、差旅费、鉴定费、抚恤金、教育费、生活补助费等共计人民币 50 万元。

被告辩称：经生产厂家两次鉴定和中华人民共和国国家建材局安全玻璃质量监督检验中心（以下简称国家质检中心）的分析测试，都认为事故车的挡风玻璃是在受到较大外力冲击的情况下爆破的。无论是《中华人民共和国产品质量法》第二十九条第一款，还是《中华人民共和国消费者权益保护法》第三十五条第二款都规定，产品生产者对消费者承担赔偿责任，要同时具备两个严格的前提条件：第一，必须是产品存在缺陷；第二，必须是因产品存在的缺陷造成人身或财产损害。事实已经证明，发生事故的车辆不存在产品质量问题，也就是说不存在产品缺陷，因此谈不上因产品缺陷造成损害。原告的诉讼请求没有事实根据和法律依据，应当驳回。

北京市朝阳区人民法院经审理查明：1996 年 9 月 13 日，原告陈梅某之夫、林德某之父林志甲乘坐本单位（福建省莆田市交通局车辆购置附加费征收管理办公室，以下简称莆田车购办）的闽 B00693 号日本产某某吉普车从蒲田市前往福州市。途中，该车前挡风玻璃突然爆破，林志甲因爆震伤经医院抢救无效而死亡。交通管理部门经现场勘查后认定，此次事故不属于交通事故。事故发生后，为查明玻璃爆破的原因，被告某某公司将破碎的玻璃运至玻璃的生产厂日本旭硝子株式会社，委托其鉴定。旭硝子株式会社的鉴定结论为：本次发生挡风玻璃破碎的原因，并非玻璃本身有质量问题，而确属外部因素造成。对此结论，陈梅某、林德某不同意。后经莆田车购办委托国家质检中心对损坏的玻璃进行鉴定，得出推断性结论为：前挡风玻璃为夹层玻璃，在不受外力作用下，夹层玻璃自身不会爆裂。

〔一审裁判要旨〕

北京市朝阳区人民法院认为：《中华人民共和国民法通则》第一百零六条第二款规定："公民、法人由于过错……侵害他人财产、人身的，应当承担民事责任。"本案查明的事实不能证明被告某某公司在林志甲死亡问题上有过错，林志甲的死亡与某某公司无必然的因果关系。原告陈梅某、林德某要求某某公司赔偿因林志甲死亡所遭受的损失，没有事实根据和法律依据。据此判决：

驳回原告陈梅某、林德某要求被告某某公司赔偿损失人民币 50 万元的诉讼请求。

案件受理费 10010 元，由原告陈梅某、林德某负担。

〔当事人上诉及答辩意见〕

陈梅某、林德某不服一审判决，向北京市第二中级人民法院提起上诉称：1. 正如原审法院认定的：汽车前挡风玻璃突然爆破，林志甲因爆震伤经抢救无效死亡。这说明林志甲在乘车死亡问题上本身无过错，其死亡与汽车前挡风玻璃突然爆破有关，因果关系是明确的。2. 被告未经许可私自将挡风玻璃运往日本的玻璃生产厂家进行鉴定，是错误的，该鉴定结论无效，不能作为定案的依据。后被告虽将玻璃由日本运回北京，但运回的玻璃是否为事故车上的那一块，已经无法确定。且该玻璃送至质检中心时已经碎成一个平面，无法进行玻璃强度试验和爆破原因分析。质检中心在此情况下仅凭几张玻璃破损照片而得出一个推断性结论，这个结论不应成为定案的根据。3. 即使按玻璃生产厂家的两次鉴定结论和国家质检中心的结论，也只是说该挡风玻璃不受外力作用不会爆破，但都没有说明是受了何种外力。如果所受外力是正常合理的外力，这证明玻璃的爆破还是属于质量问题，被告依法还应当承担赔偿责任。4. 现在原物破损，证据丢失，举证责任应当转移由被告承担。被告在原审期间主张再用同批号的其他前挡风玻璃交由质检中心去进行实物鉴定，是不合理的。种类物与特定物不可能等同，即使同期同批中其他的玻璃经鉴定没有质量问题，也不等于爆破的这一块没有质量问题。如果被告除此以外再不能举证，应当承担举证不能的法律后果。

被上诉人某某公司答辩认为：1. 涉及本案的三个鉴定结论，至少由上诉人陈梅某、林德某选定的鉴定单位国家质检中心所做的鉴定结论，应该成为定案的根据。2. 挡风玻璃的生产厂家原已根据被上诉人提交的前挡风玻璃破损照片制作出第一份鉴定报告。因车主莆田车购办对仅用照片没有实物进行鉴定提出异议，被上诉人本着对用户负责的精神，才把破损玻璃运往日本进行鉴定。被上诉人根本不是私自将玻璃运往日本，不能因此承担举证不能的法律责任。3. 事实证明事故车的玻璃不存在产品缺陷，依照中华人民共和国的法律，不应当由被上诉人承担产品责任。原审判决认定事实清楚，适用法律正确，应当维持。

〔二审查明的事实〕

北京市第二中级人民法院经审理查明：1996 年 9 月 13 日晨，林志甲乘坐由本单位（莆田车购办）司机刘文某驾驶的某某越野吉普车前往福州市。林志甲坐在副驾驶座位上，林志甲的哥哥林志乙坐在后座。早 7：02 时左右，当该车以时速 90—100 公里通过福厦公路没边村路段时，林志甲面前的挡风玻璃突然爆破，形成口杯大小的一个洞。此时，林志甲已处于昏迷状态，车便停靠在路边，刘文某、林志乙二人将林志甲从车上抬下，雇一辆车送往福建省武警总医院抢救。

福建省武警总医院于当日早 7：25 时开始对林志甲所做的病程记录中记载：“20 分钟前乘车途中，因挡风玻璃突然爆炸至昏迷，急送门诊。查体：面色苍白，四肢冰凉，双目瞳孔散大固定，光反应消失，呼吸心跳已停止，尿失禁，胸前有玻璃，且青紫斑，头部未见伤痕。诊断：爆震伤，猝死。处理：1. 心脏按摩，心脏注射三联针。2. 气管插管，人工呼吸。3. 给氧。8时整抢救无效，床边心电图示直线。”

次日，莆田市公安局刑事警察支队五大队对林志甲的尸体进行尸表检查，其结果是：“死者左胸部附有细小的玻璃碎片，并伴有散在针样状血点，其余部位未见异状。全身体表未发现钝器直接击伤痕迹。”

福州市苍山交警大队得知事故报告后，即赶赴出事地点作了现场勘查记录，并将事故车开往停车场暂扣。9月17日，该交警大队发现事故通知书称：“事故车从莆田开往福州，途经福厦公路没边村路段时，挡风玻璃爆破而造成车上乘员林志甲同志爆震伤，经送医院抢救无效死亡。经查该起事故不属于道路交通事故。”

被上诉人某某公司得知事故消息派员到福州市，在得到车主莆田车购办的许可后，指令由其设在福州市的迅达汽车修理有限公司将前挡风玻璃拆卸下来封存。后应莆田车购办关于核查前挡风玻璃质量问题的要求，某某公司于1997年1月6日寄来玻璃生产厂家根据发生事故的前挡风玻璃照片进行鉴定后制作的《旭硝子（株）爱知工厂品保第一课试验、调查报告书》。该报告确认：（1）由于玻璃呈放射状破损，并且玻璃的中间膜亦破碎，判断为受外强力造成破损，不排除与装载钢材、原木等车辆追尾的可能；（2）据破损情况分析，曾受300毫米以上物品贯穿，模拟头部模型试验均满足规格要求。同年3月1日，莆田车购办在致某某公司驻京办事处的函中提出，《旭硝子（株）爱知工厂品保第一课试验、调查报告书》所述情况与公安、交警部门的现场勘查结果不符。一是事故现场及车厢内均未见任何物体，故认为“曾受300毫米以下物品贯穿”没有事实根据；二是事故发生时间为早7：02时，届时公路上车辆稀少，且死者的哥哥和驾驶员均证明事发时前后100米内未见其他车辆，因此“与装载钢材、原木等车辆追尾的可能”也不存在。同年8月16日，莆田车购办又致函某某公司驻京办事处，内容为：“4月上旬本单位普派员专程赴北京，向贵所交涉，主张对事故车上的玻璃应委托中国境内权威鉴定机构进行鉴定，贵所即时承诺。时至今日时间又推移4个月之久，尚未接到协商函件”，要求“贵所应派人提取已封存贵所在榕设立的维修中心的该块爆碎玻璃，经双方确认后，送‘北京中国建筑材料科学研究院国家进出口商检局安全玻璃认可的实验室’进行鉴定，以期尽快解决并履行义务”。同年9月11日，莆田车购办再次去函，强调了以下三点要求：（1）必须对该块爆破玻璃经双方确认后送中国境内有关部门进行鉴定；（2）待有了鉴定结论后，由双方再次协商处理；（3）倘若不做鉴定或者协商不成，将依法向贵公司索赔。

经查，被上诉人某某公司的驻京办事处迟迟不给莆田车购办回函的原因，是因为该公司早已擅自将封存的玻璃运往日本生产厂家。生产厂家于1997年9月14日又作出《挡风玻璃破碎实物调查质量报告》，称：“挡风玻璃本身不存在品质不良现象，破损系由外部原因造成。”

莆田车购办将被上诉人某某公司从日本运回的破碎玻璃，委托国家质检中心进行鉴定，提出三项鉴定要求：（1）对该玻璃进行成分分析；（2）进行强度试验；（3）进行爆破原因分析。该中心的报告称：“由于所提供的样品是从原吉普车上拆卸后经过多次运输，已经相当破损，无法从上面切取作强度实验所需的试验片。我中心只能结合委托方提供的玻璃破损归咎进行推断、分析。根据所提交的前挡风玻璃破损实物来看，此挡风玻璃为干法生产的夹层玻璃，商标表明为日本旭硝子公司生产。根据照片中所呈现的放射状破坏状态分析，下半部裂口吾半圆弧状撕裂，裂口长度大约有500毫米左右，且周边外的玻璃片呈粉末状破坏，上半部裂口呈不规则撕裂。据委托方介绍，挡风玻璃破碎后在此车继续行驶过程中，因震动导致裂口慢慢扩展，照片上看到的裂口非初始裂口。从玻璃破碎的塌陷形式看，能够造成此种破坏状态的外力来自外部。”

另查明，在玻璃强度试验的问题上，被上诉人某某公司称：做该项试验需要1000毫米×1000毫米面积的玻璃，此车前挡风玻璃爆破后，已经无法做这种试验。而国家质检中心证明，作玻璃强度试验只要有300毫米×300毫米面积的玻璃即可，国际、国内均无须用1000毫米×1000毫米面积的玻璃才能做此试验的规定；此挡风玻璃未爆破的部分，如果当时切割下来，就可进行该试验。

上述事实，有福建省武警总医院的诊断证明，莆田市公安局刑警五大队的尸表检查结论，福州市交警苍山大队的事故通知书，日本旭硝子株式会社的两份报告书，国家建材局安全玻璃质量监督检查中心的分析报告，莆田车购办致某某公司驻北京办事处的函件，陈梅某要求某某公司赔偿交通费、住宿费、误工费、鉴定费、丧葬费、死者生前抚养人所必需的生活费、受教育费、死亡赔偿金费用提交的各种凭据，证人林志乙、刘文某、杨建平的证言等证据证实。

〔二审裁判要旨〕

北京市第二中级人民法院认为：《中华人民共和国民法通则》第一百零六条第三款规定：“没有过错，但法律规定应当承担民事责任的，应当承担民事责任。”《中华人民共和国产品质量法》第二十九条规定：“因产品存在缺陷造成人身、缺陷产品以外的其他财产（以下简称他人财产）损害的，生产者应当承担赔偿责任。”“生产者能够证明有下列情形之一的，不承担赔偿责任：（一）未将产品投入流通的；（二）产品投入流通时，引起损害的缺陷尚不存在的；（三）将产品投入流通时的科学技术水平尚不能发现缺陷的存在的。”

《产品质量法》第二十九条，就是《民法通则》第一百零六条第三款所指的法律规定的无过错责任，这是一种特殊的民事侵权责任。实践证明，通常情况下，产品缺陷在产品生产过程中就已经存在。而在产品生产过程中，生产者一直处于主动、积极的地位，只有他们才能及时认识到产品存在的缺陷并能设法避免。大多数消费者由于缺乏专业知识和对整个生产过程的了解，不可能及时发现产品的缺陷并以自己的行为防止其造成的危险。正是由于生产者在产品生产过程中所处的这种特殊地位，才使法律将产品责任规定为无过错责任。产品责任的无过错归责表现在：只要发生了与产品缺陷有关的人身或者其他财产损害，生产者就应当承担赔偿责任；生产者只有在能够证明产品具有未投入流通等三种法定情形时，才能够免除这种赔偿责任。

《中华人民共和国民事诉讼法》第六十四条规定："当事人对自己提出的主张，有责任提供证据。"上诉人陈梅某、林德某主张林志甲是在乘坐被上诉人某某公司生产的某某吉普车时，因前挡风玻璃在行驶途中突然爆裂而被震伤致猝死。为此，陈梅某、林德某提交了医院诊断、尸表检查结论、事故通知书等证据。这些证据排除了钝器击伤或汽车追尾等外力因素，证实林志甲是在前挡风玻璃突然爆破后因爆震伤死亡，满足产品产生了问题、造成人身伤害、损害事实与产品发生的问题之间存在必然因果关系等三个要件，足以支持陈梅某、林德某的主张。

前挡风玻璃突然爆破是否属于该产品的缺陷，是本案双方当事人诉争的焦点。根据《产品质量法》第二十九条的立法原意，对这一问题的举证责任，应当由生产者承担。生产者如不能证明前挡风玻璃没有缺陷，而是受某一其他特定原因的作用发生爆破，就要承担产品责任。被上诉人某某公司在本案中提交了前挡风玻璃生产厂家日本旭硝子株式会社出具的两份鉴定报告。由于旭硝子株式会社不是《中华人民共和国民事诉讼法》第七十二条所指的法定鉴定部门，且该单位与鉴定结果存在利害关系，因此这两份鉴定报告不予采信。国家质检中心虽然是莆田车购办委托的法定鉴定部门，但是国家质检中心出具的报告，是在前挡风玻璃从日本运回中国后已失去检验条件的情况下，仅凭照片和相当破碎的玻璃实物得出的推断性分析结论，并且没有说明致前挡风玻璃突然爆破的外力是什么，对本案事实没有证明力，故也不予采信。

本案惟一证明产品是否存在缺陷的物证——爆破后的前挡风玻璃，莆田车购办在与被上诉人某某公司约定封存后，曾数次提出要交国家质检中心检验鉴定。某某公司承诺后，却不经莆田车购办许可，擅自将玻璃运往日本；后虽然运回中国，但某某公司无法证明运回的是原物，且玻璃此时已破碎得无法检验。某某公司主张将与事故玻璃同期、同批号生产出来的玻璃提交给国家质检中心进行实物鉴定，遭上诉人陈梅某、林德某的反对。由于种类物确实不能与特定物完全等同，陈梅某、林德某的反对理由成立。在此情况下，举证不能的败诉责任理应由某某公司承担。

《产品质量法》第三十二条规定："因产品存在缺陷造成受害人人身伤害的，侵害人应当赔偿医疗费、因误工减少的收入、残废者生活补助费等费用；造成受害人死亡的，并应当支付丧葬费、抚恤费、死者生前抚养的人必要的生活费等费用。""因产品存在缺陷造成受害人财产损失的，侵害人应当恢复原状或者折价赔偿。受害人因此遭受其他重大损失的，侵害人应当赔偿损失。”上诉人陈梅某、林德某主张由被上诉人某某公司赔偿丧葬费、抚恤金、死者生前抚养人所必需的生活费、受教育费、误工费、差旅费、鉴定费等各项费用共计人民币50万元，为此提交了相关的各种费用凭证。在某某公司必须承担举证不能责任的情况下，对陈梅某、林德某的主张应予支持。

原审对本案适用过错责任原则，判决驳回上诉人陈梅某、林德某的诉讼请求，是适用法律错误，应当改判。

综上，北京市第二中级人民法院依照《民事诉讼法》第一百五十三条第一款第（二）项的规定，于2000年8月10日判决：

一、撤销一审民事判决。

二、本判决生效后30日内，被上诉人某某公司赔偿上诉人陈梅某、林德某交通费、住宿费、误工费、鉴定费、丧葬费、死者生前抚养人所必需的生活费、受教育费及死亡赔偿金共计人民币496901.9元。

一、二审诉讼费各10010元，均由被上诉人某某公司负担。

规则22：消费者对其购买、使用的限期使用商品享有知情权

——刘雪某诉某某公司、某某中心消费者权益纠纷案①

【裁判规则】

限期使用产品的生产者，应当在该产品显著位置清晰地标明生产日期和安全使用期或者失效日期。化妆品经营者在限期使用的化妆品包装上虽标注限用合格日期，但没有说明该日期的确切含义，造成消费者无法了解化妆品安全使用期的，侵害消费者知情权。

【规则理解】

一、消费者知情权的内涵

知情权，又称知悉权、了解权、资讯权，首先是在公法层面上使用的概念，其基本内涵是：公民有权知道他应该知道的事情，国家应最大限度地确认和保障公民知悉、获取信息尤其是政务信息的权利。②

将知情权引入消费者领域的，是美国总统肯尼迪。他在1962年的《关于保

---

① 《中华人民共和国最高人民法院公报》2005年第6期。

② 谢鹏程：《公民的基本权利》，中国社会科学出版社1999年版，第263页。

护消费者利益的总统特别国情咨文》中提出与确立了著名的消费者“四项基本权利”：有权获得安全保障，即安全保障权；有权获得正确资料，即知情权；有权自由决定选择，即自主选择权；有权提出消费意见，即批评监督权。[①] 此后世界范围内消费者立法相继确立并不断扩大着消费者的权利。我国《消费者权益保护法》确立了消费者的九项权利，分别是安全保障权、知情权、自主选择权、公平交易权、索赔权、结社权、受教育权、受尊重权、监督权。其中，关于知情权的表述见于该法第8条：“消费者享有知悉其购买、使用的商品或者接受服务的真实情况的权利。消费者有权根据商品或者服务的不同情况，要求经营者提供商品的价格、产地、生产者、用途、性能、规格、等级、主要成分、生产日期、有效期限、检验合格证明、使用方法说明书、售后服务，或者服务的内容、规格、费用等有关情况。”综上，可以将消费者知情权定义为：消费者购买、使用商品和接受服务时，应当知道商品和服务相关真实情况的权利。

二、确立消费者知情权的重要意义

在消费者保护运动蓬勃发展过程中，首先确定的消费者权利之一就是知情权，其在消费者权利体系中有着特殊的地位。

首先，消费者只有知道了商品或者服务的真实信息，才能决定是否购买商品、接受服务，即消费者必须掌握与交易相关的必要信息，才能真正地实现意思自治。故消费者的选择权、公平交易权、求偿权、监督权等权利的实现都以知情权的实现为前提和基础。

其次，对于可能危及人身、财产安全的商品和服务，消费者只有知道了真实信息，才能正确选择和使用商品、接受服务，正确防止危害的发生，并及时停止使用存在缺陷的商品，从而保障人身安全和财产安全。故消费者的安全保障权也是以知情权的实现为前提和基础。

再者，消费者知情权是信息不对称的产物，是保护弱者利益的体现。人类进入商品经济社会以后，社会经济生活发生了深刻的变化，虽然形式上消费者与生产者为平等的民事主体，但其实存在实质上的不平等，表现为：1. 生产者往往为现代化的大公司，经济实力强大，在商品交换中处于显著优势地位，垄断了交易过程中商品的信息。2. 产品的生产过程和生产技术高度复杂化，使得消费者在购买商品时难以判断其品质，不能掌握所交易商品的全部信息，依赖

---

① 钱玉文：《消费者权的确立与演变——制度变迁视角的解读》，载《现代法学》2010年第1期。

于生产者和经营者的介绍和说明。3. 商品流通，使得商品从生产者到消费者须经过复杂、多层的流通环节，使用者与生产者之间往往没有直接的契约关系。4. 生产者、经营者各种促销手段的广泛运用，可能误导消费者。[①] 即由于消费者与生产者、经营者的信息不对称，导致消费者沦为交易中的“弱者”，针对这种情况，法律应赋予并保护消费者的知情权。

三、消费者知情权的实现方式

依据《消费者权益保护法》第 8 条的规定，消费者知情权大致分为三个方面的内容：1. 有关商品或服务的基本情况。包括商品的名称、注册商标、产地、生产者名称、生产日期、有效期限等。2. 有关商品的技术指标等情况。包括商品的用途、性能、规格、等级、所含主要成分、使用方法、使用说明书、检验合格证等。3. 有关商品销售的情况，包括价格、售后服务等。[②] 也就是说，消费者在选购、使用商品或者接受服务过程中，凡是与消费者正确地判断、选择、使用有直接联系的信息，消费者都有权及时、全面、准确地了解。作为消费者，其实现知情权的方式主要有：

（一）经营者主动告知

消费者要求经营者提供有关商品和服务的信息，从而实现知悉。与此相对应的，是经营者的告知义务（也称信息披露义务）。经营者的告知义务，是指经营者必须以及时、明确、全面、真实和便于理解的方式向消费者提供与商品或服务相关的信息。对可能危及人身、财产安全的商品和服务，应当向消费者作出真实的说明和明确的警示，并说明和指示正确使用的方法以及防止危害发生的方法。发现提供的商品或者服务存在严重缺陷的，应立即告知消费者。《消费者权益保护法》第 18 条、第 19 条和第 20 条[③]规定体现了这一点。[④]

---

① 董文军：《消费者的知情权》，载《当代法学》2004 年第 3 期。

② 赵英华：《审理消费者知情权纠纷的几个问题》，载《人民司法》2002 年第 10 期。

③ 《消费者权益保护法》第 18 条：“经营者应当保证其提供的商品或者服务符合保障人身、财产安全的要求。对可能危及人身、财产安全的商品和服务，应当向消费者作出真实的说明和明确的警示，并说明和标明正确使用商品或者接受服务的方法以及防止危害发生的方法。”第 19 条：“经营者发现其提供的商品或者服务存在缺陷，有危及人身、财产安全危险的，应当立即向有关行政部门报告和告知消费者，并采取停止销售、警示、召回、无害化处理、销毁、停止生产或者服务等措施。”第 20 条：“经营者向消费者提供有关商品或者服务的质量、性能、用途、有效期限等信息，应当真实、全面，不得作虚假或者引人误解的宣传。”

④ 依据《消费者权益保护法》第 3 条的规定，经营者，包括产品的生产者，也包括产品的销售者。

（二）消费者主动获取

消费者在购买、使用商品或者接受服务时，有权询问和了解商品和服务的有关情况，即主动获取信息。与此相对应的，经营者应就消费者提出的询问，作出真实、明确的答复。《消费者权益保护法》第20条第2款[①]规定体现了这一点。

（三）政府介入保护

政府在保护消费者知情权方面的作用主要体现在两个方面：一是加强市场监管，强化生产者、经营者对相关信息的披露义务。如政府可以对商品的质量、标识、外包装等进行要求和检查，向消费者提供正确的信息。二是利用广播、电视、报纸等信息传媒，及时向消费者提供相关的消费信息，传授必要的消费知识。相对应的是生产者、经营者所负的法定义务，比如《产品质量法》第27条对产品或其包装上的标识的要求，《广告法》对广告真实性、准确性的要求，《反不正当竞争法》对虚假广告的规定等。[②]

四、产品标识标注的相关规定

所谓产品标识，是指用于识别产品及其质量、数量、特征、特性和使用方法所做的各种表示的统称，是产品内在信息的外在化。正确的产品标识标注是消费者了解特定产品信息的主要途径，关于产品标识的规定，实质上属于经营者的告知义务，消费者的知情权为其根本来源。

产品标识标注的主要目的就在于，使用户或消费者通过产品标识标注这样一种外在化的形式识别特定产品的质量、数量、性能、安全性等真实信息，故产品标识标注应该全面、真实、准确、易懂、科学、合法。依据《产品质量法》第27条的规定，产品标识必须真实，并符合法律规定的要求。应有产品质量检验合格证明；有中文表明的产品名称、生产者厂名和厂址；根据产品的特点和使用要求，需要标明产品规格、等级、所含主要成分的名称和含量的，用中文相应予以标明；对可能危及人身、财产安全的产品，应当有警示标志或者中文警示说明等。为贯彻落实《产品质量法》有关标识的规定，原国家质量技

---

① 《消费者权益保护法》第20条第2款："经营者对消费者就其提供的商品或者服务的质量和使用方法等问题提出的询问，应当作真实、明确的答复。"

② 董文军：《消费者的知情权》，载《当代法学》2004年第3期。

术监督局发布实施了《产品标识标注规定》，国家质量监督检验检疫总局①发布实施了《食品标识管理规定》和《化妆品标识管理规定》，目的在于引导企业正确标注标识。

对于食品、药品、化妆品等限期使用的产品，《产品质量法》和《产品标识标注规定》对其标识做了特别规定。《产品质量法》第 27 条规定："……(四) 限期使用的产品，应当在显著位置清晰地标明生产日期和安全使用期或者失效日期。"《产品标识标注规定》第 15 条规定："限期使用的产品，应当标明生产日期和安全使用期或者失效日期。日期的表示方法应当符合国家标准规定或者采用'年、月、日'表示。生产日期和安全使用期或者失效日期应当印制在产品或者产品的销售包装上。"即限期使用的产品，应对生产日期和安全使用期或失效日期予以明确标注。之所以如此规定，是因为与其他产品相比，限期使用的产品的质量有时间限制，超过了这个时间再使用，不但产品的质量不能保障，使用后不能产生产品本身应有的效果，还可能危及人身安全。

何为安全使用期？现行法中并无细化规定。按照常理推断，安全使用期应是在此之前使用能保障使用人人身、财产安全的一个日期。至于这个日期是开封之前还是开封之后，有法律明确规定的，要遵守规定；没有规定的，要遵守国家标准和行业标准的要求，但其终极判断标准应是能够保障使用人的人身、财产安全。作为生产者，不仅要对安全使用期的期间长度科学研究、合理界定，还要将安全使用期标注于显著位置，并准确说明。如化妆品属于限期使用的产品，消费者享有对该产品安全使用相关信息的知情权。生产者虽然在其生产的化妆品上标注了限用合格日期，但若没有说明该日期是否为安全使用期，是开瓶前的保质期还是开瓶后的保质期，以致消费者对该产品安全使用期的相关信息产生疑惑的，基于知情权，消费者有权要求生产者对此作出说明，生产者有义务如实告知。

应注意的是，遵守《产品标识标注相关规定》的，不仅包括生产者，也包括销售者。依据《产品质量法》第 36 条规定，销售者销售的产品的标识应当符合该法第 27 条的规定。

---

① 2018 年 3 月，根据《国务院机构改革方案》，将国家质量监督检验检疫总局的职责整合，组建中华人民共和国国家市场监督管理总局；将国家质量监督检验检疫总局的出入境检验检疫管理职责和队伍划入海关总署；将国家质量监督检验检疫总局的原产地地理标志管理职责整合，重新组建中华人民共和国国家知识产权局；不再保留中华人民共和国国家质量监督检验检疫总局。以下不再提示。

五、产品标识标注的法律效果

产品标识标注的法律效果是指因产品标识标注所产生的法律上的效力，包括私法效果和公法效果两个方面的内容。私法效果是消费者在其合法权益受到侵害时的直接救济手段，是消费者权益能否受到保障的直接法律依据。公法效果是政府对经营者违法行为的惩处，能间接起到保护消费者权益的作用。两者共同构成了消费者权益受侵害时的法律救济手段。①

（一）私法效果

从私法效果方面来看，单单由于产品标识标注不符合法定要求而起诉的，消费者可请求生产者、销售者赔礼道歉，对产品信息进行真实、准确的说明等；由于产品标识标注不实、错误而导致消费者受到损害的，生产者、销售者应当依法承担产品的瑕疵担保责任或者产品责任；故意进行虚假标注的，则可能构成欺诈消费者行为，按照《消费者权益保护法》的规定，不仅应当赔偿消费者因此受到的损害，而且还应当接受惩罚性赔偿。

（二）公法效果

从公法效果方面来看，依据《产品质量法》规定，产品标识不符合该法第27条规定的，责令改正；有包装的产品标识不符合该法第27条对限期使用的产品的标识标注及对可能危及人身、财产安全的产品的警示规定，情节严重的，责令停止生产、销售，并处违法生产、销售产品货值金额30%以下的罚款；有违法所得的，并处没收违法所得。

【拓展适用】

一、合同附随义务与消费者知情权的关系

本质上，消费者与经营者的交易可以还原为平等主体之间的交易活动，归属于民法的调整范畴。民事交易活动的当事人，对于与交易有关的信息所享有的特定利益，可称为知情利益。但是对于此种利益，传统民法并未通过赋予一方以知情权的方式加以确认和保护，而是采用赋予相对人告知义务的方式加以保护的。② 此种告知义务，在民法学界看来，是基于诚实信用原则而产生的一种附随义务。“遵守诚信原则，一方面要求当事人除了应履行法律和合同规定

---

① 李惠阳：《消费者保护对产品标识标注的要求》，载《上海政法管理干部学院学报》2008年第4期。

② 李友根：《论经济法权利的生成——以知情权为例》，载《法制与社会发展》2008年第6期。

的义务外，还应履行依诚信原则所产生的各种附随义务。这些附随义务主要包括：互相协作和照顾的义务、瑕疵的告知义务、使用方法的告知义务、重要事情的告知义务、忠实的义务等等。”①

但在这种模式下，消费者知情利益未能得到有力维护，其主要原因在于：1. 经营者的附随义务需要以一定的成本承担，经营者缺乏主动履行的动力。而消费者在专业知识和信息判断能力方面存在弱势，在获取充分的信息方面不得不依赖于经营者。2. 为了提供统一的行为规范和稳定预期，法律需要借助于法律规范和国家标准对经营者的附随义务加以细化。随着经济的发展、科技的进步、知识的更新，法律规定及标准规范存在滞后性，难以满足保护消费者知情利益的客观需要。3. 在国家标准、行业标准制定过程中，经营者起着重要的作用，从而使得很多标准呈现出经营者主导的色彩。② 4. 合同具有相对性，合同义务只能约束缔约双方，而消费者不限于产品购买者，还包括最终使用人，故合同的附随义务对消费者的保护上具有局限性。

基于以上原因，世界范围内的消费者运动推动了消费者知情权的确立。消费者知情权确立之后，可以从保护消费者利益的角度，准确地界定经营者附随义务的评价标准和范围，不再局限于合同条款的内容。在判断消费者提出的诉讼请求合理与否方面，可以依据消费者知情权的内涵，而非仅仅依据行业规范与行业惯例来判断。

二、两类情形所涉消费者知情权范围的讨论

审判实践中，对消费者知情权的范围，存在一些有争议的问题，我们试就患者的知情权和对商品组成成分的知情权问题进行讨论。

（一）患者的知情权问题

若患者属于消费者，医疗机构应当尊重患者对自己病情诊断、治疗的知情权。患者应有权查阅和复印病历、住院志、检验检查报告、手术记录等资料。但目前在学界，对医疗损害赔偿案件是否适用《消费者权益保护法》的问题，一直存在着很大的争议。一种观点认为，患者不以营利为目的接受医疗服务，应属于消费者，医疗机构的行为具有经营性，应为经营者。另一种观点认为，《消费者权益保护法》的调整对象是消费者为生活消费需要购买、使用商品或

---

① 王利明、崔建远：《合同法新论·总则》，中国政法大学出版社 2000 年版，第 111 页。

② 李友根：《论经济法权利的生成——以知情权为例》，载《法制与社会发展》2008 年第 6 期。

者接受服务的行为，而患者接受医疗是为了保住生命和恢复健康，并非为了一般的生活消费需要。笔者认为，医疗机构向患者提供的是有偿医疗服务，患者是为身体健康而非以营利为目的花钱接受这种服务，是一种消费行为，二者之间成立医疗服务合同，符合《消费者权益保护法》适用于商品、服务两类消费关系的规定，因此，总体上说，应当将患者纳入《消费者权益保护法》的保护范围。

（二）对商品组成成分的知情权问题

《消费者权益保护法》第 8 条第 2 款规定，消费者有权要求经营者提供商品的主要成份。此处的“主要成份”是否包括食品、药品等商品的配方？一种观点认为，消费者有权知悉自己所消费的商品或服务的全部真相。只要是与人身、财产安全相关的信息，消费者都有权了解，若以商业秘密为由隐瞒了部分成分，则消费者无法获知所隐瞒的那部分成分是否会危及人身、财产安全。另一种观点认为，所谓主要成份，是指商品中最重要的、起决定作用的成份，缺少或改变了主要成份，商品即发生了质的变化。而配方是指商品的全部成份，属于商业秘密，应该可以对抗消费者的知情权。笔者认为，一种商品之所以区别于其他同类商品，核心在于其独特的配方，商品的价值主要在此，而配方则包括商品成份以及各种成分的比例。因此，让经营者公开商品全部成份，不合理也不现实，但为了保障消费者的人身、财产安全，消费者应有权了解商品中有无危及自己人身、财产安全的成份，所以经营者的商业秘密应只是针对配方中的核心部分，对于其他部分应当公开。

三、产品警示缺陷的判断

（一）产品警示缺陷的内涵

依据《产品质量法》第 27 条规定，使用不当，容易造成产品本身损坏或者可能危及人身、财产安全的产品，应当有警示标志或者中文警示说明。这是关于产品标识标注的一项特别规定。违反此规定，要向消费者承担违约责任，并依据《产品质量法》第 54 条的规定承担相应行政责任。若因违反此规定而造成他人人身、财产损害的，生产者和销售者还要承担产品责任。

所谓产品责任，是指生产者和销售者因产品存在缺陷给他人人身、财产造成损害或有造成损害的危险而向受害人承担的侵权责任。产品责任的构成要件之一为产品存在缺陷，所谓“缺陷”，是指产品存在的危及人身、他人财产安全的不合理的危险。学理上将产品“缺陷”主要分为制造缺陷、设计缺陷和警示缺陷。所谓产品警示缺陷，又称指示缺陷、说明缺陷、标识缺陷等，是指产品提供者对产品的危险性没有做出必要的说明、警告或安全使用方面的指导，从而对使用人构成的不合理危险。[1] 使用人由于这种不合理危险的存在，致使自己人身、财产受损的，有权要求生产者和经营者承担产品责任。

（二）经营者提供警示合理性的判断

如何判断经营者提供警示的合理性？主要应该考虑以下几个因素：第一，警示的时间。生产者应当在产品投入流通时，对产品可能发生的危险及其预防方法加以警告和说明，如果“危险”属于将产品投入流通之际的科技水平所不能发现的，则生产者一般不承担产品责任。但随着科技水平的不断提高，生产者应当对产品的性能及实际使用效果不断进行了解，产品投入流通后发现存在缺陷的，生产者、销售者应当及时采取警示、召回等补救措施。未及时采取补救措施或者补救措施不力造成损害的，应当承担侵权责任。第二，警示的内容。生产者应当对产品所具有的特殊性质和使用方法，包括可预见的误用导致的危险和预防方法等予以指示。第三，警示的充分性。对警示的内容要予以详尽的指示，要使消费者对产品的危险性有足够的注意，比如不仅要标明保质期，还要标明生产日期或生效日期。第四，警示的对象。生产者警示的对象应该是其合理预见的最终使用者，而对于可能负有责任的中间人作适当的警示可能足以解除生产者的责任。第五，对明显的或众所周知的危险，经营者不负警示义务。如刀子会划伤手指、火柴会燃烧这些人们熟知的情况，就被认为是社会或公众普遍认识到的产品危险。但是如果危险的性质和程度大大超过使用者的预期时，则经营者仍需要警告。第六，对不可发现和未知的风险，经营者不负警示义务。在大多数国家的产品责任法中，不可发现和未知的风险都被作为经营者不负产品责任的一条抗辩理由。我国《产品质量法》第 41 条第 2 款关于“将产品投入流通时的科学技术水平尚不能发现缺陷的存在”的抗辩理由也体现了这方面的规定。

四、消费者利益保护的公益诉讼

就消费者知情权提起的诉讼，多是单个消费者为维护自身利益而提起的诉讼，人民法院也往往只是围绕该案当事人的利益作出裁判，无法约束经营者今后的经营行为。这是由民事诉讼的私益性决定的。一直以来，民事诉讼都要求原告与案件必须有直接利害关系，所提出的诉讼请求也不能脱离原告的利益，

---

① 董春华、高汉成：《论美国产品责任法中的“警示缺陷”》，载《东方论坛》2004 年第 3 期。

比如作为消费者的一方当事人提出的诉讼请求之一为生产者在其生产、销售的化妆品的包装上标注开瓶使用期限，但法院认为“在民事诉讼中，法律只保护特定民事主体自身的合法权益，因此民事诉讼中的权利人和标的物均应是特定的……这一诉讼请求虽然合理，却已涉及不特定的权利主体和标的物，超出本案能够处理的范围，难以全部支持”，只是支持了当事人自己了解开瓶使用期限的这一部分诉讼请求，并不可能判决生产者今后生产的产品上都标注开瓶使用期限。在实践中，某种产品可能销量巨大，侵害了众多消费者的权益，一方面，因为消费者分散、单个消费者消费金额不高、个体诉讼能力较弱等原因，面对经营者侵害自己权益的行为，很多消费者难于起诉或怠于起诉，致使自身的合法权益不能得到救济。另一方面，某一个消费者起诉后，即使胜诉，也不能直接将判决适用于其他未起诉的消费者，其他消费者就同一事实必须再次起诉，这不利于将有限的司法资源最优化配置，还有可能出现同案不同判的情形。

鉴于此种情形，社会各界对保护社会公共利益的公益诉讼制度呼吁已久。2012 年《民事诉讼法》修改后，在第 55 条增加了关于公益诉讼的规定。按照该条规定，对环境污染、侵害众多消费者权益等侵害社会公共利益的行为，法律规定的机关和有关组织有权提起公益诉讼。这一条的适用有几个限制条件：一是适用范围上，要满足侵害社会公共利益的要件，就消费者权益而言，只能是侵害不特定多数消费者权益的行为，只侵害特定消费者权益的行为不适用该条规定。二是起诉主体上，只限于法律规定的机关和有关组织，公民个人不能提起公益诉讼，至于“法律规定的机关和有关组织”的具体范围，有待于《消费者权益保护法》等法律明确规定。[①] 与私益诉讼不同，公益诉讼的原告提起的诉讼请求具有公益性，比如要求被告停止侵害行为，要求经营者向潜在的消费者履行告知义务。

【典型案例】

刘雪某诉某某公司、某某中心消费者权益纠纷案

原告：刘雪某。

被告：浙江省杭州市某某化妆品有限公司。

法定代表人：戴震某，该公司董事长。

被告：江苏省南京市某某环球购物中心。

法定代表人：刘晓某，该中心负责人。

---

① 高民智：《关于民事公益诉讼的理解与适用》，载《人民法院报》2012 年 12 月 7 日。

〔基本案情〕

原告刘雪某因与被告浙江省杭州市某某化妆品有限公司（以下简称某某公司）、江苏省南京市某某环球购物中心（以下简称某某中心）发生消费者权益纠纷，向江苏省南京市鼓楼区人民法院提起诉讼。

原告刘雪某诉称：原告在被告某某中心处购买了由被告某某公司生产的海皙蓝O^2时光嫩肤液。该化妆品外包装上，没有标注开瓶后的使用期限以及正确的使用方法。原告买到这样的化妆品，难以正确使用。某某公司不在化妆品外包装上正确标注，某某中心将这样的化妆品销售给消费者，这种行为侵害了原告依法享有的消费者知情权。请求判令被告：1. 在海皙蓝O^2时光嫩肤液的外包装上标注开瓶使用期限，并提供相应的检测报告；2. 说明和标注正确使用商品或者接受服务的方法。

原告刘雪某向法庭提交了购物发票、海皙蓝O^2时光嫩肤液的包装盒以及照片4张，用以证明起诉事实。

被告某某公司辩称：海皙蓝O^2时光嫩肤液的包装盒内有使用方法说明书，该化妆品在出厂前都经过检测并有检测报告。化妆品保管和使用的不合理，会影响化妆品的使用寿命，因此化妆品开封后的保质期是难以确定的。原告要求在化妆品外包装上标注开瓶使用的期限，没有法律依据，该诉讼请求应当驳回。

被告某某公司向法庭提交了海皙蓝商标注册证、企业标准备案号、生产许可证、卫生许可证、杭州市病症预防控制中心的检验报告、海皙蓝O^2时光嫩肤液的包装盒和说明书，用以证明其经批准生产的海皙蓝O^2时光嫩肤液是合格化妆品，该化妆品的正确使用方法已经向消费者说明。

被告某某中心辩称：原告的诉讼请求超出了行规范围，不应得到满足。

被告某某中心向法庭提交了2003年12月至2004年12月的联合销售专柜合同、海皙蓝O^2时光嫩肤液包装盒、说明书等，用以证明其是合法经销海皙蓝O^2时光嫩肤液。

法庭组织了质证、认证。经质证，被告某某公司、某某中心对原告刘雪某提交的购物发票无异议，但认为商品包装盒上的暗码反映，这一盒海皙蓝O^2时光嫩肤液不是某某中心卖出的。刘雪某对某某公司、某某中心提交证据的真实性无异议。

南京市鼓楼区人民法院经审理，查明被告某某公司、某某中心虽然否认原告刘雪某所持的海皙蓝O^2时光嫩肤液是从某某中心购买，但没有证据证明，故不予支持。除此以外，双方当事人都对对方提交证据的真实性无异议，予以确认。在此基础上，南京市鼓楼区人民法院主持调解。刘雪某认为，某某公司提交的说明书、检测报告和对海皙蓝O^2时光嫩肤液正确使用方法的当庭说明，满足了其第二项诉讼请求，但仍要求某某公司、某某中心在化妆品外包装上标注开瓶使用期限；某某公司、某某中心认为，刘雪某的这一诉讼请求没有法律依据，且超出行规范围，不能同意。双方各持已见，致调解无效。

〔一审裁判要旨〕

南京市鼓楼区人民法院认为，《中华人民共和国民法通则》（以下简称民法通则）第五条规定：“公民、法人的合法的民事权益受法律保护，任何组织和个人不得侵犯。”消费者有权知悉其购买、使用的商品或者接受的服务的真实情况，并有权根据商品或者服务的不同情况，要求经营者提供商品的有效期限。《中华人民共和国产品质量法》（以下简称产品质量法）明确规定，生产者应当对生产的产品质量负责，其产品或者包装上的标注必须真实，限期使用的产品，应当在显著位置清晰地标注安全使用期。原告刘雪某购买的海皙蓝 O^2 时光嫩肤液，底部明确标注了限用期限是到 2007 年 11 月 21 日，且对这个期限无特殊说明，该期限应视为开瓶前或开瓶后都应达到的安全使用期限。现国家法律和行业规范都没有强制规定化妆品要标注开瓶后的使用期限，故刘雪某要求被告某某公司、某某中心在化妆品外包装上标注开瓶使用期限，没有法律依据，不予支持。

据此，南京市鼓楼区人民法院于 2004 年 5 月 25 日判决：

驳回原告刘雪某的诉讼请求。

本案受理费 50 元、其他诉讼费 100 元，由原告刘雪某负担。

〔当事人上诉及答辩意见〕

宣判后，刘雪某不服，向江苏省南京市中级人民法院提出上诉，理由是：1. 产品质量法第二十七条第一款第（四）项规定：“限期使用的产品，应当在显著位置清晰地标明生产日期和安全使用期或者失效日期。”被上诉人先是在海皙蓝 O^2 时光嫩肤液的外包装底部标注“限用日期记载于底部或侧面”，然后在容器的底部标注限用期，不属于在“显著位置”标注有关期限，违反了法律的这一规定；2. 众所周知，化妆品开瓶后即接触空气，其活性成分容易发生变化，开瓶后的保质期将大大缩短。而消费者只有在开瓶状态下，才能正常使用化妆品。法律为保护消费者不受变质化妆品的伤害，才要求生产者标注安全使用期或者失效日期。“限用合格期限”，只是指化妆品未开瓶状态下的存放期限，不包括消费者需要了解的化妆品开瓶状态下的“安全使用期”或“失效日期”。把“限用合格期限”解释为“开瓶前或开瓶后都应达到的安全使用期限”，是误导消费者，侵害消费者的知情权；3. 被上诉人称化妆品开封后的保质期难以确定，“难以确定”不等于无法确定，而是生产企业未做此方面工作；4. 虽然被上诉人在产品外包装底部标注“限用日期”的做法符合现行国家标准，但现行国家标准不能排斥法律对生产者提出的更高要求，更不能阻止消费者要求实现法律赋予的权利。上诉人是根据产品质量法的规定，才对被上诉人提出诉讼请求，一审以上诉人的诉讼请求没有法律依据为由判决驳回，显然是错误的。请求撤销一审判决，改判支持上诉人的诉讼请求。

被上诉人某某公司答辩称：对化妆品通用标签上日期的标注方法，GB 5296. 3—1995 号国家标准第 64. 1 节规定，“必须按下面两种方式之一标注：a. 生产日期和保质期；b. 生产批号和限期使用日期”。“限用合格期限”，是指商品在正常保管下的正常使用期限。符合这两项要求且在瓶底标注的期限内使用，就可以保证质量。某某公司在海皙蓝 O^2 时光嫩肤液外包装上标注“限用合格期限”，符合国家标准和行业标准，是合法的。有关化妆品的质量法规、卫生法规或者国家标准上，都没有规定化妆品必须标注开封后的使用期限。上诉人要求在化妆品外包装上标注开瓶后的使用期限，没有法律依据。一审判决驳回上诉人的诉讼请求，是正确的，二审应当维持原判。

被上诉人某某中心答辩称：“限用合格日期”，是指“质量保证的最后期限”。本案化妆品外包装上的标注符合国家标准，是合法的，二审应当维持原判。

〔二审查明的事实〕

南京市中级人民法院经审理查明，2004 年 1 月 26 日，上诉人刘雪某在被上诉人某某中心处购买了由被上诉人某某公司生产的海皙蓝 O^2 时光嫩肤液（中复性肌肤适用）一瓶，净含量 130 毫升，价格 170 元。该化妆品外包装盒底部标注“限用日期：记载于底部或侧面”，内置玻璃容器底部标注：“限用合格 2007. 11. 21. ”。刘雪某购买该化妆品后即开瓶使用。当年 3 月 8 日，刘雪某以该化妆品外包装上没有标注开瓶后的使用期限和正确的使用方法，致使自己难以正确使用该化妆品为由，提起本案诉讼。在某某公司于一审审理期间提供的 Q330101 号《杭州乐金化妆品有限公司企业标准》第 64 条中，规定海皙蓝 O^2 时光嫩肤液的贮存条件是：“应贮存于温度不高于 38℃的通风干燥仓库内，堆放时必须距离地 20 厘米，内墙 50 厘米，中间留有通道，不得倒放，切忌靠近水源或暖气，并严格掌握先进先出原则。符合规定的贮存条件，产品在包装完好，未经启封条件下，本产品保质期为四年。”

二审期间，上诉人刘雪某提出，因被上诉人某某公司已在一审期间提供了产品使用说明书，满足了其第二项诉讼请求，现仅要求某某公司和某某中心在外包装上标注该化妆品的开瓶使用期限，并提供相应的检测报告。

就本案所涉化妆品包装上日期的标注方法问题，法院向国家质量监督检验检疫总局进行了咨询，该局的答复是：1. 国家标准所规定的保质期，不包括化妆品拆封状态下的保质期或限期使用日期；2. 某某公司的企业标准规定产品保质期为 4 年，限期使用日期指产品在适当贮存条件和未启封状态下的期限；3. 化妆品开封后的使用寿命，与环境条件及使用者个人的使用习惯有很大关系。由于可能涉及的情况千差万别，产品启封后的保质期难以统一确定。

本案争议焦点是：1. 本案化妆品包装上标注的“限用合格日期”，是否包括开瓶后的使用期限？2. 在本案化妆品上标注“限用合格日期”，是否误导消费者？3. 某某公司对本案化妆品的标注方法，是否侵害了消费者知情权？4. 对在海皙蓝 O^2 时光嫩肤液外包装上标注开瓶后使用期限的诉讼请求，应否支持？

〔二审裁判要旨〕

南京市中级人民法院认为，关于争议焦点一。被上诉人某某公司的Q330101号《杭州乐金化妆品有限公司企业标准》第64条中明文规定："符合规定的贮存条件，产品在包装完好，未经启封条件下，本产品保质期为四年。"化妆品开瓶后即接触空气，加之温度、环境的变化，以及使用人的使用习惯和卫生条件不同，其活性成分容易发生变化，开瓶后的保质期必将大大缩短。上诉人刘雪某于2004年1月26日购买的海皙蓝 O^2 时光嫩肤液上，标注的"限用合格日期"2007年11月21日，应该是指该产品在符合规定的贮存条件、包装完好、未开瓶状况下的保质期，不包括开瓶后的使用期限。一审认定"该期限应视为开瓶前或开瓶后都应达到的安全使用期限"，是错误的。

关于争议焦点二。消费者购买化妆品，其目的不是长期收藏，而是要用它来清洁、保护、美化肌肤。化妆品一旦变质，通过消费者肌肤的吸收、渗透，必将对消费者的身体产生伤害。因此，消费者真正关心的，不是化妆品在未启封条件下的保质期，而是启封后的使用期。产品质量法为确保消费者使用产品时的生命和财产安全，才在第二十七条第一款第（四）项规定，限期使用的产品，应当在显著位置清晰地标注生产日期和安全使用期或者失效日期。在海皙蓝 O^2 时光嫩肤液的外包装上，被上诉人某某公司仅标注了"限用合格日期"，同时不说明该日期是指产品未启封状态下的保质期。某某公司还在一审中将"限用合格日期"解释为："在正常保管下正常使用，不要超过瓶底的使用期限，可以保证质量。"作为生产化妆品的专业人员，尚不能对"限用合格日期"的真正含义作出正确解释。消费者不是专业人员，在无特殊说明的情况下，将"限用合格日期"理解为其所关心的开瓶后安全使用期，则是情理中事。因此，仅标注"限用合格日期"，不同时说明该日期真实含义的做法，不能使消费者正确了解该化妆品的安全使用期，对消费者有误导作用。

关于争议焦点三。GB 5296. 3—1995号国家标准规定，化妆品通用标签上，必须标注生产日期和保质期，或者生产批号和限期使用日期。产品质量法规定，限期使用的产品，应当在显著位置清晰地标明生产日期和安全使用期或者失效日期。纵观两个规定，产品质量法只是对限期使用产品的标注方法提出了更高要求，二者不存在矛盾。《中华人民共和国消费者权益保护法》第八条规定："消费者享有知悉其购买、使用的商品或者接受的服务的真实情况的权利。"限期使用产品的生产者，应当将该产品的安全使用期标注在显著位置，清晰地告知消费者。被上诉人某某公司只按国家标准的规定标注了"限用合格日期"，没有按产品质量法的规定标注产品的安全使用期，侵害了上诉人刘雪某和其他消费者依法享有的知情权。

关于争议焦点四。通过两审审理，上诉人刘雪某已了解"限用合格日期"仅指海皙蓝 O^2 时光嫩肤液未开瓶状态下的保质期，现仍要求被上诉人某某公司、某某中心在海皙蓝 O^2 时光嫩肤液外包装上标注开瓶后的使用期限。对于海皙蓝 O^2 时光嫩肤液开瓶后的使用期限，某某公司、某某中心均表示难以确定。根据法律规定，作为化妆品的经营者，某某公司和某某中心有义务以明确无误的方式，向消费者告知海皙蓝 O^2 时光嫩肤液开瓶后的安全使用期限，以确保消费者安全地使用该化妆品。难以确定，并非不能确定。企业应当本着为消费者服务的宗旨，使用直接标注启封后使用期限，对“限用合格日期”的真正含义作出说明，或者对不能继续使用的情形加以警示等方式，帮助消费者充分了解并正确使用自己的产品，消除消费者可能产生的误解。某某公司、某某中心以难以确定为由，要求驳回刘雪某的诉讼请求，理由不能成立。

被上诉人某某公司、某某中心有义务向消费者告知海皙蓝 O^2 时光嫩肤液开瓶后的安全使用期限。在民事诉讼中，法律只保护特定民事主体自身的合法权益，因此民事诉讼中的权利人和标的物均应是特定的。上诉人刘雪某要求某某公司、某某中心在海皙蓝 O^2 时光嫩肤液的包装上标注开瓶使用期限，这一诉讼请求虽然合理，却已涉及不特定的权利主体和标的物，超出本案能够处理的范围，难以全部支持。但这一诉讼请求中，包含了刘雪某希望知道自己购买的这一瓶海皙蓝 O^2 时光嫩肤液开瓶使用期限。作为消费者，刘雪某享有知情权，该诉讼请求中的这一部分合理合法，应当支持。

综上，一审认定事实错误，判决驳回上诉人刘雪某的全部诉讼请求不当，依法应予改判。据此，南京市中级人民法院依照《中华人民共和国民事诉讼法》第一百五十三条第一款第（三）项的规定，于 2005 年 3 月 10 日判决：

一、撤销一审民事判决。

二、被上诉人某某公司、某某中心于本判决生效之日起三个月内，以书面形式向上诉人刘雪某告知其购买的海皙蓝 O^2 光嫩肤液的开瓶使用期限。

三、驳回上诉人刘雪某关于要求某某公司、某某中心在与其购买的海皙蓝 O^2 时光嫩肤液同样产品上标注开瓶使用期限的诉讼请求。

一、二审案件受理费共 100 元，由上诉人刘雪某负担 20 元，被上诉人某某公司、某某中心各负担 40 元。

本判决为终审判决。

第十七章 环境污染责任

规则 23：未经批准擅自排放污水，造成水田污染等损害的，加害者应承担由此造成的损失

——某某村村民委员会诉某某金矿局采金船排污污染水田损害赔偿纠纷案①

【裁判规则】

未经批准擅自排放污水，未采取任何防治措施，造成引水渠堵塞，水田污染，水稻减产，其行为与水田损害污染等有直接因果关系，应承担由此造成水污染的一切责任。

【规则理解】

一、环境污染侵权的内涵及法律特征

（一）环境污染侵权的内涵

要了解环境污染侵权的概念，就必须先了解环境的概念，在环境法中界定的环境，直接决定了一个国家的环境法所要保护的客体范围。我国《环境保护法》对环境这一概念进行了界定，该法第 2 条规定："本法所称环境，是指影响人类生存和发展的各种天然和经过人工改造的自然因素的总体，包括大气、水、海洋、土地、矿藏、森林、草原、野生生物、自然遗迹、人文遗迹、自然保护区、风景名胜区、城市和乡村等。"因此，环境污染侵权是指人类利用环境的行为造成环境污染或破坏进而对他人的人身权、财产权、环境权益造成损害或有造成损害之虞时，依法应当承担民事法律责任的一种特殊侵权行为。

（二）环境污染侵权的法律特征

1. 主体的不平等性。在传统侵权行为中，当事人在地位上是平等的，可以互相转换地位。也就是说，加害人与受害人是可以互相转换角色的。而在环境

① 《中华人民共和国最高人民法院公报》1988 年第 4 期。

污染侵权中，加害者往往是经国家注册许可的拥有先进的科技、雄厚的资金、广泛的社会背景和较强的社会影响力的企业或企业集团，而受害者则往往是势单力薄、缺乏资金和技术支持、缺乏组织联系的普通公民或散漫组织。很明显，双方处于一种强势与弱势的存在明显差距的地位，因此，在环境污染侵权中，双方当事人在地位上具有不平等性。

2. 环境污染侵权的价值性。造成传统侵权行为的原因行为是违反社会生活常规的行为，一般被认为是“无价值的行为”。比如伤害他人、毁损他人财物、放火、抢劫、盗窃等行为，其本身对社会毫无益处，是危害社会安全的行为。而环境污染侵权是伴随着经济发展产生的。造成环境侵害的原因行为，如排放煤烟、流放废水、倾倒废物等，能够创造社会财富，是增进社会福利的活动必然伴随的。如果严格禁止这种行为，就会使经济发展受到严重遏制，甚至陷入停滞状态，人类社会发展也势必将停顿。只要社会经济继续发展，环境侵害行为就无法避免。因此，不能认定环境污染侵权行为是无价值的行为或事实。[①]基于这种价值判断标准，笔者认为环境污染侵权行为虽然对他人权益造成了损害，但具有一定程度的社会有用性和价值性。环境污染侵权是一种有价值的侵害，具有“社会妥当性”，是“可允许的危险”。对环境污染侵权行为进行利益衡量，如果对环境的污染达到了一定程度，是公民无法忍受的，就是法律要禁止的。倘若对环境的污染在一定限度内，而且给人们带来的利益在人们忍受限度内，法律就允许这种行为。

3. 行为状态的间接性、无形性和潜伏性。传统侵权法上的侵害和环境污染侵权在行为方式上存在不同，前者表现为行为人对受害人的直接作用。而对于环境污染侵权，一般是环境在行为人和受害人之间承担着中介的作用，行为人先是污染或破坏了环境，而后环境又影响了受害人的诸多权益，可见环境侵害具有间接性的特点。环境污染或环境破坏的侵权往往需要借助于环境要素媒介而作用于受害人，致使被害人往往在毫无觉察中遭受损害，因而体现出其无形性。环境污染侵权所造成的损害一般会保持很长时间，同时由于环境具有一定的自净能力，短时间少量排放某种有害物质可能因环境的自净能力并不发生损害结果，但如果长期排放，该种有害物质会慢慢积累，达到一定程度时就会显现出损害。因而环境侵害具有潜伏性。这导致环境污染侵权救济制度中特殊诉讼时效等规则的引入。

---

① 王利明：《侵权行为法研究》，中国人民大学出版社2004年版，第384页。

4. 环境污染侵权具有损害的难以恢复性。众所周知，环境被污染或破坏后，一般是难以恢复原状的。即使花费漫长的时间、投入大量的资金，也只能恢复到符合当地使用环境的基本标准。环境污染侵权如果致人生命受损，则根本不可能恢复。因此，如果把恢复过程所导致的环境影响考虑在内，可以认为环境污染和破坏是难以恢复的。从环境经济学上来考虑，让侵权行为人承担环境恢复的责任，经济代价是非常昂贵的。一般企业承受不起，而且对社会的发展极为不利。

二、环境污染侵权的构成要件

环境污染侵权民事责任与一般民事侵权责任的构成要件不完全一样。具体表现为：第一，环境污染侵权民事责任实行无过错归责原则，所以对一般民事侵权责任具有的主观过错要件没有要求；第二，一般民事侵权责任的因果关系是直接的、必然的，而环境污染侵权民事责任的因果关系是推定的；第三，一般民事侵权责任要求具有违法行为，加害人只对其违法行为负责。而环境污染侵权民事责任对行为的违法性没有要求，即使是合法行为也有可能对他人的民事权利造成侵害。综上所述，环境污染侵权民事责任的构成要件包括：环境污染侵权行为、环境污染损害结果及环境污染侵权行为与环境污染损害结果间的因果关系。下面分别阐述构成要件要素：

（一）环境污染侵权行为

环境污染侵权行为是指各种企业将其生产行为所产生的各种污染物排放或传播到环境之中，致使人类生存环境受到危害的行为。环境污染侵权的行为有作为与不作为之分。作为以排放和传播两种行为最为典型；不作为的方式，如排污处理设备损坏没有得到及时修复而导致废水未经处理排入环境或密封容器的自然损坏导致的有毒气体外溢导致环境污染。

环境污染侵权的行为既包括合法行为，也包括违法行为。这是因为当今科技水平有限，彻底地解决经济建设中产生的污染问题十分困难。在无法解决经济发展造成的环境污染的矛盾下，国家允许企业在特定范围内排放污染物。因此，如果在此范围内排污造成的环境污染行为便是合法行为，但合法行为也可能对环境造成损害，也是危害行为之一。其包含的情形大致有两种：第一，现行环境保护法对经济活动中新产生的污染行为没有规定，这时危害行为就没有违法性。第二，企业的排污行为没有超过国家规定的标准，但却对环境造成了一定的损害。

（二）环境污染损害结果

环境污染损害后果是指由污染环境的行为所造成的环境损害程度的客观评估。其主要包括财产损害、人身损害、精神损害。

1. 财产损害。财产损害是指环境污染或破坏环境的行为导致公民、法人及国家的所有或管理的财产的损坏、灭失或者价值的减少，从而使公民、法人及国家无法实现对财产的占有、使用、收益之目的。这种损害通常是可以用一定数量的金钱来衡量并确定的。

财产损害根据损失的形态可以分为直接损失和间接损失。根据权利主体可以分为国家财产权的损害、法人和非法人等团体的财产权的损害以及公民财产权的损害。第一，对国家财产权的损害是指环境污染会造成河流、湖泊、海洋等属于国家所有的环境因素的损害，而由国家授权的有关部门请求赔偿。第二，对法人、非法人团体的财产权的损害是指企业在生产经营活动中排放污染物污染环境，影响邻近企业的生产经营活动所造成的财产损失。第三，对公民财产权的损害，包括公民经营、管理、所有的财物的减损，还包括环境污染侵权致人人身损害后所付出的医疗、护理、丧葬等费用。

2. 人身损害。人身损害是指“因污染或破坏环境而对他人的健康和生命造成的损害，包括致人伤残、患病、死亡等”。[①] 行为人的环境污染侵权行为，也可能造成自然人的人身损害，如工厂排污，导致自然人的身体健康受损，甚至严重者导致生命的丧失。对此，应在科学合理地确定因果关系的基础上，认定该人身损害是环境污染侵权的损害事实。对于由此造成的权利人损失应由有关的赔偿义务人予以赔偿。人身损害的具体赔偿标准，应根据《人身损害赔偿司法解释》的规定予以处理。

3. 精神损害。无论受害人受到人身、财产损害还是环境权益方面的损害，都会使受害人或其近亲属受到精神方面的痛苦，尤其是在其人身诸如生命权、健康权、人格权受到侵害时，该方面的损害更加严重。它虽是一种无形的损害，很难量化，但是损害事实还是可以确定的。《最高人民法院关于确定民事侵权精神损害赔偿责任若干问题的解释》中就规定精神损害也是受害人提起诉讼的理由之一。而且环境污染侵权民事责任适用无过错责任原则，使得受害人的精神损害赔偿请求权更容易实现，使得受到损害者的精神损害痛苦平复。

---

① 马骧聪：《环境保护法》，四川人民出版社 1988 年版，第 141—142 页。

（三）因果关系

在环境污染侵权领域，因果关系作为侵权责任的构成要件的目的是确定行为人的污染或破坏环境的行为是否造成了损害事实，造成了多大范围的损害事实。由于环境污染侵权的特殊性和复杂性，对于受害人而言，证明原因事实与损害事实之间的因果关系，较一般侵权民事责任因果关系的证明更加困难。因此，我国《侵权责任法》第66条规定："因污染环境发生纠纷，污染者应当就法律规定的不承担责任或者减轻责任的情形及其行为与损害之间不存在因果关系承担举证责任。"《民法典》对上述规定的内容精神进行了保留，即第1230条规定："因污染环境、破坏生态发生纠纷，行为人应当就法律规定的不承担责任或者减轻责任的情形及其行为与损害之间不存在因果关系承担举证责任。"可见该规定确定了举证责任倒置的原则，减轻了受害人的举证责任。

三、环境污染侵权的责任承担方式和免责事由

（一）环境污染侵权的责任承担方式

环境污染侵权民事责任的承担方式是指环境污染侵权行为人因侵权给他人造成损害所应承担的法律后果的形式。总结相关环境法律法规，环境污染侵权的责任承担方式主要有停止侵害、排除妨碍、恢复原状、赔偿损失。

1. 停止侵害。停止侵害可以适用于所有侵权行为。其要求环境侵权人立即停止环境侵害行为。这种责任形式的作用主要是及时制止正在进行的环境侵害行为，防止环境污染后果的扩大。在受害人正在受到侵害人的侵害时，受害人为了恢复自己的环境权益，依法向法院提出停止侵害的请求。这种民事责任方式既可单独适用，也可与其他责任方式一起适用。

2. 排除妨碍。排除妨碍是在污染行为已经给受害人造成妨碍或即将造成妨害时，受害人依法请求解除妨碍的民事责任。这里的妨碍不是受害人的想象和猜测，而是必然要出现的，是确实存在某种危险。排除妨碍可以及时消除现存危险，更好地防止污染行为的扩大。其既可单独适用，也可与其他责任形式合并适用。

3. 恢复原状。恢复原状是指因行为人的环境污染侵权行为致使受害人的合法权益受损时，如果能够恢复到被侵害前的状态而且有恢复的必要，则受害人有权请求法院责令侵权人恢复原始状态的一种责任承担方式。[1] 在环境污染损害领域，要恢复到一般民事侵权中所谓的原始状态，一般情况下是不可能的。

---

① 宋宗宇：《环境侵权民事责任研究》，重庆大学出版社2005年版，第180页。

因此恢复原状的标准有所降低，只要把被污染的环境恢复到符合环境要素在当地使用的环境质量标准，把破坏的环境要素恢复到环境要素原有的功能要求即可。

4. 损害赔偿。我国法律规定，如果环境污染侵权行造成他人人身、财产损失，要承担相应的赔偿责任。《侵权责任法》第 65 条规定："因污染环境造成损害的，污染者应当承担侵权责任。"《民法典》对上述规定的内容精神进行了保留，即第 1229 条规定："因污染环境、破坏生态造成他人损害的，侵权人应当承担侵权责任。"赔偿损失是一种事后补救措施，它无论是在一般侵权责任领域还是特殊侵权责任领域，都是适用最广泛的一种方式。环境污染侵权行为按照其有无过错可以分为有过错的行为和无过错的行为。前者是违法行为，后者是合法行为。如果行为人的行为属于前者，则对其造成的损害应当承担惩罚性的赔偿责任；如果其行为属于后者，则只需承担现有的损害赔偿责任即可。

（二）环境污染侵权的免责事由

在某些情况下，加害人基于一定的事由对于由此造成的损害可以免责或是减轻一定的责任。《侵权责任法》[①] 对于环境污染责任的免责事由并未进行另外的规定，只是在其第三章中规定了一些不承担责任和减轻责任的情形，诸如被侵权人过错，受害人故意，第三人造成的损害，不可抗力，正当防卫和紧急避险。而环境污染侵权的免责事由主要包括：

1. 不可抗力。不可抗力是指不能预见、不能避免、不能克服的客观情况。这是民事责任免责的常见事由。《侵权责任法》第 29 条规定："因不可抗力造成他人损害的，不承担责任。法律另有规定的，依照其规定。"《民法典》对上述规定的内容精神进行了保留，即第 180 条规定："因不可抗力不能履行民事义务的，不承担民事责任。法律另有规定的，依照其规定。"无过错责任虽然强调对受害者的保护，但是并不是要以牺牲加害人的公平为代价，因而，不可抗力仍然可以作为环境侵权民事责任的免责事由。

2. 受害人过错。在环境污染侵权领域，受害人的过错是指受害人本人或受害人一方的其他相关人员对环境污染损害的发生扩大具有故意或过失的心理状态。《侵权责任法》第 26 条规定："被侵权人对损害的发生也有过错的，可以减轻侵权人的责任。"第 27 条规定："损害是因受害人故意造成的，行为人不承担责任。"《民法典》对上述规定的内容精神进行了保留，即第 1173 条规定：

---

① 2021 年 1 月 1 日《民法典》施行后，该法废止。

“被侵权人对同一损害的发生或者扩大有过错的，可以减轻侵权人的责任。”第1174条规定：“损害是因受害人故意造成的，行为人不承担责任。”因此，受害人过错也是环境污染侵权的免责事由之一。

3. 第三人过错。第三人的过错是指环境污染损害的发生是由原告与被告之外的第三人故意利用被告所创造的那种情势造成的，从而被告应免于承担民事责任。《侵权责任法》第28条规定：“损害是因第三人造成的，第三人应当承担侵权责任。”《民法典》对上述规定的内容精神进行了保留，即第1175条规定：“损害是因第三人造成的，第三人应当承担侵权责任。”因此，第三人过错也是环境污染侵权的免责事由之一。

【拓展适用】

一、环境污染侵权因果关系的判断标准

（一）判断环境污染侵权因果关系的各种学说

目前，关于环境污染侵权因果关系的学说有很多。纵观世界各国关于因果关系的判断标准，因果关系推定理论主要有运用盖然性认定因果关系、应用疫学推定因果关系和以经验法则判定因果关系三大类。

1. 盖然性认定因果关系。盖然性认定因果关系学说的主要内容是：第一，因果关系举证责任在形式上仍然由原告承担；第二，被告若不能证明加害行为与损害结果之因果关系不存在则视为因果关系存在，以此实现举证责任的转换，习惯上称为事实推定理论；第三，只要求原告在相当程度上举证，不要求全部技术过程的举证。[①] 简单来说，就是在加害行为与损害结果之间只要证明“如果没有该行为，就不会发生该损害结果”的某种程度的可能性。[②] 盖然性认定因果关系学说主要包括优势证据说和事实推定说。

（1）优势证据说。优势证据说认为，在环境污染侵权诉讼案件中，对双方当事人主张的不同事实进行司法认定时，只要原告主张的事实有超过50%以上的可能性，提出的证据达到的程度比对方所提出的证据更为优越，就可以做出被告行为导致损害结果的结论。该学说在一定程度上克服了传统因果关系理论的弊端，日本及英美国家相继在审判实践中采用，比如美国法院对于有害物质

① 李薇：《日本侵权行为法的因果关系理论》，载《外国法评议》1995年第4期。

② 王明远：《日本环境公害民事赔偿研究》，载《北大法律评论》2001年第1辑。

的认定就采用这种方法。①

（2）事实推定说。事实推定说认为，因果关系的存在与否的举证，无须以严密的科学方法，只要达到某种程度的盖然性即可。此说指出被害人只须证明以下两点：其一，工厂所排放的污染物质到达被害人居住的地区并发生作用；其二，该地区有多数同样损害发生，法院就可以认定因果关系的存在，除非被告人提出反证，证明因果关系的不存在，否则不能免除其民事责任。② 事实推定说不仅减轻了被害人的举证责任，有利于案件的顺利解决，还提出了一个以“盖然性”为标准的全新判断规则，也正是由于这些优点，这一理论为一些国家所接受和采用。

2. 应用疫学推定因果关系。最早提出该理论的是日本的法学界，而该种理论的目的也是更好地解决认定环境侵权因果关系这一难题。它是将疫学这一科学概念放置到环境污染侵权案件中，利用可能引起疫学相关理论中有关环境污染的内容，进而通过种种科学证据证明环境侵权因果关系存在与否，应用疫学推定因果关系的相关理论包括疫学因果关系说和个别因果关系说。

（1）疫学因果关系说。疫学因果关系说是指就疫学上可能考虑的若干因素，利用统计的方法，调查各因素与疾病之间的关系，选择相关性较大的因素，对其作综合性研究，以判断其与结果之间有无联系。判断疫学上的因果关系，只要具备以下条件即可：第一，该因素曾在发病前发生作用；第二，该因素作用提高（数量增加）则病患增多或病情加剧，反之该因素作用降低（数量减少）则病患减少或病情减弱，二者之间成正比例关系；第三；该污染物足以引发疾病，并且与生物学说并不矛盾。上述条件相互关联并以数量统计作出合理程度的证明，不必经过严密的科学实验即可成立因果关系。

疫学因果关系说降低了优势证据说和事实推定说的盖然性，提出了一种具体的因果关系认定标准，可以对复杂的因果关系作出有效的判断，所以为许多国家所采用。比如世界“八大公害”之一的日本富山骨痛病诉讼以及 1972 年日本四日市栓塞症诉讼就是运用疫学上因果关系的典范。③

（2）个别因果关系说。个别因果关系说是从疫学因果关系说衍生而来的。根据疫学因果关系说，在认定因果关系是否存在的时候，必须具备一定的标准

---

① 叶明：《试论环境侵权因果关系的认定》，载《广西政法管理干部学院学报》2001 年第 4 期。

② 曹明德：《环境侵权法》，法律出版社 2000 年版，第 178—179 页。

③ 宋宗宇：《环境侵权民事责任研究》，重庆大学出版社 2005 年版，第 121 页。

即关联的一致性、坚固性、特异性、时间性、调整性，如果符合这个标准则基本上可以确定某因素和结果之间具有因果关系，但是如果不符合这个标准则无法认定。然而，在采取疫学因果关系说的时候，又常常与实际情况不符合，不利于对受害人的保护，这时候就可以采取个别因果关系理论。日本的川铁千叶公害诉讼案中就采用了个别判断因果关系的方法。①

3. 以经验法则判定因果关系的学说。以经验法则判定因果关系的学说，在判定因果关系时十分重视经验法则在因果关系推定中的重要作用。这类学说主要包括间接反证说和姑且推定说。

（1）间接反证说。间接反证说认为，因为环境污染侵权因果关系的认定极为复杂，涉及的因素很多，所以，如果原告能够证明其中的部分关联事实，其余部分的事实则被推定为存在，而由被告承担反证其不存在的责任。间接反证说根据部分举证事实证据推定存在因果关系，从而判决被告对原告的损害进行赔偿。这在病因的认定上比采用疫学因果关系理论大大缓解了原告在公害案件举证上的困难，这样更符合法的公平正义精神。

（2）姑且推定说。姑且推定说认为，如果按照一般人的经验，认为某事实A的发生，在大多数情况下均以他项事实B作为其原因，在这种以B作为A发生原因的高度盖然性经验法则情况下，则可承认“姑且的推定”。因此，在某事件中，如果有相当于AB两个事实存在时，即使对现实的事实经过不甚明了，也可以根据上述经验法则，就两个事实之间的因果关系成立姑且地推定，而不必特别为证明因果关系而提出证据。反之，如欲推翻上述推定，则必须由否定因果关系的当事人就其特别情况做出说明。姑且推定说大大缓解了原告的举证困难，故很快为各国立法上所援用，德国的《环境责任法》中就采用了该规则。②

（二）我国环境污染侵权因果关系的判断标准

我国的传统民法上长期以来以必然因果关系说为主导，只有侵权行为导致的损害结果是必然的，侵权行为人才需要对该损害结果承担相应责任。但是由于环境侵权的复杂性和不确定性等因素，导致这种传统的因果关系难以满足解决环境侵权损害赔偿的需要。因此，学者们开始引进国外的先进学说，比如相当因果关系说。大体上来看，我国对环境侵权因果关系的判断从必然因果关系

① 郭明瑞、房绍坤、於向平：《民事责任论》，中国社会科学出版社1991年版，第250页。
② 邵建东：《德国环境责任法评述》，载《外国法学研究》1994年第3期。

过渡到相当因果关系，目前，相当因果关系说在我国占着重要的地位。

1. 必然因果关系说。由于我国民法主要来源于苏联，因果关系认定理论也大量借鉴了苏联的相关学说。很长一段时间内苏联的必然因果关系说在我国起着主导作用，成为我国的通说。“因果关系永远是现象的这样一种联系，其中一个现象（原因）在该具体条件下，必然引起该种后果（结果）。”① 必然因果关系强调的是原因和结果之间的必然联系。必然因果关系说将因果关系分为必然的和偶然的两种，只有因果关系是必然的联系时，才能认定这种因果关系的成立，侵权行为人承担相应的法律责任；如果这种因果关系只是偶然的、巧合的，对这种因果关系的认定则是否定的，受害人也得不到损害赔偿。

必然因果关系说对于环境侵权因果关系的认定存在诸多弊端：

（1）从哲学上来看，必然因果关系与偶然因果关系之间并不是对立的关系，二者不是非此即彼，而是统一的关系。偶然中存在着必然，必然中存在着偶然。没有脱离偶然的必然现象，也不存在脱离必然性的偶然现象。把必然因果关系和偶然因果关系孤立分开而论，犯了形而上学的错误。

（2）对于“必然因果关系”和“偶然因果关系”的认识缺乏可操作性。人们对同一事物的认识存在差异性，因此对于何为“必然”、何为“偶然”，不同的人认识不同，在具体操作中缺乏统一的标准，容易导致判断的混乱。

（3）必然性的因果关系是直接的、直观的，因此只承认必然因果关系必然导致对偶然的、间接的因果关系的忽略，从而使得承担侵权损害赔偿责任的行为变得狭窄，不利于受害人合法权益的保护。近年来，不断有学者对环境侵权中的必然因果关系提出质疑。

2. 相当因果关系说。目前，许多学者试图通过移植国外环境侵权因果关系理论来解决我国民法中的这一难题。在采取英美法系的因果关系学说和大陆法系的学说上产生了分歧，有的学者主张采取英美法系因果关系上的两分法，也有学者主张采取大陆法系中的相当因果关系理论。但由于我国民法属于大陆法系，主张我国民法上的侵权因果关系理论应修改必然因果关系而采取相当因果关系理论的占多数，该理论由法官以一般人的普遍认识为标准，对案件情况做出客观判断。通常情形下，依社会一般见解如果由于被告的行为有可能发生该损害结果，那么就认为二者存在因果关系。目前，相当因果关系说逐渐为我国

---

① ［苏联］格里巴诺夫：《苏联民法》，中国科学院法学研究所经济法研究室译，法律出版社 1984 年版，第 506 页。

理论和实务界所接受，并在因果关系的认定和司法实践中发挥了相当重要的作用。

3. 因果关系推定说。随着环境污染的不断出现，环境侵权纠纷已经成为我国的一大社会问题。环境污染侵权具有不平等性、不确定性、潜伏性、复杂性等特殊性，使得我国的传统民法的因果关系理论陷入难以解决的境地，对环境侵权案件的处理成为司法界一个难题。许多的侵害公民权益的行为不能得到法律的追究，受害人也得不到及时救济。建立环境侵权损害赔偿救济的法律制度，成为我国法学工作者面临的一个重要研究课题。目前，在许多学者的努力下，因果关系推定原则逐步被引入我国，成为环境侵权诉讼的一大特点。

笔者认为，鉴于环境污染侵权的不平等性、不确定性、潜伏性、复杂性等特殊性，宜在环境侵权责任认定中援引因果关系推定说，即受害人只需证明存在环境污染侵权行为和环境污染损害结果，二者之间的因果关系则由法律推定成立，除非加害人提供充分证据予以否定。但我国并无法律对因果关系推定作出规定，包括2009年颁布的《侵权责任法》也仅在第66条规定，因污染环境发生纠纷，污染者应当就法律规定的不承担责任或者减轻责任的情形及其行为与损害之间不存在因果关系承担举证责任。

此前，学者们一直努力试图将环境侵权因果关系推定原则纳入民法典中。遗憾的是，2009年我国颁布的《侵权责任法》中第66条很显然是关于举证责任的规定，并非因果关系推定的规定。2021年1月1日起施行的《民法典》继续沿用了上述规定。

二、无过错责任原则在环境污染侵权中的适用

《侵权责任法》第65条规定："因污染环境造成损害的，污染者应当承担侵权责任。"《民法典》对上述规定的内容精神进行了保留，即第1229条规定："因污染环境、破坏生态造成他人损害的，侵权人应当承担侵权责任。"由此条规定可以看出对于环境污染侵权实行无过错责任。只要行为人的污染行为造成损害，污染者就要承担相应的责任，而不问其是否存在主观上的过错。也可以看出构成环境污染侵权责任的要件包括污染行为，污染损害以及两者之间的因果关系，只要符合这三个要件且不存在任何免责的情况，则污染行为人需承担侵权责任。

（一）违法性不是构成要件

关于违法性要件问题一直是学术界争论的焦点问题，《民法通则》[①] 第124条中对于环境污染侵权的规定可以看出该规定虽然明确了无过错责任原则，但是对于环境污染侵权而言需具有违法性，即违反国家保护环境防止污染的规定。而环境侵权中的污染行为大多是企业经过国家行政许可，且达到排污标准的，该行为具有一定的正当性和合法性；如果造成了污染损害，而要以行为的违法性为要件才能使污染企业承担责任的话，那么污染企业都可以以此逃避责任，受害人所遭到的损害无从得到赔偿。作为一种特殊的侵权行为，环境污染侵权并不能像其他的侵权行为那样要求以违法性要件为前提，这样对于受害人的救济是不科学的。

1989年《环境保护法》第41条规定："造成环境污染危害的，有责任排除危害，并对直接受到损害的单位或者个人赔偿损失。"作为一个环境保护的基本法律，对于环境污染责任的规定，采取的也是无过错责任，且在该条中可以看出在此污染行为并不要求具有所谓的违法性，只要造成了污染危害，则要排除妨害，赔偿损失，而不管其行为的违法性以及行为人的主观原因。其他单行法如《水污染防治法》《大气污染防治法》《海洋环境保护法》《环境噪声污染防治法》以及《固体废物污染环境防治法》等均有与《环境保护法》相似的规定。而由于《民法通则》对违法性要件的规定，使得在适用过程中，有些地方会基于民法通则这一民事基本法的地位而考虑违法性要件，因此对于在环境污染侵权中受害人的救济也会有不同的结果。

但是，《侵权责任法》第65条规定"因污染环境造成损害的，污染者应当承担侵权责任"，可以看出其不同于《民法通则》第124条中规定的"违反国家保护环境防止污染的规定"，只要排污行为造成环境损害，不管排污行为是否违反法律规定，就应当对受害人的损害承担责任。《民法典》对《侵权责任法》第65条规定的内容精神进行了保留，即第1229条规定："因污染环境、破坏生态造成他人损害的，侵权人应当承担侵权责任。"由此可见，环境污染侵权的构成要件不再需要污染行为违法性这一要件。

（二）两者冲突的适用

《侵权责任法》第65条的规定解决了环境污染责任的构成要件和归责原则在立法上的冲突，这也是此次立法的进步之处。在《侵权责任法》颁布前，依

① 2021年1月1日《民法典》施行后，该法废止。

照《民法通则》第124条的规定，行为人的污染行为造成环境损害时，需要承担侵权责任，但是该污染行为还需符合违反国家保护和环境防治污染的规定。其要求排污行为需违反相关环境法律的规定才对造成的污染承担责任，这对于在环境污染不断加剧的当今来说显然已不适应，而且在其他国家对于因达标排污以及合理排放造成的污染，排污者同样需承担赔偿责任。但是从1989年《环境保护法》第41条的规定中可以得知，该法中对于环境污染责任的规定不再需要污染行为的“违法性”，只要造成了环境污染损害的就要负责排除污染危害，并且赔偿损失。而且在一些《大气污染防治法》《海洋环境保护法》等环境单行法中都有类似于《环境保护法》中的这一规定。这样的规定造成了《民法通则》与环境法律对环境污染责任规定的不一致，而且也引起了对于环境污染者“违法性”要件的不一致意见，以至于在解决环境污染侵权纠纷中由于适用不同的规定而形成了不同的结果，使得受害人的损害得不到一致的救济结局，似有不公。但是，《侵权责任法》第65条规定“因污染环境造成损害的，污染者应当承担侵权责任”，不管其行为是否具有违法性，也不管污染者是否具有过错，只要造成了环境污染损害，污染者就要承担侵权责任。

由此可见，《侵权责任法》第65条的规定改变了《民法通则》与环境法对环境污染责任规定的不一致的局面，该条明确了环境污染责任的无过错责任原则而且确定了不再以“违法性”作为环境污染侵权责任的构成要件，这对于以后处理因环境污染侵权纠纷有非常积极的作用。《民法典》对《侵权责任法》第65条规定的内容精神进行了保留，即第1229条规定：“因污染环境、破坏生态造成他人损害的，侵权人应当承担侵权责任。”

【典型案例】

某某村村民委员会诉某某金矿局采金船排污污染水田损害赔偿纠纷案

原告：黑龙江省桦南县石头河子镇某某村村民委员会（简称某某村）。

法定代表人：任福某，某某村村民委员会主任。

委托代理人：王志某，某某村党支部书记。

委托代理人：陈胜某，某某村民委员会会计。

被告：冶金工业部某某金矿局（简称金矿局）。

法定代表人：朱兴某，金矿局副局长。

委托代理人：孔繁某，金矿局企业管理科科长。

〔基本案情〕

原告某某村因被告金矿局在采金中排污污染水田请求赔偿，向黑龙江省桦南县人民法院起诉。该院依法组成合议庭，于 1987 年 11 月 6 日进行了公开审理，查明：

被告于 1978 年在桦南县石头河子镇柳树河上游建成“1025”号采金船。采金船投产后，发现柳树河水不集中，不便于采金船生产。1982 年 6 月，被告未经有关部门批准，擅自截断柳树河水，抬高水位，用 700 公尺的人工渠将河水引入“1025”号船坞。人工渠系矿土结构，采金船生产时，将废水未作任何处理，直接排入柳树河下游，使河水中的悬浮物由原来每升 143 毫克上升为 5558 毫克，某某村水田进水口处的悬浮物每升达 3318 毫克，比国家规定的工业废水最高容许排放悬浮物每升 500 毫克，超出 2818 毫克。

经实地勘验，某某村 824 亩水田，162. 3 亩受到污染，致使每亩减产 58. 3 公斤，每年减产 9462. 1 公斤，4 年共减产 37848. 4 公斤；减产粮食按每公斤 0. 50 元计算，共合计损失人民币 18924. 2 元。由于“1025”号船坞将大量泥浆排入柳树河，致使某某村 100. 63 亩水田进水主要渠道被淤泥漫延，需要清理。其中，水田淤泥最深处达 39 公分，平均深度为 12. 2 公分，每年需清除淤泥 8184 立方米，4 年共需清淤泥 32736 立方米，按每清理一立方米淤泥 1 元计算，共需人工费 32736 元。将这些淤泥用车运走，按每日车工费 15 元计算，每车日运量为 15 立方米，共需 332736 元。水渠主渠道、支渠及拦河堤淤积的泥浆为 1038. 31 立方米，每年需清理 2 次，4 年共需清理淤泥 8306. 48 立方米，扣除 15. 07%立方米的自然污染与国家容许排污量合计 1252 立方米，某某村需清淤泥 7115. 8 立方米，用工 705. 5 个，按每人工费 5 元计算，共计 3528 元。

〔一审裁判要旨〕

桦南县人民法院审理认为，《中华人民共和国水污染防治法》第五条第一款规定，“一切单位和个人都有责任保护水环境”；第二十九条规定：“向农田灌溉渠道排放工业废水和城市污水，应当保证其下游最近的灌溉取水点的水质符合农田灌溉水质标准。”《中华人民共和国环境保护法》（试行）第二十条规定，“排放污水必须符合国家规定的标准”。但是，冶金工业部某某金矿局未经任何部门批准，将柳树河改道，引河水入船坞。“1025”号采金船在生产过程中，未采取任何防治措施，用河水冲洗采金，又将严重超标准的尾矿水排入柳树河道，致使大量带有悬浮物的尾矿水沿河而下，造成某某村引水渠堵塞，水田污染，水稻减产。对此，被告应负造成水污染的直接责任。原告根据《中华人民共和国民法通则》第一百二十四条和《中华人民共和国水污染防治法》第四十一条第一款的规定，要求被告承担民事责任，赔偿损失，应予支持。

综上，桦南县人民法院于 1987 年 11 月 20 日判决如下：

原告 4 年水稻减产 37848. 4 公斤，每公斤计价 0. 50 元，共计损失 18924. 2 元；4 年清除水田被污染的淤泥损失人工费和车工费，共计 65742 元；4 年清除主渠、支渠和拦河堤淤泥，共计损失 3528 元。以上使原告 4 年共损失 87924. 2 元，由被告负责赔偿，判决生效后一次付清。

一审诉讼费用 2029 元，由被告负担。

〔当事人上诉及答辩意见〕

被告不服一审判决，向佳木斯市中级人民法院提出上诉。理由是：承认对采金过程中超标准排污应负一定责任，但不能承担原告的全部损失，只应承担扣除其他因素所造成的减产、用工损失。

〔二审裁判要旨〕

佳木斯市中级人民法院二审认为，一审人民法院在审理该案时，已充分考虑了上诉人提出的理由，在计算损失时，已扣除 15.07%的自然污染和国家容许排污量及 3 公分以下的淤泥面积。原审法院认定事实清楚，是非、责任分明，适用法律正确，上诉人的上诉理由不予支持。依照《中华人民共和国民事诉讼法（试行）》第一百五十一条第一款第（一）项的规定，于 1988 年 1 月 30 日判决驳回上诉，维持原判。

二审诉讼费用 2026 元，由上诉人负担。

规则 24：行为人的照明灯光对他人的正常居住环境和健康生活造成环境污染危害的，行为人有责任排除危害

——陆耀某诉上海某某中宝汽车销售服务有限公司环境污染损害赔偿纠纷案[①]；李某诉某某置地（重庆）有限公司环境污染责任纠纷案[②]

【裁判规则】

环境污染对人体健康造成的实际损害结果，不仅包括那些症状明显并可用计量方法反映的损害结果，还包括那些症状不明显且暂时无法用计量方法反映的损害结果。光污染对人体健康可能造成的损害，已为公众普遍认识。夜间，人们通常习惯于在暗光环境下休息。行为人的照明灯射入周边居民居室内的外溢光、杂散光，足以改变人们夜间休息时通常习惯的暗光环境，且超出一般公众普遍可忍受的范围，已构成光污染。因此，行为人的照明灯光对他人的正常居住环境和健康生活造成环境污染危害的，行为人有责任排除危害。

---

① 《中华人民共和国最高人民法院公报》2005 年第 5 期。

② 中华人民共和国最高人民法院指导案例 128 号。

【规则理解】

一、光污染

（一）光污染的含义

光污染，作为继废气、废水、废渣和噪声污染之后的一种新的环境污染，其概念的内涵和外延在学术界尚无定论，有学者将其界定为照明灯具、城市建筑装饰等产生的对人、物和环境造成的干扰或负面影响的光能量或光辐射①；亦有学说认为光污染泛指影响自然环境，对人类的正常生活、工作、休息和娱乐带来不利影响，损害人们视察物体的能力，引起人体不舒适感和损害人体健康的各种光。② 光污染是由外溢光或杂散光的不利影响造成的不良照明环境，狭义地讲，即为障害光的消极影响。其中，“外溢光或杂散光”即“照明装置发出的光中落在目标区域或边界以外的部分”；“外溢光或杂散光的数量或方向足以引起人们烦躁、不舒适、注意力不集中或降低对一些重要信息（如交通信号）的感知能力，甚至对动物、植物亦会产生不良的影响时，即称之为障害光”。综观上述界定，笔者认为光污染是指由于人类活动产生的对他人人身、财产或者生存环境造成一定程度危害的光辐射或者光能量。

（二）光污染的法律规制

立法论上，我国现有法律体系内尚未设置专门的光污染防治法，亦无关于光污染定义的规范性界定。有关光污染的法律规制直接或者间接地散见于其他规范性文件中，如《宪法》第 26 条第 1 款规定：“国家保护和改善生活环境和生态环境，防治污染和其他公害。”《民法通则》③ 第 83 条规定：“不动产的相邻各方，应按照有利生产、方便生活、团结互助、公平合理的精神，正确处理截水、排水、通行、通风、采光等方面的相邻关系。给相邻方造成妨碍或者损失的，应当停止侵害，排除妨碍，赔偿损失。”1989 年《环境保护法》第 24 条规定：“……采取有效措施，防治在生产建设或者其他活动中产生的废气、废水、废渣、粉尘、恶臭气体、放射性物质以及噪声、振动、电磁波辐射等对环境的污染和危害。”2014 年新《环境保护法》第 42 条规定：“排放污染物的企业事业单位和其他生产经营者，应当采取措施，防治在生产建设或者其他活动

---

① 刘小红：《我国光污染防治立法初探》，载《河北法学》2008 年第 7 期。

② 杨立新：《侵权责任法判例与赔偿系列环境污染与高度危险》，中国法制出版社 2010 年版，第 83 页。

③ 2021 年 1 月 1 日《民法典》施行后，该法废止。

中产生的废气、废水、废渣、医疗废物、粉尘、恶臭气体、放射性物质以及噪声、振动、光辐射、电磁辐射等对环境的污染和危害。排放污染物的企业事业单位，应当建立环境保护责任制度，明确单位负责人和相关人员的责任。重点排污单位应当按照国家有关规定和监测规范安装使用监测设备，保证监测设备正常运行，保存原始监测记录。严禁通过暗管、渗井、渗坑、灌注或者篡改、伪造监测数据，或者不正常运行防治污染设施等逃避监管的方式违法排放污染物。"① 鉴于光环境是整体环境不可分割的组成部分，光污染是环境污染的具体形态之一，上述条文中"等"的表述亦可理解为涵盖了当时未预见到的其他污染形态，故可认为上述法律规范实际上隐含了对光污染的规制。

《物权法》② 及部分地方性法规中则明确提及了光污染这一环境污染形态，如《物权法》第90条规定，"不动产权利人不得违反国家规定弃置固体废物，排放大气污染物、水污染物、噪声、光、电磁波辐射等有害物质。"《民法典》对上述规定的内容精神进行了保留，即第294条规定："不动产权利人不得违反国家规定弃置固体废物，排放大气污染物、水污染物、土壤污染物、噪声、光辐射、电磁辐射等有害物质。"

二、光污染侵权责任的认定

我国现行法律中并无专门的光污染防治法，光污染侵害相关法律规范的缺位，导致对光污染侵害进行针对性救济显得较为困难。目前的法律框架下，多根据环境保护法的立法目的、价值取向等抽象法理以及环境污染侵权责任制度得以解决。

（一）光污染侵权责任的归责原则

环境污染行为具有的主体地位不平等性、环境侵权行为的价值性以及环境侵权后果的严重性、渐进性、潜伏性和环境污染过程的间接性和复杂性等特征，③ 使得在环境污染侵权责任认定上应适用无过错归责原则。对此，《民法通则》第124条、1989年《环境保护法》第41条第1款中均作出了相关规定，《侵权责任法》第65条则进一步明确"因污染环境造成损害的，污染者应当承担侵权责任"。《民法典》对《侵权责任法》第65条规定的内容精神进行了保留，即第1229条规定："因污染环境、破坏生态造成他人损害的，侵权人应当

① 新修订的《环境保护法》于2014年4月发布，自2015年1月1日起实施。

② 2021年1月1日《民法典》施行后，该法废止。

③ 张梓太：《环境法律责任研究》，商务印书馆2004年版，第41页。

承担侵权责任。”同时，2014年《环境保护法》第64条规定：“因污染环境和破坏生态造成损害的，应当依照《中华人民共和国侵权责任法》的有关规定承担侵权责任。”光污染侵权责任的认定，亦适用无过错归责原则。

（二）光污染侵权责任的构成要件

无过错归责原则在光污染侵权中的具体体现表现为，光污染侵权以光污染行为、损害事实、光污染行为与损害事实之间的因果关系为构成要件。

1. 光污染行为。所谓光污染行为，是指所产生的光辐射或光能量排放到大气等环境之中，使他人人身、财产和生存环境受到一定程度危害的行为。如行为人所设置路灯的外溢光、杂散光射入周边居民的居室内，数量足以改变居室内人们夜间休息时通常习惯的暗光环境，且超出了一般公众普遍可忍受的范围，构成光污染行为。

值得注意的是，我国现有法律法规中尚未设置光质量环境标准和光污染物排放标准，造成在光污染行为认定上的不确定性和操作困难。而可以预见的是，在设置了上述标准之后，关于环境污染行为违法性上的认识分歧，也将同样适用于光污染行为。对此，具有代表性的观点是，即使加害人的排污行为没有违反环境保护方面的法律规定，但是其排污行为污染环境造成他人损害的，也就是违反了保护他人生命健康权和财产权的法律规定。①

2. 损害事实。光污染的损害事实，是指光污染行为致使他人人身、财产或者生存环境受到损害的事实。损害事实不仅包括受害人因接触被光污染的环境而受到人身伤害、死亡以及财产损失等可用计量方法反映的损害后果，如强光导致失明、反射光汇聚引起火灾等；也包括那些症状不明显且暂时无法用计量方法反映的损失结果，如导致受害人难以安睡、失眠、烦躁不安等症状，也构成实际损害。此外，从侵权责任法的立法宗旨来讲，补偿、制裁和预防都是侵权责任法所应具备的功能，故对光污染侵权责任，应当以包括有造成损害的现实威胁和已造成损害两种情形的危害事实为要件。

3. 因果关系。因果关系，是指光污染行为与损害事实之间引起与被引起的内在必然联系。相对于常见类型的侵权纠纷，光污染侵权案件具有科学技术性强、因果关系难以证明等特殊性，若强调直接证明，对受害人的保护将失之过苛。实际上，因果关系的认定与举证责任的分配紧密联系。《最高人民法院关

---

① 张新宝：《侵权责任法原理》，中国人民大学出版社2005年版，第375—376页。

于民事诉讼证据的若干规定》第4条第3项[①]明确规定："因环境污染引起的损害赔偿诉讼，由加害人就法律规定的免责事由及其行为与损害结果之间不存在因果关系承担举证责任。"《侵权责任法》第66条亦规定："因污染环境发生纠纷，污染者应当就法律规定的不承担责任或者减轻责任的情形及其行为与损害之间不存在因果关系承担举证责任。"《民法典》对《侵权责任法》第66条规定的内容精神进行了保留，即第1230条规定："因污染环境、破坏生态发生纠纷，行为人应当就法律规定的不承担责任或者减轻责任的情形及其行为与损害之间不存在因果关系承担举证责任。"根据上述规定，光污染侵权责任认定中采用因果关系举证责任倒置原则，即由污染者证明不存在因果关系，否则将承担举证不能的法律后果。如本文所涉陆耀某诉某某公司案中，法院即以某某公司路灯光污染与陆耀某失眠、烦躁不安症状之间的因果关系符合日常生活经验法则，某某公司未能举证反驳为由，认定了因果关系的存在。但显然，单纯依靠举证责任倒置难以解决因果关系认定这一复杂命题。实践中，往往要结合当事人的举证情况综合考虑各种学说[②]，必要时还会涉及利益间的价值判断和权衡。

三、光污染侵权责任的承担

民法规制的重点，在于矫正被扭曲了的权利义务关系，故首重对受害人的救济，而无责任则无救济。光污染侵权中的责任承担，亦为实现权利、履行义务、提供救济的保障。

（一）光污染侵权责任的承担方式

《民法通则》第124条规定："违反国家保护环境防止污染的规定，污染环境造成他人损害的，应当依法承担民事责任。"1989年《环境保护法》第41条规定："造成环境污染危害的，有责任排除危害，并对直接受到损害的单位或者个人赔偿损失。"2014年《环境保护法》第64条规定："因污染环境和破坏生态造成损害的，应当依照《中华人民共和国侵权责任法》的有关规定承担侵权责任。"2021年1月1日起施行的《民法典》第7编第7章以7个条文专门

---

① 该解释在2019年10月14日修正，修正后的解释删除了该条规定。

② 如，盖然性因果说认为，受害人只需证明侵害行为引起的损害可能性达到一定程度，即可推定因果关系的存在。疫病学因果关系说认为，只要证明某种因素与某种疾病之间有疫学上的因果关系，就可以认定二者间的因果关系。间接反证说认为，如果受害人能证明因果关系链中的部分事实，就推定其余事实存在，除非被告反证其不存在。比例规则说认为，要根据侵权行为人对受害人造成损失的原因力的大小，来认定其承担赔偿责任的比例。

规定了环境污染和生态破坏责任。《民法通则》第 134 条、《侵权责任法》第 15 条、第 21 条、第 22 条则规定了承担责任的具体方式。《民法典》对上述规定的内容精神进行了保留，第 179 条规定了承担民事责任的方式。其中返还财产、赔礼道歉、恢复名誉、消除影响等责任方式，在光污染侵权中一般不具有适用余地，不予详述。

1. 停止侵害、排除危害、消除危险。侵权法的功能已由传统的事后救济扩展至积极预防，在损失尚未发生但其发生已经具有现实的可能性时，不必徒等损失发生始给予事后填补，即可对妨害状态予以调整而给予事先预防。停止侵害、排除危害、消除危险均为预防性责任形态，其中停止侵害的功能在于及时制止侵权行为，防止损害的扩大，主要适用于正在进行或持续过程中的侵权行为。如本文所涉陆耀某诉某某公司案中，某某公司停止开启路灯不再使用，即为停止侵害的具体表现。排除危害和消除危险则是分别与现实的妨害和具有现实妨害之虞的危险相对应的责任承担方式。

2. 赔偿损失。赔偿损失是最主要、最基本的责任承担方式，包括人身损害赔偿、财产损害赔偿和精神损害赔偿三种形式。[①] 光污染侵权纠纷中，在赔偿损失责任方式的承担上主要有两个难点：一是关于损失是否存在及其范围、程度的证明；二是精神损害赔偿的适用。尽管侵权责任法以全面赔偿为基本赔偿原则，但应由受害人一方对损失的存在及其范围和程度负举证责任，前文述及，因果关系包括责任成立之因果关系和责任范围之因果关系两种，后者即指侵权行为与损害结果之间的因果关系，因果关系认定的困难在光污染侵权案件赔偿范围的确定上，往往显得更为复杂。法律规制中光污染环境标准的缺失，导致难以对损害后果进行准确量化，在遇到计算赔偿数额等具体执行问题时将因缺少法律依据而陷入困境。本文所涉陆耀某诉某某公司案中，法院即以陆耀某不能举证证明光污染对其造成的实际损失数额为由未予支持其主张某某公司赔偿损失 1 元的诉讼请求。有关精神损害赔偿问题，则涉及《最高人民法院关于审理名誉权案件若干问题的解答》[②]《最高人民法院关于确定民事侵权精神损害赔偿责任若干问题的解释》和《人身损害赔偿司法解释》的适用，在光污染侵权纠纷中的似乎并无更多可适用空间，但就精神损害赔偿可按一般侵权所造成的

---

① 杨立新：《侵权责任法原理与案例教程》，中国人民大学出版社 2008 年版，第 108 页。

② 2021 年 1 月 1 日《最高人民法院关于废止部分司法解释及相关规范性文件的决定》施行后，该解答已废止。

精神损害的处理规定予以处理。

（二）光污染侵权责任的免责事由

适用无过错责任的特殊侵权行为的免责事由应由法律规定。因我国尚未制定专门的光污染防治法，有关光污染侵权责任免责事由的规定，散见于《民法通则》[①]《侵权责任法》[②]《环境保护法》等规范性文件之中。根据相关规定可知，光污染侵权责任的免责事由包括不可抗力和受害人故意两种。

1. 不可抗力。值得注意的是，尽管民法通则、环境保护法和侵权责任法中都规定了不可抗力这一免责事由，但三者的规定不尽相同，其中1989年《环境保护法》第41条第3款设定了更为严格的条件："完全由于不可抗拒的自然灾害，并经及时采取合理措施，仍然不能避免造成环境污染损害的，免予承担责任。"2014年《环境保护法》对此进行了修改。新法第64条规定："因污染环境和破坏生态造成损害的，应当依照《中华人民共和国侵权责任法》的有关规定承担侵权责任。"因此，在光污染防治法作出特别规定之前，有关光污染侵权责任中不可抗力的免责事由，应遵循新法优于旧法、特别法优于一般法的法律适用规则，以上述法律为主要依据予以认定。

2. 受害人故意。《侵权责任法》第27条规定："损害是因受害人故意造成的，行为人不承担责任。"《民法典》第1174条对上述规定的内容精神进行了保留。对于该项免责事由的适用，应注意以下三点：一是对受害人主观心理状态的要求限于故意而不包括过失。即受害人预见到自己行为的结果但仍希望或者放任该结果的发生。二是免除责任的范围限于受害人故意造成或者故意引起扩大的损害。三是应与自甘冒险规则相区别。自愿冒险是指被害人原可以预见损害之发生而又自愿冒损害发生之危险，而损害结果真不幸发生[③]的情形。自甘冒险规则要求受害人与加害人之间存在基础法律关系，基于基础法律关系中的同意而表现出自愿承担危险的意思，并对危险具有相对清晰的认识。

损害因第三人造成、正当防卫、紧急避险不构成光污染侵权责任的免责事由。《侵权责任法》第28条规定，"损害是因第三人造成的，第三人应当承担侵权责任"；第68条规定，"因第三人的过错污染环境造成损害的，被侵权人可以向污染者请求赔偿，也可以向第三人请求赔偿"。《民法典》对上述规定的

---

① 2021年1月1日《民法典》施行后，该法废止。

② 2021年1月1日《民法典》施行后，该法废止。

③ 曾世雄：《损害赔偿法原理》，中国政法大学出版社2001年版，第261页。

内容精神进行了保留，即第1175条规定："损害是因第三人造成的，第三人应当承担侵权责任。"第1233条规定："因第三人的过错污染环境、破坏生态的，被侵权人可以向侵权人请求赔偿，也可以向第三人请求赔偿。侵权人赔偿后，有权向第三人追偿。"根据上述规定，损害由第三人造成的，污染者仍不得免责，仅因此享有向第三人的追偿权。另外，从环境污染的成因、特征以及所适用的无过错归责原则看，关于正当防卫和紧急避险的规定在环境污染责任中几乎没有适用的余地，各国环境立法中，也未将其二者作为免责事由予以列举。①故上述三项事由均不构成光污染侵权责任的免责事由。

需要指出的是，根据《民法典》第1230条的规定，有关免责事由成立的举证责任，应由污染者承担。

【拓展适用】

不可量物概念源于古罗马法，早在查士丁尼《学说汇纂》中就有关于不可量物侵入他人邻地所生问题的记述。近代的不可量物制度来源于德国民法典、瑞士民法典。英美法、法国法的侵权行为制度中亦存在类似的"私益妨害""近邻妨害"制度。而以不可量物理论解决光污染等环境侵权问题在各国法律实践中均有体现。

一、不可量物之范畴

对于不可量物的范畴，学界分为狭义说和广义说。狭义说的不可量物指烟雾、煤烟、灰屑、尘埃、热气、蒸气、气味、煤气、雾霾、噪声、震动波、光、放射性物质、电磁波辐射等，没有一定具体的形态，不能用传统的衡量方式加以计量，但能被人感知或对人体产生影响的物质。广义的不可量物还包括所谓观念物质。②各国立法例多采用狭义说，并对不可量物进行了列举式规定。如我国《物权法》第90条将不可量物列举为大气污染物、水污染物、噪声、光、电磁波辐射等有害物质；《民法典》第294条扩展为大气污染物、水污染物、土壤污染物、噪声、光辐射、电磁辐射等有害物质。《德国民法典》第906条将其列举为煤气、蒸气、臭气、烟雾、热气、噪声、震动以及类似的物质。

---

① 汪劲：《环境法律的解释：问题与方法》，人民法院出版社2006年版，第441页。

② 详见董安生、施允丹：《论不可量物侵害分类及容忍义务》，载《河南省政法管理干部学院学报》2009年第1期。刘波：《英美法妨害与德国法不可量物侵害比较与借鉴》，载《广西政法管理干部学院学报》2012年第3期。陈华彬：《外国物权法》，法律出版社1997年版，第164页。观念物质，主要指权利人因设置裸浴场、停尸场等可能对他人身心造成损害的物权标的。

二、不可量物侵害

不可量物侵害，是指噪声、光、烟尘、煤气、蒸气、热气、臭气、烟气、灰屑、喧嚣、无线电波、振动及其他相类似者侵入邻人的土地、建筑物或其他工作物时造成的干扰性妨害或损害①。

（一）不可量物侵害的法理基础——相邻权

关于不可量物侵害的法律性质认定，存在侵害所有权说、一般侵权行为说、利益平衡说、环境权说和相邻关系说多个观点，其中相邻关系说为目前学界通说，该说认为，不可量物侵害制度所解决的是不动产相邻方基于不可量物所引起的权利义务争议，其实质是不动产权利内容的扩张和限制。这一通说在立法例上亦有体现，大陆法系多数国家或地区的民法中都规定了不可量物侵入相邻不动产时，如何调整和处理相邻关系的问题。如德国民法典将不可量物侵害制度规定于相邻关系一章中；我国《物权法》中涉及不可量物侵害的原则性规定第 89 条、第 90 条亦规定在相邻关系一章，《民法典》沿用了上述规定。

（二）不可量物侵害的构成要件——以容忍义务为中心

并非所有的不可量物侵入都应受到法律的禁止，《德国民法典》第 906 条规定，以干涉不损害或仅轻微损害土地的适用为限，土地所有人不得禁止煤气、蒸气、臭气、热气、噪声、震动和其他来自他人土地的类似干涉的侵入。以由于按当地通行的使用方法使用他人的土地引起重大损害，而不是采取此种使用者在经济上可望获得的措施所能阻止的为限，也适用前项规定。上述规定确定了不可量物侵害中受害人的容忍义务，我国《民法通则》《物权法》和《民法典》中设定的“有利生产、方便生活、团结互助、公平合理”原则，亦应理解为相邻各方的容忍义务。而相邻关系为不动产权利义务的扩张和限制的实质，也决定着相邻各方均须互负一定程度的容忍义务。与近邻妨害制度以发生损害的“异常性”或“过度性”作为唯一实质性要件②一样，不可量物侵害是否超出正常标准构成重大侵扰或者是否超出邻人的忍受限度在归责中居于核心地位。③

容忍义务源于相邻关系中所有权内容的限制。各所有人如仅注重自己之权

---

① 梁慧星：《中国物权法草案建议稿条文、说明、理由与参考立法例》，社会科学文献出版社 2000 年版，第 345 页。

② 陈华彬：《法国近邻妨害制度研究》，载《民商法论丛（第 5 卷）》，法律出版社 1996 年版，第 313 页。

③ 张平华：《不可量物侵害的私法救济》，载《法学杂志》2006 年第 6 期。

利，而不顾他人权利之需求时，必将导致相互利害之冲突，不仅使不动产均不能物尽其用，更有害于社会利益。有鉴于此，法律遂就相邻不动产所有权之行使为一定程度之介入与干涉，使不动产所有权之行使，负有一定消极不作为或积极作为之义务。[①] 在不可量物侵害制度中，容忍义务要求受害人遭受来自相邻不动产的污染物侵入时，如果此种侵入是轻微的或者按照地方习惯认为不构成损害的，应当容忍。容忍义务对于光污染等环境侵权行为的最大实践意义，则表现在对环境污染损害及其违法性的认定上。在这种理论下，遵守排放标准，并不能成为私法上免除责任的理由；污染行为的公共性、场所的常规性、先住关系以及加害人采取了“最妥善的防治措施”等亦均不能成为私法上的免责事由。[②] 环境污染是否具备违法性，应就受害利益之性质及程度，加害行为之态样、性质、程度及社会上评价，加害人有无采取最完善损害防止措施，是否遵守公法上排放标准，土地利用之先后关系等因素综合考虑，个别地、具体地判断损害的容忍限度，认定损害超过容忍限度的，即构成违法。而是否超过容忍限度，则应以社会上一般人可忍受之范围来衡量。本文所涉陆耀某诉某某公司案中，法院认为某某公司关于路灯系在自己经营场所内设置，为自己的经营场所提供正常照明的抗辩，不构成免责事由，以及认为某某公司设置路灯的外溢光、杂散光，数量足以改变人们夜间休息时通常习惯的暗光环境，且超出一般公众普遍可忍受的范围，构成光污染，均可视为对上述容忍义务理论的实践。

三、我国不可量物侵害制度对光污染的适用及局限性分析

《物权法》第 89 条、第 90 条，《民法通则》第 83 条、第 124 条，[③]《环境噪声污染防治法》第 61 条，《大气污染防治法》第 62 条等，均对不可量物侵害作出了不同程度的法律规制。在专门的光污染防治法缺位，《环境保护法》《民法典》对光污染侵害直接具体规定严重不足的情况下，适用不可量物制度对光污染侵害予以救济，亦不失为一种路径。但需要注意以下两点：

1. 以相邻权为理论基础的不可量物侵害制度的适用，不以不动产的直接相连为必要，如宁波 19 户居民诉市电业大厦玻璃幕墙光污染案中，玻璃幕墙距居民楼 100 米之遥，但其反光造成的光污染直接影响了居民的正常居住，仍应视

---

① 谢在全：《民法物权论》（下），中国政法大学出版社 1999 年版，第 171—172 页。

② 曹明德：《环境侵权法》，法律出版社 2000 年版，第 169 页。

③ 2021 年 1 月 1 日《民法典》实行后，《民法通则》《物权法》均废止，上述规定在《民法典》第 293 条、第 294 条予以保留。

为相邻关系。

2. 与侵权责任制度不同，不可量物侵害制度旨在保障物权的完满性不被破坏，其建立在物权请求权的基础上，其责任形式以停止侵害、排除妨碍、消除危险为主，损害赔偿为辅。在目前法律框架下，光污染侵害等环境污染纠纷可能同时符合侵权责任制度和不可量物制度的要件，在救济方式上也会存在物权法的救济和侵权法的救济的竞合，当事人可依具体情况选择适用。

需要指出的是，建立在相邻权理论基础上的不可量物制度，在对光污染侵害的救济上存在不可避免的局限性：

1. 不可量物制度只能适用于相邻的环境侵害，而光污染侵害不仅限于相邻的不动产之间，光污染既可能因玻璃幕墙、抛光金属板、霓虹灯等建筑附属物产生，也可能因车灯、探照灯、电焊等流动光线产生。后者则因附属于动产而无法采用该理论。①

2. 不可量物侵害的构成以容忍义务为中心，但是否超过一般人的容忍限度，并无量化标准，对容忍义务的过分强调，将导致对法官自由裁量权的过分依赖。

3. 我国物权法、民法通则中关于不可量物侵害制度的规定，过于简单、笼统。如《物权法》第 90 条虽规定了不可量物的排放不得违反国家规定，但并未在相邻关系的视域下继续对不可量物侵入的法律后果加以规定，从而导致该条规定无法发挥其应有的功能。②《民法典》第 294 条基本沿用了上述规定，其中“违反国家规定”的前提性设置，不仅有将公法标准置于私法保护之上之嫌，也使得光污染侵害救济法律规制不足的缺陷仍难解决。

【典型案例一】

陆耀某诉上海某某中宝汽车销售服务有限公司环境污染损害赔偿纠纷案

原告：陆耀某。

被告：上海某某中宝汽车销售服务有限公司。

法定代表人：何红某，该公司总经理。

〔基本案情〕

原告陆耀某因与被告上海某某中宝汽车销售服务有限公司（以下简称某某公司）发生环境污染损害赔偿纠纷，向上海市浦东新区人民法院提起诉讼。

---

① 张梓太、程雨燕：《光污染纠纷的法律适用》，载《法商研究》2001 年第 2 期。

② 石珍：《不可量物侵入之补偿请求权的法律构建》，载《法学研究》2012 年第 1 期。

原告诉称：原告在被告经营场所的隔壁小区居住。被告经营场所东面展厅的围墙边，安装着三盏双头照明路灯，每晚七时至次日晨五时开启。这些路灯散射的强烈灯光，直入原告居室，使原告难以安睡，为此出现了失眠、烦躁不安等症状，工作效率低下。被告设置的这些路灯，严重干扰了居民的休息，已经违反从2004年9月1日起上海市开始实施的《城市环境装饰照明规范》的规定，构成光污染侵害。请求判令被告停止和排除对原告的光污染侵害，拆除该路灯，公开向原告道歉，并给原告赔偿损失1000元。审理中，原告将请求赔偿损失的金额变更为1元。

原告陆耀某提交以下证据：

1. 上海市安居房、平价房配售合同一份，用以证明陆耀某的居室与某某公司的经营场所相邻；

2. 2004年8月30日晚间拍摄的涉案路灯开启状态以及陆耀某居室外墙的照片2张，用以证明涉案路灯开启后的亮度以及陆耀某居室外墙受照射的程度；

3. 在陆耀某居室内拍摄的涉案路灯开启后灯光射入情况的录像片段，用以证明在夜间目视情况下，射入居室的涉案路灯灯光非常刺眼；

4. “人民网”、“北方网”上关于光污染的报道2篇，用以证明光污染会对人体健康造成负面影响；

5. 《城市环境装饰照明规范》文本，用以证明涉案路灯的灯光对陆耀某居室的照射已达到该规范所指的“障害光”和“光污染”标准。

被告辩称：涉案路灯是被告为自己的经营场所外部环境提供照明安装的，是经营所需的必要装置，而且是安装在被告自己的经营场所上，原告无权干涉。该路灯的功率每盏仅为120瓦，不会造成光污染，不可能侵害原告，更不会对原告造成什么实际的损害结果。该路灯不仅为被告自己的经营场所外部环境提供了照明，事实上也为隔壁小区居民的夜间行走提供了方便。即便如此，为搞好企业与临近居民的关系，被告在得知原告起诉后，已经切断了涉案路灯的电源，并保证今后不再使用，故不同意原告的诉讼请求。

被告未提交证据，对原告提交的证据，被告质证认为：对证据1无异议，证据2、3不能证明涉案灯光已构成光污染，也不能证明该灯光妨害了原告，证据4与涉案灯光无直接关系，证据5的真实性无异议，但无法证明涉案灯光的亮度已超出该规范规定的“障害光”“光污染”标准。

经质证，上海市浦东新区人民法院确认以下事实：

原告陆耀某的居室西侧与被告某某公司经营场所的东侧相邻，中间间隔一条宽15米左右的公共通道。某某公司为给该经营场所东面展厅的外部环境照明，在展厅围墙边安装了三盏双头照明路灯，每晚七时至次日晨五时开启。这些位于陆耀某居室西南一侧的路灯，高度与陆耀某居室的阳台持平，最近处离陆耀某居室20米左右，其间没有任何物件遮挡。这些路灯开启后，灯光除能照亮某某公司的经营场所外，还能散射到陆耀某居室及周围住宅的外墙上，并通过窗户对居室内造成明显影响。在陆耀某居室的阳台上，目视夜间开启后的路灯灯光，亮度达到刺眼的程度。陆耀某为此于2004年9月1日提起诉讼后，某某公司已于同年9月3日暂停使用涉案路灯。

另查明，《城市环境装饰照明规范》由上海市质量技术监督局于2004年6月29日发布，2004年9月1日在上海市范围内实施。在该规范上，“外溢光/杂散光”的定义是：“照明装置发出的光中落在目标区域或边界以外的部分”；“障害光”的定义是：“外溢光/杂散光的数量或方向足以引起人们烦躁、不舒适、注意力不集中或降低对于一些重要信息（如交通信号）的感知能力，甚至对于动、植物亦会产生不良的影响时，即称之为障害光。”“光污染”的定义是：“由外溢光/杂散光的不利影响造成的不良照明环境，狭义地讲，即为障害光的消极影响。”

〔一审裁判要旨〕

上海市浦东新区人民法院认为，本案争议焦点是：在自己权益范围内安装为自己提供照明的路灯，能否构成环境污染中的光污染？被告某某公司安装的路灯，是否影响了原告陆耀某的权利？被告应否为此承担责任？承担什么责任？

《中华人民共和国环境保护法》（以下简称环保法）第二条规定：“本法所称环境，是指影响人类生存和发展的各种天然的和经过人工改造的自然因素的总体，包括大气、水、海洋、土地、矿藏、森林、草原、野生生物、自然遗迹、人文遗迹、自然保护区、风景名胜区、城市和乡村等。”第六条规定：“一切单位和个人都有保护环境的义务，并有权对污染和破坏环境的单位和个人进行检举和控告。”环境既然是影响人类生存和发展的各种天然的和经过人工改造的自然因素的总体，路灯灯光当然被涵盖在其中。被告某某公司在自己的经营场所设置路灯，为自己的经营场所外部环境提供照明，本无过错。但由于某某公司的经营场所与周边居民小区距离甚近，中间无任何物件遮挡，某某公司路灯的外溢光、杂散光能射入周边居民的居室内，数量足以改变居室内人们夜间休息时通常习惯的暗光环境，且超出了一般公众普遍可忍受的范围。因此某某公司设置的路灯，其外溢光、杂散光确实达到了《城市环境装饰照明规范》所指的障害光程度，已构成由强光引起的光污染，遭受污染的居民有权进行控告。

被告某某公司辩称，涉案路灯用于其经营场所的正常环境照明，是经营所需的必要装置。经查，涉案路灯不属于车站、机场、公路等公共场所为公众提供服务而必须设置的照明、装饰用灯，只是某某公司为自己公司的经营便利而设置的路灯。某某公司完全有条件以其他形式为自己经营场所的外部环境提供照明，或者通过采取遮挡等必要的措施来避免自己设置的路灯侵害他人合法权益。某某公司的此项辩解理由，不能成为其侵权行为的合理免责事由，故不予采纳。

被告某某公司辩称，涉案灯光没有对原告陆耀某造成实际的损害结果。环境污染对人体健康造成的实际损害结果，不仅包括那些症状明显并可用计量方法反映的损害结果，还包括那些症状不明显且暂时无法用计量方法反映的损害结果。光污染对人体健康可能造成的损害，目前已为公众普遍认识。夜间，人们通常习惯于在暗光环境下休息。某某公司设置的路灯，其射入周边居民居室内的外溢光、杂散光，数量足以改变人们夜间休息时通常习惯的暗光环境，且超出一般公众普遍可忍受的范围，光污染程度较为明显。在此情况下，陆耀某诉称涉案灯光使其难以安睡，为此出现了失眠、烦躁不安等症状，这就是涉案灯光对陆耀某的实际损害。陆耀某诉称的这些实际损害，符合日常生活经验法则，根据《最高人民法院关于民事诉讼证据的若干规定》第九条的规定，陆耀某无须举证证明，应推定属实。某某公司否认光污染对陆耀某造成了实际损害，应当举证反驳。某某公司不能举出涉案灯光对陆耀某身体健康没有产生危害的证据，该辩解理由亦不予采纳。

《中华人民共和国民法通则》第一百二十四条规定："违反国家保护环境防止污染的规定，污染环境造成他人损害的，应当依法承担民事责任。"环保法第四十一条规定："造成环境污染危害的，有责任排除危害，并对直接受到损害的单位或者个人赔偿损失。"被告某某公司开启的涉案路灯灯光，已对原告陆耀某的正常居住环境和健康生活造成了损害，构成环境污染。某某公司不能举证证明该侵害行为具有合理的免责事由，故应承担排除危害的法律责任。某某公司已于诉讼期间实际停止了开启涉案路灯，并承诺今后不再使用，于法无悖，应予支持。因某某公司的侵权行为没有给陆耀某造成不良的社会影响，故对陆耀某关于某某公司公开赔礼道歉的诉讼请求，不予支持。尽管陆耀某只主张某某公司赔偿其损失 1 元，但因陆耀某不能举证证明光污染对其造成的实际损失数额，故对该项诉讼请求亦不予支持。

综上，上海市浦东新区人民法院于 2004 年 11 月 1 日判决：

一、被告某某公司应停止使用其经营场所东面展厅围墙边的三盏双头照明路灯，排除对原告陆耀某造成的光污染侵害；

二、原告陆耀某的其余诉讼请求，不予支持。

一审宣判后，双方当事人均未提出上诉，一审判决已发生法律效力。

【典型案例二】

李某诉某某置地（重庆）有限公司环境污染责任纠纷案

关键词： 民事/环境污染责任/光污染/损害认定/可容忍度

〔裁判要点〕

由于光污染对人身的伤害具有潜在性、隐蔽性和个体差异性等特点，人民法院认定光污染损害，应当依据国家标准、地方标准、行业标准，是否干扰他人正常生活、工作和学习，以及是否超出公众可容忍度等进行综合认定。对于公众可容忍度，可以根据周边居民的反应情况、现场的实际感受及专家意见等判断。

〔相关法条〕

1.《中华人民共和国侵权责任法》第65条、第66条

2.《中华人民共和国环境保护法》第42条第1款

〔基本案情〕

原告李某购买位于重庆市九龙坡区谢家湾正街×小区×幢×-×-×的住宅一套，并从2005年入住至今。被告某某置地（重庆）有限公司开发建设的万象城购物中心与原告住宅相隔一条双向六车道的公路，双向六车道中间为轻轨线路。万象城购物中心与原告住宅之间无其他遮挡物。在正对原告住宅的万象城购物中心外墙上安装有一块LED显示屏用于播放广告等，该LED显示屏广告位从2014年建成后开始投入运营，每天播放宣传资料及视频广告等，其产生强光直射入原告住宅房间，给原告的正常生活造成影响。

2014年5月，原告小区的业主向市政府公开信箱投诉反映：从5月3日开始，谢家湾华润二十四城的万象城的巨型LED屏幕开始工作，LED巨屏的强光直射进其房间，造成严重的光污染，并且宣传片的音量巨大，影响了其日常生活，希望有关部门让万象城减小音量并且调低LED屏幕亮度。2014年9月，黄杨路×小区居民向市政府公开信箱投诉反映：万象城有块巨型LED屏幕通宵播放资料广告，产生太强光线，导致夜间无法睡眠，无法正常休息。万象城大屏夜间光污染严重影响周边小区高层住户，请相关部门解决，禁止夜间播放，或者禁止通宵播放，只能在晚上八点前播放，并调低亮度。2018年2月，原告小区的住户向市政府公开信箱投诉反映：万象城户外广告大屏就是住户的噩梦，该广告屏每天播放视频广告，光线极强还频繁闪动，住在对面的业主家里夜间如同白昼，严重影响老人和小孩的休息，希望相关部门尽快对其进行整改。

本案审理过程中，人民法院组织原、被告双方于2018年8月11日晚到现场进行了查看，正对原告住宅的一块LED显示屏正在播放广告视频，产生的光线较强，可直射入原告住宅居室，当晚该LED显示屏播放广告视频至20时58分关闭。被告公司员工称该LED显示屏面积为160平方米。

就案涉光污染问题是否能进行环境监测的问题，人民法院向重庆市九龙坡区生态环境监测站进行了咨询，该站负责人表示，国家与重庆市均无光污染环境监测方面的规范及技术指标，所以监测站无法对光污染问题开展环境监测。重庆法院参与环境资源审判专家库专家、重庆市永川区生态环境监测站副站长也表示从环保方面光污染没有具体的标准，但从民事法律关系的角度，可以综合其余证据判断是否造成光污染。从本案原告提交的证据看，万象城电子显示屏对原告的损害客观存在，主要体现为影响原告的正常休息。就LED显示屏产生的光辐射相关问题，法院向重庆大学建筑城规学院教授、中国照明学会副理事长以及重庆大学建筑城规学院高级工程师、中国照明学会理事等专家作了咨询，专家表示，LED的光辐射一是对人有

视觉影响，其中失能眩光和不舒适眩光对人的眼睛有影响；另一方面是生物影响：人到晚上随着光照强度下降，渐渐入睡，是褪黑素和皮质醇两种激素发生作用的结果——褪黑素晚上上升、白天下降，皮质醇相反。如果光辐射太强，使人生物钟紊乱，长期就会有影响。另外LED的白光中有蓝光成分，蓝光对人的视网膜有损害，而且不可修复。但户外蓝光危害很难检测，时间、强度的标准是多少，有待标准出台确定。关于光照亮度对人的影响，有研究结论认为一般在400cd/平方米以下对人的影响会小一点，但动态广告屏很难适用。对于亮度的规范，不同部门编制的规范对亮度的限值不同，但LED显示屏与直射的照明灯光还是有区别，以LED显示屏的相关国家标准来认定比较合适。

〔裁判结果〕

重庆市江津区人民法院于2018年12月28日作出（2018）渝0116民初6093号判决：一、被告某某置地（重庆）有限公司从本判决生效之日起，立即停止其在运行重庆市九龙坡区谢家湾正街万象城购物中心正对原告李某位于重庆市九龙坡区谢家湾正街×小区×幢住宅外墙上的一块LED显示屏时对原告李某的光污染侵害：1. 前述LED显示屏在5月1日至9月30日期间开启时间应在8：30之后，关闭时间应在22：00之前；在10月1日至4月30日期间开启时间应在8：30之后，关闭时间应在21：50之前。2. 前述LED显示屏在每日19：00后的亮度值不得高于600cd/平方米。二、驳回原告李某的其余诉讼请求。一审宣判后，双方当事人均未提出上诉，判决已发生法律效力。

〔裁判理由〕

法院生效裁判认为：保护环境是我国的基本国策，一切单位和个人都有保护环境的义务。《中华人民共和国民法总则》第九条规定：“民事主体从事民事活动，应当有利于节约资源、保护生态环境。”《中华人民共和国物权法》第九十条规定：“不动产权利人不得违反国家规定弃置固体废物，排放大气污染物、水污染物、噪声、光、电磁波辐射等有害物质。”《中华人民共和国环境保护法》第四十二条第一款规定：“排放污染物的企业事业单位和其他生产经营者，应当采取措施，防治在生产建设或者其他活动中产生的废气、废水、废渣、医疗废物、粉尘、恶臭气体、放射性物质以及噪声、振动、光辐射、电磁辐射等对环境的污染和危害。”本案系环境污染责任纠纷，根据《中华人民共和国侵权责任法》第六十五条规定：“因污染环境造成损害的，污染者应当承担侵权责任。”环境污染侵权责任属特殊侵权责任，其构成要件包括以下三个方面：一是污染者有污染环境的行为；二是被侵权人有损害事实；三是污染者污染环境的行为与被侵权人的损害之间有因果关系。

一、关于被告是否有污染环境的行为

被告某某置地（重庆）有限公司作为万象城购物中心的建设方和经营管理方，其在正对原告住宅的购物中心外墙上设置LED显示屏播放广告、宣传资料等，产生的强光直射进入原告的住宅居室。根据原告提供的照片、视频资料等证据，以及组织双方当事人到现场查看的情况，可以认定被告使用LED显屏播放广告、宣传资料等所产生的强光已超出了一般公众普遍可容忍的范围，就大众的认知规律和切身感受而言，该强光会严重影响相邻人群的正常工作和学习，干扰周围居民正常生活和休息，已构成由强光引起的光污染。被告使用LED显示屏播放广告、宣传资料等造成光污染的行为已构成污染环境的行为。

二、关于被侵权人的损害事实

环境污染的损害事实主要包含了污染环境的行为致使当事人的财产、人身受到损害以及环境受到损害的事实。环境污染侵权的损害后果不同于一般侵权的损害后果，不仅包括症状明显并可计量的损害结果，还包括那些症状不明显或者暂时无症状且暂时无法用计量方法反映的损害结果。本案系光污染纠纷，光污染对人身的伤害具有潜在性和隐蔽性等特点，被侵权人往往在开始受害时显露不出明显的受损害症状，其所遭受的损害往往暂时无法用精确的计量方法来反映。但随着时间的推移，损害会逐渐显露。参考本案专家意见，光污染对人的影响除了能够感知的对视觉的影响外，太强的光辐射会造成人生物钟紊乱，短时间看不出影响，但长期会带来影响。本案中，被告使用LED显示屏播放广告、宣传资料等所产生的强光，已超出了一般人可容忍的程度，影响了相邻居住的原告等居民的正常生活和休息。根据日常生活经验法则，被告运行LED显示屏产生的光污染势必会给原告等人的身心健康造成损害，这也为公众普遍认可。综上，被告运行LED显示屏产生的光污染已致使原告居住的环境权益受损，并导致原告的身心健康受到损害。

三、被告是否应承担污染环境的侵权责任

《中华人民共和国侵权责任法》第六十六条规定："因污染环境发生纠纷，污染者应当就法律规定的不承担责任或者减轻责任的情形及其行为与损害之间不存在因果关系承担举证责任。"本案中，原告已举证证明被告有污染环境的行为及原告的损害事实。被告需对其在本案中存在法律规定的不承担责任或者减轻责任的情形，或被告污染行为与损害之间不存在因果关系承担举证责任。但被告并未提交证据对前述情形予以证实，对此被告应承担举证不能的不利后果，应承担污染环境的侵权责任。根据《最高人民法院关于审理环境侵权责任纠纷案件适用法律若干问题的解释》第十三条规定："人民法院应当根据被侵权人的诉讼请求以及具体案情，合理判定污染者承担停止侵害、排除妨碍、消除危险、恢复原状、赔礼道歉、赔偿损失等民事责任。"环境侵权的损害不同于一般的人身损害和财产损害，对侵权行为人承担的侵权责任有其独特的要求。由于环境侵权是通过环境这一媒介侵害到一定地区不特定的多数人的人身、财产权益，而且一旦出现可用计量方法反映的损害，其后果往往已无法弥补和消除。因此在环境侵权中，侵权行为人实施了污染环境的行为，即使还未出现可计量的损害后果，即应承担相应的侵权责任。本案中，从市民的投诉反映看，被告作为万象城购物中心的经营管理者，其在生产经营过程中，理应认识到使用 LED 显示屏播放广告、宣传资料等发出的强光会对居住在对面以及周围住宅小区的原告等人造成影响，并负有采取必要措施以减少对原告等人影响的义务。但被告仍然一直使用 LED 显示屏播放广告、宣传资料等，其产生的强光明显超出了一般人可容忍的程度，构成光污染，严重干扰了周边人群的正常生活，对原告等人的环境权益造成损害，进而损害了原告等人的身心健康。因此即使原告尚未出现明显症状，其生活受到光污染侵扰、环境权益受到损害也是客观存在的事实，故被告应承担停止侵害、排除妨碍等民事责任。

图书在版编目（CIP）数据

最高人民法院指导性案例裁判规则理解与适用．侵权赔偿卷．二／江必新等著．—北京：中国法制出版社，2024.1

ISBN 978-7-5216-3819-6

Ⅰ．①最… Ⅱ．①江… Ⅲ．①最高法院-审判-案例-中国②最高法院-侵权行为-赔偿-审判-案例-中国 Ⅳ．①D925.05②D923.85

中国国家版本馆 CIP 数据核字（2023）第 169428 号

策划编辑：李小草　韩璐玮（hanluwei666@163.com）
责任编辑：韩璐玮　　封面设计：蒋怡

最高人民法院指导性案例裁判规则理解与适用．侵权赔偿卷．二

ZUIGAO RENMIN FAYUAN ZHIDAOXING ANLI CAIPAN GUIZE LIJIE YU SHIYONG. QINQUAN PEICHANGJUAN. ER

著者／江必新　何东宁等
经销／新华书店
印刷／保定市中画美凯印刷有限公司
开本／730×1030 毫米　16 开　　印张／25.75　字数／395 千
版次／2024 年 1 月第 1 版　　2024 年 1 月第 1 次印刷

中国法制出版社出版
书号 ISBN 978-7-5216-3819-6　　定价：88.00 元

北京市西城区西便门西里甲 16 号西便门办公区
邮政编码：100053　　传真：010-63141600
网址：http://www.zgfzs.com　　**编辑部电话：010-63141822**
市场营销部电话：010-63141612　　**印务部电话：010-63141606**